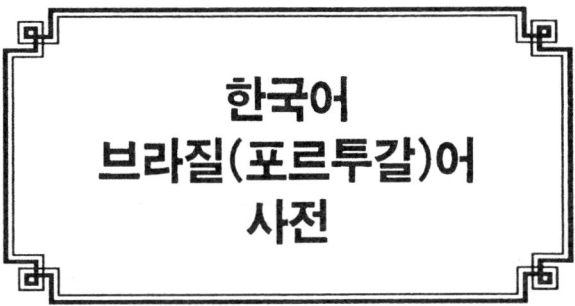

한국어
브라질(포르투갈)어
사전

편저 김 철 성

COREANO
BRASILEIRO
DICIONARIO

1945
문 예 림

머리말

서기 1500년 4월 22일 폴투갈 항해사 Pedro Alvares cabral에 발견되어 폴투갈어가 사용된 이래1822년 독립을 거쳐 오늘에 이르기까지 폴투게스가 사용중이며 브라질 1억5천만 국민이 사용하는 국어이며 남미 2억 5천만이 사용하는 대중 언어입니다.

필요성을 자각하여 처음으로 한.포사전을 출간케 된것을 기쁘게 생각합니다. 서기1956년 장승호 선생외 3인의 한국인이 일본계 이민에 합류하여 이민역사가 시작되어 반공포로 50여명이 인도를 거쳐 상륙한 이후 1995년 현재 5만여 교포가 살고 있습니다.

이민사 난점중의 하나가 언어소통입니다. 이점을 통감하여 1982년신학교 공부를 시작하면서 교포사회의 일익을 목표로 집필하여 10년만에 한국어 2만여단어와 폴투게스 6만여 단어를 이 사전속에 수록하여 출간합니다. 바라기는 교포이민생활에 유익이 있어지기를 바라며 앞으로 파송될 선교사들의 언어교본이 되기를 바라면서 이 사전을 출간합니다.

천주교국가인 브라질에 살면서 graça da Deus(하나님의 은혜)를 모르는 것도 수치스러운 불행입니다.

브라질을 비롯하여 세계 7개국어인 폴투게스는 남미의 중심국인 브라질언어이기 때문에 필요성의 통감은 기본사실입니다. 선교사 임명을 받고 사명을 감당키 위하여 노력하였으며 그 결과 일상용어외 성경단어 5천여어가 수록되었읍니다.

이 한권의 한포사전이 이민생활의 길잡이가 되어주길 바라면서 인사말에 가름합니다.

2006년 4월 20일
저자 김 철 성

추천의 말

　어려운 여건하에서 김철성 목사님께서 15여년을 불철주
야로 노력하여 이번에 완성한 웅대한 어책의 포한사전을
발간하게 된것에 대하여 브라질에서 근무하고 있는 외교
관으로서 진심으로 격려의 박수를 보냅니다.

　그간 한포사전은 포르투갈어 사용국이 한정되어 있는데
다가 한국에서도 포르투갈어 보급이 잘 되어 있지 않음으
로서 어느누구도 한포사전의 완성을 시도해 보지 못했던
것으로 알고 있읍니다.　이번에 김철성 선교사님이 기독
교 선교 사역을 수행하면서 남은 시간을 아껴가면서 귀중
한 한포사전을 발간하게 됨으로써 브라질에 거주하고 있
는 5만여명의 한국인 교포들에게는 물론 포어 사용국에
근무하는 외교관이나 상사 요원들에게도 정확한 포어 사
용에 큰 도움을 줄것으로 믿어집니다.

　이번 하나님의 복음 사역에 일생을 바치고 계시는 김철
성 목사님이 한포사전을 완성하는데 있어 성경과 관계된
언어를 많이 삽입하여 포어 사용국에서 주님의 일꾼들이
하나님 전도사업을 수행함에 있어서도 어려움이 없도록
했다는데 대해서도 진심으로 축하드립니다.

　이번 완성된 한포사전은 앞으로 더욱 더 많은 한국인들
이 포어 사용국에서 큰 담력과 자신감을 갖고 사용하는데
크게 기여할 것으로 생각됩니다.

　김철성 목사님의 한포사전 발간에 따른 노고에 대하여
진심으로 사의를 보내드리며 5만여명의 브라질 거주 한인
교포 여러분들과 향후 포어 사용국으로 진출하시는 여러
분들의 많은 활용으로 큰 성과를 거양하기를 기대하면서
다시한번 김철성 목사님의 공헌에 아낌없는 찬사를 보내
드립니다.

駐 브라질 大使　金 奇 洙

철 자 (Alfabeto)

인쇄체		소리값	발음	발음부호
대문자	소문자			
A	a	아	아-	a
B	b	ㅂ	베-	bê
C	c	ㅆ,ㅅ	세-	cê
D	d	ㄷ	데-	dê
E	e	에 , 이	애-	ê
F	f	프	애-피	êfe
G	g	ㄱ,ㅈ	제-	gê
H	h	-	아가-	agá
I	i	이	이-	i
J	j	ㅈ	죠-따	jotá
K	k	ㅋ	카-	ká
L	l	ㄹ	앨-리	éle
M	m	ㅁ,ㅇ	앰-이	éme
N	n	ㄴ,ㅇ	앤-이	éne
O	o	오	오-	o
P	p	ㅃ	빼-	pê
Q	q	ㄲ	께-	quê
R	r	ㄹ	애-리	érre
S	s	ㅅ,ㅈ	앳-시	ésse
T	t	ㄸ	떼-	tê
U	u	우	우-	u
V	v	ㅂ	붸-	vê
W	w	우	다불류	dábliu
X	x	ㅅ,ㅈ	쉬-시	xis
Y	y	이	입실롱	ípsilon
Z	z	ㅈ,ㅅ	제-	zê

☞ 23 + k.w.y : k . w . y 는 alfabeto에 없음

부호표 명칭

/ . acento agudo

\ . (crase) acento grave

^ . acento circunflexo

~ . til

i . ponto e vírgola

. . ponto(final)

ü . trema

남북 아메리카 SuLe norte América

① 북미 América do norte
   1. 미국 Estados jnidos da America
   2. 카나다 Canadá

② 중미 América central
   1. 멕시코 méxico
   2. 과테말라 GUATEMALA
   3. 온두라스 HONDURAS
   4. 엘살바돌 ELSALVADOR
   5. 니카라구아 NICARAGUA
   6. 코스타리카 COSTA RICA
   7. 파나마 PANAMA

③ 섬 아메리카 América insular
   1. 쿠바 CUBA 2. 바하마 BAHAMA
   3. 자메이카 JAMAlCA
   4. 아이티 HAiTi
   5. 도미니카 República Dominicana
   6. 바이베이도즈 BARBADOS
   7. 그레나다 GRANADA
   8. 트리니다드.토바고 TRINIDAD TOBAGO

④ 남미   America do sul
   1. 수리남 SuRiNAME   2, 가이아나 GuAIANA
   3.   베네주엘라   VENEZuELA
   4. 콜롬비아 CoLoMBIA
   5. 에쿠아도르 ECuADOR
   6. 페루 PERu   7. 볼리비아 BoLIVIA
   8. 칠레 CHILE
   9. 아르헨티나 ARGENTINA
   10. 우루구아이 uRuGuAy
   11. 파라구아이 PARAGuAy   12. 브라질 BRASIL

- 9 -

브라질 개요〔BRASiL〕

1. 연방공화국. 대통령 중심제 (26주)
2. 면적 :   8,511,965 Km^2
3. 원주민 : 토인 índio
4. 인구 :   현재 약 1억5천만 (공식통계 없음).
    censo 1980, 119,024,600평
    인구분포 : 백인계 62%
            갈색인(혼혈계)26%
            흑인 11%
            황색인(인디안) 1%
            180개국 인종 합류
5. 강길이 : 55,457 Km^2
6. 남북의 길이 :   세계 5위
7. 북남간 강길이 :   4,320 Km^2
8. 동서의 길이   :   4,328 Km^2
9. 국경 총 길이(남미 13국 연접) : 15,719 Km^2
10. 1,500 년대 폴투갈의 식민지
    chefiada-Rio de Janeiro 1501년
    Pau-brasil 1498년   발견
11. 1,800 년대 독립
    1530년 Portugal 왕명으로 식민지 정치 발동
    Brasil Império 왕국 1대(1822. 9. 7 -1831 = 9년간)
                2대(1840 - 1889 = 49년)
    1727 café, oestado do pará, por Francisco
    두 정부의 싸움   (1549 - 1553) 1차
                (1553 - 1558) 2차
                (1558 - 1572) 3차
    1578 하나의 정부가 되다.(수도: Salvador)
    Governo Do NorTe salvador - Luis de Brito
    GoveRNo Do SuL Rio de Janeiro -António salema
    현 정부 탄생 :   1808 년
    1822. 9. 7.   독립

브라질 27주 siglas

[27 capitais Estados]

1. AMAZONAS (AM) : 1,564,445 Km^2 Manaus 7배
2. PARÁ (PA) : 1,248,042 Km^2 Belém 5.7배
3. MATO GROSSO (MT) : 881,001 Km^2 Cuiabá 4배
4. MINAS GERAIS (MG) : 587,172 Km^2
    Belo Horizonte 2.6배
5. BAHiA (BA) : 561,026 Km^2 Salvador 2.5배
6. MATO Grosso do sul (MS) : 350,548 Km^2
    CampoGrande 1.6배
7. Goiãs (GO) : 343,950 Km^2 Goiânia 1.5배
8. MARANÃO (MA) : 328,663 Km^2 São Luis 1.5배
9. TOCANTINS (TO) : 298,086 Km^2 Palmas 1.3배
10. RIO GANDE do sul (RS) : 282,184 Km^2
    Porto Alegre 1.3배
11. PIAUI (PI) : 250,934 Km^2 Teresina 1.1배
12. SÃo PAulo (SP) : 247,898 Km^2 São Paulo 1.1배
13. RONDONIA (RO) : 243,044 Km^2 Porto Velho 1.1배
14. RORAIMA (RR) : 230,104 Km^2
15. PARANA (PR) : 199,554 Km^2
16. ACRE (AC) : 152,589 Km^2
17. PERNAMBUCO (PE) : 148,016 Km^2
18. AMAPÁ (AP) : 140,276 Km^2
19. CEARA (CE) : 98,281 Km^2
20. SANTACATARINA (SC) : 95,985 Km^2
21. PARAÍBA (PB) : 56,372 Km^2
22. RIO GRANDE do NORTE (RN) : 53,015 Km^2
23. ESPIRITO SANTO (ES) : 45,597 Km^2
24. RIo de JANEIRO (RJ) : 44,277 Km^2
25. ALAgoAS (AL) : 27,731 Km^2
26. SERgIPE (SE) : 21,994 Km^2
27 estados e 1 distrito ① BRASilia (수도) D.F 5,814 Km^2

브라질 10대 산 높이
[os 10 Picos MAis ALTos Do BRASIL]

1.	Neblina	3,014 metros	AM
2.	31 de marso	2,992 metros	AM
3.	Bandeira	2,899 metros	ES-MG
4.	Roraima	2,875 metros	RR
5.	Cruzeiro	2,861 metros	MG-Es
6.	Cristal	2,798 metros	MG
7.	Itatiaia	2,787 metros	MG-RJ
8.	Calçado	2,776 metros	MG-ES
9.	Pontão	2,600 metros	MG-SP
10.	Cardona	2,596 metros	AM

브라질 10대 강 길이
[os 10 Maiores Rios do BrasiL]

1.	Amazonas	6,400	Km
2.	Parana-Grande	4,200	Km
3.	Madeira-Mamore	4,000	Km
4.	Purus	3,200	Km
5.	Jurua	3,000	Km
6.	Negro-uaupés	3,000	Km
7.	São-Francisco	2,900	Km
8.	Tocantins	2,700	Km
9.	Araguaia	2,600	Km
10.	JaPra	2,500	Km

국방 DEfESA NACional

공군	força Aérea
권총	pistola / revolver
군함.순양함	Cruzador / Corveta / destruidor
기관총	metralhadora
낙하산	Pára-queda
대포	canáo
미사일	míssil
방아쇠	gatilho
소총	rifle
소화기	extintor
수류탄	granada
어회	torpedo
육근	Exército
잠망경	Periscopio
잠수함	submarino
장갑차	Carro blindado
장총,무기	arma
전투기	avião de casa
지프	jipe
총검	baioneta
총알,탄환	bala
탑	torre
탠트	barraca
탱크	tanque
폭탄	bomba
폭격기	bombardeiro
해군	Marinha
핵무기	arma atômica
핵폭탄	bomba atômica
항공모함	Porta avião

공학 ENgenharia.
건설 Construção
도구 Ferramenta

가위	tesoura
강철줄	lima
깡통따게	abridor de latas
곡괭이	Picareta
골조	casco
굴뚝	chamine
끌	formão
기와	telha
기초	alicerce
나사	rebite
나사돌리게,드라이버	
	Chave de Fenda
나사못	Parafuso
나사송곳	veruma
다락방	Sotão
대들보	longarina
도끼	machado
도랑	calha
도로건설	Construção de rodoviaria
동판	chapa
도라이브	chave de fenda
들보	viga
마루판자	tábua de assoalho
망치	martelo
멍키스패너	chave inglesa
못	Prego
물탱크	cisterna
발판	andaime
벽	parede
벽돌	tijolo

분쇄기	britador
사닥다리	escada
삽	Pá
선반	prateleira
손톱깎이	Cortador de unhas
송곳	berbequim e pua
아스팔트	asfalto
암나사	Porca
용골	quilha
용광로,화로	fornalha
자귀,까뀌	enxo
작은도끼	machadinha
조선,선박건조	Construção naval
족집게	tenaz
주머니칼	canivete
주택건설	Construção de Casas
지붕	telhado
지붕들보	comeira
지하실	Porão
집게,못뽑이	torques
찝게,뺀치	alicate de bico / alicate de Corte
착암기	perfuratriz
철공소	forja
채굴자	escavador
추진기	helice
총계	degrau
코르크	saca-rolha
콘크리트 혼합	britadeira
큰망치	martelo

동 물   ANIMAL

가오리,홍어	arraia
가자미	solha
가슴	tórax
가재	lagosta
갈매기	gaivota
갈치	peixe-espada
강아지	cachorrinho
개	cachorro
개구리	rã
개미	formiga
거미	aranha
거북이	tartaruga
거위	ganso
게	caranguejo
고릴라	gorila
고양이	gato
고래	baleia
곤충	insetos
곰	urso
공작	Pavão
굴	ostra
기린	girafa
깃(털)	pena
까마귀	corVo
꼬리	cauda / rabo
나방	traça
나비	borboleta
낙타	camelo
날개	asa
넙치	linguado
노루,사슴	veado(a).
노새	mula

누에고치(번데기)	casulo
늑대	lobo
다람쥐	esquilo
딱따구리	pica-pau
대구	bacalhau
달팽이	caracol
닭	galinha
당나귀	burro
도마뱀	lagarto
도사견	cachorro bravo
돼지	porco
독사	Cobra
독수리	Águia
돌고래	golfinho
두꺼비	sapo
매	falcão
매미	cigarra
말	cavalo
말벌	Vespa
메뚜기	gafanhoto
멧돼지	porco espinho
모기	mosquito
모이	presa
문어	polvo
물개	foca
물소	Búfalo
바다가재,새우	lagosta
바퀴벌레	barata
박쥐	morcego
발	pata
발굽	casco
발톱	unha do pé
백조	cisne
뱀	serpente / Cobra
뱀장어	enguia

벌	abelha
벼룩	pulga
부리,주둥이	bico
불가사리	Estrela Do mar
뿔	chifre
비늘	escama
비둘기	pombo
비이버(해리)	castor
사슴	Veado
사자	leão
상어	tubarão
새	pássaros
새동우리	ninho
새우	camarão
생선	peixes
생쥐	camundongo
소라	concha
송어	truta
수닭	galo
식인어	canibal
아가미	guelra
악어	jacaré
암닭	galinha
암소	Vaca
양	carneiro / ovelha
앵무새	papagaio
얼룩말	zebra
여우	raposa
연어	salmão
염소	cabra / bode
연체동물	molusco
오리	Pato
오징어	lula
왜가리	garça
올빼미	coruja

원숭이	macaco
유충	larva
이	Piolho
잉어	carpa
전갈	escorpião
젖꼭지	teta
젖 통	ubere
제비	Andorinha
쥐	rato
지느러미	barbatana
지렁이	minhoca
참새	pardal
청어	arenque
칠면조	Peru
카나리아	canário
캉가루	canguru
코끼리	elefante
타조	avestrus
털	Pelo
토끼	Coelho
파리	mosca
파충류	répteis
펭귄	Pinguim
포유동물	mamíferos
표범	leopardo / onça
하마	hipopótamo
하이에너(식육수)	hiena
해마	morça
황소	boi
호랑이	tigre
홍압	marisco

도시와 차 cidade e carro

가로등	Poste de iluminação
가속장치	acelerador
거리측량기	medidor de ignição
건널목	Pedestre
고가도로	arranha-céu
공중전화	orelhão / Telefone Público
공항	aeroporto
광고	anúncio
극장기화기	carburador
동상	estátua
모서리	esquina
모터	motor
바람막이	Pára-brisa
박물관	museu
방열기	radiador
빽미라	espelho retrovisor
버스	ônibus
번호판	Placa
분수	chafariz
브레이크	freio
비행기	avião
사거리	cruzamento
속도계	velocímetro
손수레	carrinho
신호등	faro
엔진기름	óleo do motor
오토바이	motocicleta
완충기	pára - choque
유모차	carrinho de bebe
육교	viaduto
인도	calçada
자전거	bicicleta

재크,기중기	macaco
전지,밧데리	bateria
전화	telefone
점화기	vela de ignição
정류장	Parada de onibus
좌석,의자	assento / banco
줄	fila
차	carro / automóvel
차의 덮개	capô
청소기	limpador de pára-brisa
클러치	embreagem
택시	Táxi
트랙터	trator
트럭	caminhão
트렁크	porta-mala
팬더	pára-lama
하수도	esgoto
해트라이트	farol dianteiro
핸들	volante

땅　TErra

강	rio
개울,호수	lago / riacho
겨울	inverno
계곡	vale
골짜기	penhasco
광채	fulgor
구름	nuvem
궤도	órbita
그림자	sombra
극	pólo
극동	Extremo Oriente
기후	clima
길,도로	estrada / rodovia
나무	árvore
나이제르강	Niger
나일강	Nile
날씨	tempo
남	sul
남극	Antártico
남미	Polo sul
남서	sudoeste
년(年)	ano
눈	neve
다뉴비오강	Danúbio
달	lua
대륙	continente
대서양	Oceano Atlântico
대지,고원	Planalto
동	Leste
동남	Sudeste
동북	Nordeste
땅,육지	terra

로케트	foguete espacial
록키산맥	Montanhas
마을	vila / aldeia rochosas
만	golfo
무지개	arco-íris
미시시피강	Missisipi
바다	mar
반달	meia lua
반도	península
밤	noite
번갯불	relampago
별	estrela
보름달	lua cheia
봄	primavera
봉우리	Pico / Cume
북	norte
북미	América do norte
북서	Noroeste
북극	Artico
비	chuva
빛의상실	eclípse
사막	deserto
사하라	sahara
산	montanha
삼각주	delta
상공	céu
서	oeste
섬	ilha
성좌	constelação
소낙비,소나기	aguaceiro / chuva forte
숲	floresta
아랍	Árabe
아마존	Amazonas
아시아	Asia
아프리카	África

안데스산맥	Andes
알프스산맥	cadeia de montanha Alpes
언덕	colina
여름	verão
열대	trópico
오세아니아주	Oceaniaasia
우랄산맥	ural
우주비행사	astronauta
월식	eclípse de lua
위도,평행선	paralelos de latitude
위성	Satelite
유럽	Europa
인도양	oceano índico
일식	eclípse do sol
인두스	Indus
자오선,정오	meridiano
잔디	grama
적도	Equador
중앙아시아	Oriente Médio
지도	mapa
지중해	Mar Mediterrâneo
지협	istmo
천채	globo
태평양	Oceano Pacífico
평원,초원	Planície / campo
폭포	cataratas
하늘	Céu
해	sol
해협,운하	canal
혜성	cometa
화산	vulção
황하	Hwang-ha
홍해	Mar Vermelho
흑해	Mar megro
히말라야산맥	Himalaia

바 다   Mar

구명보트	barco salva-vidas
그물	rede de pescar
낚시대	vara de pescar
낭떠러지	Penhasco
등대	farol
등대선	barco-farol
릴낚시	molinete
만	baia
먹이	isca
모래	areia
바늘	anzol
바다가재	caranguejo de rio
바위	rocha
방파제	quebra-mar
부두,선창	cais / Porto
산호초	coral
섬	ilha
수평선	horizontal
암석	rocha / rochedo
어선	barco de Pesca
작은만	enseada / angra
지평선	horizonte
찌	boia
추	chumbo
파도	onda
항만	laguna
해변	Praia
해안	litoral / Costeira
해변맨끝	CaVo
해초	alga marinha

병 원 HOSPITAL

간호원	enfermeira
감기	resfriado / gripe
고체온,열	febre
골형성술	osteoPlastia
골종	osteoma
골학	osteologia
구강병학	estomatologia
구내염	estomatite
근육팽창	distensão muscular
기관염	traqueite
기관절개술	ostraqueotomia
뇌막염	meningite
눈병	oftamologia
독물학	toxicologia
독소	toxina
독혈종	toxiguemia
두통	dor de cabeça
마약상용자	toxicomania
비파학	rinologia
비틀림	torção
산부인과	ginecologia
설사	diarréia
성학	sexologia
소아과	pediatria
심장학	cardiologia
신경외과	neurocirurgia
신경학과	neurologia
안과학	oftalmologia
안염	oftalmia
암	cáncer
암학	cancerologia
외과	cirurgia

요리학	culinária
위염	gastrite
위절제술	gastrectómia
위통	gastralgia
유행병	epidemia
유행병학	epidemiologia
의사	médico
이과의학	odontologia
이비인후학	otorrinolaringologia
이염	otite
절골술	osteotomia
절골요법	osteopatia
청신병과	psiquiatria
정형외과	cirurgia plástica
정형수술	toracotomia
조비술	rinoplastia
주혈포자충병	toxoplasmose
중독	toxicose
치과의사	dentista
타박상,멍	contusão
폐결핵	tuberculose
폐결학	pneumologia
폐렴	pneumonia
폐복막염	pneumoperitonio
폐절제	pneumectomia
피부염	dermatite
피부학	dermatologia
해열제	febricula
황열병	febre amarela

색　　cor

검정	Preto
국방색	Verde musgo
군청색	azul-marinho
남색	royal
노랑	amarelo
밤색	marrom / castanho
베지색	bege
보라	roxo
분홍	pink
빨강	Vermelho
주홍	laranja
청색	azul
초록색	Verde
하늘색	azul-clalo
회색	cinza
흰색	branco
연한	claro
진한	escuro

숫자 Numeral

	Números cardinais(기수)	Números ordinais(서수)	Frações(분수)
0	zero	첫째 primeiro-ra	1/2 ummeio / meia
1	um / uma	둘째 segundo-da	1/3 umterço-ça
2	dois / duas	세째 terceiro-ra	1/4 umquarto-ta
3	três	넷째 quarto-ta	1/5 umquinto-ta
4	quatro	다섯째 quinto-ta	2/9 doisnonos-nas
5	cinco	여섯째 sexto-ta	1/10 umdécimo-ma
6	seis	일곱째 setimo-ma	4/11 quatro onze avos
7	sete	여덟째 oitavo-va	5/12 cinco doze avos
8	oito	아홉째 nono-na	1/13 um treze avos
9	nove	열번째 decimo-ma	7/20 sete vinte avos
10	dez	열한번째 décimo priméira	1/21 um vinteeum avos
12	doze	열두번째 décimo segundo	19/30dezenovo trinta avos
14	quatorze /catorze	열다섯번째 decimo quinto	1/40 um quarenta avos
16	dezesseis	스무번째 vigésimo-ma	1/50 um cinquenta avos
18	dezoito	설흔번째 trigésimo-ma	1/80 um oitenta avos
20	vinte	쉬흔번째 quinquagésimo	1/100 um cem avos
21	vinte e um	여든번째 octogésimo	1/500um quinhentos avos
25	vinte e cinco	백번째 centésimo	1/1,000 um milésimo
29	vinte e nove	천번째 milésimo	1/10,000 um décimo milésimo
30	trinta	만번째 décimo milésimo	1/100,000um cem milavos
50	cincoenta / cinquenta	십만번째 centésimo milesimo	1/1,000,000 um milonésimo avos
100	cem / cento	백만번째 milionésimo	1/1,000,000,000 um bilonésimo avos
500	quinhentos	1억번째 bilionésimo	
1,000	mil / um mil		
1,990	um mile novecemtose noventa		
10,000	dez mil		
100,000	cem mil		
1,000,000	um milhão		
1억	cem milhões	10억 1,000,000,000 um bilhão (milhão의 천배)	
1조	1,000,000,000,000. um trilhão		

식물 vegetal ou Botânica

가시	espinho
가지(나무)	galho / ramo
가지(식물)	berinjela
가위	tesouro
감자	batata
깍지,푸른콩	vagem
건초	feno
껍데기	casea
견과(밤,호도)	noz
고구마	batata-doce
고사리	samambaia
고추	pimenta
곡식	grão
과실	fruto
과일	fruta
과일의 살	polpa
꽃	flor
꽃다발,화환	flora
꽃잎	pétala
구근	bulbo
국화	crisântemo
귤	poncam
나무	árvore
나란자	laranja
난초	orquídea
낫	foicinha / foice
농작물	colheita
단풍나무	bordo
담쟁이	arbusto
당근	cenoura
대나무	bambu
달리아	dália
딸기	morango

땅콩	amendoim
라란쟈나무	laranja
레몬	limão
마	inhame
망가(나무열매)	mangue
망고	manga
모닥불	fogueira de acampamento
모란채	couve-flor
밀	trigo
바나나	banana
밤배	pera
백합	lírio branco
빨간무우	rabanete
버섯	cogumelo
버찌	cereja
보리	cevada
복숭아	pêssego
봉오리	botão
뿌리	raiz
뿔나팔	haste
빗자루	vassoura
사과	maçã
사탕무우	beterraba
살구나무	damasqueiro
상추	alface
싹	rebento
쌀	arroz
선인장	cacto
소나무	pinheiro
솜	algodão
수박	melancia
수선화	narciso
수술	estame
수확물	safra / colheita
순무	nabo

실국화	margarida
야자나무	árvore de côco
야자수	côco
양강냉이	agrião
양배추	repolho
양파	cebola
오랑캐꽃	violeta
오이	pepino
옥수수	milho
완두콩	ervilha
이삭	espiga de trigo
잎	folha
자두	ameixa
잔디	gramado
장미	rosa
조그만삽	pequeninhopá
종려나무	palmeira
종자씨	semente
줄기	tronco
차	chá
참나무	carvalho
참외	melão
커피	café
코코아열매	cacau
콩	feijão
토마토	tomate
튜립	tulipa
파인애플	abacaxi
편도의 열매(살구의 일종)	
	amêndoa
포도	uva

육 체 CorPo

가슴	peito
골격	esqueleto
골반	pelvis
관절	articulação
귀	orelhas
근육	músculo
기관,숨통	traquéia
내장	visceras
넓적다리	coxa
뇌	cérebro
눈	olhos
눈동자	pupíla
눈꺼풀	palpebra
눈썹	sobrancelha
늑골,갈빗대	costela
다리	perna
동맥	artéria
두개골	crânio
둔부	quadris
등	costas
뒷굼치	calcanhar
마디	junta
맥박	pulso
머리	cabeça
머리카락	cabelo
목	pescoço
목구멍,식도	garganta
발	pé
발가락	dedos do pé
발목	tornozelo
방광	bexiga
배꼽	umbigo

보조개	bochecha
복부	barriga
속눈썹	pestanas
손	mão
손가락	dedos
손바닥	palmo
손톱	unha
식도	esôfago
신장	rim
심장	coração
아래턱	maxilar
아랫배	abdomen
앞팔	antebraço
어깨	ombro
얼굴	rosto
엄지손가락	polegar
엉덩이	nádegas
위	estômago
유방	seios
이두근	bíceps
이빨	dentes
이마	testa
입	boca
입술	lábio
장딴지	barriga da perna
정강이	canela
정맥,혈관	veia
주먹	punho
창자	intestino
척추	coluna vertebral
청각	ouvidos
코	nariz
코구멍	narina
코수염	bigode
콩팥	rim

턱	queixo
턱수염	barba
팔	braço
팔꿈치	cotovelo
폐	pulmão
허리	cintura
혀	língua
흰자	globo ocular

의 복 vestuário

까운(잠옷)	roupão
고무줄	elástico
골무	dedal
구두	sapato
구두굽	salto
구두끈	cordão sapato
구두창	sola
기저기	fralda
나막신	tamanco
넥타이	gravata
넥타이핀	alfinete de gravata
단추	botão
단추구멍	casa de botão
덧신	galocha
뜨게질	tricô
뜨게질실	agulha de tricô
레이스	renda
런닝샤쓰	camiseta
리본띠	fita
말냐기계	galoneira
머리핀	grampo
모피코트	casaco de peles
머리수건	lenço de cabeça
모자	chapéu
면사포	véu
모자핀	alfinete de chapéu
목걸이	corrente
목긴구두	bota
목도리	cachecol
바늘	Agulha
바지	calça
반지	anel

분첩	pompom
분통	estojo de ?
브라우스	blusa
브로치	broche
샤츠	camisa
샌들	sandália
소매	manga
소매끝통	punho
속팬츠	cueca
손목시계	relógio de pulso
손수건	lenço
스웨터	suéter
스타킹	meia
슬리퍼	chinelo
실	linha
아기	bebê
안경	óculos
안전핀	alfinete de segurança
양말	meia
웨딩드레스	vestido de noiva
오바록	overlock
오바코트	sobretudo
요람	berço
우주	Planeta
우비	capa
우산	guarda chuva
운동양말	meião
운동팬츠	calção
인형	boneca
인다록	interlock
입술연지	batom
자수	bordado
자켓	jaqueta
잠옷(남)	pijama
(여)	camisola

장갑	luva
젖꼭지	chupeta
장난감	brinquedo
장난감방울	chalda
조끼	colete
주름,접음	prega
주머니	bolso
줄자	fita métrica
지퍼	zíper
천	tecidos
천의가장자리	bainda de costura
치마	saia
칼라	colarinho
커프스단추	abotoaduras
코트(남)	paletó
(여)	casaco
코트	casaco de inverno
크림	creme para apele
턱받이	babadouro
털가죽	pele
털실	lã
틀,기계	maquina de costurar
팔찌	pulseira
팬티(여)	calcinha
핀	alfinete
하의	roupa de baixo
한코	ponto
허리띠	cinta
헤딩드레스	noiva
혁대	cinto
혁대장식	fivela
화장품	maquilagem
호크	coichete

직 업 Profissão

가게주인	lojista
가구장이	marcineiro
간호원	enfermeira
강도	assaltante
검사	promotor
경찰	policial
경찰서	delegacia
고기장수	açougueiro
공군	aeronáutico
과학자	cientista
관리인	administrador
군대	exército
군인	soldado / militar
기계공	maquinista
기술공	mágico
기업가	empresário
내무부장관	ministro do interior
년말보너스	abono
농부	fazendeiro
농수산부장관	ministro da agricultura
대사	embaixador
대사관	embaixada
대장	capitão
대통령	presidente
도둑놈	ladrão
모형도안가	modelista
목수	carpinteiro
목자	vaqueiro
문공부장관	Ministro da Educação
문지기	porteiro
바느질일	costureira
버스운전사	motorista de ônibus

법무부장관	ministro da justiça
변호사	doutor / advogado
보조원	assistente
부시장	vice prefeito
부통령	vice precidente
비서	secretária
비자	visa
비행기기술자	aeromecânico
상인	comerciante
상원	senador
선생	professor
선원	marinheiro
소득세	imposto de renda
소방수	bombeiro
수납원	cobrador de ônibus
수위	zelador
수녀	Freira irmã
스튜어디스	aeromoça
시장	prefeito
신부	padre
신호수	sinaleiro
실내장식업자	decorador
실업가	industrial
어부	pescador
여행	turismo
여자미용사	cabeleireira
연공	encanador
연방경찰서	Polícia Federal
연방의원	Deputado federal
영사	consular
영사관	consulado
외무부장관	ministro da exterior
요리사	cozinheiro
웨이터	garcom de bar
여권	passaporte

여권교환	trocar passaporte
여권갱신	renovar passaporte
여자경찰	polícia de mulher
영사관	Consulador
육군	exército
은행가	banqueiro
은행강도	ladrão de Banco
은행원	bancário
은행장	Gerente
음악가	músico
의사	médico
이발사	barbeiro
인쇄공	impressor
일반사무원	moça da caixa
자동차기술자	mecânico
잠수부	mergulhador
장관	ministro
재단사	cortador
재봉사	alfaiate
재무부장관	ministro da fazenda
전기기술자	eletricista
전자기술자	técnico eletrônico
점원	balconista
조수	ajudante geral
조종사	piloto
주지사	Governador de estado
주의원	deputado estadual
지배인	gerente
짐꾸리는사람	empacotador
짐꾼	carregador
차고근무자	garagista
창구	caixa
청소부	lixeiro
총	arma
총알	bala

치과의사	dentista
칼	espada / faca
탄광인,갱부	mineiro
택시운전수	motorista de táxi
퇴직금	retiro ganho
판사	juiz / juiza
판매원	vendedor
하원	vereador
학생	aluno / estudante
해군	naval
행상인	mascate
형무소	presão
형사	detetive
화가	pintor
휴가	feriado

집과 가구   casa e seus móveis

가방	sacola / pasta
가장자리	beiral
가위	tesouro
갈퀴	ancinho
감자튀김	batata frita
강간	violentação
개집	canil
깡통	lata
깡통따게	abridor de latas
거울	espelho
거적	capacho
걸쇠	aldrava
팽이	enxada
금고	cofre
나무	madeira
난간	gradeado / peitoril
난로	lareira
낫	foicinha
냉장고	geladeira
누비이불	colcha
다리미	ferro elétrico
다이루	azulejo
단지	pote
담요	cobertor
대문	portão
대야	pia / bacia
덤 불,숲	arbusto
덧문	veneziana
덮개,뚜껑	tampa
도람통	tambor
등불	luz de lampião
등의갓	quebra-luz

라디오	radío
마법병,보온병	garrafa / térmica
말랴기계	galoneira
머리솔	escova de cabelo
모닥불	fogueira
목욕탕	banheira
문지방	soleira
물통	balde
문	porta
물탱크	cisterna
미싱	máquina de costura
믹사기	liquidificador
바구니	cesta
반침대	suporte
발코니	sacada
발판	pedal
밥솥	panela de arroz
방석	almofada
배낭	mochila
빨래줄	varal
베게	travesseiro
베갯잇	fronha
베란다	varanda
벽	parede
벽시계	relógio de parede
변기	sanitário(material para sanitar)
변소	banheiro
병	garrafa
병따게	abridor de garrafas
병풍	biombo
보도	vereda
보물상자	porta-jóias
볼펜	caneta
부엌	cozinha
북	bobina

북집	lançadeira
브라질보신탕	feijoada
브라질불고기	churrasw
비누	sabonete
빗	pente
빗자루	vassoura
빗장	ferrolho
살수차	regador
살인	assassino
삽	pá
상자	caixa
싸움	brigar
샤워기	chuveiro
선반	prateleira
설계학,건축학	arquitetura
선풍기	ventilador
세면대	lavatório
세척기	seringa
세탁기	máquina de lavar
소포	pacote
손가방	bolsa de senhora
손수레	carrinho de mão
손잡이	maçaneta
솔	escova
솥	caldeira
수건걸이	porta-toalha
수도관	cano de escoamento
수도꼭지	torneira
수평대	Equilibridor
숟갈	colher
쓰레기통	depósito de lixo / tanque
쓰레받기	pá de lixo
식기실	despensa
식탁	mesa para Cozinha
안락의자	poltrona / sofá

액자	quadro / pintura
야채무침	salada
여과기	coador
여행가방	mala de viagem
연장도구	ferramentas
연필	lápis
열쇠	chave
오두막집	cabana
오바로크	overloque
옷걸이	cabide
옷장	guarda-roupa
요리남비	caçarola
욕실	banheiro
우물	poço
우우병	mamadeira
우편함	caixa postal
운송용상자	engradado
울타리	cerca
유연한선	fio flexível
융단	tapete
응접실	sala de estar
의자	banco
인다록	indaloque
인터폰	interfone
인형	brinquedo
자루	saco
자명종	despertador / alarme
자물쇠	fechadura
작은삽	pazinha
잔	xícara / caneca
잔디	grama
장	cômoda
재단칼	maquinade corte
재봉틀	máquina de costura
저울	balança

전기난로	lareira elétrica
접시	prato
종이	papel
주차장	garagem / estacionamento
주걱	concha
주형,틀	moldura
쥐덫	ratoeira
지갑	carteira
지붕	telhado
진공소제기	aspirador de pó
차단기	interruptor
차주전자	búle de chá / chaleira
찬장	armário
창문	janela
창문유리	vidraça de janela
책상	escrivaninha
책장	estante
천장	teto
체	peneira
초인종	campainha
촛대	castisal
치솔	escova de dentes
치약	pasta de dentes
침대	cama
꼬마침대	cama para criança
침대보	acolchoado
침대용요	colchão
칼	espada / faca
커어튼	cortina
커피	café
커피주전자	bulé de café
케잌	bolo
컵	copo
컵받침	pires
큰궤	caixote de embalagem

큰낫	foice
큰빗	escovão
타월	toalha de rosto
탁상시계	relogio de mesa
통	barril / tonel
포크	garfo
핀	pino de tomada
항아리,단지	pote
항아리,독	jarro
행주	esfregão / pano de prato
호공	fogão
형틀	moldura
화단	canteiro
화병	vaso
화로	forno / microondas
화장품	maquilagem
홋이불	lençol
흙손,쇠손	pá

종 교 religião

그리스도인	cristão
가운	toga
감리교	metodismo
감리교회	lgreja metodista
건축헌금	oferta para edificacão do templo
구약성경	Antigo testamento
구제품	matéria para socorrer
기독교	cristianismo
교회	lgreja
금식	jejum
기도	orar / oração
기도원	monte de oração
권사	diaconia
마호메트교,회교	maometanismo
미사	missa
미사경본	mîssal
묵상기도	meditação
마귀,사탄	satanás
목사	pastor / Reverendo
부처,석가여래	Buda
불교	budismo
복음	Evangelho
복음성가	cantico espiritual
부활	ressuscitar
부활주일	domingo da páscoa
사도신경	credo apostólico
선교사	missionário
성결교회	Igreja Evangélica Holiness
수양관	acampamento
사랑	amor
성가대	coral
생명	vida

설교	pregação
성경	bíblia
세례	batizamento / batizar
신학교	seminário / teologia
신학생	seminarista
신학성경	novo testamento
십계명	os dez mantamentos
십자가	cruz
십자군	cruzada
안식교	sabatismo
여호와증인	testemunha de Jeová
오순절교회	lgreja pentecosta
유교	confucionismo
유태교	Judaísmo
유학자,공자의	confuciano
이스람교,회교	islamismo
장로교	presbiterianismo
장로교회	lgreja presbiteriana
주기도문	a oração domincial
침례교	batismo
침례교회	lgreja batista
통일교회	lgreja unificado
천주교회	lgreja católica
하나님의 성회	Assembléia de Deus
힌두교	hinduísmo
아멘	Amén
안식일	sábado
예수그리스도	Jesus Cristo
안수	imposição de mão
영생	vida eterna
예배	culto
장로	presbitero
전도	pregação
전도사	evangelista
재림	vinda (segunda Vinda)

지옥	inferno
집사(남)	diacono
(여)	diaconisa
찬송가	hinário / hino
천국	céu
축도	Bênção dos Apóstolos
평신도	leigo
할례	circuncisão
할렐루야	aleluia
헌금	oferta
~후렴	coro

학 교 Escola

각도기	transferidor
고등학교	colegial
고무	borracha
교단	Denominacão
교수	professor
교장	diretor
국민학교	primário
그림틀	cavalete escolar
기	bandeira
기술학교	Escola técnica
대학교	faculdade
대학교수	professor de universidade
도서실	biblioteca
목록	catálogo
반	classe
볼펜	caneta
분필	giz
붓	pincel
삼각자	esquadro
신문	jornal
연필	lápis
유치원	pré-escolar
의자	cadeira
잉크	tinta
자	régua
잡지	revista
종합대학	universidade
중학교	Grau
지도책	Atlas
지우개	apagador
책	livro
책가방	pasta escolar

책상	carteira
책장	estante de livro
칠판	quadro-negro
카드식색인	fichário
콤파스	compasso
펜	caneta-tintéiro
페이지	página
표지	capa
학년	grau

동사의 분류

의의상(意義上)의 분류
. 타동사(verbos transtivos)
. 자동사(verbos intransitivos)
변화상(變化上)의 분류
. 규칙동사(verbos regulares)
. 불규칙동사(verbos irregulares)
형식상(形式上)의 분류
. 조동사(verbos auxiliares)
. 능동태(能動態)(voz activa)
. 수동태(受動態)(voz passiva)
. 대명(代名)동사(verbos pronominais)
. 결여(缺如)동사(verbos defectivos)
 (변화에 있어서 인칭(人稱) 또는 시(時)가 결여되는 동사)

인칭(人稱) :	제1인칭(1° pessoa)
(pessoa)	제2인칭(2° pessoa)
	제3인칭(3° pessoa)

시(時) :	현재(presente)
(tempo)	과거(pretérito또는passado)
	미래(futuro)

동사의활용 : 수(數) -	단수(singular)
	복수(plural)

법(法) -	직설법(indicativo)
(modo)	조건법(condicional)
	명령법(imperativo)
	접속법(subjuntivo)
	부정법(infinitivo)

규칙동사

제1변화	어미ar로 끝나는 동사 .... louvar
제2변화	어미er로 끝나는 동사 .... vender
제3변화	어미ir로 끝나는 동사 .... partir
제4변화	어미or로 끝나는 동사 .... Pôr

ㄱ

가,끝	borda
가게,상점	loja
가게주인	dono da loja / lojista
가격	preço / valor
가결하다	aprovar
가곡,노래	cantiga
가공하다,제작하다	manufaturar
가구	móvel
가구장이	marceneiro
가꾸다,경작하다	cultivar
가극,오페라	ópera
가까스로모으다	juntar com dificuldade
가까운	próximo
가까운길	atalho
가까이	perta
가까이가다	chegar
가까이가라	vai mais perto
가까이하다(가다)	aproximar
가까와 오다	chegado
가깝다	perto
가끔	ocasionalmente
가나다	alfabeto coreano
가나안인	canaanita
가나안의 아비라	o pai de canaã
가나안 족속	cananeu
가나오나	vai-bem
가난,빈곤	pobreza
가난한	pobre

가누다,지배권을갖다

	predominar
가느다란,가늘다	fino
가능하다	poder
가능한	possível
가다	ir / sair
가는	vai
간	foi
갈	ira
까닭,원인,이유	razão / causa
가도,가로	rua
가동성,운동성	mobilidade
가두신문판매소	banca de jornal
가득찬,충만	cheio / lotado
가득판,충만한	pleno
가득하다,채우다	encher
가득하리니	enchedor
가득한것	abundância
가라사대	dito
가라앉히다	sumerir
가랑비	chuvisco
가련한	misero
가령	será
가로	horizontal
가로등	combustor
가롯유다	judasIscariotes
가루	pó / farinha
가루비누	sabão em pó
가르다,나누다	repartir / dividir
가르쳐,가르침	ensino
가르치다	ensinar
가르치심	discurso / doutrina
가르친다	ensinando
가르친대로	instruído
가르키다,알려주다	indicar

가리다(몸을)	cobrir
가리다,고르다	escolher
가리키다,보이다	mostrar / indicar / apontar
가리라	ir
가리며	coberto
가리어지다	esconder- se / ocultar-se
가리우는	coberta
가리자	vamos cobrir
가리키다,지시하다	indicar / indicando
가릴것	cobertura
가마니,포대	saco
가만두어라	deixa
가만히있을지니라	calar
가망,소망	esperança
가며	ido
가면,복면	máscara
가명,별명	cognome
가문,족보,혈통	linhagem
개	cachorro
개구리	rã
개미	formiga
까마귀	corvo
까무러뜨리다	desmaiar
가미하다,조미하다	temperar
가발	peruca
가방	mala / bolsa
가버리다.떠나다	ir-se embora
가벼운,경미한	leve
가벼운음료수	refresco
가볍게,경솔한	ligeiro
가부	sim ou não
까불다,행하다	agir
가사의,가정의	doméstico
가산,유산	adição
가산하다,추가하다	adicìonar

가상하다	imaginar
가설하다	construir
가속,급속	aceleração
가솔린	gasolina
가솔린탱크,물탱크	tanque
가수	cantor
여가수	cantora
가스	gás
가슴,흉부	peito / seio
가슴아픈	sentidos
가시,나무의가시	espinho / espinheira
가시가 많은	espinhoso
가시 면류관	coroa de espinho
가십시요,지나십시오	passar
가열하다	aquecer
가엾은,불쌍한	lamentável
가에,말단	ponta
가에,맨끝	extremidade
가에 서서	põe-te em frente
가오리,홍어	raia
가옥	casa
가옥세	imposto
가요,가곡	melodia
가운데,사이에	entre
가운데,중앙지	meio / centro
가운데서	dentro
까운(성가대)	beca / toga
가을	outono
가입,입회	afiliação
가위	tesoura
가장	pai de família
가장높은,최상의	sumo
가장자리	cerco
가장좋은것	melhor
가장하다	fingir

ㄱ

가짜	imitação
가재	lagosta / lagostim
가정	familiar
가정하다,추측하다	supor
가족	família
가져가다	levar
가져다가,취하다	tomar / tomando
가져오다	trazer
가져오매,가져왔으니	
	trazido
가죽	couro / peles
가죽옷	de peles
가증한,증오하는	repugnante
가증,미워하기	abominação
가지(나무)	galho / ramo
가지(식물)	berinjela
가지각색의	vários
가지고가다	levar
가지고놀다	brincar
가지고 오다	trazer
가지고있다,가지다	ter / haver
가축	animal / doméstico / gado
가출	corrida
가치.값	valor / preço
가치있다	valorizar
가풍,전통	tradição
가택수색	registro domiciliario
가하다,첨가물	adicional
가해자,장본인	causador
가혹히	severamente
......까지	até
각,모	ângulo
각각	um por um / cada um
각개,낱낱의	cada / indivíduo
각개인	cada pessoa

각국	todos os países
각기같은모양의	conforme
깎다,긁다	raspar / tosquiar / aparar
각도기	transferidor
각뜨다	desmembrar
각뜬고기와	E partirás o carneiro
각본	drama
각색,극화	dramatização
각색하다	dramatizar
각부처	cada departamento
각별한,아주친한	íntimo
각색병	várias enfermidades
각서하기	anotação
각성하다	acordar
각오	firmeza
각자	cada qual um
각종의	vários / classes
각하	vossa excelência
간	fígado
간격	espaço
간결하게	brevemente
간곡	amabilida e cordialidade
간과,관용	tolerância
간교	astuta
간교하다,교묘	sutileza
간구하다	rogar
간구하매	clamado
간구하시다	interceder
간단,단일	simplicidade
간단한	breve
간단한설교	sermão
간단한 일상회화	conversação simples
간단히,생략해서	abreviadamente
간략하다	simplificar
간막이	compartimento

간부,간음한자	adúltero(a)
간부(지도하는)지배인	diretor
간사한	velhaco
간섭하다	intrometer / meter-se
간수하다	guardar
간식	merenda / lanche
간식하다	comer lanche
간신히	dificilmente / dificuldade
간악,악의	malvado / vício
간음	adultério / prostituição
간음중에 잡힌여자	uma mulher apanhada em adultério
간음하다	adulterar
간음하지말라	Não cometerás adultério
간이화장실	mictório
간장	shoyu
간지럼	cócegas
간직하다	guardar
간질병	epilépsia
간질하는자	lunáticos
간청,애원	apelação
간첩,정탐군	espião
간청하다	rogar / requerer / pedir / solicitar/ suplicar
간추리다	arrumar
간통	adultério
간판	letreiro
간행,출판	publicação / edição
간행하다	publicar
간호원	enfermeira(o)
간호하다	assistir
갇히다,갇힌자	preso
갇힌바 되었다	carcerado
갇힌사람,포로	cativo
갇힌자,투옥	prisão

갈게하다,경작하다	lavrar
갈고리	colchete
갈로리,핀	gancho
깔다	forrar
갈기갈기 찢다	rasgar
갈기다(구타하다)	bater
갈다,갈음질하다,	
빻다	moer
갈다,날세우다	afiar
갈다,밭가리하다	arar
~ 노동하다	elaborar
갈대	junco / cana
갈대의,갈대같은	arundiaceo
갈라지다	dividir
갈리지아니하나니	perpétuo
갈래,두길로나뉜	bifurcação
갈릴리	galiléia
갈릴리바다	do mar da galiléia
갈망하다,열망하다	almejar
갈망,아쉬움	saudade
갈매기	gaivota
갈밭,초원	prado / campo
갈보,매춘부	prostituta(o)
갈비,갈빗대	costela
갈상자	arca de juncos
갈색,밤색	castanho / pardo
갈증,목마름	sede
갈아앉다	submergir
갈아입다	trocarvestir
깔아뭉개다	esmagar
갈퀴	ancinho
갈팡질팡한,혼란한	confuso
갉아먹다,좀먹다	roer
감	caquí
감각	senso

감각력,신경과민	sensibilidade
감각이 없는	apático
감기	gripe / resfriado
감금,체포	prisão
감금하다,구속하다	prender
감격하다	emocionar
감다,동여매다	cingir
감당하다	suportar
감독,감독관	diretor
감독자,교장,지배인	superintendente
감독하다	fiscalizar
감동된	comovido
감동하다,	
감동케하다	comover / impressionar
감람기름	óleo de oliveira
감람산	monte de oliveira
감리주의	metódismo
~ 교회	lgreja metodista
감리교신자	metodista
감명케하다,	
감명받다	impressionar
감미,단맛	doçura
감방	prisão
깜박이다,	
깜박거리다	piscar
감사,고맙습니다	obrigado
감사,고마움	agradecimento / gratidão
감사의 뜻을	
표하다	agradecemos
감사하는,고마움	agradecido
감사하다,감독하다	fiscalizar
감사합니다.	obrigado / agradecido
감상.감정.느낌	sentimento
감상적인	sentimental
감상주의자	sentimentalista

감상주의,다정다감	sentimentalismo
감상하다	apreciar
감소	decremento
감소하다,작아지다	decrescer
감수성,감정	sensibilidade
감시하다	vigiar / controlar
감시된,속박된 죄수	preso
감염하다	contaminar
감옥,교도소	prisão
감옥에 갇힌,수감자	aprisionador
감옥에 갔다	mandou para prisão
감자	batata
감자밭	batatal
감자튀김	batata frita
감전	choque
감정,정서	emoção
감정하다	orçar
감정인,평가인	apreciador
감쪽같이,비밀리에	secretamente
감지하다,느끼다	sentir
감지하다,눈치채다	perceber
깜찍스러운	gracioso
깜찍한	bonita / bonitinha
감찰하다	discernir / examinar
감촉	sensibilidade
감추다,숨기다	esconder / ocultar / segredo
감추어	esconde
감추인것	encoberto / escondido
감탄	interjeição
감탄,칭찬	admiração
감탄하다,탄복하다	admirar
감탄했다	admiro
감하다,털다	subtrair
감하지,줄인	abreviado
감하지말고	nada / diminuir

감해주다	alivia
감화,영향	influência
감화주다	influir
감행하다	aventurar
감화	influência
감히	ousadamente
갑갑한	abafante
갑옷	armadura
갑자기치다, 급습하다	surpreender
갑자기	de repente
갑작스러운	repentino
갑절	dobro
갑절이 되리라	e será o dobro
갑판,덮개	placa / coberta
값	valor / preço
값이 비싸다	muito caro
값없이,무상으로	gratuitamente
값진	grande valor / valioso / valoroso
갓	chapéu coreano
갓낳은	recém-nascido
강	rio
강간,강탈	violenta
강간하다	estuprar
강당	auditório
강대하다	fortalecido
강대하여	grandemente
강대한	imensa(o)
강도	intensidade
약한강도	bandido
강력한	poderoso
강렬한(최상급)	fortíssimo
강렬한.힘센	intensidade / intenso / violento
강령	formação de prinápio
강령이니라	ordem

강사	conferencista
강설	nevada
강세하다	coagir
강심제,흥분제	medicina / estimulante
강아지,개	cachorrinho / cachorro
강압	pressão
강압적인	supressivo
강연	conferência
강연하다,강의하다	conferenciar
강요	insistência
강요하다	exigir
강요된,의무가 있는	obrigado
강요하다	impôr
강우,소낙비	chuva / aguaceiro
강음	acento
강의	aula
강적	inimigo / poderoso
강제하다	coagir
강제하다,강요하다	ompelir / constranger / obrigar
강조하다,역설하다	acentuar
강철	aço
강철줄	lima
강철같은	acerado
강철공장,제강소	aceraria
깡충뛰다	cabriolar
강타	golpe
강탈자,강도	arrombador / ladrão
강탈하다	roubar
강토,영토	território
깡통	lata
~ 따게	abridor de latas
강팍하다	endurecer
~ 하게되어	endurecido
강팍케,굳세게	endureça
깡패의	apache

강평	censura / crítica
강하, 하행	descido
강하게하다	esforçar / fortificar
강하도다, 강한	poderoso(a)
강한, 힘센	forte
강한자	valente
강화, 재집중	reconciliação
강화하다	fortalecer
갖고오다, 가져오다	trazer
갖난아기	bebê
갖다드렸느냐	trazido
갖추다	preparar
갖추었으니, 준비되었다.	
	já pronto preparado
갖출것이니라	esconder
같게하여	mesma
....같게하여주사, 보조의	
	segundo
같다하리나, 비슷한	semelhante
같으니	igual / igualmente
같은, 동일한	igual / mesmo
같은 모양의	conforme
같은, 유사성	semelhança
같이	igualmente
....같이 보이다	parecer
같이 앉다	submergir
같이 하여	unânimo
갚고, 갚다	pagar
갚으리라	recompensa / recompensação
갚으시리라	recompensar
갚으심, 보답하는	recompensado
개	cachorro
~ 집	canil
개개의, 각각의	individual / respectivo
개구리	rã

개근	presença / regular
깨끗이하다	limpar / purificar
깨끗하리라	ficarlimpo / será limpo
깨끗하다	ser limpo
깨끗하여	purificado
깨끗한,순수한	limpo(a) / pureza / puro(a)
개념의	conceptual
깨다(잠을)	despertar
깨닫는자	compreender
깨닫다	perceber
깨닫지못하더라	não a compreenderam
깨달음,아는바지식	conhecimento
개동시(동틀무렵)	Luz da manhã
개똥벌레	pirilampo
깨뜨리다	quebrar / partir
개략,개요	sumário
개량하다	melhorar
개론,서론	introduçãõ
개막,착수	abertura
개막극,서막,전예	ante-ato
개막하다	começar
개명하다	trocar próprio nome
개명한	civilizado
개미	formiga
개발된	desenvolvido(a)
개발하다	desenvolver / explorar
개방	entrada livre
개방하다,공개하다	divulgar
개벽,처음	começo
개변한,변경한	convertida
개별화하다,개별적으로	
	individual
개봉	abertura
개봉하다	abrir uma carta
개선의,승리의	triunfal

개성,성격	personalidade
개소,장소	ponto
개수,수량	número / quantidade
개시	começo / princípio
개시,개점	abertura
개시하다,개업하다	começar / iniciar / principiar
개심하다,고치다	corrigir
개에게 던질지니라	aos cãos a lançar
개요,요약	sumário / súmula
개울	riacho
개인,개인의	individual
개인주의,개인중심	individualismo
개입하다	intervir
개정,수정	revisão
개정하다,개조하다	reformar
개조하다,개축하다	reconstruir
개집	canil
개짖는소리	latido
깨어일어나다	despertando
~있어	vigília
~있으라	vigiar
~지겠고	despedaçar
깨우다,각성시키다	despertar
개찰구	entrada
개척자,선구자	pioneiro
개척하다	colonizar
개천,작은내	riacho
개축하다,다시짓다	reedificar
깨치려하다,파괴하다	
	arrombar
깨닫다,판단하다	entender
개편하다,재편성하다	
	reorganizar
개학하다	iniciar(=começar)às aulas
개혁하다	reformar

~자	reformador
개혁,혁명	revolução
개혁주의,혁명가	revolucionário
개화,계몽	civilização
개화하다,꽃피다	florir
개회	início de reunião
객	visita / visitante
객선	navio de passageiro
객실	sala de visitas
갱,동굴	buraco
갱도,터널	túnel
갱부,광부	minador
갱신하다,새롭게하다	
	renovar
거꾸러뜨리다	derrubar
거꾸로떨어뜨리다	precipitar
거꾸로하다,뒤집다	inventar
거기	aí / ali / lá
거기를	de lá
거기 이르기까지는	até que cheguemos lá
거기서부터,그때부터	
	daí(전치사de+aí의 결합)
거기있으라	e fica lá
꺼내다,끌어내다	tirar
거니시다	passeava
거닐다	andar a toa
거대한	enorme / gigantesco
거동하다	comportar-se
거래하다	negociar
거두다,합치다	ajuntar
거두다	recolher
거두워들이다,따다	colher
거둘것이다	eococherá
탄생하다	nascer
거듭나지 아니하면	não nascer de novo

거래하다	negociar
거래	negócio
거룩하게하라	santificar
~하는데	santifica
~하여	santificado
~하거든	santificação
거룩함,신성한	santo / sagrado
거룩하게 될지라	sejam santificados
거룩하리라	e será santo
거룩하여하다	santas / santificada
거룩한곳	lugar santo / santuário
거룩한 옷	vestidos santos
거룩한 땅이니	é terra santa
거룩한 성	na cidade santa
거류,거주소	morada
거름,비료	adubo
거리,간격	rua
거리구역,지역	bairro
거리,노정,먼곳	distância
거리낌없는	franco / sincero
꺼리다	evitar
거만	orgulhoso
거만,불손	altanaria
거머리	bicheiro
거물	pessoa notável
거므스르한,갈색의	moreno(a)
거미	aranha
거민	morador
거부,부자	rico 여 rica
거부하다	recusar / rejeitar
거북이	tartaruga
거세하다,불알을(돼지)까다	
	castrar
거센,강폭한	violento
거스려,반역	rebeldia

거스리는자	rebelde / resitente
거스름돈,잔액	restante
거실	sala de estar
거역한,부인한	contradiçoẽs
거울	espelho
거인	gigante
거위	ganso
거의,대부분	quase
거저,무료의,그저	gratuitamente / de graça
거절	recusar / negar
~ 하다	recusar
거절하다.거부하다	rejeitar
거제물	alçada
거주	residência
~ 하다	morar / residir
거주자,살고있는	habitante
거죽,표면	superfície
거지	mendigo
거짓의,허위	falso / fingido
거짓말	mentira
~ 장이	mentiroso
~ 하다	mentir
~ 하는사람	penetra
거짓으로	mentido
거짓증거	falsos testemunho(a)
거짓증거하지말라	não dirás falso testemunho
거지다,없어지다	desaparecer / sumir
꺼져	sai fora
꺼져가다	se apagar
거창한,광대한	imenso
거추장스러운	desairoso
거치는	tropeço
거칠은	rude
거칠것,방해물	tropeço / rejeiteis
거품	bolha / espuma

거하겠느뇨	permanecer
거하다,살게하다	habitar / hospedar
거하였으니	morando
거하지아니하니	não permanece
거행하다,집행하다	celebrar / executar
꺼지다	apaga
걱정,고민,근심	ânsia / ançiendade / preocupação
걱정하는	ansioso
걱정하지마	não faz mal
꺽다,짓밟다	esmagar
꺽꽂이	plantação
건강	saúde
건강을 회복하다	recuperar a saúde / restabelecer-se
건강한	saudável
건강한자	saudáveis
건국하다	construir o país
건내다	passar
건너가	passado
건너가다	atravessar
건너가보다	olhar para outro lado
건너뛰다	pular
건너편	outro lado
건널목	pedestre
건드리다,만지다	tocar
건립하다,짓다	erigir
건립하다,창립하다	estabelecer
건물	edifício
~ 구조,골조	estrutura
건방지게 되다	achibantar-se
건방진,거만한	alternado
건배,축배	saúde
건설,건축	construido / construção / estabelecimento
건설상의,건설적인	fabuloso
건실하게	confiantemente

견실한	firme
건어	peixe seco
건위제	medicamento estomacal
건의하다,권고하다	sugerir
건장한	forte
건전지	bateria seca
건전한	salúbre
건전하다	estar saudável
건져내랴,구출하다	salvar resguar
건조,말리기	dessecamento / seco
건조하다,건조시키다	
	secar
건조기	secador
건조한,불모의	arido
건초	feno / forragem
건축	edificação
건축가	arquiteto
건축하다	construir / edificar
건축업	trabalho de construção
걷다,걸어가다	andar / passear
걸어차다,발로차다	chutar
걸어치우다,포기하다	
	desistir
걸우어들이다,추수하다	
	colher
걷히다,맑게하다	desanuviar
걸다,매달다	suspender
걸레	esfregar
걸인	mendigo
검,칼	espada
검거하다,붙잡다	capturar
검둥이	negro / preto / moreno
검문하다	inspecionar
검문소	ponto de inspeção
검사,조사,시험	exame

검사하다	vistoriar
검안,시력검정기	optometria
검역정선기간	quarentena
겸열하다,겸열관	censurar
검인	impressão
검정,감사	inspeção
검정색	preto
검은(색)	preto
검은기러기	urubu
겁	medo
겁많은,겁장이	tímido
것,물건	objeto
것이나,유사성	semelhança
껍질,겉껍질	casca
~두터운	casca grossa
~을 벗기다	tirar a casca
껑충뛰다	saltar
겉,표면	superfície
겉모양,외모	aparência
겉옷	vestido / roupas de fora / túnicas
겉으로는	por fora / exteriormente
겉은,밖의	exterior
겉치레하다,장식하다	adornar
게	caranguejo / sirí
~ 잡는사람	carangueiro
게걸거리다,중얼거리다	
	rosnar
게바	cefas
게시하다,고시하다,알리다	
	notificar
게양하다,올리다	elevar
게으른,태만	negligente / preguiça
게으름,나태	ócio
게올리하다	negligenciar
게으름뱅이	bandarra / aciosos

게임,경기	jogo
겟세마네	getsêmane
겨,왕겨,깍대기	debulho
겨냥	mira
겨냥하다	visar
겨누다,주목하다	mirar
겨누다(창,검따위로)	apontar
겨드랑이	áxila
겨우	apenas
겨울	inverno
겨자	mostarda
껴안다,포옹하다	abraçar
껴안은것	abraçando
껴입다	vestir bastante roupa
겪다(고통을)	sofrer
격노케하다,노하게하다	
	provocar
격노	raiva
격돌,충돌	impacto
격동,감동	comoção
격려하다,장려하다	estimular
격렬한	violento
격론,토론	discussão
격리하다	isolar
격언	ditado / provérbio / rifão
격퇴하다	repulsar
견고,굳은마음	firmeza / fortificado
견고한,든든한	firme
견고히 잡으면	firmemente
견대,어깨부분	ombreiras
견디는자	persistente
견디다,극복하다	agüentar / aturar / suportar
견딤,참음	suportado
견문	conhecimento
견본,표본	amostra

견습	aprendizagem
견준다	projetar
걸머지다	carregar no ombro
걸상	assento / cadeira
걸식하다	mendigar
걸음	andar / passo
걸작,작품	obra-prima
걸치다	vestir
걸터앉다	sentar escarranchado
걸핏하면,자주	umiude
견제하다,감시하다	controlar
견주다,비교하다	comparar
견지하다,지속하다	sustentar
견직물	tecido de seda
견책,실책	reprimenda
견학	estudo pela observação
견해,의견	opinião
결과,성적	resultado
결국	afinal / enfim / finalmente
결근하다	estar ausente
결당의,정당의	político
결례	purificação
결론	conclusão
결막염	conjuntivite
결말짓다,끝내다	acabar
결박하다	atar / amarrar
결백한,죄없는	inocente
결별하다,이별하다	separar
결산	pagamentos de contas
결석하다	fazer gazeta / fautar
결손	deficiência
결실,열매	fruto
결실의	frutificai / frutificaram
결실하여	produz
결심하다	decidir / resolver

결의,결정	decisão
결재,인가	sanção
결전,전투	batalha
결점,약점	defeito
결점없는	perfeito
결정	decisão / cristalização
결정하다	decidir / determinar-se
~되다	decidir-se
~적인	definitivo
결코	nunca / certamente / absolutamente
~아니다	nunca / jamais
결탁하다	agir em conjunto
결투,투쟁	duelo
결판내다	determininar
결핍,부족	deficiência
결핍하다,모자르다	carecer
결함	defeito / falha
~있는	defeitivo
결합시키다,합병하다	união / unir
결합하다	combinar / conjugar
결합한,집합체	conjunto
결핵,결핵증	tuberculose
결핵에걸린,결핵성의	tuberculoso
결혼,식	casamento
~생활	vida conjugal
~하다	casar
~한사람	homen casado
결혼한,기혼의	casado(a)
겸손	humildade / modéstia
~하여	modestamente
~한	manso
~함	modesto
~히	humildemente
겹	camada
~겹히	camada por camada

경감하다	aliviar / mitigar
경건한,믿음깊은	devoto / piedade
경건회	devocional
경계를 긋다	limitar
경계를친다,한정하다	limites
경계하다,감시하다	estar de atalaia
경고하심	avisado
경고	advertência
경고하신자	advertir
경공업	indústria leve
경과,과정	processo
경관,경찰	polícia
경구,풍자시	epigrama
경기,운동	esporte
경기장,운동장	estádio
경내,범위	limite
경도,경선	longitude
경도,굳음	firmeza
경련,진동	convulsão
경례,인사를하다	continência / saudar
경리,회계	contabilidade
경리과,회계과	secção de contabilidade
경마	corrida de cavalos
경마장	pista de corrida
경망함,경솔함	imprudência / imprudente
경매,공매	almoedo / arrematação
경멸,깔보기	desprezo
~하다	desprezar
경무관	chefe de polícia
경범죄	violação leve
경보,경조	alarme
경배하다	adorar / inclinar
경사(경찰계급)	sargento de polícia
경사,비탈길	ladeira
경사스러운,희망에찬	auspicioso

경사지게하다	inclinar
경선,자오선	meridiano
경성하기를	velar
경솔한,성급한	precipitado
경시하다,소홀히하다	negligenciar
갱신하다,새롭게하다	renovar
갱신	renovação
경악,놀람	pasmo
경애하다,존경하다	venerar
경어,존경어	palavra de respeito
경영하다	administrar
경외,존경,경의	respeito
경회하며	temente
경우,동기	ocasião
경우,입장	circunstância
경위,자세히	detalhe
경유,통행로	via
경음악	música leve
경이,놀랠만한일	milagre
경이적인,감탄할만한	resplêndido
경작	cultivo
~하다	lavrar
경쟁	concurso / rivalidade
~하는	rival
~자	concorrente
~하다	competir
~하여	briga / lutas
경적,기적	apito
경제학	economia
~적	econômico
~적인사람,학자	economista
경주	corridas
~하다	correr
~하여	corra
경지	terra arável

경찰	polícia
~서	distrito de polícia
경찰에 신고하다	vamos chamar ploícia
경찰의	policial
경찰서	delegacia
경첩,돌쩌귀	dobradiça
경청하다	escutar
경축하다	congratular / felicitar / parabéns
경치,풍경	paissagem
경탄,찬미	admiração
~하다	admirar
경탄할만한,이적,기적,신비스러운	
	maravilhoso
경험	experiência
~있는	experiente
경험해본,실험해본	experimentado
경흘히,무시	desprezo
~여기다	desprezar
곁에서	ao lado
곁에섰던	aproximando-se
계,합계	total / soma
계,체계	sistema
계곡,골짜기	vale
계급,학급	classe
계단,층계,사닥다리	escada
계단,급,도보	degrau
계란	ovo
계리사	contador
계명,십계	mandamentos
계명,교훈,규칙	doutrina / preceitos
계모	madrasta
계몽하다,가르치다	arrotear
계보,자손,혈통	geração
계산,청구서	conta
계산기	calculadora

계산하다	avaliar / calcular / computar / contar /
	estimar
계속	continuamente
계속되는,다음의	seguinte / seguir
계속하다,오래가다	permanecer
계속하여	contínuo
계속함	continuação
계승하다	suceder
계시	revelação
계시록	apocalipse
계시하다,나타내다	revelar
계시했다	revelam
계신격,존재한것	existente
계약	contratos
계약하다	fazer contratos
계엄령	lei marcial
계열,등급	classe
계절	estações
계집종,여자노예	cerva
계통,체계	sistema
계통적,체계적인	sistemático
계피	cássia
계획	planejamento / projeto
계획된,계획적인	planejado
계획함이 아니라	não foi planejado
고(高)높이	altura
고가도	passagem de nível
고개,목덜미	pescoco
고개,최고점	cume / topo
고객,단골손님	freguês / cliente
고갯짓,손짓	aceno
고결한	nobre
고고학	arqueologia
~자	arqueólogo

고구마	batata doce
고궁	palácio antigo
고귀한	digna / fidalgo
고기(육류)	carne
(어류)	peixe
고난,괴로움	aflição / paixão / sofrimento
고난당하다,수난당하다	
	padecer
고난받기를	maltratado
고난으로,고난을	padeceu
꼬다,비틀다	torcer
고대,태고	ancianidade / antigüidade
고대하는	ardente
고대하다,파마하다	chamuscar / modelar
고도,높이	altitude
고독,외로움	solidão
고동하다,맥뛰다	palpitar
고등어	beijupíra
고등학교	colegial
고드름	pico de gelo
고려하다	considerar
고래	baleia
고르다,선거하다	eleger
고르다,선택하다	escolher
고른,선택한	escolhido
고리	argola
고리,반지	anél
고리,팔찌	pulseira
고린도전후서	corintios
고릴라	gorila
고립한	isolado
고마움	beneficio
고막	tímpano
고명,명성	fama / renome / reputação
고모	tia(irmã do pai)

고목	árvore velha
고모라(지명)	gomora
고무,격려하다	estimular
고무나무	arvore da borracha
고무지우개	borracha
고문,고통	tortura
~당한	torturado
고민,번민	agonia
~하다	agonzar
고발,고소	acusação
~자	acusante
~하다	acusar
고백,참회	confissão
~하다	confessar
고별,작별인사	adeus
고본,헌책	livro usado(velho / antigo)
고부리다,꾸부리다	torcer
고분고분하여,온순하게	
	obedientemente
고삐(가죽으로만든)	rédea
고사,시험	exame / teste / prova
고사리	feto
고사포	canhão antiaéreo
고상한,훌륭한	esplêndido
고생,극빈	miséria
고소	acusar
~하다	acusar
~하던자	acusador
고속도	alta velocidade
~로	auto-estrada / estrada
고수하다,고집하다	aderir
고슴도치	ouriço
고시,통고	notoficação
~하다	notificar
고시,시험	exame / prova

고시,주보(교회)	boletim
고심하다,근심하다	preocupar
고아	órfão
고아원	orfanato
고약,연고	unguento
고약한,나쁜	ruim / mau
고양이	gato(a)
고어	arcaico(a)
고역,힘드는일	labutação
고역으로,종의신분	servidão
고요	calmaria
고요한,조용한	calma / silencioso / tranquilo
고용하다,고용주	assalariador
고움,우아	delicadeza
고유의	peculiar
고을	cidade
고을에도	na cidade
고이아스주	estado Goiás
고인,죽은사람	falecido / morto
고인돌	dolmen
고자,내시	eunuco
고장	empecilho
교장	diretor
고장나있다	está quebrado
고전	clássico
고정하다	fixar / permanecer
고조부	tataravô
고조모	tataravó
고손녀	tataraneta
고손자	tataraneto
증조부	bisavô
증조모	bisavó
할아버지	vovô
할머니	vovó
아버지	pai

어머니	mãe
아들	filho
딸	filha
증손자	bisneto
증손녀	bisneta
현손자	tataraneto
고지,꼭대기	cume / elevação
고지하다,발표하다	anunciar
고질	clonica
고집	teimosia
고집하다,주장하다	insistir / teimar
고집센,완고한	obstinado / teimoso
고찰하다,숙고하다	considerar
고참,노숙한	veterano
고철	ferro velho
고체,덩어리진것	maciço
고쳐주리라	curarei
고추	pimenta
~가루	pimenta em pó
맵지않은고추	pimenta doce
매운고추	pimenta picante
고층기상학	aerologia
고치(누에)	casulo
고치다,개심하다	emendar / consertar
고치다(교정,수리)	corrigir / reparar
고치다(병)	curar / sarar
고쳐쓰다,다시쓰다(글을)	
	reescrever
고통	sofrimente
고통,신경통	algia / dor
고통소리,신음	gemido
고통스러운	sofrido
~것이다	sofrir
고통에걸린자	atormentados
고통을 겨다	sofrer

고풍,고어	arcaismo
고프다	estar com fome
고픈(굶주린)	faminto / fome
고하다,말하다,선포하다	
	anunciar / dizer / falaram
고하매	anunciado
고함지르다	gritar
고행(금욕주의)	asceticismo / ascetismo
고함소리,비명	grito
고향,조국	pátria / terra / natal
고혈압	hipertensão
곡,음악,악곡	música
곡괭이	enxada
꼭	justamente
꼭대기,정상	cimo / culminância
꼭두각시,앞잡이	marionete
곡물,낟알	cereal / grão / mantimento
고마단,써어커스	circo
곡선,커브	curva
고식,곡물	trigo
곡예,줄타기	acrobacia
골절,우연한일	vicissitude
곡조,가곡	melodia
곡하다,애도	luto
곡하러	para chorar
곤고한,비참한	miserável
곤경,난처함	embaraço
곤궁,가난	pobreza
곤드레,만드레,술에취한	
	bêbado
곤란,어려움	dificuldade
곤한하게하다	dificultar
곤봉	bengala / cacete / maçanete
곤충	inseto
곤하여,곤한	cansado

곧,즉시,바로	breve / imediato / já / logo
곧은	direito / reto
곧 만납시다,안녕	até logo
곧잘,자주	frequentemente
곧장,똑바로	diretamente
골고루,똑같이	uniformemente
골내다,흥분하다	irritar
골다(코를)소리치다	roncar
골동품	valioso
골라잡다	escolher / optar
골로새서	colossenses
골르다	escolha
골목길	aleia / viela:
골몰하다,전념하다	concentrar
골방	aposento
골수,뼈골	medula
골육,육체,혈족(1)	carne
고기(2)	
소고기	carne de vaca
돼지고기	carne de porco
닭고기	carne de galinha
양고기	carne de carneiro
송아지고기	carne de vitela
사슴고기	carne de veado
삶은고기,찐고기	carne assada
소금에절인고기	carne salgada
순대,쏘세지등	carne ensacada
날~	carne verde
훈제(연기,김)고기	carne defumado
말린고기	carne seca
잘게썰은고기	carne picado
썩은고기	carne podre
골짜기	vale
꼴	pastagem
~을 얻으리라	e cachará pastagem

꼴뚜기,다리가 여덟(8)있는
octopode
꼴찌,마지막번의 último
곪다,화농케하다 apostemar
농창 apostema
곰 urso
곰보,얽은자국 bexigoso / bexiguenta
꼼꼼하다 meticulosamente
꼼꼼한,진실한 meticuloso
곰팡이 mofo / bolor
곰팡내나는,곰팡이핀mofado / bolorento
곱사등,꼽추 corcunda
곱고,안색,표정 semblante
곱슬머리 cabelo crespo
곱하기,곱하다,곱셈 multiplicação
꼽다,끼우다 inserir
곳,장소 lugar / local
꼿꼿이,수직으로 perpendicularmente / arranjo de flores
꼿꼿한,직선의 direito
꼿꼿한,정다한,바른 justo
공 bola
  농구~ bola-ao-cesto / basquete
공없음 zero / nada
공간 espaço
공갈,협박 ameaça
공개장 carta aberta
공개적인,공개의 aberto / público
공개하다 publicar
공격 ataque
공격하다 atacar
공경,숭배 honrar / reverenciar
공경하다 respectar
공경하였거든 os reverenciamos
공공연히,노골적으로abertamente

공과대학	faculdade de engenharia
공관	residência oficial / prédio oficial
공교,신안	invenções
공교히,공들인	esmeralda
공교히짜서	de obra esmeralda
공구,도구	ferramenta / instrumento
공군,항공학	aeronáutica / força aérea
공금	fundos públicos
공금유용	malversação
공급	fornecimento
~하다	fornecer
공기,공중	ar
공기타이어	pneumático
공기의,항공의	aéreo
공덕,덕행	moralidade
공도,하이웨이	estrada de rodagem
공동연구	colaboração
공동의	cooperativa
공동사회,단체	comunidade
공동소유지출비	despesas de condomínio
공들인	esmerado
공로있는	mérito
공로	via aérea / rota aérea
공립학교	escola pública / escola municipal
공매	hasta pública
공명하다,동감하다	simpatizar
공명정대한,바른	justo
공모하다,모집하다	subscrever
공무원,직원	funcionário
공민임(공민의자격)시민임	
	cidadania
공복,심부름꾼	empregado / servente
공부하고	estuda
공부하다	aprender / estudar
공부하기를좋아하는	estudioso

공부했다	estudei
공급하다	fornecer
공급하였으니	fornecido
공사,가설	construção
공사,외교관	diplomatista
공산,가망성	probabilidade
공산주의	comunismo
공산당	partido comunista
공상	aéreos / fantasia
공상하다	pensamentos
공상가.공상하는자	devaneador / sonhador
공생,공동생활	comensalismo / sonhador
공소,상소	apelação
공세,과세	tributo
공소하다,상소하다	apelar
공수병,물을싫어함	hidrofobia
공습,공격	ataque aéreo
공식	fórmula
공약,약속	promessa pública
공언하다,공포하다	manifestar
공업	indústria
~의	industrial
공업지대	distrito industrial
공업학교	colégio técnico / escola técnica
공연,쑈	espetáculo público
공연히,쓸데없이	debalde
공예품	artefato
공용	serviço público / trabalho público
공원	parque
공유하다	possuir jutamente
공유재산	propriedade
공인,관허	autorização
공인하다	professar
공일,휴일	feriado / domingo
공작,공	duque

공작부인,여공작	duquesa
공작새	pavão
공장	fábrica / oficina
~이크다	a fábrica grande
공정의,정식의	oficial
공정가격	preço oficial
공정환율	câmbio oficial
공제하다	deduzir
공존	coexistência
평화공존	coexistência pacífica
공존하다	coexistir
공주	princesa
공중	céu / espaço
공중곡예	aeróbata
공중위생(보건소)	saúde pública
공중전화	orelhão / telefone público
공중재비,재주넘기	cambalhota
공증인	notário / tabelião
꽁지,꼬리	cauda / rabo
공직하다,근무하다	ministrar
공책	caderno
공천,임명권	nomeação pública
공청회,회견	audiência pública
공치기,공놀이	jogo de bola / o brincar com a bola
공치사,칭찬	auto-elogio
공칭의,명칭의	nominal
공탁,맡기기,예금	consignação / depósito
공탁금	dinheiro depositado
공통의	comun / universal
공판,판결	julgamento público
공평	equidade
공평한	imparcial
공포	horror / medo / terror
공포정치,폭력주의	terrorismo
공포증	fobia

공포하다,선언하다	proclamar / promulgar / publicar
공학,기관학	engenharia
공항	aeroporto
~세	taxa de aeroporto
공해,오염	poluição
공허의,텅빈	vazio / vácuo
공헌,기여	contribuição
공화국,공화정치	república
공황,경제적혼란	pânico
공회,협의,상의	conselho
공회,예루살렘참의원,대법원,장로회	
	sinédrios
공훈,공노,장점	merecimento / mérito
공휴일	domingo / feriado
꽃	flor
복수일때	flores
꽂다,찌르다	hastear
꽃꽂이	apedicelado
꽃밭	jardim de flores
꽃이피다	florescer
꽃다발	ramalhete de flores
꽃다운,꽃같은	floreado
꽃병	vaso de flor
꽃불,기교	fogo de artifício
과,국,청	departamento
과감한,단호한	resoluto
...과 같이,어떻게해서	
	como
...과 같이 보이다	parecer / semelhante
과거,지나간	passado
과거분사	particípio passado
과격한,철저한	radical
과격주의,급진주의	radicalismo
과녁,목표	alvo
과다한	excessivo / demais

과도하게	demasiado
과대시하다	exagerar
과대한	exorbitante
과대망상,잘못된생각	megalomania / desilusão
과두정치,소수독재정치	
	oligarquia
과로,피로	cansaço
과료,벌금	multa
꽈리,버지	cereja
과목,내용	matéria
필수과목	matéria compulsório
선택과목	matéria opcional
과목,열매맺는나무	frutífera
과반수	maioria
과부	viúva
과부가되었다	ficarão viúva
과세	imposto / taxação
과소평가하다,멸시하다	
	desprezar / menosprezar
과수원	pomar
과시,자랑	ostentação
과신한,굳게믿는	confiado
과실,반칙	transgressão
과실,죄과	ofensa
과실,실수,부족	engano / erro / falta
과실치사	homicídio involuntário
과업	lição
과연	com certeza
과오,잘못	culpa
과일	frutas
과자	biscoito / bolacha
과장	chefe de una seção
과장하다,확대하다	exagerar
과장한	exagerado
과정,코스	curso

과학,지식	ciência
과학자	cientísta
과학적인,과학의	cientifico
....과함께 ..으로	com
과학연구소	laboratório científico
꽉,든든히	firmemente
꽉붙잡다,조이다	apertar
꽉조이다,수축하다	constrangir
꽉채우다	atochar
관,화관,면류관	coroa
관,통	cano / tubo
관,큰상자	caixão
관,로마교황의삼중관	tiaras
관,영구차,묘	ataúde / leito mortuário
관,사교관,감독	mitra
관계,관련	relação
관계대명사	pronomes relativos
관객	espectador
관계하다	participar
관광	turismo / visita
관광객	turista
관광의	turistica
관광버스	onibus de turismo
관념,이상	idéia
관대,자비	clemência
관대한,너그러움	generoso
관람석	balcão
관련,연고	conexão / hábito / ligação / relação
관례,관습	costume / costumeiro / tradicional
관록,높은벼슬	dignidade
관료정치	burocracia / ofcialismo
관리	administração / direção / gerência
관리하다	administrar / dirigir
관리,공무원	empregado público / funcionário
관리인	administrador

관목,소귀나무	arbusto
관문	barreira
관보	gazeta oficial
관사	prédio oficial
관상대,기상대	observatório
관성,타성	inércia
관세,조세	tributo
관세법	direito de alfandega
관습,습관	costume / hábito
관쓰신,영예를 얻은	coroado
관심사	interesse
관악기	instrumento de sopro
관영하다,증가하다	multiplicar
관용어	idioma
관용어적으로	idiomático
관용의,일상의	usual
곤유	azeite de unção e o derramarás
관유에드는향품	especiaria para o azeite de unção
관을 놓는다,유해	anda
관을 씌어서	ataras as tiaras
관절	juntas
관절염	artritico / artritis / artritismo
관절통의	artrálgico
관찰,주목	atenção / observação
관찰하다	observar
꽤,많이	considerauelmente / muito
꽥,고함소리	grito alto
괜찮은,좋은	agradável / bom
괜찮습니다	de nada
관객	espectador
관장	clister
~하다	clisterizar
관재인,관리자	administrador
관절,연합	junta
관점,견해	ponto de vista

관찰,주시	observação
~하다	observar
관측소,기상내	observatório
관통,침투	penetração
관할권,관구	jurisdição
권한,권력	autoridade
관현악,오케스트라	orquestra
괄시하다,천대하다	maltratar
괄호,묶음음표	parêntese / parêntesis
관하여	acerca
광,넓이	largura
광견병	raiva
광경,구경거리	espetáculo
광경,자태,환상	visão
광고	apelo
광고여행사	publicidade
광대한,무한의	amplo / extenso / imenso
광란,분노	furor
광란하다,미치다	enlouquecer
광맥	veia de minério
광명	luminar
~으로	esclarecia
광명이 있었더라	tinham luz
광물	mineral
광산,탄광	mina
광부	mineiro
광업	indústria de mineração
광범한,넓은	amplo
광복	restauração de indenpendência
광상곡,서사시	rapsódia
광석,광물	minério
광선	feixe de luz / raio de luz
광야,무인지대	compina / deserto
광야를바라보니	se olhar para o deserto
광인,미친사람	aliemado / louco / maníaco

광장	praça
광적인.미친	demente / insano
광주리	cesto
광채,빛.영광	brilho / resplendor
광채.조명,밝음	claridade / luminoso / luminosidade
광채가 나다	resplandecer
광택,윤	lustro
광파,전파	onda de luz
광학,시력	óptica
광활한,넓은	espaçoso
광휘,광채	brilho / brilhantez / esplendor
광,창고	armazém / celeiro
~지기	celeireiro
광견병	raiva
광경,쇼	cena / espetáculo
광기,정신착란	demência / furor / loucura
광고	anúncio
광고하다	anunciar / apregoar
광나다,조명하다	brilhar-se / iluminar-se
광대,익살군	bufão
광대뼈	osso da face
광대한,넓은	extensivo
광도계	fotômetro
괭이	enxada
꾀,속임수	truque
꾀고리	cuco
괴괴망측한,이상한	misterioso
괴로운	penoso / doloroso
괴로움,고생,고통	angústia / sofrimento / tormento
괴로워하나이다	atormentado
괴로워하다	aflingir / atormentar
괴롭게	afligído
~하려고	atormentar-nos
괴롭히다	afligir / angustiar / atanazar
꾀므로	enganar

괴물,괴수	monstro
괴팍스러운,짓궂은	fastidioso
교가	hino da escola / hino do colégio
교과서	livro escolar
교관,교사	instrutor
교내	dentro de escola / interior do colégio
교단,강단	plataforma
교대하다	alternar
교대로	alternadamente
교대시간	turno
교란	agitação
교란하다	disturbar / perturbar
교리,학설	doutrina
교만한,거만한	orgulhoso
~자	soberbo
교만하다,뽐내다	ensoberbecer
교미시키다(동물)	castigar / castrar
교복,제복	uniforme
교부,대부(代父)	padrinho
교부하다	entregar
교분,교재,우정	amizade
교사,학교건물	predio escolar
교사,선생	mestre
(남)	professor
(여)	professora
(복수)	professores
교살하다,목을졸라죽이다	
	estrangular
교섭	negociação
교수형집행인,잔인한	algoz
교수	professor universitário
교실	sala de aula
교실수업,강의	aula
교실강단	estrada / tablado
교안	programa de ensino

교양	cultura / educação
교양있는,예절바른	culto / educado
교양없는	inculto / sem educação
교역,교환	intercâmbio
교외,시외	subúrbio
교우,동반	companhia
교원,가르치는사람	instrutor / mestre / professor(a)
교육,가르침,지도	ensino
교육	educação
교육받은,교양있는	educado
교양없는,버릇없는	inculto
교양없이자란	malcriado
교육하다,배우다	educar / instruir
교의에관한시험,입학시험	
	examinar
교인,성도	crente / cristão
교장,학장	diretor
~실	diretoria
교재	material de ensino
교전하다	combater / guerrear
교정,개정	revisão
~하다	revisar
교정하다,수정하다	reformar
교정하다,바로잡다	corrigir
교제,우정	amizade
교제하다	associar
교주	fundador de religião
교차,네거리	cruzamento
교차로,십자로	ambívio
교차하다,건너가다	cruzar
교착,혼잡	complicação
교통	tráfego / trânsito
~사고	acidente de tráfego
~로 죽었다	morreu em acidente de carro
교파,종파	tráfico

교향악	sinfonia
~의	sinfônico
~작곡가(연주자)	sinfonista
~단	orquestra sinfônica
교호의,상호의	mútua / recíproco
교화하다,계몽하다	iluminar
교환,바꿈질	câmbio / permuta / troca
교환하다	câmbiar / permutar / trocar
교환수	telefonista
교활한,엉큼한	astuto / esperto / manhoso
교황,법왕,로마교황	papa / padre / santo
교황청	vaticano
교회	igreja
교회목사,신부	padre / pastor
교회의 세례반,성수그릇	
	pia
교회중에서,회중	da congreção
교훈	doutrina / ensinamento
구(區)구역	bairro / distrito
구,공,지구,풍선	bola / globo
구,숙어,성구	frase
구간,지구,구획	divisão / região / seção
구걸하다,구걸하던	esmolar / mendigar
구경	visita
구경,관의내경	calibre
구경거리	espetáculo
구경하다,참관하다	visitar
구경꾼,관람인,관람객	
	espectador / visitante
구교,카톨릭교	catolicismo
구구단,구구표	tabuada
구금(악기)	berimbáu
구금하다,수감하다	deter
구급차	ambulância
구기다,오그라뜨리다	amarrotar / enrugar

꿈을꾸다	sonhar
꿔주다,빌려주다	emprestar
구더기,벌레,곤충	inseto
구덩이,샘,하천	paços / cova
구덩이를 파다	alguem cavar uma cova
구도,구성	composição
구독자	assinante
구두	sapato
~끈	cordão de sapato
~솔	escova de calçado
~닦이	engraxate
~쟁이	sapateiro
구두시험	exame oral
구두의,입의	oral
구락부,집회소	clube / sociedade
구렁이,큰뱀	jibóia
꾸러미,묶음	embrulho / fardo / pacote
구름	nuvem
~가운데	numa nuvem
구름기둥으로	numa coluna de nuvem
구름낀,흐린	anuviado
구름한점없는하늘	céu limpo
구룽	còlina / morro
구리,동	cobre
구린내나는	fedorento
꾸리다,포장하다	empacotar / enfardar
구매,물건사기	compra
구멍,굴	abertura / buraco / cova / furo
구면,잘아는사람	conhecido
구명부대,구조선	barco salva-vidas
꾸물거리다,늦어지게하다	
	demorar-se
꾸민,부자연한	desnatural
꾸밈,장식	adereçamente
구별,차별	diferença / discriminação / distinção

구별을두리니	separação entre
구별하는줄을	fez diferença
구별하다	distinguir / diferenciar
~하라	sejam santíssimas
~하심	seremos separados
~하여	santificado / separado
구부러진	abaixar / curvar / inclinar
구분,나누기	divisão / repartição
구분하다,나누다	dividir
구분하고	separou
구상,설계,계획	desígnio / projeto
구석,모퉁이	âangulo / ocanto
구성의	constituido
구성하다	compor / constituri / formar / organizar
구세주	salvador do mundo / messias / Jesus cristo
구속	redenção / salvação
구속하다,동여매다	prender
구속하여	resgatado
구속해주신	salvo
구수한,맛있는,구수하다	
	apetitoso / saboroso
구술시험,구두시험	exame oral
구슬,귀금속	jóoia / pérola
구식의,낡은	antigo / antiquado
구식화한다	antiga
구실,핑게	desculpa / pretexto
구심력	força contrípeta
구약,고대의	antigo / velho
구약성경	ANTIGO E NOVO TESTAMENTO
구어체의말	coloquial / linguagem
구역,지역	limite / zona
구원	salvo / salvação
~하시매	salvou

~하다	salvar
~할것	salvara
구원자	salvador
구원하나	livrá-lo
구원하셨다	livrou
~하실지라	livre-o
구원하심	livrando
구월(9)	setembro
구유,외양간	manjedoura
구음,말	língua
꿈을꾸다,공상하다	sonhar
꾸이거든,꿔주다	emprestor
구입하다,사다	comprar
구제,구원	socorro
구제하다	socorrer
구제할때에,자선	esmola
구조,조립,건물	constituição / construção / estrutura
구조,구원,구제	salvação / salvamento / socorro
구조하다,도와주다	ajudar / salvar / socorrer
구조,구출,석방	livramento
꾸준한,연속적인	constante / contínua
꾸지람,꾸짖는	repreendido
꾸짖다,책망하다	repreender / ralhar / xingar
구질구질한	sujo
구차한,가난한	destituido / indigente / necessitado / pobre
구체적,구상적	concreto
구축하다	expelir / expulsar
구축함	navio torpedeiro
구출하다,구출되다	salvar / socorrer
구타	bater / golpear
구태여,일부러,고의로	
	intencionalmente / propositadamente
구데타,무력정변	golpe de estado
구토	vômito

~하다	vomitar
구풍,태풍,폭풍	ciclone / furacão / tufão
구하는,구하되	busca / buscou
구하니	pedido
구하라	buscai / pedir
구하러가다	acudir
구하여	orar / pedir / roga / suplicar
구하였으나	pediram
구하옵니다	pedimos
구호,구제금	assistência
구혼자	noiva / noivo / pretendente ao casamento
구혼하다	pedir casamento / pedir namoro
국,수우프	sopa
국,청,원,성,현	departamento / repartição
국가,애국가	hino nacional
국가,나라	nação / país
국가의,국민의	nacional
국경	fronteira
국고	tesouro nacional
국고성	cidades de tesouros
국기,깃발	bandeira
국기에대한경례	continência a bandeira
국내	interior do país
국내사정,국내문제	problema interno
국력	força nacional / poder interno
국립,나라	estado / nação
국립공원	parque nacional
국립박물관	museu nacional
국립학교	colégio federal / escola do governo
국면,전망	aspecto / condição / situação
국무,통치	governamental
국무성	departamento do estado
국무장관	ministro do estado / secretario do estado

국무총리	primeiro ministro
국민학교	escola primária
국민학생	estudante primário
국물,고깃국	molho / caldo / sopa de carne
국민,민족,백성	nação / população / povo
국민의,국가의	nacional
국방	defesa nacional
국방장관	ministro da defesa nacional
국방비	orçamento da defesa nacional
국방색	verde / musgo
국보	tesouro nacional
국사	história nacional
국산의	de fabricação nacional
국산품	produto nacional
국수	macarrão
국어	língua nacional
국외추방	banimento
국외로추방하다	banir
국자	coxa
국장	escudo nacional
국적,조국,출생국	pátria
국제적,세계의	internacional / mundial
국제법	direito das nações / lei internacional
국제연합	Nações Unidas
국제정세	situação internacional
국토	país / território
국화꽃	crisântemo
국회	assembléia nacional / congresso nacional
국회의원	congressional / congressista / deputado
군,행정구획	município
군,군대,군인	exército / militar
군가	música do exército / som da guerra
군국주의	militarismo

군국주의자	militarista
군기	disciplina militar
군단	corpo de exército / unidade militar
군대	exército / forças / tropas
군대의,군사의	bélico
군대장관	oficial
군데군데	aquela / emvários lugares
군도,에게바다,다도해	
	arquipélago
군림하다,통치하다	reinar
군법	lei marcial
군법회의	corte marcial
군병(그리스도의)	de cristo
군복	uniforme militar
군비,장비	armamento
군사	militares / soldados
군소리하다	falar contra-senso
군소정당	pequenos partidos políticos
(여당,정부당)	partido governamental
(야당)	partido oposto
군수,시장	prefeito municipal
군수품,군용품	material de guerra / munição
군수공업	indústria de munição
군악대	banda militar
군인,전투원	gerreiro / soldado
군주,제왕	monarca / rei / soberano
군중,무리들	multidão / população / povo
군집하다,모여들다	afluir em multidão / aglomerar-se
군청색	azul marinho
군표,증서	certificado militar / pagamento militar
군함	vaso de guerra
군호,암호,신호	sinal
굳게,확실,안전	firmemente / fortemente / segurança
굳어지다,감각을 없애다	

	insensibilizar
굳게하다,구체화하다	concretar
굳게잡아	firme
굳게함,굳세게	fortifique
굳은	duro
굴,굴조개	ostra
굴,동굴	caverna / covis / gruta / túnel
꿀	mel
꿀벌	abelha
굴곡	curva / flexão
굴다리,구름다리	viaduto / túnel
굴대,축	eixo
굴뚝,연통	chaminé / fumeiro
굴러가다,굴리다	rolar
굴복하는	sujeito
굴복하다,순종하는	ceder
굴욕,모욕	desonra / humilhação / ignomínia
굴욕적인,부끄러운	ignominioso / infame / vergonhoso
굴절	refração
굴절시키다	refratar
굴지의,고위의	eminente / notável
굵은	espesso / grosso
굶겨,금식,단식	jejum
굶다	passar fome / sofrer fome
굶어죽다	morrer de fome
굶주린	esfomeado faminto
꿇고 앉다,꿇어앉다	ajoelhado / ajoelhar-se
꿈	sonho
~꾸는자	sonhador
~꾸다	sonhar
꿈틀거리다,움직이다	mover / retorcer / torcer
굽다,삶다	assar / cozir / torrar / tostar
굽실거리다,아첨하다	bajular / lisonjear
굽히다,굴복하다	curvar-se / inclinar-se
굿,악마를내쫓기,주문	

	exorcismo
궁극의,극단의	extremo
궁금한	ansionso
궁리,생각하는것	pensamento
궁색,빈곤	embaraço
궁술	arco-flecha
궁전	palácio
궁지,진퇴양난	dilema / atoleiro
궁핍,빈곤	indigência / necessidade / pobreza / privações
권,고리	círculo
권,책	livro / volume
권,권리,오른편	direito
권고,충고	conselho / recomendação
권고하시고,확실히	certamente
권능,경탄하다	maravilhas
권능,강력한	poderoso
권능들이	potência
권력,능력,권능	autoridade
권리	direito
권면하신	argumentar
권면하여,훈계하여	exortai-vos
권모술수	artifício
권사(여자)	giaconista
군세	poder
~들	potestade
~자들	principado
권속,가족	família
권위,권력	autoridade / poder
권위있는,권한있는	autorizado / competente
권위하다,훈계하다	exortar
권유하다,건의하다	sugerir
권총	pistola / revólver
권태,노고	cansaço
권투	pugilismo

권하다,존경	respeito
권하노니,기원	rogo
권하는것,권면	exportação
권하다,훈계하다	aconselhar / recomendar
권하여	persuadir
권한,권능	autoridade / competência
궐기하다,폭동을일으키다	
	insurgir-se / levantar-se / rebelar-se
권연,담배	cigarro
궤,상자,트렁크	baú / caixa / caixão / cofre
궤계,사기	arca
궤도,범위	órbita
궤변,쓸데없는이론	sofisma
궤변가	sofista
궤변을부리다	adulterar / sofismar
꿩	faisão
꿰고	pendente
꿰뚫다,관통하다	furar / penetrar / transpassar
꿰매다,바르질하다	coser / costurar
꿰어,끼워넣다	meterás
꿸,끼워넣다	meter
귀	orelha / ouvido
귀걸이	brinco
귀고리,매달은	pendente
~머거리	surdo
귀뚜라미	grilo
~기울이다	escutar
귀엣말,속삭임	cicio / murmúrio / sussurro
귀감,모범	exemplo
귀국	regresso / volta
귀금속	jóias preciosas / pedra preciosa / precioso
귀납법	indução
귀뚜라미	grilo

귀띔,암시	alusão / insinuação / sugestão
귀머거리	surdo
귀속하다,복귀하다	regressar / retornar / reverter / voltar
귀순,복종	submissão
귀신	alma penada
귀양,국외추방	banimento / desterro / exílio
귀여운	amável / belo / bonito
귀여워하다	afagar / amar / mimar
귀족적인	aristocrático
귀족,귀족의	fidalgo / nobre
귀중한,귀중품	precioso / importante / valioso
귀찮은것	que amolação / enfadonho
귀찮은일	aborrecimento
귀하다,가치	valor / precioso
귀한것	raridade / invulgar
귀화시키다,귀화하다	naturalizar-se
귀화	naturalização
귀환,회기	regresso
귀환자	repatriado
귀히,영광	honra
규격	medida / padrão / regra
규격화,표준화	estandardização
규격화하다	estandardizar
규례,법규,성문법	estatuto / mandamentos
규례를삼아	por estatuto perpétuo
규모,넓이	dimensão
규모,크기	extenção / tamanho
규범,기준	norma
규약,약정	acordo / contrato / tratado
규칙,예법,규정	ordem / regra / regulamento
규칙적인,통례의	normal / regular / regularidade
규칙적으로	regulamente
균,세균	bactéria / fungo / micróbio
균등,동등	igualdade / uniformidade

균등하게	igualmente
균형,조화	balanço / proporção / simetria
귤,밀감	laranja / mixirica / tangerina / poncam
그,그것의	aquele / aquilo / naquele
그곳	aquele local / aquele lugar
그것으로부터	de
그것으로	nele
그끄제	três dias atrás
그……에	nela
그……안의것	neles
그……속에서	nelas
그것의,저것의,그사람의	
	daqueles(전치사de와 대명사aquele의 결

합형)

그 군대를	aquele exército
그남자들	aqueles homens
그네	balanço
그늘,응달	sombra / sombreado
그대에게	ti
그는묵묵히돌아선다	ele se voltou silencioso
그대의	teu / tua
그동안,그러나	entretanto
그때	e hora / então
그도모르고	ele também não sabe
그들과	algum com eles
그들에게	lhes
~가로되	disseram-lhes
~고하니라	disse-lhes
~보이고	declara-lhes
~비취사	para os iluminar
그들은 갔다	Eles foram(ser과거)
그들을 덮으니	os cobriram
그들을 정결케하며	santifica-os
그들의 뒤를따라	perseguiram-nos

그들의 하나님이되리니
E lhes serei por Deus

그들이 본지라　vendo isso

그래　de certo

그래서,그리고,그렇지마는
embora / mas / porém / todavia

그러니까　porisso

그럼안녕히,다시볼때까지
até a vista

그럼에도불구하고　entanto / entretanto

그렇게,그러한　forma / igualmente / tal / também

그렇고　assim

그렇다　claro / é isso / for isso / sim

그렇지만　contudo / no entanto

그렇지 아니하리라　não foi assim

그렇지 아니하면,그리하면
doutra / maneira

그렇지,그랬으면　pudera

그렇지 않으면　senão

그르치다,잘못하다　errar

그루터기　toco

끄르다　desatar / soltar

그른　erróneo / incorreto

그룹(천사들)　querubins

그릇,접시　prato / tigela

그릇된,그른　injusto

그릇에　os vasos

그리고　e

그리고,어디로　onde

그리스도　cristo

그리스도교　cristianismo

그리스도인　cristão

그리스도의수난　paixão de cristo

그리운　amado / querido

그리움,향수　saudade

그리하여	assim
그리할지니라	assim faras
그림	desenho / pintura / quadro
그림그리다,색칠하다	
	desenhar / pintar
그림같은	pitoresco(a)
그림엽서,우편엽서	bilhete postal / cartão postal
그림자	sombra
그림자인,모양	figura
그림책	álbum / ilustrado
그만	chega
그만두다	abandonar / arrematar / desistir / parar / renunciar
그만두어라,포기하다	Deixar
그만둔	deixado
그만큼,그만한	tanto
그물,망,네트	rede
그믐날	último dia do mês
그물건의,그사람의,그것의	
	cujo
그방면의,공인의	oficial
그분,그이,그사람	ele
그사람의,그것의	nele(전치사em과대명사êle의결합형)/ dele
그사실,일	fato
그사이에,그동안	entanto
그시대의사람	geração
그시로,즉시,직접	imediatamente
그안에,내부에	dentro
그안에 있는,안쪽의	interior
그안에서,거기에서	no(전치사em과관사o의 결합형)
그야말로,참으로	de fato / realmente
그여자,저여자	ela
그여자의,그에게	dela(전치사de와 대명사ela의 결합형)
그윽한	quieto

그을음,숯검정	fuligem
그이상,그이외에	além de
그이와,당신과	consigo
그이웃	a seu próximo
그자리에서	assentos
그잔	suas lâmpadas
그저기쁘다	estar simplesmente feliz
그저께,그제	anteontem
그저있으니라	permance
그전	antes
그제야,그때	então
그조상의하나님	Deus de seus Pais
그줄들과	as suas cordas
그중에	entre
그채들과	os seus varais
그치다	cessar / descontinuar / parar
그탄자를	cavaleiro
그후에,금후,앞으로	depois / após
끄트머리,가장자리,끝	
	beira / canto / extremidade / margem
극,연극	drama / tertro
극,전극,자극	apogeu
극광,자극의,동틀녘	alvorada / amanhecer / aurora / aurora polar
극기하다,자재함	abenegar
극기	abnegação
극난하게	dificultosamente
극단의,극도의	extremo
극단적으로	extremamente
극도로,심히	em extremo / por extremo
극락,천국	êden / paraiso
극복하다	dominar / subjugar
극비,비밀	segredo
극상의,훌륭한	ótimo

극성스러운	excessivo / imodéstia
극심한	gravíssima
극악한,잔인한	atroz
극약,독약	veneno / venenoso
극적인	dramatico
극작가	dramas / dramaturgo
극장,영화관	cinema / teatro
극장에서	no teatro
극점,최고점	augo
극치,지선	perfeição
극한,한도	limite
극형,사형	pena capital
극히,적은	miúdo / miudinho
근거	base
근년	este ano
근대의,현대의	moderno / recente
근로	labor / trabalho
근면,부지런한	assiduidade / aplicação / diligencia
근면한,부지런한	assíduo / aplicado / diligente / trabalhador
근무하다,움직이다	trabalhar
근무시간	horário de trabalho
야간근무	trabalho noturno
야간열차	trem noturno
근방,가까움,근교	proximidades / vizinhança
근본적인,본질적인	básico / essencial / fundamental
근본원리	princípio / fundamental
근사한,유사한	semelhante / similar
근세의,현대의·	moderno
근소한	pouco
근시,근시안	miopia
근시의	miope
근심,걱정,염려	receio
근심,고통,슬픔	amargura / contrista / tristeza
근심하다,고민하다	afligir-se / preocupar-se

근심되지않게,안전	segurança
근심하여,섭섭한	preocupado / triste
근원,원인	causa / fonte / motivo / origem / raiz
근육	músculo
근절,절멸	erradicação / exterminação / extirpação
근절하다	erradicar / exterminar / extirpar
근접하다	chegar-se
근지러운,가려운	sarna / coseira
근처,가까운,인근	próximo / vizinhança
근친결혼	casamento dentro da família
끈	cordão
끊다	desligar
끊임없이,노상	continuamente / inin terruptamente
끊으리니	destruirei / cortarei
끊으리요,분리하다	separar
끊지못할것이며	contínuo
끊지 못할것이요	não diminuira
글	escrita / escrituras / letra
글귀,숙어,절	cláusula
글씨	letras
끌,정	buril / cinzel / formão
끌고	conduziram
끌고가서	o levaram
끌고와서	trouxeram
끌다,당기다	arrastar / puxar
끌다,뽑다	tirar
글쓰는방법	caligrafia,
글쓰다	escrever
글쓴이,저자	escritor
끊어낸,뽑아낸	tirado
끌어들이다	consigo
끌어올리다	içar
글자,활자	letra / escritas

끓이다,삶다	cozer / ferver
(무릎)꿇지,굽히다(팔)	
	ajoelharam / dobraram
금,값,가격	custo / preço / valor
금	ouro
금의,황금의	áureo
금,틈	fenda / fresta / greta / racha
금강석.다이아몬드	diamante
금고	cofre
금고리	argola de ouro
금과은과놋과	ouro e prata e cobre
금권정치,금력정치	plutocracia
금기,싫어함	repugnância / tabu
금년	neste ano
금물,금지	proibição / tabu
금발	cabelo louro
금발의	louro(a)
금붕어	peixe-dourado
금사슬	colar do ouro
금성,샛별	vênus
금속,철	metal
금송아지	bezerro eu ouro
금수,새	ave
금식	jejum
금실	linha de ouro
금액,수량	quantia / a soma de dinheiro
금언,속담	anexim
금언,격언	aforismo
금연	proíbido fumar
금요일	sexta-feira
금욕,극기,절제	abnegação / absinência
금욕주의,고행	ascetismo
금은보배,보물	ouro e prata tesouros
금일	hoje
금자탑,피라밋	pirâmide

금전,돈	dinheiro / moeda
금제품,불법매매	contrabando
금족,제한	restrição
금종,금방울	campainhas de ouro
금주	nesta semana
금지,금지령	interdição / proibição
금지된	proibido
금지된것	coisa proibida
금지하다,방해하다	proibir
금촛대	castiçais de ouro
금태면류관,왕관	coroa
금태를	coroa de ouro
금태에	engastes de ouro
금항아리	vaso de ouro
금향단	altar de ouro
금후	depois / futuramente
급,정도,등급	classe / grau
급거,황급히	apresadamente
급격한	repentino / súbito
급료,월급	pagamento / salário
급료를받는,월급장이	assalariado
급료일	dia de pagamento
급류,홍수	cachoeira / torrente
급사,고용인	criada / mensageiro
급사,갑작스러운죽음	morte repentina
급상의	agudo
급수	série
급우,동급생,교우	colega
급작스런,갑자기	abrupto
급장,반장	decùrião / monitor
급제하다,합격하다	aprovar-se
급진적,과격한	radical
급한,즉시의	imediato / urgente / apressado
급함,서두름	pressa
급행	expresso

~열차	trem rápido
급히,신속히	apressadamento / de pressa / rápido / urgentemente
긍정적,확인한	afirmativo / confirmatório / positivo
긍정하다,확인하다	afirmar / asseverar / confirmar
긍지,자랑	orgulho
긍휼,자비	misericórdia
긍휼을베푸느리라	compadecer
긍휼을베푸는자	misericordioso
긍휼히	misericordioso
긍휼히여길자에게	condecerei
끝,맨끝	extremidade / ponta
끝,결말	cabo / conclusão / fim terminal
끝까지	até o fim / confins
끝나다,그치다	acabar / concluir / findar / terminar
끝나다,결정되다	concluri-se
끝날	no último dia
끝날까지,완료	consumação
끝낼것이다	terminarei
끝에,극단	extremidades
끝에도	consumação
끝을	pontas
끝이오리라	virá o fim
기,국기	bandeira
기각하다,각하하다	rejeitar / recusar
기간,시기	duração / época / período / prazo
기갈	inaição
기갑부대,장갑부대	exército brindado
기거동작,행동	comportamento / maneira / movimento
기꺼이	finalmente
기결죄수	condenado / sentenciado
기계,기관	engenho / máquina / mecanismo
기계,도구	aparelhamento / aparelho /

	instrumento
기계적,자동적	automático / maquinal / mecânico
기고하다,글을쓰다	escrever
기관,발동기	maquina / motor
기관,증발기	caldeira de vapor
기관,호흡관,숨구멍	traquéia
기관지염	bronquite
기관,기관지	orgão
기관차	locomotiva
기관총,기관포	metralhadora
기고	jornalismo
기괴한,괴괴망측한	misterioso
기교,기술,교모	perícia / tecnica / habilidade / destreza
기구,기계,도구	equipamento / ferramentas / instrumento material
기구,풍선	balão
기권,회피	abstenção / abstinência
기권표	voto branco / voto nulo
기근,허탈	fome / inanição
기념,경축일,축하	comemoração / festa
기념하다,추억하다	celebrar / comemorar
기념비	monumento / memorial
기념보석	pedras de memoria
기념으로	em memória de
기념의	comemorativo / memorial
기념일	dia memorial / comemoração
기념표	monumento / comemorativo
기념품,선물	brinde / presente
기념하게	memória
기능,솜씨	talento
끼니,식사,음식물	alimentação / comido / refeição
기다,기어돌아다니다	rastejar
기다리는것	expectativa / aguarde

기다리다	aguardar / esperar
기다리시나니	esperando
기대,희망	esperança / expectativa
기대하다	aguardar / esperar
기대다,쉬다,눕다	repousar
기도,기원	oração / reza
기도서,경건회	devoção
기도하다,기원하다	orar / rezar
기도하다,계획하다,설계하다	
	planejar / projetar
기도하여	orando
기독교	cristianismo
기독교신자,성도	cristão
기동력,원동력	força / motriz
기둥,말뚝	coluna / poste
기러기	ganso
기력,힘	energia / força / vigor
기력이쇠하리니	desfalecer
기록,기입	inscrição / protocolo / registro
기록대장,등기부	registro
기록된바	escrito
기록보지자	recordista
기록하다,적다,쓰다	anotar / escrever / regostrar
기록하셨더라	registrou
기록한,기입된	inscritos
기뢰,갱도	mina
기르다,양육하다,훈육하다	
	criar / educar
기름	azeite / banha / graxa /óleo
기르자	crias
기름기,지방	gordura
기름부음,관유	unção / ungido
기름부음으로	para serem ungidos
기름람프	candeia
기름에 튀기다	frigir

기린	girafa
기립하다,일어나다	levantar-se / erguer-se
기묘자,이상한,특별한	
	extraordinário
기묘한,모르는,.이상한	
	estranho / esquisito / singular
기민한,현명한	esperto / inteligente / perspicaz
기밀,비밀	segredo / mistério
기병,기병대	cavalaria / cavalgada
기만,사기	engano / fraude / logro
기만하다,속이다	enganar / ludibriar
기만의,기만적인,속이는	
	enganador / faraz / ilusório
기명하다,기록하다,기록표	
	assinar / registrar
기반,근거,기초	base / fundo / pedestal
기발한,뚜렷한	notável
기백,대담,용감	intrepidez
기백있는,대담한,씩씩한	
	corajoso / intrépido
기별,통지,뉴우스	aviso / informação / notícia / novidade
기뻐하노니	ficou contente
기뻐하느니라	agrada
기뻐하시는	contentou
기뻐하지,유쾌	prazer
기뻐할것이라	alegrará
기본,토대	base / fundamento / princípio
기본적인,본질의	básico / essencial / fundamental / principal
기부,기증,공헌	contribuição / dádiva / donativo
기부하다,공헌하다	contribuir
기부자,공헌자,협력자	
	colaborador / contribuidor / contribuinte

기분,느낌,인상   humor / impressao / sentimento
기분나쁜,괴로운,싫은
                    aborrecido   /   desagradável   /
                    mal-humor / mal-humorado
기분좋은,기쁜,즐거운
                    agradável / alegre / confortável /
기쁘다   estar alegre
기쁘게,환희   agrado / comagrado / gozo
기쁘게하다,만족   alegrar / satisfazer / prazer
기쁘시게,기분좋은   agradar / agladavelmente
기쁜,즐거운   alegre / contente / jovial /
                    satisfeito
기쁨,즐거움   alegria / felicidade / prazer
기사,말탄사람   cavalheiro
기사적행위   cavalheirismo
기사,논문   artigo
보잘것없는기사   artiguelho
기사,특기,엔지니어   engenheiro técnico
기사,기적,놀랠만한일
                    maravilhoso
기상,기후   atmosférico / clima / tempo
기상기록,대기론   aerografia
기상대   observatório meteorológico
기상도   mapa meteorológico
기상학   meteorologia
기상하다,일으키다   erguer / levantar
기생물   parasita
기생하다   parasitar
기생,매음부,창기   meretriz
기생충   parasita
기선,증기선   vapor
기설의,기존의,설립한
                    estabelecido
기성복,기성품   roupa pré-fabricado
기세를꺾다,기가죽다

	deprimir / desanimar / desconsolado
기소하다	processar
기소	processo
기수(旗)	porta-bandeira
기수,기사	cavaleiro
기숙,거주,숙박	alojamento / residência
기숙사	pensão escolar / dormitório escolar
기숙생	aluno intrno
마술,사기,속임수	magia / trapaça / truque
기술,기술공	arte / jeito / técnica
기술학교	escola técnica
기습,습격,공격	ataque
기습하다	atacar
기슭,변,가장자리	beira / margem / periferia
기아,배고픔	fome
기안,초안	plano / projeto
기압계	barômetro
기약,약속,계약	compromisso / palavra / promessa / prometido
기어가다	engatinhar
기어이	sem falta
기억	lembrança / memória / recordação
기억력	memoria
~이좋음	boa memória
~상실,건망증	aminésia
기억하다,추억하다	lembrar / memória / recordar
기억하노라	lembrar
기억할,기념의	memorial
기억해야할	memorável
기업,사업,유산,소유	empreendimento / empresa / herança / herdará / possessão
기업가,사업가	empresário
기업으로받는자들,상속인	

	herdeiros
기업의,유산	herança
기업조합	sindicato
기업합동	truste
기여,공헌	contribuição / doação
기여하다,기증하다	contribuir
기예,예술,문예	arte / dança / escultura / música / pintura
기에의,재간이있는	espirituoso
기온,열도	calor / temperatura
기와	telha
기왕의,예전의,지난간	antigo / passado
기운찬,활기있는	forte / vigoroso
기울어짐	inclinação
기이히,경탄한	maravilhado / maravilha
기이히여기지말라	não te maravilhes
끼우다,설치하다,삽입하다	colocar / inserir / por
기운,힘,활기	energia / força / vigor / vitalidade / vivacidade
기울음,경사	inclinação
기울어지다,기울이다	curvar-se / inclinar-se
기웃한,기울은	inclinado
기원,신기원,시대	era / epoca
기원,처음,출생	nascimento / origem
기율,규율	disciplina / ordem
기율있는,훈육하다	disciplinar / regular / sistemático
기율없는,질서없는	desordenado / indisciplinado / irregular
끼이다,걸리다	enganchar / enredar / prender
기이한,신기한,이상한	curioso / esquisito / estranho / fantástico

기인,원인,근거	causa / motivo / origem
기일,날자	data
기입하다,기록하다	anotar / registrar
기자,신문기자	jornalista / repórter
기장,표상,뺏지	distintivo / embrema / insígnia
기저귀	cueiros / fralda
기적,호적,휘파람	apito
기적,이적	milagre
기적적인	milagroso
기절하다,실신하다	desmaiar
기정의,확정적인	determinado / estabelecido / previamente
기존의,현재의	atual / existemte / presente
기준,견본,원형,표준	modelo / padrão / protótipo
기중기,잡아올리는기계	grua / guindaste
기증,선물,증여	contribuição / dádiva / doação / oferecimento / presente
기증자,공헌지	contribuinte / presenteador
기증하다,공헌하다	dadivar / doador / ofertador / presentear
기지,군대의보급창	base de operações militares
기진맥진,극도의피로	esgotamento / exaustão / exaustação
기질,성격	caráter / condição / disposição / mental / têmpera / temperamento
기차	trem
~역	estação de trem
기체,가스	gás
기체의	gasoso
기초,기반,근거,토대	alicérce / base / fundamento / princípio
기초를두셨으며	fundaste
기초석	fundamentos
기초의,원시의	origem / rudimental

기초적인,본질의	basico / essencial / fundamental /
기초하다	delinear / esboçar / minutar / redigir / traçar
기침	tosse
~하다	tossir
~하기	tossidela
기타,남은것	outras / outros / restos / sobra
기탁물	depósito
기탁하다,공탁하다	confiar / depositar
기탄없이	abertamente
기특한,훌륭한	louvável / meritório
기품,성질,기질	caráter / compleição / nobreza / temperamento
기피,변명	escusa / fuga
기하학	geometria
기한,시대,시기	determinado / intervalo / tempo / período / prazos
기한이 찼으니	cumpridos
기형,불구	deformação / deformidade
기호,신호,표시	marca / símbolo / sinal
기호,기호표,취미	gosto
기혼의,결혼한	casado
기화,증발	evaporação / vaporização
기화하다,증발하다	evaporar / vaporizar
기회,때,좋은기회	ensejo / oportunidade / ocasião
기회주의자,편리주의자	
	aproveitador
기획하다,봉사하다	fazer planos / programar
기후,풍토	clima / meteorologia
긴,막대기,길다란	bordão / alongado / comprido(a) / longo
긴급한,즉시의	imediato / iminente / premente
길,거리	rua
긴옷	manto
긴의자	banco

길,작은길,인생의길	vereda
길,도로,진로	caminho / estrada / via / rodovia / passagem
길게,기간	longamente / tempo
길다	ser comprido
길르다,길리운자들	criado
길러야,자라다	criar
긴박한,급박한,일정한	estreito / tenso
길모퉁이 / 구석	canto / esquina
길든,길들이는	domesticado / manso
길을가다	caminhar
길을잃다	perder-se
길이,연장선,기장	comprimento / extensão
길한,운좋은,행복한	a fortunado / feliz / venturoso
김,증기,증기선	vapor
깁다,바느질하다	coser / costurar
깃,칼라,목걸이,훈장	colarinho / gola
깃,깃털	pena / pluma / pena de pássaro
깃들이다	aninhar / fazer ninho
깊은,심오한,바닥	fundo / profundo
깊은,심취한	profundo
깊은접시	prato fvndo
깊음,깊으다,끝이없다	abismo / profundidade
깊음에	profundezas
깊이,심오	profundeza / profundidade

나,저	eu,ego
~와 함께	comigo
나가다	sair
나가자마자	assim que sair / logo que sair
나의,내	meu(s) / minha(s)
나가라	saia
나가자	vamos sair
나귀,당나귀	asno / burro / jumento
나그네,길손,유랑자	estrangeiro / excusionista / viajante
나긋나긋한,부드러운	afavel / delicado / fino / fraco / macio / maleável / suave / tenro
나날이,노상,매일의	cotidiano / diário / diariamente / frequentemente
나누다,분배하다	dividir / partilhar / repartir
나누기	divisão / subdivisão
나누다	dividir
나는고독하다	eu sou solitário
나다니다,방황하다	andar à toa / passear / vaguear
나도모르고	eu também não sei
나들이,유람,산책	excursão / passeio / viagem
나라,국가,조국	nação / país / pátria / terra
나란히	dispor em fila / paralelamente
나루,나룻배	balsa / borco de passagem
나르다,운반하다	carregar / levar / transportar
나른한,노곤한,연약한	
	débil / desanimado / fraco / frouxo / vagaroso

나리꽃,흰백합	lírio / açucena
나막신	tamanco
나머지,잔여의	resíduo / restante / sobra
나무,목재,화목	árvore / lenha / madeira / tronco
~껍질	casca
~잎	folha
~줄기	galho
~가지	galho
~키	altura
~뿌리	raiz
나무를 심다,식목하다	
	arborizar
나무라다,야단치다	acusar / culpar / censurar / increpar / ipomeia / ralher / reprender
나방이,좀벌레	mariposa / traça
나부끼다,펄럭거리다	
	arvorar / mover-se no ar / oscilar / tremular / vibrar / voar
나부랑이,잡동산이	bugigangas / miscelanea / fragmento / pedaço / pedacinho / resto / sobra
나부시,공손히,친절히	
	amavelmente / cortesmente / docilmente / levemente / nobremente / polidamente / suavemente
나쁜냄새,구린내악취	fedor
나쁜,사악,악성	malvado / mau / perverso / ruim / desagradável / falso
나비	borboleta
나비,넓이,광대한	amplidão / amplitude / extensão / largura vastidão / vasto
나사,나사못	parafuso / porca / rebite / veruma
나사,모직물	artigos de lã / roupa de lã

나서다	representar / sair para / participar /
나선,용수철	espiral / mola
나아가다,전진하다	adiantar / avançar / desenvolver / melhorar/ proced / progredir / promover
나약한,연약한	abatido / amaricado / delicado / deprimido / desanimado / fraco / mole / sem vida
나열하다,배열하다	arrumar / ordenar / pôr em ordem
나오다,출현하다	aparecer / mostrar-se / surgir
나음,우세	vantagem
나의나이	minha idade
나의부모	meus pais
나의사랑하는사람	pessoa amada
나중에,다음에,후에	depois / mais tarde / posteriormente / subsequentemente
나지하게,가볍게,조금	
	levemente / um pouco
나체	nudez
˜상,화	nu
나침판	bússola
나타나다,출현하다	aparecer / apresentar-se / comparecer / surgir /
나타남,출현	aparecimento
나태,게으름	inatividade / indolência / ócio / preguiça
나팔,작은나팔	clarim / corneta
나팔꽃	ipomeia
나포,구속,체포	aprisionamento / captura / confiscação / prisão / seqüestro
낙,기쁨,희망	alegria / desejo / divertimento / gosto / obsequio / prazer / prazer-sensual / satisfação
낙관적인	otimista
낙담,낙심	abatimento / desânimo /

	desesperança / desesperação
낙서,흘겨쓰기	escrevinhar / rabiscos / risco
낙서하다,갈겨쓰다	escrevinhar / rabiscar / riscar
낙선,상실하다,잃다	perder / derrota
낙성,끝,결론	acabamento / completamento / conclusão
낙심,실망,낙담	desânimo / desapontamento / desesperança / desespero
낙심하다,약하게하다	enfraquecer
낙엽,낙하·	folhas mortas
낙엽송	larico
낙오,실패	declínio / fracasso / insucesso / malogro
낙원,천국,극락	eden / paraíso
낙인,오명	estigma / marca
낙제,실패,불합격	decaimento / declínio / insucesso / fracasso / reprovação
낙제하다	reprovar
낙착,끝,결말	conclusão / fim / decisão / determinação / término
낙천적인	de modo otimista
낙천가,낙관자	otimista
낙천주의	otimismo
낙타	camelo
낙태,유산	aborto
~하다,유산시키다	abortar
낙하산	para-queda(s)
낚다	apanhar / pescar
낚시	pesca
~바늘	anzol
~대	vara
낚시질	pesca / pescaria
낚시질하다	lançar a isca / pescar
난간,울타리	corrimão / grade / gradeado / parapeito / peitoril

난관,곤란	dificuldade / embaraço / empecilho / impedimento / obstáculo
난국,위기	crise / dificil / momento / situação
난데없는,별안간	apressado / imprevisto / inesperado / inopinado / repentino / súbito
난로,화로	fogão / forno / lareira
난류,기류	corrente / fluxo
난리,전쟁,혼란	confusão / guerra / rebelião / revolta
난문,전쟁,혼란	confusão / guerra / rebelião / revolta
난문,문제	assunto / problema / questão
난방,뜨겁게하기	aquecimento
난색,배격,모순	aversão / censura / desaprovação / relutância / reprovação / repugnâcia
난숙한,성숙한	adocicado / maduro / polpudo / sazonado
난시,난시안	astigmatismo
~의	astigmatico
난잡,혼란,무질서	confusão / desalinho / desarranjo / desordem
난장이,키가작은	anão / pigmeu
난장판,혼란한	cena de desordem / confusão / tumulto
난처한,곤란한	embaraçante / embaraçoso
난초,봉란	adelhar-flor / orquídea
난치,불치	incurabilidade
난파,난파선	naufrágio / sinistro
난폭한,거칠은,잔인한	
	agitado / áspero / brutal / grosseiro / severo / violento
난폭해지다,잔인해지다	
	abrutalhar
날(日)날자,년대	data / dia / tempo
날,칼날,면도날	folha cortante / lâmina

날개	asa
~치다	avoejar / esvoacar / voar
~있는	alado
날고기,덜익은	cru / carne crua
날다	voca
날마다,매일	diariamente / todos os dias
날이새다,새벽,동틀녘	
	alvorada / alvorecer / amanhecer / cedo / clarear
날쌘,민첩한	ligeiro / rápido
날씨,대기의	condição / estado / tempo
날씬한,마른,가느다란	
	delgado / fino / magro
날씬하게하다	esbelto(a)
날인,표식,인	marca / sigilo / sinal / sinete
날짐승,새	ave / aves domésticas / passaro
날카로운,예리한	afiado / aguçado / pontudo
날카롭게하다	afiar
낡은,옛날의	antigo / gasto / obsoleto / velho
남,다른사람,이웃사람	
	pessoa diferente / outra pesoa / vizinho
남,뛰어난사람	outros
남(南)	sul
남극의,남극지방의	antartico / poloantartico
남녀(성적인)	sexual
남기다,절약하다	deixar / economizar / poupar
남다,남겨두다	restar / sobrar
남다,머물다	ficar / permanecer
남달리	excepcionalmente / extraordinariamente invulgarmente / raramente
남몰래,숨어서,홀로의	
	secretamente / sozinho
남루한,초라한	empobrecido / roto

남미	américa do sul
남배우,영화배우	ator
여배우	atriz
남보석,사파이어,청옥	
	safira
남비,작은솥,큰솥	frigideira / panela
남색	roal
남서	sudoeste
남성,남성명사	masculino
남성,청년	homen / rapaz / sexo masculino
남성적인,남자의	masculino / valaroso / varonil / viril
남용,악용,과다한	abuso / mau uso / sobrado /uso excessivo
남은조각,일부분	pedaço / sobrado
남자	homen / masculino
남자가용감하다	homen é corajoso
남작,귀족	barão / nobre
남편	marido / espôso
남풍,남방	austro
납,흑연	chumbo / solda
납득,이해	compreensão / entendimento / interpretação
납부,지불,급료,사례	pagamento / remuneração
납작한,평평한	achado
납치,불법감금	sequestro
납품하다,전하다	entregar
낫,작은낫	foice / foicinha / segadeira
낫다,능가하다	melhorar / reaver / recuperar / sarar
낭떠러지,벼랑,절벽	íngreme / penhasco / rochedo
낭비,소비,소모	consumo / desgaste / desgasto / desperdício / gasto / perda
낭비하다,소비하다	consumir / desperdiçar / esbanjar / gastar
낮	meio dia / à tarde / dia

낮잠,조는것,졸기	cochilo / soneca
낮은,저층민,영세민	baixo / pequeno
낯,얼굴,인상,외모	aparência / face / rosto / vista
낱,부분,한조각	fragmento / parte / pedaço
낱말	palavra / vocabulário
낱낱이,누구나다	um a um / um de cada vez / um por um / tudo
낳다(달걀을)광명	dar a luz / pôr ovos
내,분수,작은시내	arroio / corrente / fonte / jorro / rio / torrente
내각,부처,장관	gabinete / ministério
내객,손님,방문객	convidado / conviva / hóspede / visitante
내걸다	distribuir
내구성,견실,지구성	constância / durabilidade / duração / estabilidade
내근,서기관의식	serviço interno / trabalho interior / secretariado
기의거는돈,노름돈	aposta / parada
내내,항상	freqüentemente / sempre
내놓다,보이다	apresentar / divulgar / exibir / expôr / manifestar / mostrar
내다,개시하다	abrir / inaugurar / vender
내던지다,내젖다	derrubar
내두르다,휘두르다	brandir / conduzir / ornar enfeitar /
내란,내전	guerra civil
내려가다	descer
내력,경력,역사	carreira / fundamento / historia / origem / procedência
내륙,오지	interior / sertão
내리깔다,아래로보다	olhar para baixo
내리긋다	delinear verticalmento / traçar linha vertical
내리다,결정하다	carregar para baixo / decidir / descer

내리치다,때리다	ferir
내리받이,경사,강하	declive / descida / obliquidade / rampa
내막,내용,원인	conteúdos
내무부	ministerio do interior
내무부장과	ministro do interior
내밀다,펴다	empurrar / projetar / estender-se
내밀의,비밀의	confidencial / misterioso / particular / privado / secreto
내방,방문자,손님	hóspede / visita / visitante
내버리다	jogar fora
내보내다,물러나다	demitir / exonerar / mandar / embora
내부	dentro / interior / interno
내부의,내부에	interior / interno / íntimo
내분비	secreção interna
내빈,초대받은손님	convidado / conviva / hóspede
내빈석	assento / banco de convidados / cadeira de hóspede
내색,동정,자비	compaixão / sensação de pena / sentimento
내세우다,칭찬하다	elogiar
내습,습격,침입	assalto / ataque / incursao / invasão
내야	árca cultivada
~수	jogadores de basebol
내오다,인도하다,가져오다	
	conduzir / tirar / para fora
내외(內外)	dentro e fora / interior e exterior / interno e externo
내용,포함되어있는	assunto / conteudo / objeto / matéria / substância
내운,연기있는	fumarento / fumegante
내의,샤쓰	camiseta
내일	amanhã / próximo dia
내일 꼭 놀러와 약속하자	

                          prometa vir me visitar amanhã
내장,중심부,알맹이 visceras
내장(짐승의)녹내장 fressura / glaucoma
내적인,친밀한,기밀한
                          íntimo
내정,행정,정치   administração / assuntos internos
내쫓다,해고하다   excluir / expelir / expulsar
내주다,양도하다   ceder / dar / tirar e dar
내키다,바라다,원하다
                          desejar
내통,연락,불의   comunicação / secreta / traição
내통하다,서로통하다다comunicar / secreta / traição
내통자,배신자,고발자
                          denunciante / traidor
내포하다,포함시키다
                          conter / envolver / incluir
내핍,고행,가혹   austeridade / severidade
내핍생활   vida severa
내화,불에잘견딤   á prova de fogo
냄새,후각,악취,향기 cheiro / fragrância / faro / odor /
                          olfato / perfume
냄새를맡다   cheirar
냉담,무관심   apatia
냉담한,무정한,냉정한
                          apático / frio / indiferente /
                          insensível
냉대   mau tratamento
냉동,냉각,서늘함   refrigeração
    ~하다   congelar
냉동실   congelador
냉방장치   condicionamento
냉소,조소,야유   escarnio / olhar de desprezo /
                          riso de mofa
냉수   água fria / água gelada
냉수마찰   fricção com água fria

냉장,냉동	refrigeração
냉장고	geladeira / refrigerador
냉전,열전	guerra fria
냉정한,무정한	indiferente / insensível
냉혹한,잔인한	cruel / desumano / malvado / perverso /
너,너희	você
너희들	vocês
너구리	texugo
너그러운,친절한	bondoso / compaciente / generoso / indulgente
너도모르고	nem você sabe
너도밤나무	faia
너무,엄청나게	demasiadamente / mais / muito / demais
너와함께,그와함께	contigo / consigo
너울가지,호의,친절	afavilidade / amabilidade / cortesia
너울거리다,흔들리다	ondear / ondular / tremular
너절한,난잡한,천한	desarranjado / desarrumado / desprezível / sujo
너털웃음,웃음소리	com alegria / sorriso
넉넉한,충분한,만족한	
	necessário / satisfatorio / suficiente
넋,혼,영	alma / espírito
넋두리,비탄,애도	lamentação / murmúrio / queixa / sussurro
넌센스,헛된수작	asneira / contra-senso / desproposito / disparate / tolice
넌지시,간접적으로	implicitamente / indiretamente / tacitamente
널리,보통,통례로	amplamente / comumente / geralmente / universalmente
널리퍼지다,확장되다	ampliar / desenvolver / estender / expandir
널빤지,널판	prancha / tábua / tábua grossa /

	tabuleta
널찍한,넓은,광대한	amplo espaçoso / extenso / grande / largo / vasto
널찍이,길다란	algo mais extenso / largo / vasto
넘다,통과시키다	atravesar / caminhar / cruzar / passar
넘어뜨리다	deixar cair / derrubar / lançar por terra / tombar
넘어지다	cair / decair / declinar
넘실거리다,파동하다	ambicionar / aspirar / cobiçar
넘어가다	decorrer / serderrubado / transcorrer
넘치다,받다,응하다	alagar / derramar / inundar / transbordar
넓은,광대한	aberto / amplo / espaçoso / extenso / grande / largo
넓히다,펴다	abrir / ampliar / aumentar / estender / expandir /propagar
넓이,범위,규모	amplidão / área / largura / tamanho
넓이,폭이넓은	aneura / dimensão
넓이뛰기	salto em distância
넓적다리	coxa
닙죽거리다	aceitar / receber sem hesitação
넝마,헌옷따위	depositar / guardar / incluir / inserir /
넣다,들여보내다	depositar / guardar / incluir / inserir /
년(年),해	ano
년말보너스	abono
네거리	encruzilhada / rua transversal / cruzamento de ruas
네모진	quadrado / quadrangular
네모꼴	quadrangulo / guadrilateral / quadrilátero
넥타이	gravata
~를매다	por a gravata

~핀	alfinête de gravata
넷	quatro
넷째	quarto(a)
노,나래	remo
노곤한,피로한	cansado / enfadado / enfadonho / farto / fatigante / frouxo
노골적인	aberto / cândido / franco / puro / sincero
노끈	cordeis
노기,격분,광란	aborrecimento / cólera / ira / raiva
노도,파동	ondas fortes
노동,힘든일	emprego / labor / trabalho / tarefa
노동자	obreiro / operário / trabalhador
노동조합	sindicato
노랑색	cor amarela(o)
노래	canção / cântico / canto
~하다	cantar
노략질,훔치기	despojo / espoliação / pilhagem / roubo / saque
노려보다	encarar / fitar / olhar fixo
노력,기력,정력	empenho / esforço / tentativa
노련한	experiente / hábil / jeitoso / perito / prático / veterano
노루	veado
노른자위	gema de ovo
노름,돈따먹기	jogo / vício do jogo
노리개	brinquedo / divertimento
노망,발광	demência / imbecilidade / senilidade
노무,봉사,근무	emprego / labor / serviço / trabalho
노무자	funcionário / operário / servidor / trabalhador
노변,연변,변두리	beira da estrada
노병,늙은병사	soldado velho / veterano de guerra
노상,길바닥	caminho / estrada / rua
노상강도	bandoleiro

˜행위	salteador
노새	mula
노선,진로,방향	caminho / curso / direção
	meio / modo / rota / rumo
노쇠,노망	caduquice / decrepitude
노숙,노련,성숙	amadurecida / habilidade / madureza
	/ maduro / maturidade / preparo
노여움,심한노여움	aborrecimento / cólera / fúria / ira /
	raiva
노영,야영,진영	acampamento
노예	escravo(a)
˜제도	escravista
노예적인	servil / vil
노이로제,신경과민	nervoso
노인	a pessoa idosa a mulher idosa
노작,노력	trabalho difícil / trabalho laborioso
노점,작은노점	banca / barraca / bazar / loja /
	quiosque / tenda
노정,거리	intervalo / distância
노출하다	apresentar / estarpelado /
	exibir / expor / mostrar / revelar
노친,늙은부모	seus próprios pais idosos
노파,할머니,늙은여자	
	avó / mulher idosa / velha
노하다	estar zangado
녹,뇌성,우뢰	ferrugem
녹다,용해되다	derreter-se / dissolver-se /
	fundir-se
녹보속,에메랄드	esmeralda
녹음기	gravador
녹음하다	gravar
녹이다,용해하다	derreter / dissolver / fundir
녹임,용광,주조	fundição
녹용	galhada do veado
녹음,기록,기억	gravação / memória / recordação /

	transcrição
녹지	terreno verde
녹초되다	enfraquêcido / esgotado / exausto / ser debilitado
녹화	reflorestamento
녹화하다	plantar árvores
논,논밭,벼밭	arrozal / campo onde cultiva arroz
논고,문장	declaração / manifestação / proposição / relatório
논공	avaliação / de serviços
논리학,논법	lógica
논리적인,논리	coerente / lógico / racional
논문,명제,논제	disertação / refutação
논박,변박	confutação / refutação
논설,논파,논문	discurso / dissertação
논설의원	autor de artigo de fundo
논의,논쟁,논전	argumento / controvercia / debate / discussão
논의하다,변론하다	arguir
논하다,토론하다	argumentar / debater / discutir / tratar
논쟁,토론,언쟁	controvercia / contenda / discusão / disputa / polêmica
논쟁가,토론자	controversista
논지,논설	disertação / importancia de argumento
논평,비평,평론	comentario / crítica / interpretação / resenha
놀,노을	luz refletida nágua
놀,파도,큰물결	onda forte
놀다,즐기다,휴식하다	
	brincar / divertir-se / folgar / jogar
놀이,기분전환	brincadeira / brinquedo / diversão / divertimento / jogo / recreio

놀라다,깜짝놀라다	assustar / ser surpreendido
놀라다,기막힌	surpreender
놀라운,깜짝놀란	admirável / espantoso / surpreso
놀라움,놀람	admiração / assombro / espanto / pasmo / surpresa
놀라게하다	admirado
놀랄만한,경이한	surpreendente
놀래주다	admirar / espantar / maravilhar / surpreeender
놀리다,장난,농담	fazer brincadeira / caçoar de / ridicularizar
놋쇠,큰깡통	latão / metal amarelo
놋그릇,구리,동	utensílios de cobre
농가	casa de quinta / de fazenda / de campo
농간,기교,재치	artifício / embuste / engano / fraude / manha / sutileza / treta / truque
농간부리다	adulterar / forjar / fazer truque / trapacear
농과대학	faculdade de agronomia
농구,농기구	ferramentas / instrumentos / para agricultura
농구	basquete / basquetebol
~경기장	ginásio de basquetebol
농담,웃기기,회롱	brincadeira / galhofa / galhofada / gracejo / piada / pilheria
농도,농후,두께	densidade / espesuraa / grosura / profundeza / profundidade
농락,유혹,시험	incitação / sedução / tentação
농림부	ministério de agricultura e sivicultura
농번기	estação de lavoura
농부,농민,농업가	agricultor / camponês / fazendeiro lavrador

농산물	produção agrícola
농수산부장관	ministro da agricultura
농성,시위,스트라이크	
	greve / manifestação
	movimento
농업,농사,영농법	agricultura / lavoura
농예	tecnologia agrícola
농자,귀머거리	surdo
농작물추수,수확고	agrícola / colheita / produção
농장,목장,농원	fazenda / granja
농장주,목장주	fazendeiro
농지	região agrícola
농촌	comunidade rural / interior / vila agrícola
농촌지대	roça
농후한,충분한	compacto / denso / espesso
높은,고도의 ,큰	alto / elevado / eminente / grande / solene / superior / supremo
높이,고도,해발	altitude / altura / elevação
놓다,설치하다	assentar / botar / colocar / pôr
놓아주다,해방되다	libertar-se / soltar-se
놓치다,실수하다	falhar / deixar escapar / perder / soltar
뇌	cérebro
뇌막염	meningite
뇌리,지령,지능	intelecto / memória / mente / pensamento
뇌물,뇌물쓰기	corrupção / suborno
뇌빈혈	anemia cerebral
뇌성,우뢰,천둥	raio / ribombo / trovão / trovoada
뇌새하다,유인하다	deslumbrar / encantar / fascinar / irresistivelmente / seduzir
뇌우	temporal com trouão
누,싫증,괴로움	aborrecimento / complicação / confusão / incômodo

누를끼치다	criar transtorno / trazer problema
누각,성곽,궁전	castelo / torre / torreão / palácio
누구,누가	alguem / qualquer pessoa / de quem
누르러지다	acalmar-se / moderar-se
누나,누이	irmã mais velha
누누이,반복하여	de modo tedioso / repetidamente
누더기,헌옷,넝마조각	andrajos / farrapos / trapos
누락,탈락,빠뜨림	falha / falta / lacuna / suspensão
누룩,효소,발효	fermento
누르다,압축하다	apertar / comprimir / forçar / oprimir / prensar
누른,노랑	amarelo(a)
누른스름한,노랗게된	amarelado
누명,망신,불명예	falsa acusação / desonra / estigma
누비다,속을넣다	acolchoar / estofar
누비이불	colcha
누에,양잠	bicho-da-seda
누에고치(번데기)	casulo
누운,누워있는	deitado
누이동생	irmã mais jovem
누차,자주,항상	freqüente mento / muitas vezes / repetidamente
누추한,더러운,추악한	andrajoso / imundo / sujo
눈(雪)	neve
눈,시야,시력	olho / olhos / visão / vista
눈동자	pupila
눈꺼풀	pálpebra
눈멀게하다	cegar
눈먼,소경	sego
눈물	lágrima(s)

눈병	oftalgia
눈부신,찬란한	brilhante / deslumbrante / ofuscante / refulgente
~아침해	o ofuscante sol da manhã
눈썹	sobrancelha
눈시울	beira de palpebra
눈알	globo ocular
눈자위	franja de olho
눈금,자눈,저울눈	escala / graduação
눈금이 있는	graduado
눌다,그슬리다	chamuscar / queimar / tostar
늘변가,웅변가,연설가	
	falador / orador de pouco merito
눕다,눕히다	deitar
뉴스,소식,정보	notícia
최신뉴스	noticia de última hora
뉘우치다,참회한	afligir-se / arrenpender / deplorar-se / lamentar-se
느끼다,알다	conceber / compreender / entender / perceber / sentir
느낌,감동,자비	emoção / sensação /sentimento / ternura
느닷없는,돌연한	abrupto / brusco / precipitado / repentino / súbito
느름나무,재목	olmeiro / olme
느리다	ser lento
느린,서서히,천천히	devagar / lento / tardio / vagaroso
느릿한,늘어진	bambo / frouxo / lasso / morosamento / vogarosamento
느슨한,나른한	flácido / frouxo / laxado / relaxado / solto
느즈러지다	ser frouxo / reraxado / solto
느지막이,우물주물하여	
	demoradamente / muito tarde
느티나무	olmeiro

느티나무가 좋다　　olmeiro grande
느티나무가 푸르다　olmeiro está velde
늑골,갈빗대　　　　costela
늑대　　　　　　　lobo
늑막염　　　　　　pleurisia / pleurite /pleuris
늑장부리다,시간끌다demorar / querer tardar / retardar
늘,끊임없이　　　　constantement / continuamente /
　　　　　　　　　freqüentemente / todo tempo
늘그막,늙어　　　　idade velha
늘다,증가하다　　　acrescer / aumentar / crecer /
늘어놓다,진열하다　arranjar / exibir / expor / mostrar
　　　　　　　　　/ ordenar
늘어서다　　　　　estar na fila / ficar na fila /
늘어지다,연장하다　alongar / estirar / estender-se /
　　　　　　　　　esticar / prolongar
늘어뜨리다,매달다　pender
늙은　　　　　　　idoso / velho
늙은이　　　　　　a velha / homen idoso /
　　　　　　　　　mulher idosa　o velho
늠름한,고상한,대담한
　　　　　　　　　bravo / cavalheiresco / intrépido
능가하다,우수하다,압도하다
　　　　　　　　　avantajar-se / exceder /
　　　　　　　　　sobrepujar / vencer / ultrapassar
능글능글한,파렴치한atrevido / descarado / insolente
능동적인,활동적인　diligente / eficaz / espontâneo
　　　　　　　　　/ voluntário
능란한,유능한　　　capaz / competente / eficente /
　　　　　　　　　hábil
능력,힘,자격　　　aptidão / capacidade / habilidade
　　　　　　　　　/ inteligência
능률,힘,활동　　　ação / eficiência / força
능변,청산유수　　　eloqüência / fluência / verbosidade
능수버들,수양버들　chorão / salgueiro
능숙한,능란한,노련한

	agir / experiente / habil / jeitoso / perito / pratico
능부,강간,추행	escândalo / ignominia / oprobrio / pejo / vergonha
능통한,능란한	experimentado / hábil / perito / prático / proficiente / versado
능필	boa caligrafia / bonita escrita /bonita letra
능형,사방형	losango / rombo
늦더위	calor do verão começou demoradamente / veio tarde
늦은,지연한	atrasado / demorado / tardio
늦어지다	chegar tarde / ser atrasado / tardio / tardo
늦다,지연시키다	atrassado
늦잠자다	dormir até tarde / levantar tarde
늦추다,풀리다	desatar-se / desprender-se / relaxar-se / soltar-se
늦추위	o frio do inverno / comecou ou veio demoradamente
늪,습지,못	brejo / pântano
니스	verniz
니카라구아(중남미)	Nicarágua
니코틴	nicotina
니코틴중독,담배중독	dependente de nicotina
넘어지다	muro caiu

ㄷ

다,모두,전부	tudo / todo(s) / toda (s) absolutamente / completamente /completeo inteiramente / inteiro
다가오다,도착하다	acercar-se / aproximar-se / chegar
다가자	vamos todos
다사자	vamos comprar tudo
다싸다	tudo é barato
다자자	vamos todos dormir
다짜다	tudo é salgado
다과,차와과자	chá e bolo / lanche
다급한,긴급한,급한	apressado / imediato / iminente / precipitado / premente / urgente
다녀가다,심방하다	chegar / passar / vir / visitar
다녀오다,복귀하다	ir e voltar / regressar / retornar / voltar
다니다	andar / ir / passar / passear / percorrer /
다니지,다니다	andava
다니지 아니하더라	não andavam
따다,얻다	apanhar / arrancar / catar / coletar / obter /
다독하다	ler amplamente / ler bastante /
다듬다,닦다	acalmar / alisar / conciliar / equilibrar / polir /
다듬어라	limpe
더듬거리다,말더듬다	balbucar / falar gaguejando / gaguejar / tartamudear

따뜻한,인정있는	brando / cálido / meigo / quente / tempo bom / tenro
따라가다,추적하다	acompanhar / escoltar / seguir-se
따라오다,따르다	seguir / vir depois / vir acompanhado
따라내다,능가하다	exceder / sobrepujar / superar
다리,육교	ponte / viaduto
다리,정강이	perna
다리미	ferro elétrico / ferro de passar
다람쥐	esquilo
다르다	ser diferente
다른,상이한	diferença / diferente / diverso
따로따로,별도로	a parte / desmontadamente / independentememte
다루다,취급하다	guiar / manejar / manipular / manobrar / manusear
다른것이다	asdemais
다른데,다른곳	noutro lugar
다른것의,남의	alheio
다른신에게	aos deuses
다른짐승을	algum animal
다른향	outro aroma
다리까지	até a ponte roopa
다리미	ferro de passar
다리다	passar roupa
디리자	vamos passar roupa
다섯	cinco
다섯째	quinto
다수,다수를,많음	multidão / o maior número
다수결,표결	decisão pela maioria / votação
다스리는자,지도하다	capitais
다스리다,지배하다	administrar / controlar / dirigir / dominar / governar / mandar / reger

다스리더니	levantou-se
다스림이,통치하다	reinar
다스한,뜨거운	quente
다시,새롭게	de novo / novamente / outra vez /
다시시작하다	começar de novo / recomeçar
다시오사	voltando
다시살리라,부활하다	ressuscitar
다시파자	cavar outra vez
다시팔다	revender
다시하다	tornara / voltara
다양한,다양성	diverso / variedade / vário
다 없애다	exaurir
댜액,많은액수	cheio de dinheiro /
	grande quantidade muito dinheiro
다음공항	próximo aeroporto
다음에,뒤에,후에	após / depois
다음에 있는사람	seguinte pessoa
다음의,계속되는	contíguo / próximo / seguinte
다음으로,즉시	em seguida / logo / seguidamente
다이빙,뛰어오름	salto
다이루	azulejo
다이어,바퀴	pneu / roda
다이아몬드	diamante
다정다감한,열정적인	apaixonado
다지다,강조하다	acentuar / dar ênfase / salientar
따지다,잘판단하다	avaliar / calcular / contar /
	investigar discriminar / distinguir /
	indagar /
다채로운,각색의	abundante em cores / colorido /
	diverso / matizado / multicor /
	variado
다치는,만지는	tocante
다치다,상하게하다	ser ferido / machucar-se
다친,부상한	ferido
다툼,싸움,말다툼	briga / contenda / contestação

	/controversia / debate / discussão / disputa / guerra / luta / rixa
다하다,다한지라	esforçar-seao máximo / haurir / ser esgotado / ser usado ser exaustado
다행,기쁨,행복	boa fortuna / boa sorte / felicidade
다행한,행복한,행운아	afortunado / favorecido / feliz / felizardo / fortunoso / afortunado / próspero venturoso
다행이,다행으로	afortunadamente / com êxito / fortunosamente / por sorte / prosperamente
....따라서,...쫓아서	ao longo
딱따구리	pica-pau
딱딱한,단단한	compacto / duro / hirto / rígido / rijo / rigoroso / solido
딱지,부스럼자국	cicatriz / crosta de ferida / mancha / marca
딱지,우표,인장	etiqueta / rótulo / selo / timbre
딱딱하다,딱딱한	duro(a)
딱한,딱한사람	coitado
딱한,가련한	abatido / deplorável / desprezível / infeliz / lamentável / lastimavel / mesquinho
닦다,윤내다	assear / engraxar / limpar / polir lustrar
단,제단,성찬대	altar
단들을	altares
단,단맛이있는	açucarado / adocicado / doce
단,소포,묶음	fardo / feixe
단,그러나,그래도	embora / entretanto / mas / porém
단거리	distância
단검,단도,비수	adaga / punhal
단결,동맹,협회	aliança / associação / coligação /

	fusão / junção / união / unificação / uniformidade
단결하다,통일하다	ajuntar-se / aliar-se / associar-se / unir-se / unificar
단결하여,연합하여	com união / de acordo / juntamente / unidamente
단계,등급	degrau / estagio / etapa / período
단골손님,고객	cliente / freguês
단과대학	faculdade
단교하다,절교하다	romper-se em relação a
	não manter relação com
단구,교단,강단	assento / bancada / plataforma / varanda
단기,간단,짧음	brevidade / concisão
단기의,시기,기간	a curto prazo
단념하다,기권하다	desistir / entregar-se
단단한,든든한,굳은	compacto / duro / firme / rígido / sólido
단단한 상자,금고	cofre
단단히,든든히	firmemente / fortememte / intensamente /
단독,외로운	autonomia / independênte / sozinho /
단두,참수형	decapitação / degolação
단두대,교수대	cadafalso / guilhotina / patíbulo
단련,훈련	exercício / disciplina / prática / severa / treino
단면,단면도	parte cortada / seção
단명의,명이짧음	de pouca duração / de pouca vida / efêmero / fugaz
단발	cabelo curto
단서,원인,시초	começo / fonte / início / procedencia motivo /
단속,감시,감독	controle / direção / fiscalização / ordem / supervisão / verificação
단속하다,지키다	guardar

단수	número singular
단수의,단일의,개인의	
	individual / singular
단순한,간단한,순수한	
	comun / humilde / ingênuo / mero / ordinário / simples
단숨에	de uma vez / de única vez
단식,금식	abstenção / abstinência / jejum
단식하다,금하다	fazer abstinencia / jejuar
단어,말,문자	letra / palavra / termo / vocabulário / vocábulo
단에뿌리고	espagiu sobreo altal
단언,선언,성명서	afirmação / asseveração / declaração
단언하다,선언하다	afirmar / asseverar / declarar
단연히,뚜렷이	firmemente / logicamente resolutamente
단위,도,구성단위	grau / unidade
단일의,홀로	só / só um
단일의,단순한,간단한	
	simples
단짝,교우,동급생	amigo intimo / colega / companheiro de classe
단잠자다,깊은잠을자다	
	dormir profundamente
단장,막대기,지팡이	bastão / bengala / pau / vara
단장,비탄,서러움	desgosto / magoa
단장,두목,지배자	chefe / condutor
단절,근절,파멸	aniquilação / destruição / extinção / ruptura
단절하다,절단하다	acabar / interromper / rachar / remover / separar
단점,결점,잘못	defeito / erro / falha / falta / imperfeição /
단정,결정,끝	conclusão / decisão / resolução
단정,정당,정확	exatidão

단정하다,결정하다
    concluir / decidir / firmar / terminar
단정한,정직한,진정한
    correto / genuíno / honesto justo /
    legítimo / verdadeiro
단정히,정확히,똑바로
    corretamente / honestamente
단조로운,단조한,천편일율의
    monótono / simples
단죄,비판,판결   censura / condenação / sentença
단죄하다,꾸짖다,문책하다
    censurar / condenar / declarar /
    sentencial
단지,독,항아리   cântaro / jarra / jarro / pote / vaso
단지,다만   apenas / meramente / simples /
    somente
단지파   da tribo de dã
단지오늘뿐   só por hoje
단체,협회,법인단체 comuidade / coporação / partido
    / sociedade
단체,공동사회   comunidade
단추   botão
  ~들   botões
  ~구멍   casa de botão
단축하다,줄이다   diminuir / encuratar / limitar /
    reduzir / restringir
단침,짧은바늘   ponteiro curto
단편,간단한   descrição / história curta /resumida
단편,한편,부분   fração / fragmento / trecho
단편적인,단편의   desconexo / fragmentário /
    incompleto
단풍나무,재목   bordo
단한사람의,혼자서 sozinho
단화,구두   sapato
단행하다,이행하다 efetuar / executar / prosseguir

단호한,안전한,든든한
decisivo / determinado / firme / seguro

단호히,용감히,확실히
decididamente / resolutamente

닫다,막다,급하다   cerrar / fechar / tampar / tapar / trancar

닫아버리다   fechar

닫힌지라   fechou-se

달(月)   mês

딸   filha

달각거리다,진동하다chocalhar / matraguear

달걀,계란   ovos

달게하다   adoçar

달구다,과열하다   aquecer / esquentar / ferventar

딸국질   soluço

딸기   morango

달다,붙이다   fixar / instalar / pendurar

달다,무게를달다   pesar / pôr na balança

달다,과자,달콤한   doce

달라   pedir

달라하다   pedi

달라붙다,부착하다 aderir / colar-se / grudar

날라지다,변경하다 alterar / mudar / variar

달란트   talento

달란트(무게의초대단위)
talentos

달랑거리다,찌르릉하는소리
retinir / tinir

달래다,달래는   adular / lisonejar / persuadir

달러,미불   dólar

달려가,달음박질   corre / correndo

달력,역서,연감   almanaque / calendário

달리,다르게   de outra maneira / de outro jeito /

	diferentemente / diversamente
달리는것,차도	carreira
달리다,경쟁	apressar / correr / corredor
달리아	dália
달무리	aureola / halo
달밤,밝은밤	noite clara
달성하다,성공하다	alcançar / atingir / finalizar conseguir / realizar
달아나다,도망치다	fugir / escapar
달음박질	corrida / correria
달이다,끓이다	esquentar / fazer ferver
달콤한,달다	açucarado / muito doce / melado
달팽이	caracol
달하다,도달하다	alcançar / conseguir / realizar
닭	galo / galinha
~고기	carne de frango
닭장,닭집	galinheiro
닮다,비슷하다	assemelhar-se / parecer com
닮은,똑같은	parecido / semelhante / similar
닮은,마멸된,없어진	comsumido / gasto
담,벽	muro / paredão / parede
땀	suor
~나다	suar / transpirar
땀띠	fogagem / liquen / sudamina
담그다	encharcar / molhar-se
담다,추수하다	apanha
담는,모으다	recolher
담담한,든든한,안전한	
	despreocupado / firme / seguro
당당하다,용감한	assumir
담대하여	ousadamente
담력,과감,용감	bravura / coragem / intrepidez / ousadia
담력있는	audaz / bravo / corajoso / valente

담배	cigarro / charuto / fumo / tabaco
~케이스	cigarreira
담뱃대,파이프	cachimbo
담배가게	tabacaria
담배를피우다,내뿜다	fumar
담보,보증	garantia / fiança / prenda / seguro
담뿍,가득찬	abundante / cheio / inteiro / repleto
담소,우정있는	amigavel / bate-papo / conversa
담요	coberta / cobertor / colcha / manta
담장나무	hera
담즙,소화액	bile fel
담판,상담,교섭	negociação / transação
담판하다,협상하다	negociar / transacionar
담화,환담,화제	conversa / conversação / discurso / fala / troca de idéias
담황옥,황옥	conferência / debate
땀을흘리다	suando
답답한	abafado / enfadonho
답례하다,인사	cumprimentar / saudar
답변하다	responder / retorquir
답안지	questionário para o exame
답장,회답	resposta
땅,지구,육지	chão / globo / mundo / terra / terreno / territorio
당,일당,당파	facção partidária / partido
땅거미	crepúsculo
당구	bilhar
당국,정부,행정부	autoridade / governo
당근	cenoura
당기다	remover / puxar
당나귀	asno / burro
당뇨병	diabete
당뇨병환자	diabético
당당한,고귀한	determinado / digno / grandioso / firme / imponente / majestoso

당돌한,돌연한	abrupto / brusco / repentino / precipitado
당면하다,대조하다	acarear / confrontar / encarar / enfrentar
당번인,의무를진자	de serviço / de trabalho / em dever
당부하다,부탁하다	pedir / requerer / rogar / solicitar /suplicar
당분간,얼마동안	durante alguns minutos / momento / por pouco tempo
당선되다	ser eleito
당시,그때,그러면	então
당신,귀하,소유,주인	senhor(a)
당신의 의사대로	pela sua vontade
당신들이,여러분의	vossa(s) / vosso(s)
당연한,옳은,정당한	claro / direito / justo / lógico / natural / óbvio
당연히,당연해	logicamente / naturalmente / obviamente / propriamente
당일에,그날에	mesmo dia
당쟁,당파싸움	disputa partidaria / luta partidaria
땅	terra
~이 축축하다	a terra está úmida
땅울림	tremor da terra
땅의일	coisas terrestre
땅의하나님	deus da terra
땅콩농장	fazenda de amemdoim
당좌예금,기한없는예금	
	depósito livre / poupança livre
당직,숙직,사관	plantão / serviço / trabalho
당직장교	oficial de plantão
당첨,현상,보상	prêmio / recompensa
당첨하다	ganhar prêmio
당초,처음	começo / princípio / primeiro
당초의,처음의	inicial / precoce / prematuro / primeiro / primitivo

땅콩	amendoim
당파,정당	facção / partido
당하다	encarregar-se de / enfrentar
당한,행한	feito
당황하다,어리둥절하다	
	confundir-se / desordenar-se / embaraçar-se / perturbar-se
당황하여,어리둥절하여	
	atrapalhadamente / confusamente / desordenadamente
닻	âncora
닻을내리다,정박함	abaixar âncora / ancorado / ancorar
닿다,달성하다	alcançar / atingir
땋다,땋은	entrançar / entrelaçar / trançar
땋은,줄,일열	laço
대,줄기,주간	barra / bastão / bengala / haste / talo / tronco / vara
대,교단,강단	pedestal / plataforma
대가,값	custa / preço / valia / valor
대가,권위자	autoridade / grande mestre / sábio
대가다,성취하다	conseguir / em tempo / fazer-se / tornar-se
대개,일반적으로	geralmente / maior parte /provavelmente / usualmente
대견한,능력이있는	capaz / competente / suficiente
대결,논쟁,싸움	briga / confrontação / disputa / luta
대결하다	acarear / brigar / confrontar / disputar / lutar
내공,공중	antiaéreo
대관식,즉위식	coroação / cerimonia de coroação
대구(생선)	bacalhau
대금,값	custo / pagamento / preço / valor
대금업,환전업,고리업	
	agiotagem
대기,기압,공기	atmósfera

대기하다,기다리다	esperar-se / manter-se / preparar-se
대나무	bambu / taquara
대낮	dia / pleno dia
대내의,내면적	interno / interior / doméstico / do pais
대노하여	acendeu-se o furor
대다,만지다	comparar / mexer / situar / tocar
대다수,과반수이상	maioria
때다,탄화되다	carbonizar / incendiar / queimar
뗄감,연료	carvão / lenha / madeira
대단원,최종,종말	fim / final / o fim / o final
대단한,중대한,광대한	
	grande / imenso / ilustre / nobre / notável / sublime
대단히	bastante / excessivamente / extraordinariamente / muite
대단히 맑다	claríssimo / muito claro
대담한,과감한,영감한	
	audácia / corajoso / destemido / valente ousado /
대답,응답,해답	contestação / réplica / resposta
대답하여가라사대	disse-lhe / respondendo
대답했다,대답하다	responder / respondeu
대대,보병대대	batalhão
대대로	em geração / gerações / sucessivamente
때때로, 가끔	às vezes / casualmente / de vez em quando / ocasionalmente
대동맥	aorta
~의	aortico
대두하다	influente
대들다	afrontar / desafiar / opor-se
대들보	longarina
대뜸,즉시,직접	imediatamente
대동한,동일한	equitativo / proporcional / uniforme

대략,대강	contorno / esboço / esquema / perfil / resumo
내량,누적	grande quantidade / massa / montão
대령	coronel
대려다가	leva
대로,거리	avenida
대롱거리다,동요하다	agitar / balançar / oscilar /
대를 건축하다	edificar
대리석	mármore
대리인	agente / comissário / substituto
대리점	agência
대리하다	agir para / atuar para / obrar para
대립하다,반대하다	contrariar-se / opor-se / ser antagônico
때를따라,적절한	oportuno
때리다,치다,쫓다	bater / dar pancadas / espançar / golpear
때리며,때리는	açoitado
...때문에 ....이유로	por causa de
대망,야심	ambição / ambicioso / anseio / aspiração / desejo ardente
대머리,탈모증	alopecia / pessoa careca
대면,,회담	conversação / encontro / entrevista
대면시키다	acarear
대면하다	conferência / conversar / encontrar / entrevistar / ver
대면하여	cara a cara
대명사	pronome
인칭대명사	pronome pessoal
소유대명사	pronome possessivo

a	1 인칭	단 수	복 수
주격	caso sujeito	eu	nós
목적격	caso objeto	me	nos
전치격	caso preposicional	min	nós
+전치사 com		comigo	conosco

b	2 인칭	단 수	복 수
주격		tu	vós
목적격		te	vos
전치격		ti	vós
+전치사 com		contico	conosco

c	3 인칭	단 수	복 수
주격		êle / ela	êles / elas
직접목적격		êle / ela	êles / elas
간접목적격		o / a	os / as
전치격		lhe	lhes

대모(代母),보호자　　madrinha

대모,파업,스트라이크

　　　　　　greve

대문　　　　　porta / portão

대문자　　　　letra maiuscula

때문에　　　　devido a / em conseqüência de /

　　　　　　por causa de

대번에,즉시,직접　diretamente / imediatamente

대법원　　　　supremo tribunal de justiça

대변인　　　　porta voz

대변하다　　　falar em favor de /

　　　　　　explicar em lugar de alguém

대부(大父)교부,보호자

　　　　　　padrinho

대부하다,주다　conceder / dar / emprestar

대부분　　　　parte

대비하다,준비하다 guarnecer / prover / providenciar

대사,말,언어　　diálogo / discurso / fala / linguagem

　　　　　　/ palavra

대사　　　　　embaixador

　~관　　　　embaixada

대상,화제,사건　assunto / coisa / desígnio / objeto /

　　　　　　matéria

대상,이동하는상인의떼

　　　　　　caravana

- 166 -

대상하다	compensar / indenizar / reparar o dano
대서소,대서인,서기	amanuense / escrivão / secretário
대서양,대서양의	oceano atlântico
대속하나니	resgato
대속하다	resgatar
대수,대수학	algebra
대수,수	logaritmo
대수로운	especial / particular /privativo
대수롭지않은	insignificante / simples
~일	coisa coisinha
대신하다	revezar / trocar
대신에	em lugar de / em vez de
대신하니	substituto
대야,세면대야	bacia(s) / pia
대양,해양	ocêano
대양주	oceania
대언자,예고자,대변자	
	profeta
대역,대리인	substituto
대연,큰잔치	grande banquete
대외의,외부의	exterior / internacional
대용,교체,대리	substituição
대용품	substituto
대용하다	pôr no lugar de / substituir / trocar
대우,처우	tratamento / trato
대우하다,처우하다	banquetear / convidar / tratar
때우다,수리하다	consertar / remendar / reparar / restaurar / soldar
대응하다,대항하다	comparelhar / competir
대의원	delegado / representante
대장,일람표,목록표	catálogo / lista / registro / rol
대장,사령관,지휘관	capitão / capitães / comandante / general do exército / líder do grupo
대장장이	ferreiro

대장간	oficina de ferreiro
대적,원수,적군	inimigos
대적이,반항하는	adversário(s)
대접,주발,사발	prato / tigela
내접하다,대접하기를	hospedar / hospitalidade / receber
대제사장	sacerdote / tsumo
대조,대비	antítese / contraste / oposição
대조하다	comparar / contrapor / contrastar / fazer contraste
대중의,평민의,민중의	
	amultidão / população / popular povo / a massa / público geral
대중작가	escritor popular
대지,고원,산	montanha / monte / morro / terreal / terra firme
대책	medida defensiva
대처하다,바꾸다	substituir / trocar
대체로	comumente / geralmente / ordinariamente
대추나무	anáfega
대출하다,주다	dar / conceder / emprestar
대충,약,대략	aproximadamente / proximamente
대치하다	substituir / trocar
대통령	presidente / presidente da república
대패	plaina
대포	arma de fogo / canhão
대표	representante
대표하다	fazer o papel de / representar
대표적인	típico
대표자	delegado / representante
대필	escrito por outro
대필하다,대신쓰다	escrever para alguém
대하다,찬찬히보다	aparentar / encarar / enfrentar / frente / receber / tratar

대학교	faculdade / universidade
대학교수	professor de universidade
대학생	universitário
대학원	pós-graduação
대학졸업생,학사	bacharel
대합실	sala de espera
대합실입구,현관내측	saguão
대항하다,반대하다	combater / obstar / opor / resistir
대항,저항,반항	resististes
대해,대양	oceano
대행하다,이행하다	executar / levar a cabo
대형	tamanho grande
대화,좌담	coloquio / conversa / conversação / diálogo
대화에끼어들다,참견하다	
	tomar parte na conversa
대화하다	conversa / falar com
대홍수(노아의)	diluvial / diluviano
더	adiante / mais adiante /pouco mais
더구나,그렇지만	além / alem disso / aliás / demais /
더나쁘다,더나쁜	pior
떠나가시니라	retirar-se
떠나가시니	foi embora
떠나다,떠나니라	deixar / partir / ir embora
떠내다,내놓다,비우다	
	despejar / esvaziar
떠난다,물러난	parte / parto / retirado
떠났다	partiu
떠다니다,뜨다	boiar / flutuar / vogar
떠다밀다,강요하다	dar um empurrão / empurrar / impulsionar
더덕더덕,다닥다닥	em conglomerado / em grupo
더듬다,말을더듬다	gaguejar / tartamudear
더디오리라,더디오다	tardando / tarde virá
더디게하다,늦게하다	retardar

더디하고	tardío
더딘,지연	lento / tardava / tardío / tardo
더러,더러는	algum / umas / um pouco / um tanto /
더러운	enlameado / impuro / imundo / sujo / porco
더러운먼지	poeira suja
더러움	contaminação / poluição / sujeira
더러움이 없고	imaculado
더러운귀신	espirito imundo
더러운것이	imundice
더럽히다	manchar / poluir / sujar
더러워지다,더럽게	impuro / ser sujo / tornar se poluido
더럽게한다	contaminar
더럽히게하는	contaminados
더럽혀진,썩은	apodrecido
더미,퇴적,가리	montão / monte / montículo
더많게되면	multiplique
떠맡다	empreender / encarregar-se de
떠받치다,유지하다	aguentar / amparar / apoiar / sustentar
더뻑,무모하게	estouvadamente / temerariamente
떠버리	fanfarrão / jactancioso
떠벌리다	alardear-se / blasonar-se / gabar
떠보다,평가하다	medir / ponderar / testar
더불다,동행하다	participar / tomar parte
더불어,결합하여	com alguém / em companhia / juntamente / juntos
떠오르다	ascender / elevar-se / subir / surgir
떠올랐다	elevar
더욱,과대한	excessivamente / maior
더욱나쁜	pior
더욱더,한층더	cada vez mais / de mais / muito mais

더욱이	além disso / demais
더욱힘쓰다	esporear
더운,더움,더운것	calor / caloroso / quente / queimadura
더위,열,더웁다	calor / clima caloroso
더위먹다	atingido pelo calor
더워지다	esquentar
더위타다	ser sensível ao calor
더좋은,소망,더착한	boa / bom / excelente / melhor
더좋아하다	preferir
더좋아함	prefere-preferência
더큰,가장큰,더높은	maior / maior e mais
더큰일	maiores obras
더큰자	superior
더큰재물로	por maiores riquezas
더하다,보태다	acrescentar / acrescer / adicionar / aumentar / juntar / somar
더하시기를	acrescente
더하시리라	acrescentada
덕	valor / virtude
덕분에,덕택에	devido a / graça a / por causa de
덕을입다	receber ajuda
덕이높은사람,고령자	ancião
덕있는	eficaz / virtuoso
덕육,덕행	cultura / ensino moral / moral
떡	doce feito a base de arroz
떡굽는자	padeiro
떡반죽그릇에	amassadeiras
던지다	atirar / arremessar / jogar / lançado
던져,던져지다	arremesso / atirando / lança / lançado
덜다,감손하다	reduzir / subtrair / tirar
떨기나무	sarça
떨다,흔들리다	estremecimento / estremecer /

	tremular tremer
떨리다	tremer / vacilar
덜된,미완성의,미완료	
	imperfeito / inacabado / incompleto
떨어뜨리다	deixar cair / fazer cair
떨어지다	abandonar / desprender / separar
떨어진	apartado / desunido / separado
떨치다,이름나다	afamar / ser famoso
덜해주다,경감하다	aliviar
덤벙거리다	agir imprudentemente / precipitadamente
덤벙덤벙,경솔하게	imprudentemento / inconsideradamente / levianamente / precipitadamente
덤불,숲	arbusto
덤비다,철없다	apressar-se precipitadamente
덧나다,병이더하다	apostemar / inflamar / supurar
덧니,이가덧붙어나다	dente nacido irregularmente
떳떳이	claramente / corretamente / francamente /
떳떳한	exato / justo / legítimo /
덧문	veneziana
덧붙이다	acrescentar / completar / suprir
덧셈,더하기	adição / soma
덧신	galocha
덧없는,무상함	passageiro / transitório / vão
덧없이,쓸데없이	debalde / em vão / inutilmente
덩굴,넝쿨	rebento / renovo
덩그런,현저한	conspicuo / ilustre / insigne
덩달다,함께가다	ir atras de / seguir / ir junto suceder
덩어리,가루반죽	massa / montão
덫,올가미	alçapão / arapuca / armadilha
덮다,감추다	cobrir / forrar / revestir / tapar
덮개를 벗기다	descobrir

덮인,포장	coberto / revestido / tapado
덮개,덮여있다	agasalho / capa / coberta / tampa
때,무리,집단	bando / grie / grupo / manada / multidão / rebanho
때,덩어리,토단	torrão / turfa
때,고집이셈	teimosia / tenacidade
떼쟁이,고집센	cabeçudo / obstinado / teimoso / tenaz
떼쓰다,막무가네	obstinadamente / insistir teimosamente
데다,끓는물에데다	escaldar-se / queimar-se
떼다,절단하다	afastar / desligar / desprender / dividir / separar
데리다,동반하다	acompanhar / estar sendo acompanhado / fazer ir junto
데려가다	levado / levar / transportar
데려오다	conduzido / foram levados
떼밀다,떠밀다	dar um empurrão / empurrar
데살로니가전후서	tessalonicenses
데우다,흥분하다	acalorar / aquecer / ferver
데치다,그을리다	dar uma fervura / ferventar
떼치다,거절하다	recusar / rejeitar / repelir
뗏목,조난선	balsa / jangada
도,온도,정도	grau
도,성,현	estado / município / província / região
또,역시	mais / novamente outra vez / tambêm
도깨비	bicho papão / espectro / fantasma / monstro
~가나오는집	casa mal assombrada
~불	fogo fátuo
도구,세공도구	ferramenta / instrumento
도금,도금법	aurificação / chapeamento /

도금하다	dourar / pratear
도금한,장갑한	chapeado / folheado / laminado / niguelado / prateado
또,그래서	então / pois
도기,벽돌공장	cerâmica / louça fina / olaria / porcelana
도기상	louçaria
도끼	machado / machadinha
도난,도둑맞다	assalto / latrocínio / furto / pilhagem / roubo
도난방지기	alarme contra roubo
또는,혹은	ou
도달하다,달성하다	alcançar / atingir / chegar / conseguir
도달할것이다	alcançarão
도덕,덕행,선행	dignidade / moralidade / virtude
도덕적강연,긴훈계,긴설교	
	homilia
도덕적인	casto / digno / educado / honesto / moral / virtuoso
.. 도아닌...도아니다	
	nem
도대체	sem palavras
도도한,거만한	altivo / arrogante / exultante / insolente / jubiloso
도둑,도둑놈	arrombador / assaltante / gatuno / ladrão / ladrona
도둑맞다	assaltado / foi roubado / ser furtado
도둑이들었다	entrou ladrão
도둑놈이 무섭다	tenho medo de ladrão
도둑질	furto / latrocínio / roubo / saque
드라이버	chave de fenda / chave de parafuzo
도락,방탕,유흥	dissipação / libertinagem / passatempo no cassino

도람통	tambor
도랑,관,양철통	calha / canal / dreno / fosso / rego / vala
도량,너그러움	generosidade / magnanimidade / nobreza
도량형,척도	pesos e medidads / medida
도로,길	avenida / caminho / estrada / rua
도로건설	construção de rodoviária
도료,페인트	tinta
도리,이상,습관	costume / entendimento / razão
도리다,베어내다	cortar
도리어,그러나	ao contrário / invés de / mas / pelo contrario
도마	tábua de cozinha
도마도	tomate
도마뱀	lagarto
도막,동강	pedaço pequeno
또만납시다,안녕히	até logo / até a vista / mais tarde
도망가다,피하다	escapar / fugir
도망하나이다	fujo
도맡다,책임을 혼자지다	
	assumir para / encarregar-se de / responder por
도매,도매료	venda por atacado
도매상,도매업자	atacadista
도모하다,계획하다	imaginar / planejar / projetar / tracar um plano
도무지,전연	completamente / inteiramente / totalmente
도무지 믿지아니하리라	
	não crereis
도미니카(남미섬나라)	
	Dominical
도미,식용어	brema / goraz
도박	jogo

~하다	apostar / jogar
도배,종이로벽바름	decoração de papel
도배지,벽지	papel de parede
도보로,걸음	à pé
도보자,통행인	transeunte
도사견,맹견	cão de primeira fila / fila Brasileira
도사리다,웅크리다	acocorar-se / agachar-se
도살장	abatedouro / ofício de acougueiro
도살하다	abater / matadouro / matar
도서관,책장	biblioteca
도성	centro de cidade
도시	cidade / megalópole / metrópole
도시계획,구획분배	arramento
도시락	marmita
도안,설계,그림	desenho / esboço / modelo / plano / projeto
도약하다,뛰다	desenvolver / pular / saltar
도와주다,도움	ajuda / ajudar / auxilio
도외시하다,괄시하다	desatender / descuidar / desdenhar / desprezar / menosprezar
도움,도우사	ajuda / amparo / auxilio / proteção / socorrer
도의의,도덕의	moral / moralidade / princípio / virtude
도우실것이요	ajudar
또이르시되	disse mais
도자기	cerâmica / louça de barro
도장,인지,우표	carimbo / solo(s)
도적	bandido / furtador / gatuno / ladrão
도적질하다	furtar / furto
도적질하지말라	não furtarás
도전하다,싸움하다	afrontar / desafiar
도주하다,도망하다	escapar / fugir
도주자	desertor / fugitivo / transfuga
도중에서	apropósito / em andamento / no

	caminho
도착하다,다다름	arribar / chegar / chego
도착했다(우리들은)	chegamos
도처에,여러곳	pro toda a parte
도취하다,감탄하다	estar encantado / fascinar-se
자기도취	encantamento próprio / extase própria
도란,곤궁에빠짐	agonia / aflição / angustia / dor / pesar / tristeza
도래하다,선택하다	escolher / selecionar
도토리	bolota
~나무	carvalho
도표,일람표	diagrama / diagramar / gráfico
도피하다,도망하다	abandonar / desaparecer / escapar / fugir
또한,그역시	alem disso / também
또한번	mais uma vez
도해,그림으로설명하기	
	ilustração
도회지,도시	capital / cidade
독,큰항아리	cântaro / jarro(a) / talhas
독,해독	veneno
독감,감기	gripado / gripe forte / resfriado
똑같은,평등의	iguais / igual
똑같이 반분하고	repartir / igualmete
독·단적인	arbitário / autoritário / dogmático
똑똑한	esperto / inteligente / talentoso
똑똑히	habilmente / engenhosamente / inteligentemente
독립,자립	independência
독물학	toxicologia
똑바른,지당한	certinho / exatamente / justo
똑바로,일직선의	direto / reto
독본,읽음,낭독	livro de leitura
독사	cobra
독서	leitura

~실	sala de leitura
독소	toxina
독수리	águia / abutre
독신의	solteiro
독실한,정직한	franco / real / retidão / sincero / verdadeiro
독약,극약	tóxico / veneno
독자,낭독자	leitor
독자,외아들	único filho
독자적인	individual / particular
독재,독재권	absolutismo / despotismo / ditadura / tirania
독재의	arbitrário / despótico / ditatorial / ditatorio / tirânico
독재자,독재권	autoarquia / autoritário / despótica / ditador(pessoa)
독점,전매	monopólio
독점하다	monopolizar
독점주의	monopolismo
독주,낭독,연설	recira / recital
독주가,독창자	solista
독창,독주	solo
독창력,창작력	originalidade
독창적인	criativo / original
독촉하여	apertava
독특한	individual
독학의,자습의	auto-educação / autodidata
독한독물,유독성물질	cruel / severo / venenoso
독혈증	toxiquemia
돈	capital / dinheiro / moeda
돈많은부자	rico(a)
돈바꾸는사람들,돈바꾸는자	
	dos cambistas / os cambiadores
돈을 낼지라	dará dinheiro
돈벌이	ação de ganhar dinheiro / trabalho

	profissão
돌	pedra
돌감람나무	zambujeiro
돌격,공격	ataque / golpe inesperado
~하다	atacar
돌고래	delfim / golfinho
돌다,회전하다	girar / rodar / virar / voltar
돌다,미치다	girar / enlouquecer
돌담	muro de pedras
돌많은	cheio de pedras / pedregoso
돌려주다,반환하다	devolver / restituir / retornar
돌로치라	que atire com pedra
돌로치다,돌로치는것	apedrejar
돌리다,회전하다	converter / girar / rodar / volver-se / virar-se
돌릴지어다,돌려	torna / retorna
돌밭,황무지	afloramento / eclosão / erupção / sápara
돌변,변함	alteração / mudança / transformação
돌보다,시중들다	atender / cuidar de / tomar conta de
돌아가다,돌아갈것이다	
	regressar / regressava / retornar / voltar
돌아다니다	percorrer
돌아보다	olhar para trás
돌아서다	retroceder / voltar
돌아오다	retornar / voltar
돌아와서	vieram
돌아보지 아니함이라	
	não tem cuidado
돌연,별안간	inesperadamente / de repente / rapidamente / repentinamente
돌이키다	converter / meditar / pensar bem / reconsiderar
돌입,유입	influxo

돌입하다	acelerar / apressar
돌파하다,극복하다	atravessar / passar / superar / ultrapassar
돌판	tábuas
돌항아리	talhas de pedra
돐,돌,생일	aniversário
돕다,돕는다	ajudar / amparar / dar assistência
돕는자,도와주는	ajudado
동,동쪽	este / leste / ocidente
동,구리	cobre / metal de cor dourado
똥,거름	cocô / esterco / estrume / fezes
똥	cocô
아기똥	cocô-fezes
~을누다	defecar
동감하다	concordar / estar de acordo
동강,깨진조각	fragmento / parte / pedaço
동거,부부살이	coabitação
동거하다	ajuntar / conviver / morar junto / viver junto
동거인	amancebado / amaziado / companheiro
동격	ação de pôr lado a lado / aposição / categoria / justaposição
동결된	congelado
동결하다,동결되다	congelar / frigorificar / gelar / refrigerar
동경,열망,갈망	anseio / ardente / aspiração / desejo
동경하다	anelar / ansiar / aspirar / desejar
동굴,짐승굴	caverna / furna / gruta
동굴,분화구	algar
동그라미	círculo circunferência
동그란	circular / redondo
동급생,동급	colega / companheiro de classe / condiscípulo / mesma classe
동기,이유	causa / motivo / razão

동남쪽	sudeste
동냥,거지	donativo / esmola
동냥하다	pedir esmola
동네,구역	aldéir / bairro / povoação
동등	equivalência / igual / igualdade
동등한	equivalente / igual / semelhante
동등하게	de maneira idêntica / igualmente
동란,난리,싸움	confusão / distúrbio / inquietação / perturbação / tumulto / turbação
동력,원동력	dinâmico / força mecânica
동료,동류	amigo / colega / companheiro
동맥,혈관	analogias / artéria / arterial / vaso de sangue
동맹,언약	aliança / união
동맹하다	aliar-se / associar-se / unir-se
동맹한자	confederados
동명사,품사	gerundio
동무,동료의	amigo / colega / companheiro
동물,동물성	animais / animal / animalidade / criatura
동물원	jardim zoológico
동물학	zôologia
동민,마을사람	aldeão / habitante / morador
동반,동행	acompanhamento
동반하다	acompanhar / ir junto
동반자,동조자	companheiro / socio
동방,동편	levante
동백꽃	camélia
동봉하다	fechar / tapar
동북쪽	nordeste
동사,말,언사	vervo

타 동사	verbo	transitivo
자동사	verbo	intransitivo
조동사	verbo	auxiliar
재귀동사,반사동사	verbo	reflexivo
규칙동사	verbo	regular
불구동사	verbo	defetivo
불규칙동사	verbo	irregular

동사하다　　　　　morrer congelado /
　　　　　　　　morrer por causa do frio
동산,정원,화원　　jardim / horta / quintal
동산,소유재산　　bens móveis
동상,같게,같은말　dito / idem
동상,겨울추위　　inação ou depressão causada pelo
　　　　　　　　frio
동상,상　　　　　estátua de bronze
동석하다　　　　acompanhar junto / sentar junto
동서의,동성애의　homossexual
동성연애하는여자　safista
동시에,바로,꼭　　ao mesmo tempo / simultâneamente
동안에,하는사이에　enquanto / intervalo / período /
　　　　　　　　tempo
동양　　　　　　asia / oriente
동양의　　　　　oriental
동업　　　　　　sociedade
동역자　　　　　cooperador
동요,소란　　　　agitação / agitamento / desassossego
　　　　　　　　/ inquietude
동요하게하다　　inguietar
동요하다,소란하다　agitar / desassossegar / perturbar
동요,노래　　　canção / música(de criança)
동원,소집　　　mobilização
동원하다　　　mobilizar
동의,찬성　　　acordo / adesão / aprovação
　　　　　　　　/ concordância / convênio / sanção
동의,같은뜻　　sinonimia

동의하다,움직이다	mover / remover
동의자	consentidor
동의하다,시인하다	aprovar / concordar / consentir / reconhecer / sancionar
동의,발의	moção / proposta / requerimento
동의어,뜻이같은말	sinônimo
동이다,동여매다	amarrar / atar
동일시,동일하다는	확인 indentificação
동일한	idêntico / igual / mesmo
동일한중수	de igual peso
동작,운동	ação / movimente
동적인,정력적인	dinâmico
동전,금,화폐	moeda
동정,자비	comiseração / compaixão / condolência / solidariedade / sentimentos / simpatia
동정,동태	ação / movimento
동정하다	condoer-se / solidarizar
동정하는	compadecestes / compreensivo / solidário
동조하다	afinar / modular
동족,겨레,혈족	mesma descendencia / mesma raça / mesmo-tribo / mesmo povo
동쪽	leste
동지,친구	camarada / companheiro
동지,해양의지점	período de solstício
동차,유모차	carrinho de criança
동창회	colega / condíscipulo
동침	teria deitado
~하다	deitar-se
동침하였다	deitar
동태	encontro de condiscípulo
동통,동작,행동	ação / movimento
동트다	alvorecer / amanhecer

동판,합석	chapa / chapa de gravura / gravura em chapa de cobre
동편에도	da banda oriental
동포,겨레	concidadão / compatrício / compatriota / próximo
동풍	vento oriental
동할때에	agitada / agitava
동함을	movimento
동행하다	acompanhar / ir junto
동향,방향	direção / orientação / rumo
동향인,고향사람	conterráneo
동화,융합,합일	assemelhação / assimilação
동화,우화	história infantil / narrativa para criança conto /
동화하다	assimilhar
동화력	força assimilativa
돛,돛단배	vela de pano / veleiro
돛대	mastareu / mastro
되돌아가다	voltar-se / voltar e ir
되돌아오다	regressar / retornar / voltar
되찾다,도로찾기	reaver / recuperar / resgate / retomar / trazer de volta
되,자,측량	medida
되다,측정하다	avaliar / medir / mensurar
되다,달성하다	chegar / conseguir / feitos / tornaram-se / passar / programar / ser / tornar-se /
되리라,되리니	torna
뙤약볕	sol brilhante
돼지	porco / suino
암돼지	porca
큰돼지	porcaão
돼지고기	carne de porco
되풀이하다,반복하다	fazer de novo / repetir
된,치밀한,조밀한	compacto / denso / pesado /

	turvo
될지며,될지니	semelhante
됨됨이,생긴품	aparencia / aspecto / caráter / fisionomia / que foi feito
됨됨이,행실	comportamento / educação / maneiras
두개,골,두개골	cérebro / crânio / miolo
두꺼비	sapo
두꺼비집	chave geral de luz
두꺼운	denso / grosso
두겹,이중의	dobrado
두께	espessura / grossura
뚜껑	tampa
두고두고,길게	longamente / para sempre / por muito tempo /
두 국민	duas nações
두근거리다	bater / saltar / palpitar
두나라말을하는	bilíngüe
두뇌,재주,기능	cabeça / cérebro / inteligência / juízo /
두다,정착시키다	deixar / estabelecer / fixar / meter/ por / instalar
두더지	toupeira
두덜거리다	mumurar / queixar resmungar
두둑,고랑,이랑	cumieira / cumiada / rego
두둔,지지,보호	ajuda / amparo / auxílio / proteção
두둔하다	fazer favor / favorecer / proteger
두두러기	urticária
두두러진	adamirável / conspícuo / espantoso / notável / visível
두드리다,치다	bater
두레박,물긷다	balde
두레박줄	laço de cabaça
두려워말라	não temas
두려워하다	atemorizado / recear / temer

	/ ter medo
두려운,무서운	medroso / receoso / pavoroso / terrível / temeroso
두려움,공포	espanto / horror / medo / pavor / receio / temor
두렵고,귀신이있는	assombrado
두렁,둑,방파제	barragem / dique
두루마리 책	livro de rolo
두루다니매	rodeado
뚜렷한	distinto / evidente / real / verdadeiro
두르다,주의	cercar / fechar / com valado / murar / tapar / ao redor
두리번거리다	ao lado / olhar ao redor
두리번두리번	de modo irrequieto / impacientemente
두마음이 있는	ancipital
두목,머리	cabeça / chefe / patrão / chefão
두발,모발	cabelo
두배,이중	dobro
두부	tofú(quejo de soJa)
두부의,머리의	cefálico
두사람,쌍방의	ambos
두서없는	incoerente / incogruente
두서없이	incoerentemente / incongruamente
두마디라	dvas palavras
두이적	dois sinais
두절되다,차단하다	impedir / interceptar / interromper
두콩팥	ambos os rins
두터운	afetuoso / afeiçoado / amoroso / carinhoso
두통,편두통	dor de cabeça
두툼한,두꺼운	denso / grosso
뚝,저수지	acude / dique / represa
뚝딱거리다	bater / fazer tique-tique / palpitar /

	pulsar
뚝뚝한,굳은	inflexível / insensível / rígido / rijo
뚝배기,사발	terreno / tigela de solo
뚝심,힘센사람	força latente /força oculta / poder interno
둔각,우둔한사람	ângulo / obtuso
둔감한,감각이둔함	estúpido / lento / néscio
둔부,후부의	nádega / traceiro / quadris
둔한,태만한	estúpido / negligentes / néscio / obtuso
둔한자니이다	incircunciso
둘	dois / duas
둘곳,의지하다	reclinar
둘러싸다	assediar / cercar / cingir / circundar / rodear
둘러싼,애워싼	rodeados / rodeia
둘러앉다	sentar em círculo
둘레,주위	contorno / periferia
둘째	segundo(a)
둘째명령	segunda ordem
뚫다,관통하다	brocar / buraco fazer / furar / perfurar
뚫리다,구멍뚫은	furado / ser perfurado
둥그러지다	cair / decair
둥근,지구의	circular / corbicular / global / redondo(a)
둥글게함	arredondamento
뚱뚱한,살찐	cheio de corpo / corpulento / gordo
뚱뚱한여자,여장부	gordona / mulher gorda
둥실,둥실	alegremente
둥우리,바구니,광주리	
	cesto (a)
둥치,나무의 밑둥	toco de árvore
둥치다,묶이다	amarrar / dar laçada / dar nó / atar
뒤,등,배후	atrás / costa / dorso / retaguarda

	/ traseira
뒤떨어지다	detras / ficar atras / ser retrogrado
뒤돌아보다	olhar para trás / vivar a cabeça para trás
뒤로옮겨,뒤로물러가	recuar / se pois atrás
뒤섞다,혼합하다	misturar
뛴다,경주하다	correr
뛰워넘다	pular
뛰어남,탁월한	excelente
뛰어들다	atirar-se
뒤에,배후에	após / atrás / costas / meia que vem depós / tras
뒤에서 따르는	o que se segue
뒤쫓아가다	ir atrás de / perseguir / seguir
뒤축,뒤꿈치	calcanhar
뒤치닥거리다	cuidado / prudência
뒤통수,뒷골	nuca
뒷간,변소	banheiro / privada
뒷걸음	passo para trás
뒷골목,좁은골목	rua / ruinha
뒷마당	quintal
뒷마루,배란다	varanda
뒷바침,후원,찬조	amparo / apoio / assistencia / auxílio / manutenção
뒷짐지다	colocar as mãos na propria cintura do corpo
뛰다,달리다	correr / pular / saltar
뛰어들어가다	mergulhar
뛰어오르다	fazer pular / fazer saltar
뒤미처,곧,즉시	brevemente / em breve / logo / logo depois
뒤바꾸다	converter / inverter / reverter / virar / trocar
뒤바뀌다	ser invertido
뒤보다,똥누다	ir a privada / ao banheiro

뒤보아주다	cuidar de / dar ajuda a / proteger
뒤섞다,혼합하다	combinar / misturar
뒤섞이다	ser misturado
뒤숭숭한,어수선한	confuso / desordenado / embaraçado / misturado
뛰어난,유명한	afamado / eminete / famoso / preeminente ilustre
뒤얽힌,꼭잡힌	complicado / complexo / intrincado
뒤엎다,뒤집다	revirar / inverter / reverter
뒤죽박죽의,혼란하여	confusamente / desordenadamente / misturadamente
뒤지다,찾아내다	buscar / procurar / rebuscar / revistar / sondar
뒤집다,회전시키다	inverter / pôr em contrário / virar
뒤치다,엎지르다	reverter / virar
뒤틀다,비틀다	calcanhar / entrelaçar / retorcer / torcer
뒷꿈치	calcanhar
뒷다리	pata trazeira
뒷문,후문	porta do fundo
뒹굴다,굴러가다	dar camebalhotas / fazer acrobacias / rolar / virar
뜨거운	quente
드나들다,자주가다	freqüentar / ir ou visitar
뜨내기,거지	mendigo / vagabundo
뜨다,떠오르다(해가)	
	boiar / flutuar / sobrenadar
뜨다(눈을)열다	abrir / abrir os olhos
뜨다,털실의편물	fazer tricô
뜨개질하다	tricotar / fazer trico
드디어,결국	afinal / em conclução / finalmente / porfim / por último
드디어쓸어트리다	derrubar finalmente
드라빔,우상신	ídolo

드라이버,나사돌리게	chave de fenda / chave de parafuso
드러나다,나타내다	demonstrar / expor / tornar / revelar
드러내다	demonstrar / expor / mostrar / manifestar
드러눕다	deitar
드리려하오니	pois deixa nos
드럼,북	tambor
드리우다,드리다	pender / pendurar e
드리자,드리다	oferecer / oferecem / ofereceu / dar / oferecia
드리지말며	não ofereceram / não ofertaram
드린금은	ouro da oferta
드릴힘,세력	alçada
드릴예물	alçada / oferta
드문,이따금	fora do comun / incomun / não freqüente / raro
드문드문,이따금씩	aqui ela / de modo esparso / escassamente / esporadicamente
드문드문뿌려지다	espalhar-se
드물게	em poucas vezes / raramente
드물다	rara
득,이득,소득	benefício / ganho / lucro / proveito / rendimento / vantagem
득남하느니라	ter filho
득되는,유익한	beneficio / proveitoso / útil / vantajoso
득보다,유익하다	beneficiar / fovorecer-se / ganhar
득세하다	adquirir / benefício / influência / obter
득승하다,이기다	ganhar jogo / obter a vitoria
득의,득점	orgulho / ponto
득죄하리이까?	pecaria?
득죄하였으니	pequei contra
득표하다	obter votos
득효하다,효력	ter eficácia com remédios

든든한,굳세게	estável / firmemente / fixo / sólido resistente / seguro
든든한,확고한	firme
듣고보는것을	ver e duvir
듣기,청취	audiência
듣는대로	como ouço
듣는자,듣는자들	ouvinte .s.
듣다,청각	escutar / escuto(a) / ouça(o) / ouve / ouvir
듣지아니하도다	não ouvir / sem escutar
뜯다,잡아뜯다	apanhar / arrancar / rasgar
뜯기다	arrancar-se / arranhar-se / esfolar-se
뜯어내다	apahar / arrancar / colher / furtar / roubar / tirar
뜯어말리다	separar um um do outro
뜯어먹다	arrancar e comer / colher e comer
들,지역	campina / campo / planície / prado / território
들것,당가	maca / padiola
들다,청명해지다	aclarar / desanuviar-se
들다,들어올리다	levantar / levantou
들뜬,여유있는	folgado / frouxo / relaxado
들락달락하다	entrar e sair frequentemente
들러리,식장으로인도하는자	
	dama de honra / padrinho do noivo
들러붙다	agarrar-se em / colar-se / grudar / segurar em
들려야,들리배	levanta / levantado
들르다	comparecer / fezer paragem em / passar
들리다,듣다	escutar / ouvir / ser audível
들리다,잠간거치다	ir / passar
들린(귀신따위에)홀런	
	possuido

들먹거리다	movimentar coisas de cima para baixo ou vice-versa /
들보,대들보	viga / trave
들볶다,못살게굴다	aborrecer / incomodar / irritar
둘새,야생의새들	pássaros do campo
들소,야우	auroque / visão
들썩거리다	desassossegado / ser impaciente / movimentar
들썽거리다	ansioso / ser impaciente
들어가다	entrar
들어가리니	interior
들어가지 않고	sem entrar
들어갈수 없었으니	não podia entrar
들어갈수 있다	caber
들어간,개입한	metido
들어가며 나오며	entrar e sair
들어가는것을 허용하다,인정하다 admitir	
들어봐	escute / me ouça
들어올리다,올리다	alçar / erguer
들어맞다	ser apropriado / ser conveniente / ser qualificado
들어박이다	ficar dentro de casa / ficar em casa / repousar
들여놓다	andar para dentro / dar um passo / entrar / pisar dentro
들여다보다	espiar / espreitar / olhar dentro
들여보내다	deixar entrar / enviar para dentro / mandar entrar
들이다,허락하다	aceitar / admitir / conceder / permitir
들이대다	afrontar / dirigir-se contra / provocar
들이받다	bater contra alguma coisa /

	chocar-se / colidir-se
들이켜다,들어마시다	engolir de vez / tomar um gole / tragar de vez
들짐승	animais do campo / animis silvestres
들창코,콧구멍이위로있는코	
	nariz levantada para cima
들추다,뒤치다	esquadrinhar / expor / revelar / revistar
뜰,안뜰,구내	pátio
뜰사면	ao redor do pátio
뜰의포장,말뚝	as cortinas do patio / as estacas do patio
듬성,듬성	em pequeno numero / escassamente /
들키다,발견된	ser descoberto
뜻,의지	desejo / intenção / teor / vontade
뜻밖의,생각밖	imprevisto / inopinado / inesperado
뜻밖에도,의외로	além da expectativa / inesperadamente
뜻을돌이키사,후회하다	
	arrepender-se
뜻을행하며	fazer a vontade
뜻하다	intentar / pretender / tencionar
등,배후,잔등	costa / parte posterior / parte traseira
등뼈	coluna vertebral / espinha dorsal
등골뼈,등골	espinha / espinha dorsal
등귀,등뒤,오름	ascensão / elevação
등귀하다,고상하게하다	
	avançar / progredir / promover
등교하다	assistir à aula / ir para escola
등급도,점수	grau
등기,등록,등기우편	ação de inscrever / correio / registrado / registro
등단하다	subir para plataforma

등달다	agitar-se / estar nervoso
등대	farol
~선	barco-farol
등등	etcetera(etc) / e outros / mais
등록하다	alistar / inscrever / registrar
등뼈	coluna vertebral
등본,부본,사본	cópia / duplicata / reprodução / transcrição
등불	abajur / luz de lampião
등사하다	copiar / mimeografar / reproduzir / transcrever
등사판,등사기	mimeógrafa
등산,등산광	alpinismo / escalar
등산가	alpinista / escalador
등속	volocidade
등식,균등,대등	igualdade / regularidade / uniformidade
등신대	de tamanho natural
등심초,등나무,갈대	canico / junco / verga
등의 갓	quebra-luz
등요하다,임명하다	apontar / contratar / designar / empregar
등잔,작은램프	candeia / lampião
등장,출현	aparecimento / apresentação / comparecimento / manifestação
등장하다,나타나다	aparecer / apresentar-se / introduzir-se / mostrar-se / surgir
등장인물	atores / atrizes / personagem / personalidade
등지다,복귀하다	romper a relacáo cam
등한히하다	desatender / desconsiderar / descuidar / negligenciar
등화,등불	iluminação / luz /luz de lampiâo
디디다	encostar
디베랴	tiberiades

디젤엔진	motor de disel
뜨게질	tricô
~실	agulha de trico
뜻을나타내기,의미,표시	
	significação
띄다(눈에)	destacar
띄우다,표류하다	flutuar / ondear

ㄹ

...라고 그들이 말한다

　　　　　　diz-se-que / dizem-que

라디오,무선전화　rádio

라디오가 잘들리는가?

　　　　　　está escutando bemo rádio?

라 란자,오렌지,밀감류

　　　　　　laranja

　　　　~나무　larangeira

　리마오렌지　laranja lima

　뻬에라오렌지　laranja pera

　바이아오렌지　laranja bahia

　랜지어오렌지　laranja cravo

　셀렛따오렌지　laranja celeta

　뚜란제오렌지　laranja turange

　오렌지즙　suco de laranja

라면　　　lamen / miojo

라오디게아　laodicéia

라이타　　isqueiro

라틴어　　lingua latino

라합　　　árave

랍비여　　rabí

램프,전등　lâmpada

럭키산맥,록키산맥　montanhas rochosas

런닝구,런닝샤쓰　camiseta

레몬,레몬나무　limão(발음,리마옹--콧소리)

레슬링　　luta livre

레스토랑,큰식당　restaurante

레위계통의　levítico

레위사람,레위인   levita
레인지,가스랜지,호콩
`   fogão de cozinha
렌즈   lente
....로.....에대하여 para
....로 가득찬   cheio de
로마   romano
로마법왕   faraó
 여법왕   papisa
로마서   romanos
로마인들   romanos
....로서....처럼   como
로션,화장수   loção
로타리   balão
로켓트   foguete espacial
....로 향해있다   dar para
로맨티한(낭만주의) romântico
루비,홍보석   rubi
룻기   rute
르네상스,문예부흥   renascentismo
....를 통해서   por intermédio
리본   pom pom
리오데쟈네이로시의 사람,리오시의
                    carioca
리오주의,사람   fluminense
리터   litro
릴(낚시)   molinete

마,야아드	jarda(길이의단위:0.914399m)
마,참마	inhame
마가복음	marcos
마감	encerramento / fechamento / fim / final
마개	rolha / tampa
~뽑게	saca-rolhas
마구,미친듯이	ansiosamente / de modo inculto / de modo selvagem furiosamente / impetuosamente / indiscriminadamente / intensamente / loucamente / severamente / violentamente
마구,방패	armadura / couraça
마굿간	estábulo
마귀,사탄	cruel / demônio / diabo / espírito maligno / gênio do mal / malvada / perversa / satanás
마네킹,인형	manequim
마녀,무당	bruxa
마늘	alho
마님,부인	amada / dona de casa / esposa / senhora
....마다	cada
마당,정원	área / horto(a) / jardim / lugar de passeio / pátio / quadra / quintal
마땅하도다	fosse

마땅한,적당한	adequado / apropriado / certo / conveniente / corretamente / exato / justamente / legitimamente / merecidamente / propriamente / próprio
마때,차	mate / chá
마또 그로쏘주	estado mato grosso
마또 그로쏘도술주	estado mato grosso do sul
마뜩한,받아들일만한,만족한	aceitável / admissível / agradavel / bem-vindo / satisfatório
마디,접합,연접	junção / junta
마디,절의부호	parágrafo / tópico
마딘,오래견디는	duradouro / durável / estável / firme / permanente / sólido
마라톤	marátona
마란양주	estado marcanhão
마력,공률의단위	cavalo-vapor
마루	assoalho / chão / solo / pavimento / piso
마루판자	tábua de assoalho
마루터기,꼭대기	cimo / cordilheira / cume / cumeneira / serrania
마르다,바싹마른	deixar em seco / dessecar / ficar seco / sedento
마른땅이된지라	tornou-se em seco
마른지라	seco-se
마마,천연두	variola
마멸하다,파멸하다	desgastar-se / destruir / esgotar-se / gastar-se / ser desfigurado / usar ate o fim
마르르다,거주하다	assentar / decidir / determinar / estabelecer / firmar / fixar / guarnecer / instalar / por em ordem
마법,마술	magia

- 199 -

마법병,보온병	garrafa térmica
마법사	feiticeiro / mágico
마법에걸다	encantar
마부,카우보이	condutor / vaqueiro
마분지	papelão
마비,중풍	paralice / paralicia
마비상태	paralisação
마셨더라	beberam
마손,마찰	atrito / fricção
마술,요술	magia
천사의마술	magia branca
악마의마술	magia negra
마술,승마법	equitação
마실것이다	tomarei
마시다,마시리,마시우니라	
	absolver / beba / bebera / beber / embeber / tomar
마시자	vamos beber
마약,마리화나	cocaina / droga / maconha / narcótico
마약상용자	toxicomania
마을,촌락	aldeia / burgo / povoação / vila
마음,정신,영혼	alma / cérebro / coração / espírito / mente
마음껏	francamente / liberalmente / livremente
마음대로	egoistamente
마음먹다	decidir / determinar
마음에드는	adequado / agradável / aprazível / apropriado
마음에안드는	desagradável / enfadonho
마음의평정	paz do espirito
마일	(1,609m,1700야드) milha
마주	adversario / contrário / oponente / oposto

마주보다	Frente a Frente
마주서다	afrontar / com / confrontar / defronatar-se / ficar em frente de / opor-se
마주앉다	sentar frente a frente
마주치다	abalroar / chocar-se / colidir
마춧대,말목,기둥	estaca / mourão / poste / suporte
마중하다	ir para encontrar / ir para receber
마지막	fim / final / parada / terminal / último
마지막날	últimos dias
마지막의	conclusivo / derradeiro / extremo / final / ultimo
마지막에	finalmente / por fim / ultimamente
마지못해	a contragosto / com relutância / de má vontade / pertinazmento
마차,공식마차	carroça / carruagem / coche
마찬가지의	igual / idêntico / inalterado / mesmo(a) / parecido / semelhante / similar
마찬가지로	do mesmo modo / igualmente / outrossim´/ também
마찰,마찰의	atrição / atrito / esfrega / friccão
마찰하다	esfregar / fríccionar
마취,신경마비,마취제	
	anestesia / anestesico / narcótico
마취시키다	anestesiar
마치(흡사)	como se fosse
마치다	acabar / chegar ao fim / completar / concluir / terminar
마침,다행히	afortunadamente / felizmente / fortunosamente
마침내	afinal / enfim / finalmente
마크,표	marca
마태복음	mateus

막,거반	agora mesmo / há pouco / por pouco / quase
막,커튼,장막	cortina / reposteiros
막간극,막간	interlúdio
막내,막내둥이	caçula
막다,저지하다	bloquear / deter / entupir / impedir / interceptar / interromper / paralisar
막다른길	beco sem saida / impasse / obstáculo / sém recurso
막대기	barra / bastão / estaca / haste / pau / poste / vara / varapau / vareta
막대한,방대한	enorme / gigante / imenso / vasto
막사,병사,병영	acampameto / arraial / barraca / bivaque / caserna / quartel
막연한,애매한	ambíguo / incerto / indefinido / indeterminado / indistinto / obscuro / remoto / vago
막히다,닫다	cerrar
만,일만	dez mil
만,깊은바다	baia / enseada / golfo
만가,애가	elegia / elegiada / endecha / nenia
만강의,친절한,젊잔은	
	amavel / cordial
만곡,굴곡	arqueamento / curvatura / dobra / dobramento / flexão / linha curva / volta
만국기	bandeiras
만기,만료,종결	exalação / expilação
만나,심령의양식,하늘에서온 물건	
	maná
만나(누구를)	encontro
만나다	ajuntar-se / encontrar-se / reunir-se

만나려고	encontro
만날,항상,언제든지	constantemente / continuamente / sempre / perpetuamente
만났다	encontre / encontrou
만년필	caneta-tinteiro
만담,희극배우	bisbilhotice / cômico / mexerico / tagarelice
만드는사람	homen que fizer
만드시고	feito
만들다,만들고있다	engraçado / ridículo
만들어낸것,추상영화	ficcão
만들어	reduzido
만료,만기	exalação / expilação
만료하다,완성하다	acabar / terminar
만류하다,지체하다	deter / impedir / reter / retardar
만민,국민,인민	povo
만민의심판자	juiz de todos
만물	todas as coisas
만물의영장(사람)	rei da criação
만발하다,꽃피다	estar em plena floração / florir
만복,임신	barrigada
만성의,습관의	crônico / habitual
만세,환호의소리	aclamação / hurrah
만승의,전능한,전능하신 하나님	
	onipotente
만심,허영심	orgulho / presunção / soberba / ufania / vaidade
만심하다	ser presunção
만약,그래도,만약에	caso que / embora / se / se por acaso / porventura
만연하다	preponderar / ser bem sucedido
만용,실수,부주의	descuido / imprudencia / negligencia
만원,꽉차다	completo / lotado
만유,소풍,유람	excursão / passeio / roteiro / viagem

만유객	excursionista / turista
만인	todos os homens
만일	se / se for / se por acaso
만장일치로	unanimemente
만조,밀물,간조	maré cheia / precamar
만족	contentamento / contento / satisfação
만족하다,만족한	contente / ficar / satisfeito
만족스러운	satisfátorio
만족시키다	contentar / saciar / satisfazer
만종,저녁종	sino de recolher
만지다	apalpar / pôr a não sobre
만지작거리다	apalpar / manusear / tocar com os dedos
만질만한	palpável
만찬,저녁식사모임	banquete / ceia / jantar
만천하,모든사람	todo o mundo
만큼,그정도로	igualmente / tanto quanto / tão
만행,야만스러운행동	ato bururtal / brutalidade / crueldade / desumanidade / selvajeria / violência
만화,우스운그림	caricatura / desenho animada / gibi
만회,회복,되찾기	recuperação / reposição / restabelecimento / restauração
만회하다	recolocar / reconstruir / recuperar / restabelecer / restaurar
맏아들	primogênito
많게하고	mutiplicarei
많으므로,많아	cheio infinito / muito / muitos(as) / numerosos
말,언어	idioma / língua / palavra
말(馬)	cavalo
~고삐	rédea
말없이	em silência / sem falar / sem

palavra

말다,딸딸말다	enrolar / rolar
말다(국물에)	com água ou sopa / misturar
말다툼하다	altercar / contestar / controverter / discutir
말대꾸하다	rebater / repelir / replicar / retorquiar / retrucar / revidar
말더듬다,말더듬기	gaguejando / gaguejar
말더듬이	gago
말라기	malaquias
말랴기계	galoneira
말려들어가다	envolver-se
말리다,건조하다	dessecar / enxugar-se / secar-se
말리다,금지하다	acalmar / fazer parar / impedir / interromper
말버릇	costume / hábito / jeito de falar / modo de falar
말벌,벌	vespa
말미암아	senão
말미암은자	mediante
말씀이 거룩하다	a palavra é sagrada
말씀이 육신이 되어	o verbo se fez carne
말씀하셨느니라	tem dito
말씀,말씀에	falá / palavra(s) / verbo
말썽,소동,교란	distúrbio / encrenca / transtorno
말쑥한,깨끗한	bem formado / limpo / liso / puro / regular
말짱한	asseado / limpo / perfeito / puro / sem defeito / sem mancha
말하다	contar / conversar / dizer / explicar / falar
말을 듣고	deu ouvidos à voz
말의눈가리기	antolhos
말없다,침묵	calar
말탄자,말탄자를	cavaleiro

말폭,장막	cortina
말하려고,말한다	falar / pretendendo
말하시오	diga
맛있다,맛있는	gostoso / saboroso
맑은,맑음	claro / limpo / pureza / puro
맑은물로	água limpa
맛,미각	gosto / sabor / sentido de gosto
맛보다	apreciar / experimentar / provar / saborear
맛있다	ser gostoso
맛좋은	delicioso / gostoso / saboroso
망고	manga
망고열매,망가나무	mangue
망각하다	descuidar / desprezar / esquecer / não se lembrar de / perder da lembrança
망그러지다	destruir-se / estragar-se / inutilizar-se / quebrar-se
망령된	oprofano
망명하다,귀양보내다	desterrar / exilar / expatriar
망상,공상,환상	espírito / fantasia / fantasma / ilusão
망설이다	estar indeciso / hesitar / vacilar
망아지,말의새끼	poldro / potro
망원경,만리경	binóculo / telescópio
망치,마치	martelo
망치다,파괴하다	arruinar / danificar / destruir / estragar
망하다	acabar / arruinar-se / decair / morrer
맞다,맞이하다	encontrar / receber / visita
맞다,꼭맞다,적합하다	
	azar
맞대다	fazer face a / ficar em frente de / opor-se

맞대보다	comparar com / deparar
맞서다	acarear
맞아,맞으라	encontro
맞추다	acertar / adaptar / ajustar
맞춤법,철자법	ortografia / soletração
맞히다,적중시키다	acertar / atingir / dar um golpe
맞은편	defrente
맡기다,위임하다	deixar com / depositar / guardar com
맡다,냄새맡다	cheirar / perceber / pressentir
매,매의일종	açor / falção
매,회초리,채찍	cordel de chicote
매가,파는집	casa a venda / vende-se
매각하다	dispor de / leiloar / por a venda / vender
매개,중개	a troca pelo dinheiro
매개인	intermediário
매개하다	mediar / servir de medianeiro
매끄러운	liso / macio / plano / polido
매끈한	ativo / esperto / vivo
매년,해마다	anualmente / todos anos
매다,동여매다	amarrar / atar / fazer nó / ligar / prender / unir
매달다	bambolear / pendurar / prender / suspender
매달리다	agarrar de / grudar de / segurar de
매도하다,팔다	negociar / vender
매듭,연결점	laçada / laço / nó
매듭짓다	dar nó / fazer nó
매력,경탄,황홀	atrativo / beleza/ charme / encanto / fascinação / graça / gracioso
매력있는	agradável / atrativo / encantador / fascinante
매립공사,제방	atérro
매매하다	comerciar / comprar e vender /

	negociar
매무시,의상,예복	enfeite / roupa / traje / vestido / vestis
매미	cigarra
매부,처남,형부,동서	cunhado
매상하다	adquirir / comprar / conseguir / obter
매상고,수익,이익	lucro / produto / renda
매서운,사나운	bravio / feroz / furioso / raivoso / violento
매수하다	adquirir / dar propina a / subornar
매수인,사는사람	adquirente / comprador / mercenário
매우,몹시,충분히	bastante / demais / excessivamente / muito
매우귀한	grande valor
매우아름답다	lindissimo(a)
매운,몹시매운	muito ardente
매일의,나날의	cada dia / diario / dia a dia / todos os dias
매입	comprar
매장,매장지,무덤	calculador / contador / sepultura
매장지가 없으므로	não havia sepulcros
매장하다	enterrar / inumar / sepultar
매점,선술집	bar / barraca / barzinho
매점하다	adquirir / comprar
매진하다	acabar-se / esgotar-se / vender-se tudo
매춘,매음,더러운직업	
	prostituição
매춘부	meretriz / piranha / prosituta / puta / quenga / rapariga
매춘행위	prostituição
매혹,마음을흐리게함	deslumbramento / encanto / enlevo / fascinação
매혹된	atraido

맥혹하다	atrair / encantar / fascinar
매화,자두나무	flor de ameixa / ameixeira
맥,맥박	pulsação / pulso
맥없이	deprimido / desanimado / sem espírito / sem força
맥주	cerveja
~공장	fabrica de cerveja
맥추의 초실절	festa das primícias sega do trigo
맨먼저	antes de tudo / em primeiro lugar / primeiramente
맨발	descalço
맨손	mão vazia
맹렬한,사나운,잔인한	feroz / frioso / raivoso / selvagem / violento
맹렬한불같이	fogo consumidor
맹세,서약	juramento / promessa
맹세하다	jurar
맹수,사나운짐승	animal selvagem
맹인,소경,장님	cego
맹장염	apendicite
맺다,마감하다	concluir / terminar
맺히다	afeiçoar / fazer / formar
머금게하여	embebeu-a
머리	cabeça
~카락,털	cabelo
~솔,빗	escova de cabelo / pente
~감다	lavar a cabeça
~수건	lenço de cabeça
~감는가루	shampoo
~핀	grampo de cabelo
~손질	penteado
머리가 둘 달린뱀	anfisbena
머리숙여 경배하니라	inclinou-se e adorou

머리에기름을뿌린,관유의
unigido
머릿말,서언   inicial / introdução / prefácio
머므르다,남아있다 ficar / parar / pausar / permanecer
머무적거리다,망서리다

estar indeciso / hesitar / vacilar
머물다,있다   ficar / permaneceram
머물러있느니라   permanece
머물렀더라   repousar
머슴,하인   criado / empregado / servo
먹,검은물감   tinta preta e escura
먹고마시다   comer e a beber
먹구름   nuvens escuras
먹는,양식   alimento
먹다   comer / engolir / refeição /
tomar refeiçâo
먹으라,먹을지라   comer / comerão
먹은자   comedor
먹이   alimento / comida / isca /
mantimento / nutrimento
먹이다   alimentar / dar comida a / nutrir
/ sustentar
먼,멀찍한   afastado / distante / longínquo /
muito longe
먼곳   lugar distante / lugar longínquo
먼곳에   ao longe / longe /
na grande distância
먼길,노정   longa jornada / longo caminho
먼저,앞에,전에   antes / antes de tudo /
em primeiro lugar / primeiro
먼저될자   serão o primeiros
먼저와야   venha primeiro
먼저 예약해야지   vou reservar primeiro
먼지,티끌,가루   alimpadura pó / poeira / varredura
먼지를털다   espanar / limpar pó / varrer o pó

먼지털이	espanador
멀다,멀리	longe
멀리,노정	distancia / longe
멀리보다	avistar
멀리하다	abster-se / afastar-se / manter afastado
멀미,메스꺼움	enjoo / mal-estar / náuseas
멀미하다	mal-estar / sentir enjoado
멈추다	cessar
멈췄다	parou / paralisar / parar
멋,맵시	faceira(o) / ignorante
멋장이	elegante / fino / fórmoso / gracioso
멋진,우아한,아름다운	
	elegante / em boa ordem / fino / vistoso
멋진유머	bom humor
멍,타박상	contusão / machucadura mossa / pisadura
멍애	jugo
멍청한,바보스런	alvar / vago
멍키스패너	chave inglesa
멍하니넋을잃다	encantar-se
메뉴큐어	esmalte para unhas
메뉴표	cardápio
메뚜기	gafanhoto
메마르다	estar ressecado
메모,비망록	anotação / bilhete / lembrete / memorando / nota
메스꺼움,뱃멀미	enjoo / náusea
메시야,구세주	messias
메아리,산울림	eco
메우다,덮다,막다	arrolhar / entupir / cobrir / encher completamente / tampar / tapar
멕시코(중남미)	mexico

멜기세댁,의의왕	melguisedegue
멧돼지	porco espinho
며느리	nora
멱,식도,기관	garganta / goela
멱,목욕	banho
멱감다	banhar-se / dar banho em / tomar banho
면,목화나무	algodão
면담,회담,담화	conversa / conversação / encontro / entrevista
면담하다	conversar / dialogar / entrevistar / palestrar
면도칼	lâmina / navalha
면도하다	barbear-se
면류관,왕관	coroa / diadema
면목,체면,염치	dignidade / honra / honradez
면목없다	envergonhar-se / humilhar-se
면밀한,꼼꼼한	exato / miudo / perfeito / preciso
면밀히,세밀히	detalhadamente / minuciosamente
면사,목면사	fibra de algodão / tecido de algodão
면사포,너울	mantilha de freira / véu
면세,과세면세	isento de imposto
면식,지식,인식	conhecimento / entendimento / habilidade
면역,면역성	imunidade
면역의	imune / imunizado / isento / protegido
면역주사	vascinação
면적,지평,지면	área
면전,목전	presença
면접,상봉	conversação / encontro / entrevista
면접하다	dar recepções / encontrar / entrevistar / receber / receptar
면제하다	dispensar / eximir / isentar / liberar / livrar

면제품,무명제품	revestidos de algodão / tecidos de algodão
면죄,사면	absolvição / ínocente / libertação / soltura
면직,해고,파면	demissão / despedida / destituição / exoneração
면직하다	demitir / despedir
면책하다,꾸짖다	reprecender / reprovar
면포,무명	tecido de algodão
면하다,피하다,벗어나다	
	escapar / ficar de fora / ficar excluido / livrar-se
면하다,상면하다	afrontar / apresentar-se / encarar / ficar facea
면허,인가,관허	autorização / licença / permissão
면허하다	autorizar / conceder / licenciar / permitir
면허장	atestado / certificado / certidão / licença
멸망,타락	aniquilamento / decadencia / destruição / extinção
멸망하다	aniquilar / arruinar / decair / destruir
멸망함	pereça
멸시하다	desdenhar / desprezar / maltratar / menosprezar
멸하다,죽이다	matar
멸하리라	destruira(s)
멸하셨더라	derribar
명,운명,숙명	destino / sorte
명기하다	descrever / detalhadamente / especificar / mecionar
명단,이름적은표	lista de nomes
명도하다,해방되다	livertar / livrar / soltar
명랑한,상냥한	alegre / divertido / festeiro / jovial

명령,지시	comando / diretiva / mando / norma / ordem
명령적	imperativo
명령하다	comandar / mandar / ordenar
명료한	claro
명리,명예와이익	fama e riqueza
명명하다	chamar pelo nome / citar / mecionar / nomear
명목,표제,타이틀	denominação / nome / título
명민한,총명한	inteligente / perspicaz / sagaz
명백한,청결한	claro / distinto / limpo / lúcido / puro
명백히,뚜렷하게	claramente / completamente / detalhadamente / interiramente
명복,행복	boa fé / boa sorte / felicidade de poder divino
명분,일람표,목록표	catálogo / lista / relação / rol
명사	substantivo
명산물	produto
명석한,명확한	certo / claro / correto / evidente / lúcido / óbvio / puro
명성,명망	fama / reputação
명성있는	afamado / famoso / ilustre / notável
명세,상세,세부	detalhes / minúcias / particularidades
명세한	circunstanciado / detalhado / minucioso / pormenorizado
명세히,자세히	detalhadamente / minuciosamente / pormenorizadamente
명소,이름난장소	local famoso / local histórico / locar turístico / lugar notável
명수,두목,머리	chefe / craque / especialista / mestre
명승지,이름난곳	local histórico / local turístico / lugar famoso
명시하다	descrever / especificar / mencionar detalhadamente

명실,실속	exelente resultado
명심하다	conservar-se / guardar-se / reservar-se
명예,영예,영광	brio / dignidade / fama / honra / honradez
명작	maestra / obra
명절,경축일	dia de festa / dia festival / feriado
명주,명주실,생사	fio de seda / seda / tecido de seda
명칭,이름	nome / título
명쾌한,맑은,환한	blilhante / claro / límpido / limpo / luminoso / puro
명쾌히,뚜렷하게	claramente / lucidamente
명태,생선	pescada-polaca
명토박다,기록해두다	apontar / indicar / mencionar / mostrar / pontuar
명필,능서,달필	excelente caligrafia / ótima caligrafia
명하다	comandar / mandar / ordenar
명한대로	tenho ordenado
명함,성함	bilhete de visita / catão de visita
명화,명작	obra-prima / primor
명확한	claro / distinto / exato / lúcido
명확하게	claramente / distintamente / exatamente / lucidamente
몇,약간의	algumas / alguns / certa quantidade / um pouco
몇몇의,몇개의	alguma
몇번이나	quantas vezes
몇해전	há uns anos
모교,출신교	colégio / escola / faculdade / univercidade
모국,본국	país de origem
모국의	materna
모금하다	ajuntar subscrição / arrecádar por contribuição
모기	mosquito

~장	mosquiteiro
모깃불	fogo com muita fumaça
모난,외고집	angulocidade
모닥불	fogueira / fogueira de acampamento
모독하다	blasfemar / caluniar / falar mal de
모두,전부	completo / inteiro / todas / todos / total / tudo / todo mundo
모든	inteiro / o maior possivel / todo(a) / totalidade
모든것을주기를바란다	pedimos
모든그릇을	todos estes vosos
모든두목이	todos os príncipes
모든사람,세상사람들	todo mundo toda a gente
모든처소	todas as moradas
모란	eonia
모란채	couve-flor
모래	areia
모레	depois de manhão
모략,궁리,계획	estratégia / plano
모르고있다	ignoradas
모르다	desconhecer / não estar sabendo
모름지기	necessariamente
모면하다	escapar / esquivar-se / eximir-se de / evitar
모반,반란,폭동	rebelião / revolta
모발,머리털	cabelo / pelo
모방,흉내냄	copia / imitação
모방하다	copiar / imitar
모범,견본,본보기	exemplo / modelo / padrão
모범,범례	paradigmas
모범적인	exemplar / modelar
모사,꾸며내는자	intrigante / maquinador / planejador / projetista
모사,모방	ação de copiar / copia

모사하다	copiar / imitar / reproduzir
모색하다	procurar
모서리	angulo / canto / esquina
모성,어머니임	maternidade
모성애	amor materno
모세관,모세혈관	tubo capilar / vaso capilar
모순,논쟁,말다툼	condição / contestação / incoerencia / objeção
모순되는	contraditor / contraditório / incoerente / incongruente
모습,모양,형태	aparência / figura / forma / imagem / porte / vulto
모시다	acompanhar / atender / cuitar / tomar contade
모양,형태	aprência / aspecto / contorno / figura / forma / formação
모양있는	bemformado / bonito / gracioso
모양없는	desajeitado / desagracioso / informe / mal feito / sem jeito
모여	ajuntar / reuniram-se
모욕,욕설,창피	afronta / injuris / insulto / ofensa / ultraje
모욕하다	afrontar / insultar / ofender / ultrajar
모으다,징수하다	arrecadar / colecionar / coetar / coligir / recolher
모으다,합치다	agrupar-se / ajuntar-se / encontrar-se / reunir-se / juntar-se
모음	vogal(a.e.i.o.u)
모의,모조,모방	copia / engano / fraude / imitação
모이,먹이	alimento / comida / presa / ração / suprimento
모이다	reunir-se

모임,모이는일	assembleia / comício / encontro / reunião / sessão
모자	boné / chapéu
~핀	alfinete de chapéu
모자라다	estar insuficiente / falta / faltar
모조,모조품,모의	copia / falsificação / imitação
모조리	inteiramente / plenamente / totalmente
모조품	cópia / imitação
모종,씨앗의싹	planta-criada de semente
모직물,털실	artigos de lã / roupa de lã
모진,굳은,단단한	díficil / duro / rígido / severo
모집,초대,안내장	chamada / coleção / convite / convocação / solicitação
모집하다	chamar / colecionar / convidar / convocar / solicitar
모처럼,벼른끝에	após muito tempo / depois de muito tempo
모탕,덩어리	bloco
모태,복부	útero da mulher / ventre
모터	motor
모텔	motel
모퉁이	conto / esquina
모퉁이돌,기초돌	pedra angular
모포,담요	coberta / cobertor / colcha / manta
모표,표장,훈장	embremas / insignias
모피	pele
~코트	casaco de peles
모함하다	enganar / persuadir / seduzir
모험,장한일	aventura / façanha / peripecia / proeza
모험하다	arriscar-se / atrever-se / aventurar-se / ousar
모형,본,방법	exemplo / figurino / modelo / molde

	/ padrão
모형도안가	modelista
모형	forma
목	gargalo / gola / pescoço
목격,증거,입회자	testemunha(o)
목관,피리,통소	flauta de madeira
목관악기	instrumento musical de madeira
목구멍,식도	garganta / goela / esôfago / traquéia
목걸이	colar / corrente
목긴구두	bota
목덜미,목	pescoço
목도리	cachecol / gravata
목동	menino vaqueiro
목록표	catálogo / lista / relação / rol
목마	cavalo de tróia / índice
목마르다	estar com sede / estar sedento / sentir sede
목말라죽게하느냐	matares de sede
목메어죽은지라,교살하다	
	enforcar
목사,교직	cler o / padre / pastor / reverendo
목성,신의수령	júpiter
목소리	discurso / palavra / voz
목수	carpinteiro
목숨,생명	vida / vivacidade
목요일	quinta-feira
목욕	banho
목욕실,목욕탕	banheiro(a)
목욕하러	lavar-se
목자,목자들	pastor
~지팡이	cajado
목장,목초,사료장	chácara / fazenda / granja / pastagem / pasto / sítio
목재,나무재료	lenha / madeira
목전에서	diante dos olhos /

	perante os ceus olhos
목적어,목적격	alvo / fim / finalidade / objetivo / proposição / propósito
목조의,나무	de madeira
목초,목장	pasto
목축,축산	pecuária
목탄,숯	carvão / carvão vegetal
목표,목적,의도	alvo / fim / finalidade / objetivo / propósito
목화나무,면직물	algodão
몫,한몫	fração / parte / porção / quota
몰각하다,무시하다,깔보다	
	desatender / desconsiderar / desprezar / negligenciar / sem respeito
몰골스러운,무형의	desforme / desproporcionado / informe
몰다,운전하다	conduzir / dirigir / forçar / guiar / levar / prosseguir
몰두하다	dar-se / dedicar-se
몰락,붕괴,무너짐	arruinamento / decadência / destruição / queda / ruina
몰락하다	arruinar / descair / destruir / falir
몰래,비밀리에	em segredo / escondidamento / ocultamento / secretamente
몰려가도,쫓는	ou afugentado
몰리다	ser perseguido
몰수하다	apoderar-se / apreender / apropriar-se / confiscar / tomar
몰약	mirra
몰염치한,거만한	desavergonhado / imodesto / impudente / sem-vergonha
몰아내다	banir / excluir / expelir / expulsar
몰인정한	insensível / desamável / desatencioso / descortês / grosseiro / indelicado /

	insensivel / rude
몰잇군	caçador / perseguidor
몰지각한	impudente / inconfidente / indiscreto
몰취미한,무미한	insípido / insosso
몸,육체	corpo
몸부림치다	contorser-se / esforçar-se / fazer esforço / mover-se / com grande esforço
몸살감기	gripe e resfriado
몸소,스스로	em pessoa / pessoalmente
몸을굽히사	inclinando-se
몸을 떠 받치다	amparar-se
몸을떨다	estremecer-se
몸을숨기다	esconder
몸을 팔다	será vendido / por seu corpo
몸이 가벼운,몸이마르다	á geis / ágil / emgrecer
몸조심하다	cuidar-se / tomar cuidado de
몸종,심부름하는계집종	criada
몸짓	gesto / movimento para exprimir idéias
몸치장하다	adormar / arranjar-se / ataviar /enfeitar-se / ornar-se / vestir
몹시	bastante / excessivamente / extremamente / grandemente / muito
몹시깊은곳,지옥	abismo
못	prego
못,작은호수	açude / lagoa / piscina
못난,바보,멍청이	bobo / disforme / estolido / estúpido / feio / imbecil / insensato / parvo / repulsivo
못난이	boba / cabeça-dura / pessoa estúpida

못마땅한	descontente / insatisfeito
못박는자	pregador / pregadores
못질하다	cravar / fixar / pregar
못집게	alicate / pinça / turquesa
못하다	falhar / falir / fracassar / malograr / não conseguir
못한	inferior / piorque / vale menos
못함이라	não podiam
몽고	mongolia
몽상,공상,환상	fantasia / aonho / utopia / visão
몽유병,정신병의하나	sonambulismo
몽치,긴막대	varapaus
묘기,교묘한기술	habilidade / técnica
묘령,청춘,젊은시절	gente (jovem)/ juventude / mocidade
묘사적인	descritivo
묘사하다	delinear / descrever / desenhar / esboçar / retratar
묘지,신비한,이상한	curioso / esquisito / estranho / misterioso / não comun
무가치	vão
무감각	insensibilidade
무개	peso
무거운	pessado
무거운짐진자들아,압박당한자	oprimido
무경험	inexperiência
무고,비방,중상	acusação / calúnia / falsa
무고한,죄없는	ingênuo / inocente / simples
무공,공적,공훈	mérito militar
무교병	bolos asmos / pães asmos / pão samo e bolos asmos
무교절	festa dos asmos
무관심한	apático / imparcial / indiferente / negligenciavel
무궁,영원,끝없음	eternidade / imortalidade / infinidade

	/ perenidade / perpetuidade
무궁한	incorruptivel
무궁화	rosa de sharon
무기	armas / material bélico
무기력한	abatido / deprimido / desanimado / sem vida
무기명의	sem assinatura / sem registro
무기명투표	voto secreto
무기의	inorgânico
무기화학	química inorgência
무너뜨리다	arruinar / demolir / desencadear-se / desintegrar-se / destruir / desunir / romper / exterminar
무너지다,빠지다	cari / cair em colapso / desagregar-se / desmoronár / ruir
무능력,무능	apraxía / inabilidade / incapacidade / incompetência
무능력자	pessoa incompetente
무능한	inábil / incapaz / incompetente
무늬,도안	estampam / desenho / desígnio / figura / invenção artística / modelo
무단으로	sem informação / sem notificação / sem permissão
무당	macumbeiro / xamã
무대,단,스테이지	cena de ação / palco
무대감독	superintendente cênico
무대연습	ensaio geral
무대장치	decoração / instalação no palco
무더기,더미	amontoado / grande quantidade / montão
무더운	abafador / opressivo / quente e úmido / sufocante
무던한,좋은	bom / bondoso / generoso
무덤,묘	sepultura / túmulo
무도한,잔인한,처참한	

	cruel / desumano / inumano
무도회,댄스파티	baile / festa
무두장이,체혁공	curtidor
무두길,학대	curtimento / curtume
무뚝뚝한	abrupto / áspero / brusco / rude
무딘,둔감한,무정한	estolido / estúpido / impassível / insensível / obtuso
무럭무럭,더심하게	abundantemento / cerradamente / densamente / espessamente / intensamente / rapidamente
무려,약,대략	aproximadamente / proximamente / semelhantemente
무력,군사상의힘	força militar / poderdo exército
무력한	fraco / imponente / ineficaz / ineficiente / sem autoridade
무렵,근처,가까이	ao rdor em volta / em torno / perto / próximo
무례,예의에벗어남	descortesia / grosseria / incivilidade / indelicadeza
무례한	descortes / grosseiro / impolido / indelicado
무뢰한,협잡군,허풍선이	
	embusteiro / enganador / malandro / tratante / vádio / vagabundo / velhaco
무료로,덕분,은혜	de graça / grátis / gratuitamente
무르다	devolver / restituir / reverter
무르익다	amadurar / amadurecer
무른,연한,부드러운	delicado / fraco / macio / mole / tenro
무릇,초대생은	que abre a madre
무릎	joelho
~덮개	cobertor para joelhos
무릎뼈살	coxa
무릎쓰다,모험하다	arriscar / aventurar-se /

	expor ao perigo
무릎을꿇다	ajoelhar-se / ficar ajoelhado / ficar de joelhos
무리,떼,단체	grupo / facção / massa / multidão / povo / turma
무리하게	desarrazoadamente / exageradamente / exorbitantemente / forçadamente / irracionalmente
무리한	exagerado / excessivo / exorbitante / níquo / injusto
무마하다,진정시키다	apaziguar / aplacar / pacificar / serenar / tranquilizar
무망하다,원하다	apetecer / cobiçar / dessjar / pedir / querer / rogar
무면허의	sem autorização / semlicença / sempermissão
무명,솜	algodão / tecido de algodão
무명실	fio de algodão
무명옷	vestidos de algodão
무모한,생각없이	estouvadamente / imprudentemente / irrefletidamente / temerariamente
무방비의	desarmado / desprotegido / indefeso
무방하다	ser justificável
무법천지	anarqüia / mundo semlei
무분별한	desatenciosamente / imprudentemente / irrefletidamente
무사,안전,안심	despreocupação / proteção / segurança / seguridade
무사,군사,전투병	guerreiro / soldado
무사한	fora de perigo / salvo / são / seguro
무사히	seguramente / sem dano / sem perigo
무산의,재산이없는	sem pertence / sem posses / sem propriedade

무산계급	proletariado
무산계급자	proletário
무상,덧없음	inconstância / instabilidade / mutabilidade / volubilidade
무상의	extremo / maior / maximo / principal / superior / supremo
무색의	descolorido / incolor
무생물	objeto morto / objeto sem alma / objeto sem vida
무서워하다	recear / temear / ter medo
무서운	horrendo / horrível / pavoroso / temível / terrível
무서운천둥,번개	trovão medonho
무서움	medo / pavor / receio / susto / temor / terror
무섭게하다	amedrontar / assustar / atemorizar-se / meter medo a
무선전신	rádio-telegrafia / telegrafia sem fios
무선전신국	estação emissora
무선전화	telefone sem fio
무선조종	controle sem fios
무성영화	filme mudo
무성한	abundante / cheio / denso / exuberante / luxuriante / numeroso
무소(아프리카동물)	rinoceronte
무소속의	auto-suficiente / indepentente / neutral / neutro
무쇠	ferro fundido / lingote
무수한	incontável / infinito / inumerável / inúmero / não numerado
무수히	infinitamente / inumeravelmente / muito
무술,전쟁술	arte marcial
무슨,무엇	as que / o que / os que / quais / qual / que

무승부	empate / igualdade / jogo empatado
무시로	tem todo o tempo
무시무시한	feroz / horrível / pavoroso / terrível / violente
무시하다	desprezar / ignorar / menosprezar / não considerar
무시험의	sem exame / sem prova / sem teste
무식,무지	desconhecimento / ignorância / incompetência
무식한	analfabeto / estúpido / igorante / iletrado
무신론	ateísmo
~자	ateista / ateu / descrente / pessoa impia
무실의,허위의	desleal / errôneo / falso / incorreto / infiel / insincero
무심한,등한한	descuidado / imprudente / irrefletido / relaxado
무심코	impensado / involuntário / não intencional / sem querer
무심히	acidentalmente / casualmente / eventualmente
무아,헌신	abnegação
무아경,꿈속,황홀함	arrebatamento intimo / onlévo / extase / extasiado / extatico
무안하다	desconcertar-se / envergonhar-se / humilhar-se
무언의,고요한,조용한	
	calmo / quieto / sem palavra / silenciosa
무엇	que
무엇보다도	antes de / em primeiro / primeiramente
무엇이냐	qual
무엇이든	de qualqueer / espécie /

	qualquer coisa
무엇을구하느냐	que buscais
무역,국제간의교역	comércio exterior / negócio exterior
무역상	comerciante / navio mercante / negociante
무역하다	negociar
무연탄	antracite
무용,용맹,용기	bravura / coragem / valentia
무용,댄스	dança
~가	dançarino
무용회,축제의댄스	baile
무용의,쓸모없는	desnecessário / fútil / imprestável / inútil / sem valor / vão
무우	rabante / nabo
무위,활동중지	inatividade / ócio / preguiça
무의미한	inexpressivo / sem sentido
무의식의,본의아닌	inconsciente / involuntário / não intencional
무익한,무용,헛된	desnecessário / fútil / inaproveítável / inútil / vão
무익하니라	inutilidade
무자비한	cruel / impiedoso / inclemente / inexorável
무장하다	armar-se / fortificar / guarnecer / prover de armas
무적의,진일이없는	inconquistável / insuperável / invencível / invicto
무정	falta de coragem
무정부	anarquia / ausência de um governo legal / cruel
무정한,냉정한	desapiedado / insensível
무조건의	absoluto / incondicional / sem restrições
무조건으로	incondicionalmente
무죄선언,무죄석방	inocência / sentença absolutória

무지,몰상식	ignorância
무지각,무감각	insensibilidade
무지하다,모르다	ignorar
무지개	arco-íris / arco da velha
무짐막지한	áspero / brutal / rude
무찌르다	derrotar / desbaratar / vencer
무진장한,영원히	infindável / insgotável / inesaurível / perpétuo
무질서	confusão / desordem / tumulto
무차별	indistinção
무착륙의	contínuo / sem parada
무참한,잔인한	cruel / dramático / impiedoso
무책임한	irresponsável
무척,다량의	demais / excessivamente
무턱대고	estouvadamente / temperaliamente
무한히	eternamente / infinitamente
무할례	incircuncisão
무형의	abstrato / invisível / sem forma
무화과	figo
~나무	figueira
무효,불구	invalidade / invalidez / sem valor
무회,춤추는사람	bailarino(a) / dançarino(a)
묵념,명상,묵도	meditação
묵다	acomodar-se / ficar / parar / permanecer / residir
묵도,심장	coração
묵상,기도하다	orar
묵상기도	meditação
묵인하다	deixar passar / fazer de conta que não vê / fingir ignorância / ser conveniente / tolerar faltas
묶다	amarrar / dar nó / ligar / prender
묶어,꼭묶다	ata
문,철문	entrada / porta / portão / saía

문고,서고	biblioteca de letura / estante ou amário para livros
문관,민법학자	civilista
문교부	ministério de educação
~장관,문공부장관	ministro de educação
문구,단어문장	expressão / frases / palavra
문단,문학의	círculos literários / palavra literária
문답,물음과대답	questão e resposta
문둥병	lepra / morfeia
문둥병자,문둥이	hanseniano / leproso / morfetico
문득,불쑥,갑자기	inesperadamente / repentinamente
문란,혼란,무질서	confusão / desordem / tumulto
문맥,전후관계	contestura / contexto
문맹,무지,무식	falta de instrução / ignorância
문명,계몽,문화	civilização
문명의,교양있는	civilizado
문명국,민도가높은나라	país civilizado
문명사회	civilizado / sociedade
문물,문화	civilização
문방구	papelaria
문벌,가문	estirpe / linhagem
문법,어학,문법학	gramática / norma gramática
문서,서류	arquivos / cartas / documentos
문설주	naverga da porta
문신,먹실	tatuagem
문안,도안,설계	desenho / esboço / projeto
문안가다	ir para ver / visitar
문안하라	saudai / saudação / saudar
문어	polvo
문예,문학과예술	arte e literatura / arte literária / literatura
문예가	artista / autor / escritor / literário
문외한,무경험자	leigo / secular

문의,심문,취조	indagação / informação / inquirição / pergunta
문의하다	indagar / inquirir / perguntar
문인,문학에통한	homen literário
문자,글자	letras
문자그대로	ao pé da letra / literalmente
문장,글	oração / sentença
문장구법,문장론	sintaxe
문제,현안	assunto / objeto / questão / questão / sujeito / tema / tópico
문지기,관리인	porteiro / zelador
문지르다	deslizar / esfregar / raspar
문지방	soleira
문집,시집,명문집	antologia
문책하다	censurar / condenar / criticar / repreender
문체,형식	caráter / estilo
문초,취재,탐색	inquérito / interrogatório / investigação
문초하다	averiguar / examinar / interrogar / investigar
문턱,문지방	limiar / soleira de porta
문필	letras literárias
문학,문예,학문	literatura
문학사	bacharel em humanidades
문헌,저작물,문서	documento literário / escrita
문화,교양	cultura
문화적인	culturalmente
문화인,교양있는	homem culto
묻기를	pergunto
묻다,파묻다	enterrar / sepultar
묻다,질문하다	indagar / inquirir / perguntar
물	água
물가,끝,가장자리	beira / dorio / margem / ribanceira
물가,가격,시세	custo / preço

물감	corante / tinta
물개	lontra / foca
물건	coisa / mercadoria / objeto
물건사기	fazer compras
물결	onda / ondeado / ondulação
물고기,생선	peixe
물과성령으로나지아니하면	
	não nascer da água e do espírito
물기있는	aquoso / molhado / umectante / úmido
물길	canal / córrego / curso de água
물다,물어뜯다	morder
물다,납부하다	compensar / indenizar / pagar / remunerar
물동이	cântaro
물두멍,성수그릇,세례반	
	pia
물들이다	colorir / corar / tingir
물러가다	afastar / retirar / retroceder
물러가게하시니	foram partídas
물러앉다	sentar atras
물렁한,말랑한	maduro / mole
물레방아	moinho
물려받다	assumir / receber de herança / tomar posse
물려주다	abdicar / ceder / legar / passar / transferir
물로씻기고	lavarás com água
물론,명확한	claro / lógico / sem dúvida
물리다,물린상처	ser mordido
물리다,이양하다	devolver / trocar
물리치다	devolver / vecusar / rejeitar / repelir / repulsar
물리학,이학	física
~자	fisico

물리학적인	fisicamente
물망,인기있는	confidência / expectativa popular / perspectiva popular / popular
물망초,꽃이름	miosotis
물물교환	intercàmbio / troca pela mercadoria
~하다	barganhar
물병	jarro
물새	ave aquática
물색하다	buscar / escolher / investigar / pesquisar / procurar
물샘	fontes dágua
물소	búfalo
물에서건져내었음이라	
	das águas o tenho tirado
물어가로되	interrogou
물어본다	perguntar
물으려고,상담하려고	
	para consultar
물자,재료	matéria / materiais / mercadorias / objetos / recursos
물질,물건	matéria / material / recurso / substância
물항아리,물탱크,물통	
	balde / cântaro / cisterna / moringa
묽은,물끼있는	aquoso / diluido
뭉개다,억누르다	esmagar / prensar / reprimir ./ suprimir
뭉개뭉개	abundantemente / cerradamente / densamen
뭉치,소포,꾸러미	embrulho / pacote / rolo
뭉치다	ajuntar-se / aliar-se / reunir-se / unificar / unir-se
뭉룩한,무딘	embotado / obtuso / pesado
뭍,토양,지면	solo / terra / terreno
미(美)아름다움	beleza / encanto / formosura /

	graça
미각,맛을가리는능력	gustação / paladar / senso de bom gosto
미간의표를삼고	por lembrança entre teus olhes
미개의	bárbaro / incivilizado / selvagem
미개인,야만인	bárbaro / inculta
미개지	região de desenvolvimento atrasado
미결의	indecidido / indeterminado / irresoluto
미국	estado unidos / Estados Unidos da América
미국귀화,미국화	americanização
미궁,교착	complicação / confusão / labirinto
미꾸라지	amia / peixe da família cobitidae / semelhante a carpa
미끄러지다	deslizar / escorregar / patinar
미끄러운	escorregadio / lúbrico
미끄럼	escorregadela / escorregão / escorregadura
미끼,모이,먹이	engodo / isca
미나스게라이수주	Estado de Minas Gerais
미남,미남자	belo conto / bonita lenda / Homem Bounito bonito relato
미더운,진실한	digno de confiança / fiel / honrado / leal
미덕,선행,덕행	qualidade moral / castidade / pureza / virtude
미련한,우둔한	burro / insensato
미래,장래	futuro
미래에	no futuro
미루다	adiar / delongar / pospor / retardar / tardar / transferir
미리,전에	anteriormente / antecipadamente / com antecedência / de antimão / em primeiro lugar

미립자,원자	átomo / célula / molécula
미리미리하자	fazer com antecedência
미망인	viúva
미모,아름다운얼굴	bela fisionomia / belo rosto / boa aparência / boa vista
미묘한	delicado / sensível
미미한	débil / delgado / fraco / inadequado / leviano / superficial
미쁘신,충실한	fiel
미사,카톨릭교의성찬식	
	missa
미사경본	missal
미사일	míssil
미생물	micróbio
미성년	menoridade / minoria
미성년자	menor de idade
미세한,꼼꼼한	adequado / certo / exato / preciso
미소,빙긋이 웃음	sorriso
미소하다	sorrir
미숙한,익지않은	imaturo / não maduro / pouco desenvolvido / prematuro
미술	arte / escultura / pintura
미술가	artista / pintor artístico
미술적인	artístico
미시시피강	rio missisipi
미신,망신,광신	crendice / superstição
미신적인	supersticioso
미심,의심,반신반의	desconfiança / dúvida / suspeita
미심한	desconfiado / duvidoso / suspeito / suspeitoso
미싱	máquina de costura
미안한,미안해요	lamentável / lastimável
미역감다,멱감기다	banhar-se / tomar banho
미역국이적다	a sopa de algas é pouca
미용사	cabelereira(o)

미용실	salão de beleza
미워하다	detestar / odiar
미원,조미료	ajinomoto
미운,미움	detestável / odioso
미움을받는것	odiado
미인	bela mulher / mulher bonita
미장원	cabeleireira
미정의,망서리는	indecidido / indeterminado / irresoluto
미지근한	morno / tépido
미지수,미상의	quantidade desconhecida / soma desconhecido
미지의,모르는	desconhecido / indescritível / invulgar / obscuro
미채,기만,위장	camuflagem
미치광이,정신빠진	alienado / louco(a)
미치니라,도착하다	alcançar
미치다,뻗치다	alcançar / ampliar / estender / influenciar
미치다,발광시키다	enlouquecer / tornar-se demente
미친,발광한	demente / doido / exasperado / louco(a)
미친짓이강간이다	coisa louco é violência
미태,아양부리기	coquetaria / coquetismo
미터	metro
미풍,습관,버릇	belo costume / boa virtude / bonito costume
미풍,산들바람	brisa / vento / viração
미학,심리학	estética / filosofia de beleza / toria de concepção artística
미해결의	não decifrado / não solucionado / sem solução
미혹,속은	enganada / engano
~되어	erra
~하다	engana

~하리라	enganar
~한,틀린	errado
미혼의	não casado(a) / solteiro(a)
미혼자,미혼의	solteiro(a)
미화하다	decorar / embelezar / enfeitar / ornamentar
미흡한,타당치못한	inadequado / insuficiente
믹사기	liquidificador
민간의	cívico / civil / particular / privado /
민감한,예민한	delicado / emotivo / sensível / suscetível
민들레	dente-de-leão (flor)
민란,교란,무질서	tumulto
민망히여기시니	compaixão
민법,보통사법의전체	direito cívico / direito civil / lei pública
민사,민간인에관한일	acontecimento público / incidente público
민속,민간의풍속	costumes étnicos / habitos étnicos
민수기	Números
민숭민숭한	desguarnecido / sem adorno / vazio
민심,민정	opinião pública / sensibilidade pública
민요,민중의가요	música popular
민족,국민	nação / país / povo
민주적인	democrático
민주주의	democracia
민중,인민,국민	nação / população / povo
민중화하다	popularizar / tonar popular
민첩함,빠르고능란함	ágil / de presa / ligeiro / rápido
민활한,민첩한	ativo / ligeilo / rápido
믿고	crêem
믿느냐	crê
믿는도리,충실한	fiel
믿는자들	crentes

믿는자마다	aquele que crê
믿는지라,믿었더라	crer
믿다,신용하다	acreditar / confiar / crer / ter fé em
믿을만한	de confiança / seguro
믿음,신임	confiança / fé
믿음이적은자여	homens de pouca fé
믿지아니하거든	não credes
밀	trigo
~밭	seara
밀가루	farinha de trigo
밀빛깔의,황갈색의	moreno
밀수품들	contrabandos
밀짚	palha
~모자	chapéu de palha
밀감	laranja mandarim
밀다,떠밀다	empurrar
밀도,농도,비중	densidão / densidade / opacidade
밀리다	ser puxado
밀림,장글,깊은숲	selva
밀매,불법판매	venda ilícita / venda proíbida
밀물,조류	maré / enchente
밀사,사절,파견원	enviado / mensageiro
밀수입	contrabando
밀약,비밀히약속함	promessa secreta
밀접한	familiar / íntimo / profundo
밀주,몰래담근술	bebida alcóolica feita em casa
밀집하다	aglomerar-se / afluir em multidão / encher-se
밀착,부착,고착	aderência / adesão
밀항자,비밀입국	passageiro clandestino
밉살스러운	detestável / odioso
및	e ainda / e além disso / e assim como
밑,아래쪽	base / fundo / lado inferior / lugar baixo

밑바탕	base / fundação / fundamento / princípio
밑받침	calço / suporte
밑지다,손해보다	estar com dano / levar prejuízo
밑변,기초,바닥	base
밑에	debaixo
밑천,자본	capital / fundo / rcursos
밑판	pé

ㅂ

바,밧줄,끈	barbante / cabo / corda / cordel / fio / laço / linha
바가지	cabaça / cabaceiro / cuia
바깥,외부	exterior / externo / fora /superficial
바구니	cesto(a)
바꾸다,교환하다	alterar / inverter / mudar / permutar / substituicão / substituir / trocar / variar
바꾸어넣다(위치,순서)	
	transferir / transpor
바꾸어주다	trocar
바꾼,교환권	trocado
바뀌다,변경한	ser alterado / ser convertido / ser invertido / ser mudado / ser substituído / ser trocado / ser variado
바나나	banana
~가루	bananose
~농장,파초원	bananal
바는질	ato de coser / costura / travalho de costura
바느질일	costureira
바느질하다	coser / costurar / fixar com linha
바늘,낚시	agulha / alfinete / anzol
바다,해양	mar / oceano
~는 시원하다	o mar é refrescante
바다가재,새우	caranguejo de rio / lagosta
바다의모래	areia do mar

바다의소리	som do mar
바다가운데로	ao meio do mar
바다의,해양의	marítimo
바다까지	até o mar
바닷가	beira-mar / costa / litoral / margem / praia
바닷가의	na praia do mar
~강변	borda do mar
바닥,깊은곳,기반	base / fundamento / fundo / lugar prfundo / superfície inferior / parte mais baixa / piso / profundeza / profundidade
바둥거리다,동요하다	contorcer-se / debater-se / esforçar-se por / estorcer-se / fazer esforço / trabalhar labutar / menear / mexer / torcer-se retorcer-se
바드득거리다	chiar / guinchar / ranger / rilhar / ringir
빠른,날센	veloz
빠르기,속력,달리다	velocidade
빠른,민첩한	pronto
빠뜨리다,누락하다	errar / falhar / não notar / omitir / passar sem / preterir
빠뜨리다,실수하다	armar cilade / atrair / enganar / induzir / lograr / ludibriar / seduzir
바득바득,막무가네	obstinadamente / perversamente / tenazmente
빠듯한,빽빽한	apertado / compacto / comprimido / sólido
바라다,의욕,빌다	aguardar / almejar / ansiar / contar com / desejar / ter esperança / esperar / exigir / pedir / querer / requerer / rogar / solicitar

바라보다	atenção / averiguar / considerar / enxergar / observar / olhar / prestar atenção / ver
바라보며	olha
바라본다	contemplar / contemplou
바라진,뚱뚱한	abafado / achaparrado / atarracado / gordo / rechonchudo
바락바락,과도하게	desesperadamente / excessivamente / freneticamente / furiosamente / loucamente / obstinadamente / perdidamente / perversamente / tenazmente
바람	aragem / brisa / vento / vento leve /
바람막이	pára-brisa
바람개비	cata-vento / grimpa / moinho
바람직한	agradável / desejável / proveitoso
바래다,희게하다	branquear / desbotar / descolorar / descorar / descorar / enfraquecer / estiolar / languescer / murchar-se
바래다,호송하다	acompanhar / comboiar / despedir / escoltar / enviar / expedir
바로(애굽왕)	faraó
바로,꼭,정확하게	acertadamente / certamente / corretamente / diretamente / exatamente / de fato / justamente / lealmonte / verdadeiramente / perfeitamente / realmente / sinseramente /
바로다음의	seguinte / próximo
바로여기에	eis
바로오늘	hoje mesmo
바로잡다,교정하다	corrigir / melhorar / reparar / retificar / rever / revisar
바르다,횡단하다	transpassar / varar

바른,똑바로	direito / direto / reto / plano
빠르게,급속히	rapidamente / urgentemente
빠르다	rápido
빠르게하다	acelerar / apressar / apressar-se / ativar / aviar
빠른,민첩한	apressado / depressa / rápido / veloz
빠른비행기	avião veloz
바리새인	fariseus
바리톤연주자	barítono
바벨탑	torre de babel
바보	bobo / idiota / imbecil / louco / néscio / palhaço / pateta / tolo
바보,얼간이	bobo-alegre
바보수작,우둔함	estupidez
바보짓,어리석은	tolice
바보짓하다	asneirar
바쁜,분주한	atarefado / ativo / diligente / movimentado / ocupado(a)
바삐,활발히	ativamente / diligentemente
바삭바삭	murmurante / raído / rumorejante / sussurro
바수다,깨뜨리다	despedaçar / destruir / esmagar / quebrar / romper
바스락거리다	murmurar / sussurrar / zunir
바싹,오로지	firmemente / justamente / totalmente plenamente
바알신,우상(옛메니키아사람의 태양신)	Baal
바야흐로,드디어	a ponto de fazer / enfim / estar presente a fazer / finalmente
바위	pedras / penhasco / focha / rochedo
바위가많은	apenhascado
바이,전연,아주	absoltamente / de qualquer forma /

ㅂ

	de todo jeito / de qualquer modo
바이올린	violino
바짝,전혀	completamente / firmemente / plenamente / rapidamente / totalmente
빠져가다	apagar
빠져들어가는것	cair
바지,쓰봉	calça(s) / pantalonas
빠지다,침몰하다	afundar / aprofundar / submergir
빠지다,부족하다	faltar-se / omitir-se
빠지다,새다,누출하다	
	escapar / fugir
빠질자,멸망함,영벌	perdição
바치다,표시하다	apresentar / brindar / recomendar / entregar-se / exibir / mostrar / ofertar / presentear
바칠지니라	dareis
바퀴	pneu / roda(s)
바퀴자국,차도,레일	carril
바퀴벌레	barata
바탕,근거,바닥	alicerce / base / fundamento / origem / parte principal / princípal
빠트리다,누락하다	omitir
바하마(섬아메리타)	Bahama
바히아주	Estado Bahia
박격하다,공격하다	atacar
박격포	morteiro leve
박다,두드리다	bater / cravar um prego / forjar / martelar
박다,새기다	editar / gravar / imprimir / publicar
박다,깁다,꿰매다	coser / costurar / serzir
박대,냉정한	frio / inospitalidade / tratamento
박대하다	afligir
박두하다	aproximar-se / chegar / vir
박람회	exibição / exposição / mostra

박력,능력,힘	eficácia / poder / valentia / virtude
박력있는,정력적인	convincente / dinâmico / eficaz / poderoso / influênte
박료하다,반박하다	contestar / contradizer / debater / discutir / impugnar / questionar / refutar
박리,적은이익	pouca vantagem / pouco benefício / pouco lucro / pouco proveito / pouco rendimento
박멸하다	desarraigar / erradicar / exterminar / extirpar
박명,불운,불행	azar / desdita / destino / infortúnio / melancólico
박문,지능,교육	cultura / erudição / sabedoria
박물,자연과학	história nativa / historia natural
박물관	museu
박물학자	naturalista
빡빡한	abafado / apertado / compacto / condensado / denso / estreito / fechado / pesado / restrito / sufocante / tenaz / viscoso
박봉,적은봉급	pouca remuneração / pouco ordenado / pouco salário
박사,의사	cirurgião / doutor / médico
박살하다,부딛히다	bater / golpear para destruir
박색,보기싫은	face desagradável / face feia
박수,마술사	encantadores / mágicos
박수치는,손뼉치는	aplaudente / aplaudidor
박수치다,칭찬하다	aplaudir / bater palmas
박수친다	aplaudem
박식,학식이많은	conhecimento amplo / cultura / erudição / sabedoria
박식의	culto / doutor / erudito / ilustrado / instruido / sábio
박애,인자,인애	altruismo / filantropia

ㅂ

박약한,미약한,빈약한	
	débil / delicado / fraco / frágil / teme
박어다,새기다	copiar / estampar / fixar / gravar / imprimir / marcar / publicar
박자,타임,시상	compasso / ritmo
박작거리다,잡음	fazer barulho
박정한,무정한	cruel / desapiedado / inexorável / insensível / sem coração
박제,틀어넣기	enchimento / estofamento / recheio
박쥐	morcego
박차,격려,자극	espora / estímulo / impulso
박차다	desprezar / expelir / recusar / rejeitar / repelir
박탈하다	desapossar / despojar / privar
박토,나쁜땅	estélir(terra)
박하	hortelã
박학,박식	cultura / erudição / grande conhecimento / ilustração / sabedoria
박한,무정한	cruel / desapiedade / desumano / insensível / inumano
박해,고난,억압	opressão / persecução / perseguição
박해자,학대자	perseguidor
박해하다	atormentar / importunar / oprimir / perseguir
밖,밖에서	exterior / externo / fora
밖에	fora
반,½,절반	meio / metade
반,급	classe
반가운,기쁜	agradável / alegre / aprazível / jovial / jubiloso
반감,싫어함	antipatia / aversão / desagrado / repugnância
반감을사다	provocar a própria antipatia

반감하다,줄이다	diminuir / reduzir para metade
반격	contra-ataque
반경,반지름	raio
반공	contra comunismo
반공주의	anticomunísmo
반공주의자	anticonvencional
반구,반구체	hemisfério
반국가주의	antinacionalísmo
반기다	alegrar / deleitar / exaltar / regozijar
반기독인	anticristão
반납하다	devolver / entregar de volta / restituir
반다스(6)	meia dúzia
반달	meia-lua
반대,대항,반대자	anti / contra / contradição / contrário / objeção / opõe / oponho / oposição / oposto
반대당,야당	antarquismo
반대의	antagônico / avêsso / contra / oposto contrário
반대하는,험담하는	escandalizou
반대하다	antepor / contestar / contrapor / desaprovar / objetar / opor
반도,반역하는	insurgente / insurreto / rebelde / revoltoso
반도(발칸반도)	península
반동,반항,반응	reação
반드러운,부드러운	liso / macio / plano / polido / suave
반드르르,유유하게	de modo macio / delicadamente / facilmente / lisamente / polidamente / regularmente
반드시,꼭,확실히	seguramente / certamente / com certeza / sem falta
반듯이,똑바로	de forma ereta / direito / direto /

	em linha reta / em orde /
	em posição / reto
반란,난리	rebelião / revolta / sublevação
반란을일으키다	rebelar / revoltar
반려자,배우자	camarada / colega / companheiro /
	parceiro
반바지	bermuda / short
반박하다	contestar / contraditar / contradizer
	/ refutar
반반한,순전한	brando / calmo / fino / liso / macio
	/ polido / sereno / suave
빤빤한	descarado / imprudente /
	sem-vergonha
반말하다	rebatar / rechacar / repelir /
	repulsar
반복,되풀이함	reiteração / repetição
반복하다	imitar / repelir / reiterar
반복하여	repetidamente
반분하다	dividir em partes iguais /
	dividir pela metade / tirar metade
반비례	inversamente
반사,반사적인	reflexão / feflexo
반사하다	refletir
반석,바위	penhasco / rocha / rochedo
반성,자신을관찰함	consideração / estudo / ponderação /
	repercussão
반성하다	meditar / ponderar / recosiderar
반신반의	duvidoso / dúbio / incerto /
	não claro / suspeito
반액	metade do preço / preço médio
반액,승차운임	meia passagem
반어,역어,풍자	ironia / sarcasmo
반어적인	irônico / sarcástico
반역,배반	deslealdade / oposição / rebelião /
	revolta / traição

반역자	traidor
반역하는,거역하는	contraditar
반역하다	enganar / trair
반연방주의자	antipederalista
반영,그림자	consideração / estudo minucioso / ponderação / refleção
반원,반원경	semicírculo
반응,반발	reação
반입하다	levar para dentro
반출하다	conduzir para fora
반짝	claridade de luz / flamejar / lampejar / refletir / reluzir
반작용,반동	reação
반점,표,부호	borrão / mancha / marca / pinta
반주	acompanhamento músical / música inicial
반주자	acompanhante
반죽	massa de farinha
반죽가루	pasta
반죽을한식품	pastel
반증,논박	contestação / refutação
반지,고리	anel
반지러운,윤을낸	liso / maciobrando / polido
반질반질한	liso / lustroso / polido
반차,순서,차례	ordem
반찬,음식찬	aperitivos / pratos que contem várias comidas diferentes
반창고	emplastro / esparadrapo
반추하다,망하다	remoer / ruminar
반추동물	ruminante
반칙,위반	falta / infração / violação
반포하다	clamar / decretar / divulgar / promulgar / publicar
반포하리라,선언하다	apregoar

ㅂ

반품하다	devolver / fazer a devolução de
반하다	estar apaixonado / estar atraído / ser encantado
빤한,명백한	certo / claro / evidente / óbvio
빤히,확실히	certamente / claramente / evidentemente / obviamente
반항,거역	defesa / desobediência / inobediência / resistência
반항하다,방해하다	desobedecer / infringir / resistir / transgredir / violar
반향,메아리,산울림	eco / repercussão / repetição de som
반환하다	devolver / restituir
받고,영수하다	recebe / recebendo
받느냐	receber
받는이가없더라	niguém aceita
받다,맞이하다	aceitar / receber / receptar
받다,주다	dar
받들다	apoiar / auxiliar / levantar / sustentar
받아들이다	aceitar / acolher / admitir / concordar / receber
받아쓰기	ditado
받아야	devendo
받아죽이면	matando
받으실필요가없음이니라	após ser recebido
받은후	recebido
받을때에	ofereceu
받을형벌,선고받은	julgado
받지말라	não tomarás
받지못하였으되	nãorecebido
받지아니하는도다	não aceitar
받치다	firmar / manter / suportar / sustentar

받침,주추,근거	bases
받침대	suporte
받침접시	pires
받히다	ser atingido / ser batido / ser chocado
발,대발	bambu
발(짐승)	pata
발,다리	pé
~가락	dedos do pé
~굽	casco / unha de animais
~꿈치	calcanhar
~목	artelho / tornozelo
~소리	pisada / som de passo
~자국	pegada
~톱	garra / unha de pé
~판	andaime / armação / palanque
발가벗다	desnudar / despir
발가숭이	despido / nu
발각되다	ser descoberto
빨간	avermelhado / carmesim
빨간무우	rabanete
발간하다	divulgar / editar / proclamar / publicar
빨강	vermelha(o)
발견,발각	achado / criação / descoberta / descobrimento / invenção
발견하다	achar / descobrir / encontrar
발견자	descobridor / explorador
발광,정신착란,미침	demencia / loucura
발광,방열,복사	irradiação / radiação
발광하다	emitir / irradiar / radiar / raios
발광한	demente / doido / louco
발굴하다	cavar / desenterrar / escavar
발근하다,빛을내다	irradiar
발기하다	erguer / erigir / elevar / levantar

빨다,빨아들이다	absorver / sorver / sugar
빨다,세탁하다	enxaguar / lavar / limpar
발딱갑자기,뜻밖에	inesperadamente / repentinamente / rapidamente
발단,근원,본원	causa / fonte / fundamento / início / motivo / origem / princípio
발달,개발	avanço / crescimento / desenvolvimento / evolução / progresso
발달시키다	desenvolvendo
빨고,씻다	lavar
발달하다	avançar / crescer / desenvolver-se / evoluir / progredir
빨더라,세탁하다	lavar
빨대	palha
발동,동작,움직임	deslocação / mecanismo de engrenagem / movimento
발동기	motor
발라,기름부음	ungirá
발라맞추다	adular / bajular / cortejar / lisonjear
발란,반역난리	subjugação
발랄한	alegre / animado / jovial / vivaz / vívido / vivo
빨랑빨랑	depressa / rapidamente / prontamente
빨래	roupa para lavar / roupa suja
빨래하는장소	lavanderia
빨랫줄	varal
발령,공직전속통지	notificação oficial
발로,발표	declaração / expressão / manifestação
발룩거리다,흔들다	abanar-se / agitar-se / menear-se / sacudir-se
빨리,급히,신속히	cedo / depressa / em breve /

	imediatamente / logo / pressurosamente / rapidamente
발매하다,팔다	estar a venda / negociar / vender
발명,발견	descoberta / invenção / invento
발명하다,연구하다	criar / descobrir / imaginar / inventar
발명자	autor / criador / descobridor / inventor
발뺌,변명	desculpa / escusa / evasiva
발버둥치다	agüentar / bater o pé / resistir
발병하다	estar doente / pegar doença / surgir doença
발보조,발자욱	passo
발본하다	arrancar / erradicar / extirpar
발사하다	atirar / descarregar / dispara
발산하다	emitir / exalar-se / lançar fora
발상지	berço / início / lugar de origem / origem / terra natal
발생하다	acontecer / ocorrer / suceder / surgir
발성,말하는방법	elocução / expressão vocal
발송	despacho
발송하다	despachar / emitir / enviar / expedidamente / expedir irradiar
발신인	remetente
발신하다	despachar / enviar / expedir / mandar / remeter
빨아들이다	absorver / aspirar / chupar / inalar / respirar
빨아먹다	absorver / aspirar / chupar / sugar
발악하다	enfurecer / encolerizar
발안하다,제안하다	apresentar / expor / propor / recomendar /sugerir
발언하다	contar / conversar / declarar / dizer / falar

발열,열의발생	calorificação
발원	saia
발원하다	causar / dar origem a / originar
발육,증가,증대	aumento / crescimento / desenvolver-se / desenvolvimento
발육시키다,발육학	fonologia
발음	pronúncia / pronunciação
발음법,음성학	fonética
발음하다	articular / pronunciar
발의하다	indicar / promover / propor / sugerir
발인하다	carregar o caixão para fora de casa
발작,낙담,쇠약	colapso / convulsão / desmaio
발작적인,경련의	convulsivo / espasmódico
발작적으로	espasmodicamente
발전,발달	crescimento / desenvolvimento / progresso / prosperidade
발전하다,진보하다	aumentar / avançar / crescer / desenvolver / progredir
발전하다(전기)	gerar eletricidade / produzir eletricidade
발전케하다,발달시키다	
	desenvolvendo
발전소	usina elétrica
발전시키다	desenvolver
발정,성자극	estímulo sexual / excitação sexual
발족,창시하다	inaugurar / iniciar
발차,출발	partida / saída
발차하다	deixar / ir-se embora / partir / sair
발췌,뽑아냄	distinção / escolha / extração / seleção
발칙한	áspero / descortês / grosseiro / rude inculto
발칵,뜻밖의	inesperado / repentino / surpresa

발코니	sacada
발탁하다	escolher / selecionar
발톱	unhas do dedo do pé
발판	pedal
발판,형틀,교수대	andaime
발포하다,선포하다	decretar / divulgar / proclamar / promulgar / publicar
발포하다,폭발하다 descarregar	atirar / dar tiro de canhão / / detonar / disparar
발표,표명	editoração / manifesta / manifestação / proclamação / promulgação / publicação
발표하다	anunciar / declaração / divulgar / editar / informar / noticiar / proclamar / promulgar / publicar
발하다	emitir / lançar / pôr em circulação
발한,취한	suar / transpirar
발행,출판	editoração / proclamação / promulgação / publicação
발행하다	divulgar / editar / partir / publicar
발행자	editor / publicador
발행하여	partir
발현,표시,표명	manifestação / revelação
발화하다	acender / incendiar / inflamar / pegar fogo / pôr fogo
발효,발효작용	produzir fermentação
발효하다,활동하다	ativo / eficaz / eficiente / tornar-se efetivo / real / útil
발휘하다	apresentar / exibir / expor / mostrar / revelar
밝게하다	aclarar
밝다	aclarar / clarear / iluminar / tornal claro raiar
밝은,맑은	claro / luminoso / luzente / radiante

밝히	claramente
밝히다	acender / brihar / clarear / iluminar / raiar / tornar claro
밟다,짓밟다	esmagar com os pés / pissar / seguir / perseguir
밟히다	pisado
빨간	vermelho
밤,밤나무,개암열매	castanha / castanheiro
밤,암흑	anoitecer / escuridão / noite
밤꾀꼬리,소쩍새	rouxinol
밤,밤에는	noite / de noite
밤사경에	qurta vigilia da noite
밤색	castanho (cor)
밤열차	noturno
밤중에	no meio da noite
밤이되다,저녁때	anoitecer
밤새우다	ficar / madrugar / permanecer sem dormir
밤을새우다,철야하다	velar
밥	alimentação / arroz cozido / comida / nutrimento / refeição
밥그릇	bacia de arroz / tigela
밥먹다	comer
밥주다(시계)	dar corda (relógio)
밥솥	panela de arroz
빳빳한	compacto / denso / duro / inflexível / rijo / teso
밧줄,끈,로우프	cabo / corda / cordame / cordão / laço
방,침실,응접실	apartamento / aposento / quarto / sala
빵,생계	pães / pão / pãozinho
빵집,다과점	padaria
방계,친족관계	parente colateral
방계의	mas não em linha reta / parente

방공,공중	defesa aérea
방관하다	estar só assistindo / ser mero espectador
방광,낭,수포	bexiga / vesícula
방귀	gás intestinal / peido
방귀꿔다	peidar
방귀쟁이	peidorreiro
방글거리다	exprimir com sorriso / olhar com alegria / olhar contente / sorrir
방금,조금전	agora mesmo / agora pouco / agorinha
방긋거리다	exprimir com sorriso / olhar alegremente / sorrir
방긋이	alegremente / sorridentemente
방뇨,오줌누기	urinação / urinar
방대한	enorme / grande / grandioso / imenso / incomensurável / massudo / vasto / volumoso
방노,방법,수단	estilo / jeito / maneira / meio / método / modo
방독면	máscara contra gás
방랑자	errante
방랑하다	andar a pé / excursionar / passear / perambular / vaguear / viajar
방략,방법,계략	esquema / método / plano / projeto / sistema
방망이	bordão / cacete / bastão / pau / vara
방매,경매,공매	ato de vender / leilão / liquidação / venda
방면,석방,놔주기	liveração / livramento / soltura
방면,방향	direção / orientação / sentido
방명,명상,명망	fama / nomo / renome / reputação
방목,목장,목초	pasto / pastagem / pastoreação
방목하나	pastar / pastorear

방문,문안	visita / visitação
방문객	visitante
방문하다	fazer visita a / ir ver / visitar
방방곡곡	todos os lugares do país
방백	príncipe
방백이	príncipes
방범,경계	prevenção de crimes
방법,방식	esquema / jeito / maneira / meio / metodo / modo / plano / projeto / sistema
방부제	antisséptico
방불,비슷하여	parecença / parecido / semelhança / semelhante
방불케하다	fazer lembrar / trazer a memoria
방비,방어,수비	amparo / defesa / fortificação / proteção
방비하다	amparar / defender / fazer defesa / preservar / proteger
방사,복사,방열	irradiação
방사하다	emitir raios / irradiar / radiar
방사상의	radial
방산하다	cintilar / emitir / fulgurar / irradiar / radiar / raios
방석	almofada / travesseiro
방석대곡	choro
방세	aluguel de casa / apartamento / quarto / residência
방송	programação de rádio / radiodifusão / transmissão
방송하다	radiodifundir / transmitir pelo rádio
방송국	estação de rádio / televisão
방송국,방송전신국	dífusora / transmissora
방수,방수의	capa impermeável / impermeável
방식,양식	estilo / forma / formalidade / fórmula / sistema

방실거리다	contente / exprimir com sorriso / ficar alegre / sorrir
방심하다	descuidar / distrair / estar desatento / negligenciar / ser desatencioso
방아,절구,제분기	moinho
방앗간	engenho de arroz
방아쇠,갈고리	alavanca / gancho / gatilho
방안,방법,방식	esquema / maneira / método / modo / plano / programa / projeto
방안벽지	papel milimetrado
박약무인,악용,횡포	abuso / demasiado / excessivo / exorbitante / ultrajante
방어,수비	amparo / defesa / proteção
방어하다,막다	amparar / defender / proteger
방언,사투리	dialeto / linguagem regional
방언하다	expender
방역,전염병	peste / praga / prevenção de epidemia
방열,발광	calor radiante / radiação
방열기	radiador
방열하다	emitir calor radiante / radiação
방울,벨,종	campainha / sino
방울,물방울,한방울	gota / pingo
방위,나침의,방위	curso / direção / endereçamento / endreço / rumo
방위하다	amparar / defender / preservar / prevenir / proteger
방음의	a prova de som
방일한,안일한,한가한	
	comodismo / costume de ceder as inclinações / dissoluto / folgado
방임하다	deixar / não incomodar / não intervir / observar / permitir
방자하다	amaldiçoar / implicar / maldizer /

	rogar praga contra
방자한	devasso / libertino / licencioso
방장,포장망	cortina / cortinado
방적,직물	ato de fiar / processo de fiação / tecido
방적공장	fábrica de fiação
방전,충전	descarga elétrica / descarregamento elétrico
방정맞은	apressado / arrojado / audacioso / estouvado / impetuoso / precipitado
방정식	equação
방정한,정직한	bondoso / honesto / correto
방조하다,도와주다	ajudar / assistir / auxiliar / participar / socorrer
방종한,난봉되는	devasso / libertino / licencioso
방주,큰계	arca / arca de noé
방증,사실증거	depoimento acidental / testemunha não essencial / testemunho circunstancial
방지,예방,경계	atalhamento / impedimento / prevenção
방지하다	evitar / impedir / prevenir
방직,직물	fiação e modo tecer / têxtil / têxtil industrial
방직공업	indústrias texteis
방직공장	algodoaria
방책,방법,규범	medida / método / norma / plano / projeto / sistema
방첩,간첩방어	impedimento de espionagem / prevenção de espionagem
방첩대	contra-informação / contra-espionagem
방청자,청강생	ouvinte
방청하다	atender / dar ouvidos / escutar / ouvir / prestar atenção

방초,향기로운,꽃다운풀	aromático / capim odorífero / perfumado
방축,둑,제방	açude / canal / dique / fosso / represa
방축하다	banir / excluir / expelir / expulsar
방출하다	ceder / libertar / livrar / soltar
방치하다	abandonar / deixar / partir
방침,계획	administração pública
방탄의	a prova de bala
방탕,난행	extravagância / destregramento / devasdão / glatonaria
방탕자	devasso / libertino / licencioso
방파제	quebra-mar
방패,방어물	broquel / escudo
방편,수단,방법	meio expediente
방풍,바람막이	proteção contra vento
방학,휴가	feriado / férias
방한,추위를막음	proteção contra frio
방해,교란,혼란	confução / desordem / inquietação / perturbação / turbação
방해하다,저지하다	agitar / atrapalhar / desarranjar / disturbar / impedindo / incomodar / inquietar / interromper / perturbar
방해물	embaraço / empecilho / estorvo / impedimento / obstáculo / obstrução
방향,목표	curso / direção / rumo / sentido
방향,향기	aroma / bom cheiro / cheiro suave / fragrância / odor / perfume
방화,불사름	prevenção contra fogo
방화하다	acender / colocar fogo / pôr
방황하다	perambular / vaguear
밭,논,평야	campo / chácara / fazenda / granja / quitanda / sitio
밭가는자들	lavradores

밭갈때에나	na aradura
밭갈이	agricultura / lavoura
밭고랑	rego / sulco
밭도랑	fosso / rego / vala do campo
밭에서	nos campos
밭을갈다	cultivar
밭이랑	cimo / cume / espinhaço
밭다,거르다	filtrar / purificar
밭다,한곳에모으다	concentrar / engrossar por fervura
밭모퉁이,외딴곳	cantos
밭은,인색한,가난한	mesquinho / miserável / pão-duro / parcimonioso
빻다,찧다	pulverizar
배,배나무,배열매	pera / pereira
배,복부	abdome / barriga / estómago / ventre
배,선박	barco / bote / canoa / navio
배가(화폐단위,반세겔)	
	beca
배가하다	dobrar / duplicar / fazer dobras em / multiplicar por dois
배,곱	dobro / duplo / vezes
배,태아	embrião / feto
배고픈,늦은	com fome / esfomeado / faminto
배알이,배병	dor de barriga
배,작은배	barco / bote / canoa / navio
배에 태우다	embarcar
배한척	barquinhos
뱃짐	carga / carregamento de navio / frete
빼각소리나다	chiar / ranger
배격하다	desprezar / recusar / rejeitar / repelir
배견하다,주의,주목	considerar / contemplar / atenção observar / olhar / prestar

배경,풍경,무대	cenário / decoração / paisagem / panorama / teatral
배고픈후에	foram saciados
배꼽	umbigo
배구	voleibol
배급,분배,나누기	distribuição / divisão / fornecimente / partilha / ração / repartição
배기,환기,통풍	gás de escape / vapro de escape / ventilação
배기다,지탱하다	agüentar / durar / resistir / suportar / tolerar
배낭,바랑,행랑	mochila de soldado ou turista
빼다	arrancar
빼내다	arrancar / extrair / puxar fora / tirar
배다,임신하다	engravidar-se / ficar grávida
배다,침투시키다	infiltrar-se / .penetrar-se
배달	distribuição / entrega / expedição / remessa
배달하다	distribuir / entregar / fornecer / remeter
배당하다	dividir / repartir / ter em comun / tomar parte
빼리니	arrancarei
배 매는곳	ancoradouro
배멀미	enjôo do mar / náusea
배멀미하다	enjoar-se / ficar enjoado
배면,뒷면	parte traseira / verso
배명하다,배열	receber ordens
배반,배신,반역	deslealdade / revelação de segredo / traição abandono
배반,배신행위	prevaricações
배반하다	rebelar / trair
배부,분배,나눔	distribuição / divisão / partilha / repartição

배부르다,배부를것	fartar / farto
배부른,만족하다	saciastes
배부름,만복	entarte
배불뚝이,배나온사람	barrigudo / pançudo
배비하다,처리하다	ajustar / arranjar / combinar / harmonizar
배상,보상,갚음	compensação / indenização
배상하고	pagará
배상하지않을지라	não pagará
배상할것이나	restiuição
비석하다	sentar com o superior
뼤서,찾기,수색	procura
배선,배전선	elétrica / instalação elétrica
배설,배설물	evacuação / excreção
배속	barriga interior
배속,임명,지명	atribuição / designação / indicação
배속장교	oficial militar
배수,배수구	dessecação / designação / indicação
배수,물분배,물배급	distribuição de água
배수,배수의,다수의	múltiplo
배수관,하수관	algeroz
배수량	tonelagem / volume
배수지	reservatório de água
배수하다	distribuir água
배송하다	estar bem melhor / ser muito melhor
배식하다	jantar com o superior / ter fama de
배신자	traidor
배신하다	atraiçoar / denunciar / revelar segredo / ser desleal com / trai
배심,심사위원	comissão / julgadora / juri
배심원	jurado / membro do juri
배아,태아	embrião
배알,회견,회담	audição / audiência / encontro / entrevista / recepção

빼앗기고	foi tirado / será tirado
빼앗기는,약탈,겁탈	espoliação
빼앗기다	ser roubado / sofrer assalto
빼앗나니	arrebata
빼앗다	assaltar / defraudar / furtar / pilhar / roubar / saquear
빼어내다	tirarão
빼어내라	arranque-o
빼어낸	tiro
배양,재배	cultivação / cultivo / desenvolvimento
배역,출연배우	distribuição dos papéis teatrais / elenco / função
배열,정리	ajuste / arranjo / urrumação / combinação / organização / harmonia
배열하다	arranjar / arrumar / combinar / hamonizar / organizar / por em ordem
배영,수영,한아름	braçada
배옷	roupas / vestidos de recém-nascido
배우다,연구하다	aprender / estudar / instruir-se / ter conheimento
배우자,남편,처	esposa / esposo / noiva / noivo
배워서,공부하다	aprendeu
배우지아니하였거늘	aprendido / não as tendo
배율,증가액	ampliação / aumento
배은..은혜를저버림	ingratidão
배은망덕한	ingrato / mal agradecido
배의진로	bordo
배임,책임성	abuso de confiança / falta de responsabilidade
배짱,담력	audacia / bravura / coragem / intrepidez / ousadia
배전하다	distribuir / eletricidade / fornecer

배정하다	aquinhoar / demarcar / distribuir / partilhar / repartir
배제하다	eliminar / excetuar / excluir / rejeitar
배증하다	dobrar / duplicar / fazer dobras em / multiplicar por dois
배차하다	movimentos de carros / estacionar / operar os carros
배척,보이콧	boicote
배척하다	eliminar / excetuar / excluir / rejeitar
배추,근대	acelga
배출하다	demitir / despejar /esvaziar / lançar / pôr em circulação
배치,배열	arranjo / arrumo / colocação / combinação / harmonia / organização
배치하다	contestar / contradizer / desmentir / discordar / dispor / negar / opor-se
배타,배척	exclusão / expulsão / rejeição
배타적인	exclusivo / inacessível / orgulhoso / privativo / único
배태하다	brotar / dar origem a / desenvolver-se / originar
배포하다	colocar / distribuir / dividir / repartir
배필,남편,처	companheiro / cônjuge / esposo(a) / varão
배합하다	combinar / harmonizar / juntar / misturar
배행,수행원	acompanhamento na despedida / cortejo / séquito
배회하다	andar à toa / perambular / vadiar / vagabundear
배후,등,잔등	costas

배후,조종자,지도자	chefe / líder / pessoa responsável
백,100	cem / centena / cento
백골,뼈대	esqueleto
백과사전	enciclopédia
백금	platina
백기	bandeira branca
백년의,백년간의	secular
백동,양은	níquel
백내장	opacidade do cristalino
백랍,실초	cera / cerol / cerume
백마노,마노	ágata
백만,많은수	um milhão
백모,큰어머니	tia / titia
백묵,분필	giz
백미,쌀	arroz branco / arroz refinado / polido
뺙미라	espelho retrovisor
백반,명반	alume / alúmen / arroz cozido / arroz cozinhado
백발,흰머리	cabelo branco / cabelo cinzento
백발백중	infalibilidade
백배	um a cem
빽빽한	cerrado / compacto / denso
빽빽한구름	numa nuvem espessa
백병전,육박전	briga /combate utilizando espada e baioneta / guerra / luta
백부,큰아버지	tio / titio
백부장	centurião / maiorais de cem
백분,쌀가루	pó de arroz / pó usado para rosto
백분비,%,백분의	por cento / por centual
백사,모래	areia branca
백색	cor branca
백서	papel branco
백성,평민	nação / população / popular / povo
백숙,물에삶은물고기	comida de peixe

백씨,맏형의존대말	irmão mais velho de outra família
백악관	casa branca
백안시하다,깔보다	desprezo / inveja / olhar com desconfiança
백열,열광	calor branco / incandescência
백열적인,열광하는	incandescente
백운,흰구름	nuvem branca
백의,흰옷	roupa branca / vestido branco
백인,백색얼굴	homen branco / mulher branca
백인종	raça branca
백일,맑은날	crepúsculo da manhã / dia claro / dia reluzente
백일해,기침병	coqueluche
백일홍	zinia
백작,자작의 위	conde
백전노장	experiente / veterano
백전백승하다	ganhar sempre / ser sempre invencível
백절불굴의	incansável / infatigável
백조,가수,시인	cisne
백주,대낮	a tarde / de dia / diurno / luz do dia
백중의,적당한	a altura de / a par / apto / igual / imparcial
백지	papel branco
백척간두,종말의	extremo / fim / final / limite / ponta
백출하다,출연하다	aparecer / proceder grandes números / provir / surgir
백치,천치,바보	estúpido / idiota / ignorante
백탄,검탄	carvâo de qualidade superior
백태,자태	resíduos que sobram na língua
백합화,백합	lírio branco
백화	todas as variedades de flores
백화점,차고	armazém comércio / grande

	magazine / loja / shoping center
백화점에서	contro comercial / chopping
밴,임신한	cheio
뱀	cobra / serpente
뱀을든것같이	como levantou a serpente
뱀장어	enguia
~모양의	anguiliforme
뱃노래	barcaroia
뱃속	dentro da barriga
뱃속에	ventre
뱅뱅,돌려서	circularmente / contornando /
	em cículo / em volta / esférico /
	orbicular
뺑소니	fuga / fugida / precipitada
뱅충맞은,정숙하지못한	
	canhestro / desajeitado / desgracioso
	/ indelicado
뱉다,토하다	cuspir / jogar para fora
뺨,형상	bochecha / face / marca de rosto
버가모	pérgamo
버거운,고집이센	indócil / ingovernável / intratável /
	pouco manejável
뼈,골격	osso
버걱거리다	agitar com ruido / chocalhar /
	matraquear
뻐꾸기	cuco
버근한,반쯤열려있는	cheio de lacunas entreaberto
뻐근한,허약한	fraco / frouxo / insensível / obtuso
	/ pesado
버글버글거리다	bolhar / bolhas / borbulhar /
	efervescer / espumar
버금,가까운	seguinte / segundo / próximo
뻐끔한,막연한	aberto / fundo e vasto / profundo e
	largo / vago
뻐기다	jactar-se / mexer-se / retorcer-se /

	torcer-se
버둥거리다	menear-se / mexer-se / retorcer-se / torcer-se
버드러지다	apertado / endurecido
뻐득뻐득한	áspero / bruto / incívil / inculto / indelicado / rude / severo
버들	salgueiro
버려두고,버려둠	deixado / deixou
버렸도다,깔보다	desprezar
버름한,파괴된	fendido / quebrado / rachado
버릇,습관	costume / hábito / maneira / modo de vida / uso
버릇없는	bronco / grosseiro / rude
버리고	deixa
버리고가다	deixando / deixastes
버리는것,손해	perder
버리다	abandonar / ceder / deixar / jogar fora
버리다,생략하다	omitir
버리셨나이까	desamparaste / sabactani
버린바	deserta
버린바가되어,거절한	rejeitado
버림을당하고	reprovada
버무리다	atrapalhar / confundir unindo / misturando / misturar / unido / unir
버석거리다	farfalhar / sussurar
버선	meia curta coreana
버섯	cogumelo / fungo
버스	ônibus
~운전사	motorista de ônibus
버스러지다	cair em pedaços / desintegrar-se / esmigalhar-se
버스역	estação / rodoviária
버젓한	correto / direito / franco / honesto / justo / limpo

버찌	cereja / cerejeira
버터,젖기름	manteiga
버턴,누르는단추	botão
버티다	manter / persistir / suportar / sustentar
버적거리다	aglomerar-se / estar cheio de / mover-se com grande quantidade
벅찬,힘겨운	alem de / fora de / mais do que / superior a
벽	parede
번,회,배	número / quantidade / vez / vezes
번갈아교체	alternação / alternadamente / reciprocamente / um após outro
번개,번갯불	relâmpago / trovão
~치다	trovejar
번저,방사선	raio / relâmpago
번거로운	desagradável / difícil / enfadonho / importuno / incómodo
번뇌,고통,아픔	aflição / dor / preocupação / sofrimento / triste
번데기	crisálida / clisálide
번득거리다	brilhar / resplandecer
번들번들한	brando / liso / macio / plácido / plano / polido / sereno / suave
번통하다,농담,희롱	galhofa / graça / gracejo / fazer brincadeira / pilheria / ridicularizar
번망한,민첩한,활발한	
	atarefado / ativo / ocupado
번문욕례,형식적임	burocracia / formalidades oficiais
번민,심한고민	agonia / angústia / ansiedade / sofrimento
번민하다	perturbar-se
번방,외부,외형	divisa / exterior / fronteira
뻔뻔스러운	descarado / imodesto / imprudente /

	impúdico / sem vergonha
번번이	constantemente / continuamente / sempre / todas às vazes / o tempo todo
번번한	afável / agradável / calmo / franco / honesto / sereno
번복하다	abolir / anular / inverter / revogar / virar em sentido contrário
번서다,지키다	ficar de guarda
번성,증가	aumento / crescimento / desenvolvimento / progresso / prosperidade
번성하다	crescer / desenvolver / fovorecer / multiplicar / produzir / progredir / prosperar
번쇄,예민,민감	sutileza / sutilidade / tenidade
번쇄한,미세한	sutil / tênue
번식,증가	criação / geração / procriação
번식하다,증가하다	criar / dar cria / gerar / multiplicar / produzir
번안하다,변경하다	acomodar / adaptar / ajustar / alterar / apropriar
번역,설명	interpretação / tradução / traduzido / versão
번역하다	exprimir em outras palavras / interpretar / traduzir
번역자	tradutor
번연히,뚜렷하게	abertamente / claramente / evidentimente / francamente / obviamente
번영,발전,증대	crescimento / desenvolvimento / progresso / prosperidade
번영하다	crescer / desenvolver / progredir / prosperar
번잡한	complexo / complicado / intrincado

번쩍거리다	brilhar / reluzir / resplandecer
번제,전번제	holocausto / oblações
번제단	altar do holocausto
번지,주소	endereço / número da residência
번지다	difundir-se / espalhar / propagar
번지러운	lustroso / polido
번지르르	com lustro
번질나게	amiude / frequentemente / geralmente / muitas vezes / tantas vezes
번창,번성	desenvolvimento / fortuna / progresso / prosperidade
변한	claro / evidente / óbvio
번호	número
~판	placa
번화,발전,향상	crescimento / pregresso / prosperidade
번화한	afortunado / bem sucedido / próspero
벋니,뻐드렁니	dente saliente
벋다,쭉펴다	espalhar / estender-se / esticar / expandir
벋대다,반항하다	opor-se / resistir
벌,꿀벌	abelha
~꿀	mel
~벌떼	enxame de abelha
~집	colmeia / enxame de abelhas
벌,처벌	castigo
벌,들,평야	campo / planície
벌,형벌	castigo / multa / pena / penalidade / punição
벌개지다,물들이다	avermelhar / corar / ruborizar
벌거벗다	desnudar-se / despir-se
벌거벗기다	desnudar / despir
벌거벗은,나체의	nuas

벌거벗은,공개한,두려움
patentes / temos
벌거숭이의   descoberto / despido / nu
벌금,과료   multa / pena
벌다(돈)언다(상품)   ganhar / lucrar
벌바닫   ser castigado / ser punido
벌떡   inesperadamente / rapidamente /
repentinamente
벌떡거리다   bater / palpitar / pulsar
벌레,구덕이   bicho / gorgulho / inseto / larva /
verme
벌름한,열린곳   aberto / destampado
벌리다   alargar / ampliar / dilatar / estender
벌목,나무를뱀   corte de árvores / devastação
벌벌,덜덜떠는   tremente / tremulamente / reêmulo
벌써,이미,지금   agora / já
벌써나쁜냄새가나나이다
já cheira mal
벌써 심판을받은 것이라
já está condenado
벌이,돈벌이되다   lucro   /   ordenado   /   renda   /
rendimento / salário
벌집   colméia / enxame de abelhas
벌책,문책,책망   censura / repreensão / reprovação
벌초,베기   lugar onde se ceifa / segadura
벌초하다   ceifar / segar
벌충하다   ajustar / compensar / completar /
compor / juntar / suprir
벌칙,규칙   código de regulamentação / código
penal / norma de punição
벌판,넓은들판   campo aberto / planície
벌하다   castigar / punir
범,호랑이   tigre
범나방   fraque / rabo de andorinha
범람,홍수   alagamento / inundação / abundante

범람하다	alagar / inundar / transbordar
범령	infração introdutiva / nota introdutória / observação introdutiva
범벅,뒤섞임	misturado
뒤범벅되다	ser misturado desordenadamente
범법,범과	infração de lei / transgressão contra lei / violação de lei
범법하다	infringir / transgredir / violar a lei
범상한,보통의	habitual / ordinário / medíocre / usual / vulgar
범선,배	a vela / navio / vapor
범속,속됨	comun / vulgar / vulgaridade
범신교,다신교	panteísmo
범어,범문	sanscrito
범위,테두리	altura / extensão / volume
범의,고의	intenção criminosa
범인,죄인,미결수	acusado / criminal / criminoso / culpado / réu
범인,범부	homen comun
범재,평범한재주	agilidade comun / capacidade comun / habilidade ordinária
범죄,불법	crime / delito / ofensa / pecado / transgressão
범죄인(언어의혼란)	autor do crime
범죄자	criminoso / culpado
범죄함	transgressão
범주,종목,등급	categoria / classe / grupo / série
범칙,반칙,위반	infração / transgressão / violação
범칙자	pecador / transgressor
범하다,범하여도	culpa / infringir / transgredir / violar
범한자	transgressões / transgressor
범행,죄악,나쁜일	crime / delito / pecado / transgressão / violação
법,법도,율법	estatuto(s) / lei / ordem / norma /

	regulamento / sistema
법,양식,형식	modo
법과	curso de direito
법과대학	universidade de direito
법관,사법관	árbitro / juiz / juiz oficial / julgador
법규,법률	lei / norma / regra / regulamentação / regulamento
법령	decreto / estatuto / lei / ordenação
법례,일반총칙	lei governamental que controla aplicação-de leis na prática
법률,규범	lei / norma / regra / regulamento
법률상으로	legalmente
법률가	advogado / jurisconsulto / jurista
법무부	Ministério de justiça
법무부장관	ministro de justiça
법석,고함치다	alarido / barulhenta / brado / clamor / grito / tumulto
법석하다	fazer barulho
법식,모양,형태	forma / fórmula / método / mudo / processo
법안	projeto de lei
법으로	conforme
법을 공부하다	estudar direito
법인,공법인	pessoa jurídica
법전,법규집	código de leis
법제,법률제정	legislação
법정,재판정	tribunal de justiça
법치국,법치국가	estado constitucional / país constitucionalista
법칙,규범	lei / norma / regra / regulamento
법학	ciência de direito / ciência de leis / jurisprudência
벗,교우,동급생	amigo / colega / companheiro
벗기다	descascar / desnudar / despindo / despir / tirar

벗겨지다	descascado / pelado / ser despido
벗겨서	tirou-lhes
벗다	tirar
벗어나다	escapar / escapou-se / ficar livre / fugir de livrar / livrar-se de livre
벗으신것이나,나체의	nu
벗으라	tira
벙어리,무언	mudez / mudeza / mudos / surdo-mudo
벙어리가말하고	os mudos falarão
벚나무	cerejeira
벚꽃	flor de cereja
배,삼베,무명실	pano de cânhamo / tecido de linho
베개,긴베개,베개머리	travesseiro
베개잇	cabeceira / fronha
베끼다	cópia / copiar / duplicata / imitar / reproduzir / transcrever
베네주엘라(남미)	venezuela
베다,끊다	cortar / talhar
베드로전후서	I / II / pedro
베들레헴	Belém
베란다,뒷마루	externa / galeria / varanda
베를린(자유시)	Berlim
베다니	betânia
벳세다	betsaida
베데스다	betesta
베짱이,메뚜기	gafanhotão / gafanhoto
베지색	bege
벨	campainha
베틀	cabo de remo
벨트,띠	cinto
베풀다	aceitar / admitir / ceder / conceder / dar / entregar / oferecer / permitir
벼(쌀)	arroz / pé de arroz

뼈,골	espinha / esqueleto / osso / ossatura
뼈대	esqueleto / estrutura / ossatura
뼈도껵지 말지며	nem dela quebrareis osso
벼락	trovão
벼락공부	lições estudadas às vesperas de exames
벼락공부하다	estudar de repente
벼락부자	milionário / novo-rico
별안간	bruscamente / inesperadamente / repentinamente
벼랑,낭떠러지	ribanceira
벼룩	pulga
벼르다	esperar para ver / observar
벼리다,조절하다	afiar / ajustar / amolar / endurecer / moderar / temperar
벼슬	cargo / governamental / ocupação / posto / serviço / trabalho
벽	parede / paredão
벽돌	bloco / tijolo(s)
벽보,전단,포스터	aviso / cartaz / placar
벽장	gabinete / particular
벽화,벽에있는그림	quadro pintado a fresco
벽두,시작,개시	começo / início / primeira parte / princípio
벽두에	em primeiro / no começo / no início
벽시계	relógio de parede
벽장,다락	beliqueta
벽지	afastado / distante / lugar isolado / remoto
벽창호,고집이센사람	cabeçudo / obstinado / teimoso
벽촌,먼곳	aldeia distante
변,측면,옆	lado / parte lateral / superfície
변,배설물,분뇨	cocô / evacuação / excremento / fezes / intestinal / sedimento

변경,변화,변동	alteração / modificação / mudança / substituição / troca
변경,국경,경계선	fronteira / parte mais remota de um país / onde começa o sertão
변고,액운,불행	azar / acidente / desastre / desdita / infortúnio / sinistro
변기	bacio / matrial parra sanitario / sanitário
변덕스러운	caprichoso / excêntrico / inconstante / instável / mutável / volúvel
변동될것,변화	mudança
변동하다	alterar / converter / mudar / substituir / trocar / variar
변두리	arrabaldes / beira / canto / extremidade / margem / subúrbios
변론,논점,질문	alteração / argumentação / contestação / controversia / debate / discussão / questão
변리,대금업,돈놀이	juros / usura
변명,변해	desculpa / escusa / justificação
변명하다	desculpar / escusar / justificar
변치않은	imprestável / insignificante / inútil / sem importância / sem valor
변비,대변불통	constipação / prisão de ventre
변사,연사,능변가	orador / quem fala
변사,재난의죽음	morte acidental
변상,보상,배상	compensação / indenização
변색,흐림,퇴색	desbotamento / descoloração / descoramento
변색하다	alterar cor / desbotar-se / descolorar / descorar-se / variar cor
변소	banheiro / privada / sanitário / toalete
변심,변덕	capricho / inconstância / leviandade / volubilidade

변심하다	alterar sua opinião / mudar seu desejo
변압기	transformador
변장,위장,가장	disfarce / dissimulação / fingimento / máscara / simulação
변질,배신,불성실	deslealdade / infidelidade / traição
변증법	dialetal / dialético / relativo à dialeto
변천,변화,이동	alteração / nova fase / substituição / transição / troca / variação
변치아니한,불변	mutabilidade
변칙,반칙,불규칙	mutabilidade
변칙적인	anômalo / anormal / fora de comun / irregular
변태,변칙,이상	anomalia / anormalidade / irregularidade
변통,변한방법	expediente / mudança
변통성	adaptabilidade / versatilidade
변통수,상상,관념	habilidade de invenção / idéia / invenção / perspicacia / plano / sagacidade
변하기쉬운	alterável / instável / mudável / variável
변하다	alterar / diferente / mudar / tornar-se
변함없이	constantemente / invariavelmente
변혁,혁신,개정	emenda / melhoria / reforma / reorganização
변형,변경,개정	alteração / modificação / transformação
변형시키다	transformar
변호사	advogado(a)
변호사의직	advocacia
변호하다	advogar / defender / patrocinar / pleitear

변화하다	transformar
변환,변경,변동	alteração / conversão / mudança / permutação / variação
별	estrela
별이총총함	noite estrelada /noite iluminada por estrelas
별가,딴집,작은집	casa independente / casa do outro
별개의	distinto / indepentente / individual / particular / separado
별거,이별	desquite / divórcio / ponto de separação / separação
별고없이	fovoravelmente / seeuramente / sem dano / sem perigo
별관	edifício suplementar
별다른	extraordinário / fora do comun / incomun / raro
별명,애칭,가칭	apelido / alcunha
별명을붙이다,이명을달다	
	apelidar
별미,특별한맛	bom gosto / sabor especial
별세,죽음	falecimento / morte
별세계,딴세상	outro mundo
별장,별저	casa de campo / casa de verão / chácara / sítio
별장,농원	quinta
별표	asterisco
볏,계관,관모	crista / crista-de-galo
병,우리병	garrafa
˜따게	abridor de garrafa
병(病)질병	doença / enfermidade
병기,마차,자동차	carro
병균	germe / micróbio
병든.,아픈자	adoentado / doente
병들다,병에걸리다	adoecer / ficar doente
병력,군대의힘	exército / força das armadas / tropa

병리학,병상	patologia
병리학상의	patológico
병마,병귀	doença / enfermidade
병마개	tampa
병법,전술	estratégia / tática
병사,병영	barraca / quartel
병사,병으로죽음	morte pela doença
병사,군인문제	problemas militares
병사,군사	militares / soldados
병상,증상	condição de saúde / situação
병세	condição de saúde / situação
병신,중풍에걸린	aleijado / estropiado / paralítico
병실	enfermaria
병아리	pintinho
병역,군무	serviço militar
병원	clínica / hospital
병을고쳐주소소	curasse
병을고치시더라	curo
병을옮기다	infeccionar / infectar
병인	enferma
병자	enfermo
병제,군제	estrutura militar / sistema / militar
병풍,막	biombo / flexível
병학,군학	ciência militar
병합하다,집합하다	agrupar / ajuntar / anexar / juntar
병행하다	ir junto / ir lado a lado
병환,병자	doença / doente
별,광명	claridade / luz solar / raio solar
보강,증강	reforço
보강하다	reforçar
보게하다	fazer ver
보건,건강상태	sanitária / saúde
보건소,진료소	centro de saúde / posto de saúde
보결의	complementar / suplementar
보결하다	ocupar lugar vago /

	preencher a vaga
보고,보물,보배	tesouraria / tesouro nacional / tesouro público
보고,정보,보고서	informação / notícia / relatório
보관	cuidado / custódia / guarda
보관하다	guardar
보금자리,가정,자기집	
	lar / ninho
보급,전파,방송	difusão / divulgação / popularização
보급,공급,조달	abastecimento / estoque / fornecimento / provisão / suprimento
보급하다	abastecer / fornecer / suprir
보급료	taxa de entrega
보기	exemplo
보기는	vendo
보기흉한,미웁다	feio
보내기,파견	envio
보내다,발송하다	despachar / enviar / fazerir / mandar
보내다(때,시간)	gastar o tempo / passar o tempo
보내신것을	enviaste
보낸,보냄,발송한	enviado / expedida(o)
보낸지라	enviados
보너스,선물	abono
보는	vede
(현재)보는그림	quadro que se vê
(과거)본 그림	quadro que se viu
(미래)볼 그림	quadro que se verá
보니	olhou / moveu-se / viram / visto
보다	observar / olhar / ver
......보다	do que
보다많이	mais
보다작은	menor / menos
보다좋은	melhor
보다큰,성인	maior

보따리,소포,묶음	bagagem / embrulho / fardo / mala / pacote / sacola
보답,갚다,보상하다	compensação / gratificação / recompensa
보상하다,지불하다	indenizar / pagar / responsabilizar
보상금,위약금	indenização
보석,진주,귀중품	diamante / joia(s) / ouro / pedras preciosas / pérola / rubi
보석공,보석깎는사람	lapidário
보석금,보석	fiança / garantia
보석상	joalheiro
보석하다	obter liberdade por meio de fiança
보수,임금	remuneração / salário
보수,보존,보호	conservação / manuntenção
보수적인	conservador / conservativo
보슬비	chuva fina / garoa
보안,사회안녕질서보전	manutenção de segurança / pública / preservação de paz pública
보안,사상	esquema / idéia / plano / projeto
보안관,수호자	xerife
보암직하다	agradável
보았다	visto / viu
보았으니	tenho visto
보약	fortificante / medicamento / tônico
보양,회복,만회	recuperação
보어,완성어	complemento
보여알게되나니	claramente
보여주는	demostrado
보여주다,전시하다	mostrar
보여주시오	mostre-me
보여진,알려진	visto / conhecido
보온병	garrafa térmica
보우하다,보호하다	ajudar / amparar / cuidar / proteger

	/ salvaguardar
보유,보충,증강	suplemento
보유하다	conter / manter / possuir / ter
보육,어린애교육	criação e educação
보육원	berçário
보응	recompensa / retribuição / visita
보응하다	visitação
보이다	dar para ver
보이다,자랑하다	amostrar
보이지아니하는것들	invisíveis
보이지않게되다	desaparecer
보일러,난로	aquecedor
보자	vejamos
보잘것없는	insignificante / inútil / sem valor / trivial
보장하다	abonar / fiar / garantir / segurar
보전,보존	conservação / preservação
보전하는	sustenta
보조,걷는속도	passo
보조개,작은구멍	covinha / bochecha
보조원	assistente
뾰족하다,가리키다	apontar
보존,보전	armazenagem / conservação / preservação
보존하다	conservar / manter / preservar
보좌,왕좌	trono
보좌관	assistente / conselheiro / consultor
보증,담보	abonação / garantia / seguro
보증하다	garantir
보증인	fiador
보증인,보호자	assegurador
보지,보존	conservação / manutenção / preservação
보지,질,음문	reprodutor / órgão sexual feminino / vagina / vulva

보지못하며	não vêem
보채다,귀찮게굴다	arreliar / cacetear / importunar / queixar-se
보초,초병	guarda / sentinela / vigia
보충,공급,조달	abastecimento / fornecimento / suplementp
보충하다	abastecer / suplementar / suprir
보태다	acrescentar / adicionar / juntar / somar
보통열차	trem comum
보통의	comum / geral / normal / ordinário / regular universal
보통이,가방	bagagem / embrulho / pacote / sacola
보트,배	barco / embarcação / navio
보편성	generalidade / universalidade
보편적인	geral / universal
보표,음표	pauta musical
보행,걸어감	caminhada / marcha / passeio
보험	segurança / seguro
보험,증권,채권	apólice-aberta
보험통계학	atuaria
보혈,피	sangue
보혈제	remédio que atua no sangue
보혜사,위안자	consolador
보호,방어,변호	amparo / defesa / proteção / salvaguarda
보호하다	acoitador / amparar / defender / proteger / proteger / salvaguardar
보호하여	guarde
복,행복	bênção / benditos / benefício / felicidade / graça / sorte
복된	abençoado / bem sucedido / feliz / felizardo / sortudo
복고,만회	reparo / reposição / restabelecimento

	/ restauração
복고하다	reconstruir / reparar / repôr / restaurar
복구,회복	restauração / restituição
복권,복위	reabilitação / restauração
복권,경품권	bilhete da loteria / loteria esportiva / loteria federal / quina / sena
복권하다	reabilitar / reconstruir
복귀,귀환,귀가	regresso / retorno / volta
복도	corredor
복리,행복	bem-estar
복리,금리,변리	juros compostos
복마,짐싣는말	cavalo de carga
복면,가장,변장	disfarce / máscara
복무,직무	dever / militar / obrigação / serviço / trabalho
복부,배	barriga
복사	cópia / reedição / reimpressão / reprodução
복사기	máquina duplicadora
복사금지	escrita ou não
복사지	papel de carbono
복사하다,복사한다	copiar / fazer cópias / reproduzir
복선	linha dupla
복성씨	tornozelo
복수,둘이상의수	número plural
복수,복수전	revanche / vingança
복술,점치는것	agourareis
복숭아	pêssego
~가작다	o pêssego é pequeno
복습,재독	revisão
복안,계획	esquema / idéia / plano / programa
복약하다	tomar remédios
복위,복직	reabilitação / restauração
복음,복음서	evangelho / evangélio

복음성가	fantasia
복음전도	evangelização
복음의,전도사	evangélico
복음전하는자	evangelista
복음전하다,전도하다	evangelizar
복음주의	evangelismo
복을주다,내리다	abençoou
복있는,복있는자	bem aventurados
복잡한	còmplexo / complicado
복장,옷차림	roupa / terno / vesuário
복제,복사	cópia / reprodução
복종	obediência / sujeito
복종시키다	submeter / sujeitar
복종하는,순종하는	obediente / sujeito
복종하다,따르다	obedecer
복주고복주며	abençoa / abençoando
복지,번영	bem-estar / prosperidade / saúde e segurança
복직	reabilitação / readmissão
복통	dor de barriga / dor de estômago
복판의,중심	central / centro
복합의	complexo / complicado / composto
볶다,불에태우다	crestar / tostar
본,예,본보기	exemplo / forma / modelo
본,바라본	olhada(o)
본격적인	genuino / real / regular
본고장	lugar de origem / lugar nativo / terra natal
본과,정규의	curso regular
본국,고국,조국	país de origem / pátria
본능,본성	impulso / instinto / natural
본능적인	espontâneo / instintivo / natural
본때,원형	exemplo / modelo
본때있는,예의있는	bem educado / fino / polido
본뜨다	figurar / modelar / moldar

본뜻	proposta original / real intenção / significado real
본래,처음,시초	princípio
본래의	natural / original / próprio
본론	principal assunto / questão essencial
본명	verdadeiro
본문,원문	texto
본받다	imitar / o exemplo de /tomar como modelo / seguir
본받으라	imitar
본보기	exemplo / modelo
본부,사무실	escritório central / quartel-general
본분,책임,의무	dever / função / obrigação
본색,현실의	caráter real / traço real
본사람이없으면	ninguém o vendo
본선,주된선	linha principal
본성,성질	natureza
본심,마음	amor verdadeiro / pensamento / sentimento
본업,직업	principal / profissão
본위	base / essência / fundamento / princípio
본의,욕그,욕망	desejo / esperança
본인,자신	própria pessoa
본적	residência permanente
본점,모체	matriz
본질,성질	caráter / qualidade / personalidade / temperamento
본질적으로	essencialmente
본처,정실,아내	espôsa / mulher
본체,모양,형태	estrutura / forma / substância
본토,국토	país de origem / principal terra / próprio país
본토의토착민,원주민의	
	indígena

본향,고향	pátria
볼기짝	face
볼록한	inchado / protuberante / tumefato
볼리비아(남미)	Bolívia
볼일,봉사	atividade / compromisso / serviço / trabalho
볼펜	caneta
볼펜공장	fábrica de caneta
봄	primavera
뽑다	eleger / escolher / selecionar
뽑아내다	arrancar / extrair / retirar / tirar
뽑아냄,축출	extração
뽑힐것이니	arrancada
뽕,뽕나무	amora / amoreira
봉건주의	feudalismo
봉급,임금	olerite / ordenado / pagamento / remuneração / salário / vencimento
봉변당하다	acidentar-se de repente / sofrer acidente inesperadamente
봉사,써비스	ajuda / amparo / assistência / auxílio
봉사에쓰라	serviço darás ao serviço
봉사하다	ajudar / dar assistência / servir para / trabalhar para
봉쇄	bloqueio
봉선화	balsamina
봉숭아	balsamo
봉양,보필	amparo / apoio / assistência / manuntenção / subsistência / sustento
봉오리,꽃봉오리	botão / botão de flor / botão de planta
봉우리,산봉우리	apogeu / auge / bico / cimo / cume / pico / ponta
봉인,봉함	brasão / escudo / selo

봉적하였는데,감춘,훔친
for furtado

봉투,작은주머니	envelope / sacola / saquinho
봉하다	fechar / lacrar
봉화,신호불	sinal de fogo
뵈옵다,방문하다	encontrar / ver / visitar
뾰족한	afiado / pontudo
부,재산	bens / fortuna / riqueza
부,절,편,과	departamento / seção
부,조수,보조자	assistente / auxiliar
부가,추가	achego / acréscimo / adição / complemento soma / suplemento
부가하다	acrescentar / adicionar / aumentar / juntar / somar
부강,부귀	fortuna e poder / riqueza
부결,거부	negação / rejeição
부결하다	contra / negar / rejeitar / votar
부과하다	impôr
부관,참모	ajudante militar
부권,가장권	direitos de homen
부권,여자권리	direitos de mulher
부귀	requeza e fama
부끄러운	envergonhado / humilhado / vergonhoso
부끄러운,불명예	vergonha
부끄러움,수치	pudor
부끄러워하다	ter pejo
부끄럽다	tenho vergonha
부근	cercania / perto de / proximidade / próximo a / vizinhança
부글거리다	chair / fazer o som de fervura lenta
부가,첨가	adição / anexo / suplemento
부담	encargo / gravame / peso / preocupação / responsabilidade
부당한	impróprio / injusto

부대,낚시찌	bóia
부대,군대	grupo / unidade
부덕,덕행	caráter feminino / dignidade de mulher / qualidade feminina / virtude
부도,불명예	descrédito / desonra / falta de pagamento
부도수표	cheque devolvido
부도덕	imoralidade
부동산,소유재산	bens / imóveis / legível / inalterável / prédio / propriedade real / terrenos
부동의,불변의	imóvel / fixo / impassível / inalterável / parado
부동의,같지않은	desequilibrado / desigual
부두,암벽	cais / porto / quebra-mar
부두,선창	cais / porto
부두일군	esouvador
부드러운	brando / flexível / gentil / macio / mente tenro / suave
부득부득	obstinadamente / teimosamente
부등식,등식	inequação
부등변의,비스듬한	escaleno
부디	amigavelmente / cordialmente / favor / gentilmente / por
부딪치다	chocar / colidir / encontrar
부락,마을	aldeia / burgo / comunidade / povoação / vila
부러운	cobiçável / desejável / invejável
부러워하다	aspirar a / cobiçar / desejar / invejar
부러지다	despedaçar / fraturar / partir / quebrar / rachar / romper
부로치	broche
부르다,부르기	chamar / nomear
부르다(노래)	cantar

부르짖다	aclamar / exclamar / falar muito alto / gritar
브르트다	crescer / distender / inchar / intumescer
부르심을,신의소명	vocação
부르짖으니	clamar
부름,소집	chamada
부리,주둥이	beicinho / bico
뿌리,근원	raíz / raízes
부리나케,급속히	apressadamente / com pressa / rapidamente
부리는,섬기는사람	ministradores
부리다	administrar / dirigir / lidar / manejar / orientar
뿌리다(씨앗)	dispersar / disseminar / espalhar / esparramar / semear
뿌리다,발산하다	difunde-se
뿌리웠다	semeado
뿌리운자	semeado
뿌리치다	abandonar / deixar / recusar
뿌린,성수살포,관수식	
	aspersão
뿌릴새	semeava
부모	pais / pai e mãe
부문,구,행정구	classe / departamento / distrito / seção / zona
부본,모방하다	cópia / duplicado / duplicata / segunda via
부분	divisão / parte / peça / pedaço / porção / seção
부부,남편과아내	casal / marido e espôsa
부사,품사	advérbio
남성	masculino
여성	feminino
부사형	advérbio

부사장	vice-presidente
부산한,바쁜	atarefado / ativo / ocupado
부삽	pá / pás
부상,상금	prêmio extra
부상,상처	chaga / ferida / ferimento / machucadura
부상한	ferido / machucado
부설하다	construir / edificar
부수다	demolir / derrubar / destruir / esmagar / quebrar
부스러기	fragmento / migalhas / pedaço / pequeno
부스럼	furúnculo / neoplasma / tumor
부스시니이다	tem despedaçado
부시다	enxaguar / lavar / limpar
부시장	vice prefeito
부양하다	ajudar / auxiliar / assistência a / escorar / suportar / sustentar
부어넣다	infundir
부어녹임,용광	fundição
부억	cozinha
부여하다	ceder / conceder / dar / doar / oferecer
부역,공역	compulsório / obrigatório / serviço / trabalho
부연하다	discursar desenvolvidamente / falar pormenori zada mente
부영사	vice-cônsul
부유한	endinheirado / opulento / rico
부의,부조금	contribuição para funeral / enterro
부의장	reunião / vice-presidente de uma assembléia
부은것은,붓다	derramando
부은바되다	derramado
부인,아내,처	dona / espôsa / madame / mulher

	casado / senhora
부인,거절	negação / recusa / rejeição
부인과동행합니다	está acompanha do com espôsa
부인하다	contradizer / desmentir / rejeitar
	dizer não / negar / recusar
부인하여	nego
부인하리라	negarás
부임하다	tomar posse / vir para novo posto /
	vir para tomar nova posse
부임지	novo local / posto de trabalho
부자	endinheirado / homem rico /
	opulento / rico
부자연스러운	afetado / anormal / artificial /
	desnatural
부자유한	impróprio / incômodo /
	inconveniente / pouco confortável
부작용,문제	efeito secundário / irregularidade /
	má reação / problema
부작용없는	normal / sem efeito / sem problema
	/ sem reação / regular
부장,두목,대장격	chefe do departamento / maiorais
부재,부족	afastamento / ausência / carência /
	falta
부재의	ausente / fora de casa /
	não presente
부적,호신패	amuleto / talismã
부적당한	impróprio / inadequado / insuficiente
	/ não apopriado
부적임의	impróprio / inabilitado / inadequado
	/ incopetente / não qualificado
부적절한	impróprio / inadequado / insuficiente
	/ não apropriado
부전승	vitória obtida sem jogar
부절제	intemperança
부절제한	excessivo / imoderado

부정,반대	contradição / inegação / inegativo / recusa / rejeição
부정,더러운것	imundícia
부정선거	eleição / ilegal
부정,기만	deslealdade / desonestidade / fraude / ilegalidade / injustiça
부정,미워하기	abominação
부정사건을하다,스캔들을일으키다	
	escandalizar
부정한	desleal / desonesto / incorreto / iníquo / injusto
부정,막연한	dúvida / incerteza / indefinido
부정직한	desleal / desonesto / infiel
부정한	impudico / incasto / lascivo
부정확한	impreciso / incorreto / inexato
부조,도움	ajuda / amparo / apoio / auxílio / contribuição
부조화	desarmonia / discordância
부족,모자람	carência / deficiência / falta / insuficiência
부족,동족	tribo
부족하니이까	falta ainda
부족하다	estar faltando / estar insuficiente / faltar-se
부족한	curto
부족하리이다	bastarão
부족합니다	faltam
부주의,태만	descuido
부주의한	desatento / descuidado / desleixado / negligente
부지,대지	local / lugar / terreno
부지기수의	incontável / inumerável / inúmero / muito numeroso
부지런한	aplicado / diligente / estudioso
부지중에	inconcientemente / involuntariamente

부진한	estagnado / folgado / inativo / indolente / lento / vagaroso
부질없는	desnecessário / futil / imprestável / inaproveitável / inútil / vão
부차적인	secundário / segundo
부착하다	colar / colocar / fazer aderir / fincar / fixar / grudar / inserir / pôr
부채	leque / ventarola / ventoinha
부채질하다	arejar / ventilar
부채,채무,빚	dívida
부처,남편과아내	cavalheiro e dama / marido e esposa / senhor e senhora
부처,석가여래	buda
부추	porro
부치다	despachar / enviar / expedir / mandar / remeter
부친,아버지	pai
부탁하다	pedir / requerer / rogar / solicitar
부탁하여	denunciou
부탁한,의뢰한	pedido
부터	a partir de / conforme / da parte de / de / desde / proveniente de
부통령	vice presidente
부패	corrupção / decomposição / depravação / perversão / podridão
부패방지,방부제	antissepsia
부패하다,썩다	apodrecer-se / corromper / depravar / estragar-se / perverter
부패하였도다	se tem corrompido
부표,낚시찌	bóia
부표,딱지	ação de fixar etiqueta
부풀,털	de fixar etiqueta
부풀게하다	fermentar / levedar
부풀다	aumentar / avolumar-se / dilatar /

	inchar
부픈	copioso / massudo / volumoso / vultoso
부피	cubagem / massa / volume
부피가큰	avultado
부피있는	massudo / volumoso
부하,짐싣기	carga / carregamento
부하,제자	discípulo / partidário / seguidor / subordinado
부하장병	militares / soldados
부한,부자	abastecido / bem provido / seguidor / subordinado
부합,일치	coincidência / concordância / de acontecimento
부합하다	coincidir / concorda / ser concomitante / ser idêntico em forma e dimensão
부형,집안어른	os pais
부호,기호	marca / signo / símbolo / sinal
부호,부자	homen rico / milionário
부화,무익	frivoleza / frivolidade / futilidade / leviandade
부화하다	criar / incubar / sair do ovo
부활	renascimento / resurreição / revivificação
부활,일으키다	ressuscitar / ressuscitou
부활하다	renascer / ressuscitar / reviver / tornar a viver
부활절	páscoa
부흥,갱신	reconstrução / renascimento / renovação / restabelecimento / restauração
북(악기)	tambor / tamboril
북,실패	lançadeira / naveta de máquina de costura /

	bobina
북집	lançadeira
북,북쪽	norte
북극	pólo norte
북극의	antártico / ártico / polar
북극성	estrela polar
북극해	círculos polares / Oceano ártico
북돋우다	ajudar / alentar / animar / apoiar / favorecer / encorajar / promover
북두칠성	sete estrela
북미	América do norte
북미합중국,미국	EUA / os Estados Unidos da América
북받치다	surgir idéias de repente
북빙양,대서양	Oceano Ártico
북서	noroeste
북어	baiacu
북위	latitude norte
북위38도선	latitude norte
북적거리다	aglomerar / apertar / estar azafamado
북한	coréia do norte
분(시계),순간	minuto
분,부분	fração / parte / porção / quota
분,원한,앙심	indignação / rancor / ressentimento
분,그릇,술잔	caneca / cântaro vaso
분,가루분	na carax / na facex / pó usado no rosto
분,쌀가루	pó de arroz
뿐	apenas / exclusivo / sem mais nada / só / somente / único
분간하다	caracterizar / diferenciar / discernir / discriminar / distinguir
분개,원한	indignação / rancor / ressentimento
분개하다	guardar rancor / ressentir-se

분계선	divisa / demarcação de fronteira / fronteira / limite / marco
분계하다	estremar
분관	edifício suplementar
분광기	espectroscópio
분교	escola suplementar
분권,권력분산	descentralização do poder no interior
분규,분란	confusão / complicação / desordem
분기점	ponto divergente
분기하다	agitar / animar / excitar / incitar / levantar
분깃,몫	porção
분납금	prestação
분노	desejo / fúria / furor / ira / raiva / violento
분담하다	compartilhar / dividir / repartir / ter em comun
분담액	ação / secessão / separação
분당,분열	cisão / secessão / separação
분당하다	abandonar / retirar-se / separar-se
분대,소대	esquadra / pelotão
분도기	divisor / instrumento para fazer graduação
분동	esfera de ferro usado na balança
분란	agitação / confusão / desordem / distúrbio / encrenca
분량	quantidade / soma / volume
분량대로	medida
분력	constituinte / força do componente / ingrediente
분류,분출,사출	corrente / fluxo / jacto / jorro / torrente
분류,등급별	agrupamento / classificação / escolha / seleção / sortimento
분류하다	agrupar / classificar / ordenar /

	selecionar / sortir
분류한,격리	classificados
분리	apartação / divisão de lucros / repartição de lucros
분리하다	abstrair / desunir / dissolver / dividir / isolar / romper / separar
분리하다(사람)	afastar de / isolar de / segregar de / separar de
분만,해산	parto
분말,가루	polvilho
분망한	ocupadíssimo
분명한	certo / claro / distinto / exato / óbvio evidente
분명한대답	claro / exata / óbvia / resposta / definitiva
분명한사실	evidente / fato óbvio
분명한음성	voz clara
분명히	certamente / verdade
분모,분자	denominador
분묘,무덤	túmulo
분무기	pulverizador
분무기,향수뿌리는기구	
	atomizar
분발,노력	corajoso / esforço / estrênuo / valente
분발하다	empenhar-se / esforçar / fazer esforço
분배,나누기	distribuição / divisão / repartição / partilha
분배하다	distribuir / dividir
분배액	parte / porção / quota
분별,구별,차별	classificação / diferença / discernimento / discriminação
분별심,판단력	sentido
분별있는	cauteloso / discreto / distinto /

	prudente
분별없는	descuidado / imprudente / indiscreto / negligente
분별하는것	aparta
분별하다	entendimento
분봉왕(로마한주의†)tetrarca	
분부	mando / ordem / pedido
분분한,혼란한	confuso / desordenado / situação barulhenta
분비,분비물	excreção / secreção / segregada / substância
분사,사출	jato / jeto / jorro
분사,동사형용사적형태	
	particípio
분사식비행기	avião a jato
분산	dispersão / dissipação / espalhamento / separação
분산시키다	dispersar
분석,분해	análise / exame
분석하다	analisar / estudar minuciosamente / examinar
분속도	velocidade por minuto
분쇄기	britador
분쇄하다	arruinar / despedaçar / destruir / quebrar / romper
분수,남는수	fração
분수,신분,지위	posição / social
분수,샘	bica / chafariz / fonte / nascente
분수령	bacia banhada por um sistema fluvial / linha divisória das águas
분승하다	tomar meio de transporte separadamente
분식하다	adornar / decorar / embelezar / enfeitar / ornar
분실	dano / perda / prejuízo

분실된	desperdiçado / perdido
분실물	artigo / objeto / perdido
분실하다	desperdiçar / fazer perder / perder
분야,벌,평야	campo / esfera de ação
분양,분배,나누기	distribuição / divisão / partilha
분업	divisão de trabalho
분업시대	de especialização
분연,든든히	firmemente / resolutamente
분열,갈라짐	arquivamento
분열,나누기	cisão / divisão / rombo / rompimento / ruptura / separação
분열생식	fissiparidade
분위기	ánimn / atmosfera / disposição / humor no local
분자,구성분자	constituinte / elemento / fator / numerador / partícula
분자량	massa molecular / peso
분자식	fórmula molecular
분잡한,난잡한	confuso / desordenado
분장,단장	disfarce / maquiagem / maquilhagem / personificação
분쟁,다툼	briga / contenda / discrrão / disputa / dividade / divisão / luta
분전,악전고투	batalha / briga desesperadamente / combate / luta
분주한	atarefado / ocupado
분지	depressão de terreno circundada - por elevações
분지르다,부수다	fraturar / quebrar / romper
분첩,리본	pompom
분출하다	derramar / esguichar / jorrar
불출물	cutânea / erupção
분침(시계)	ponteiro dos minutos no relógio
분탄	carvão em pó
분투,노력	empenho /

	enfrentar de modo valente / esforço / lutar corajosamente
분투하는	corajoso / esforcado / esforçado / valente / vigoroso
분투하다	esforçar-se / fazer esforço / labutar / tentar com esforço / trabalhar
분파,당파	partido
분포,분포상태	distribuição
분풀이하다	contentar-se / desabafar-se / desafogar-se / próprio rancor / satisfazer
분필	giz
분한,원한을품은	odioso / rancoroso / vingativo
분할	divisão / operação de dividir / separação / subdivisão
분할하다	dividir-se / partir em diversas partes / separar-se
분할상속	herança dividida
분할인도	distribuição / transferência
분향,말향	incenso
분향단	altar do incenso
분해,분석	análise / decomposição / dissolução / divisão / partição / separação
분해하다	decompor / desagregar / dissolver-se / resolver / separar
분해작용	desagregação / desintegração
분홍색,핑크색	rosa / pink
분화,폭발	erupção / explosão / saída com ímpeto
분화구	boca de vulcão / cratera
분화하다	expelir-se com violência / sair com ímpeto lançar fora / diferenciar-se / especializar-se / tomar forma especial / tomar diverso

불,화염,열	eletricidade / fogo / incêndio
뿔	chifre / corno
~모서리	pontas
불가결의	essencial / indispensável / necessário
불가능한	impossível / impraticável / muito difícil
불가불	inevitável
불가사리	estrela do mar
불가사의한	incompreensível / misterioso
불가침	inviolabilidade
불가침,조약	tratado de inviolabilidade
불가피한	inevitável / irrevogável
불가항력	ação de Deus / força irresistível
불간섭	não intervenção
불같이,노발대발하여	furiosamente
불거지다	espichar / pôr para fora / protrair
불건강한	adoentado / doentio / insalubre / lânguido
불건전한	imoral / irreal / não correto
불결,불순	impureza
불결한	impuro / sujo
불경,무례,실례	desconsideração / descortesia / desrespeito / incivilidade
불경스러운	desrespeito / incivil / indelicado / irreverente / rude
불경	escritura budista
불경건,잔인함	impiedade
불경기	baixa no mercado / crise econômica / recessão econômica
불경제	desperdício / dissipação / má economia / extravagância
불고기	carne assada
불고하다	desatender / desconsiderar / desprezar / ignorar

불공	celebração budista
불공정	injustiça
불공정하게	injustamente
불공평	deslealdade / falta de / injustiça
불공평한	desleal / desonesto / incorreto / iníquo / injusto
불꽃	chama chamejar / fogo / fulgo / lavareda / lume
불꽃가운데서	fogo do meio duma
불과,다만,오직	apenas / exceto / somente
불교	budismo
불교도	budista
불구속	sem impedimento / sem limitação / sem obstáculos / sem restrição
불구속으로	sem restrição física
불구의	defeituoso / deformado / deforme / disforme
불구자	inválida / pessoa deformada
불구자가 건전하고	os alentados sãos
불구하고	apesar de / não obstante
불굴의	duro / firme / indomável / invencível / rijo
불규칙적인	contra regra / irregular
불규칙하게	irregularmente
불균등	desconformidade / desigualdade / desproporção
불균등한	desequilibrado / desigual / desproporcional
불균형	desequilíbrio
불그스름한	avermelhado
불근,불쑥	firmemente / inesperadamente / repentinamente
불근심	imprudência / inconsideração / indiscrição
불기둥으로	numa coluna de fogo

불기소	sem prossecução
불기소처분	prisão sem prossecução
불길	chamas / labareda
불길한	agourento / de mau agouro / malfadado / ominoso
뿔나팔	haste
불능	impossbilidade / incapacidade
불다,바람이불다	soprar / ventar
불다,불어넣다	assoprar
불다,고백하다	confessar
불단	altar budista
불덩어리	globo de fogo
불도저,무질서	bagunça
불량배,깡패	bambambã
불량소년	menino malvado
불량한	iníquo / malvado / mau / perverso / vil
불러내다	chamar para fora / mandar vir / pedir para vir
블레셋	filisteus
불로,젊음	juventude eterna / perpétua
블로소득	renda proveniente de capital
불룩한	inchado / intumescido / tumefato
불룩랜즈	lente convexa
불리,손실	desvantagem / perda / prejuízo
불리다	ser chamado
불리우다	chamado / chamaram
불리한	desfavorável / desvantajoso / prejudicial
불이행	inobservância / não cumprimento
불만족	desagrada / descontentamento / descontento / desprazer
불만족한	desagradado / descontente / desgostoso / insatisfeito
불면불휴	sem dormir e sem descansar

불면증	insônia
불면의	eterno / imortal
불명의	ambíguo / duvidoso / incerto / obscuro
불명료한	incerto / indeciso / irresoluto / obscuro / vago
불명예,치욕	descredito / desonra / vergonha
불명예스러운	desonroso / ignominioso / infame / vergonhoso
불모의	esteril / improdutivo / infecundo / infrutífero
불문가지의	evidente / óbvio / verdade
불문율	lei fecunada nos costumes
불미스러운	escandaloso / ignominioso / infame / vergonhoso
불발탄	falhar no tiro
불법	cometem / iniquidade
불법감금	prisão ilegal
불법의	contrário a lei / falso / ilegal / ilegítimo / incorreto / injusto
불변의	constante / imutável / interável / invariável permanente
불변의법칙	lei imutável
불복,불복종	desobediência / inobediência
불분명한	incerto / indistinto / obscuro / vago
뿔뿔이	de maneira dispersa / individualmente / separadamente
불붙다	pegar fogo
불비의	imperfeito / incompleto / ineficimente / insuficimente
불비한점	defeito / deficiência / erro / falha
불사르다	queimar / queimara
불사름	queimado
불사신	corpo invulnerável / homen invulnerável

- 308 -

불사조	ave fabulosa / fenix
불상	estátua / imagem de buda
불쌍한,가엾은	pena
불상한,미천한	desconhecido / ignorado / indescritível / obscuro
불쌍한	coitado / deplorável / desprotegido / infeliz / lamentável / miserável
불쌍히	misericórdia
불쌍히여기사	compaixão
불선명한	confuso / lndistinto / vago
불성공,실패	falência / insucesso
불성공의	fracassado / infeliz / infrutífero / mal sucedido
불성실	insinceridade
불성실한	falso / insincero / não sincero
불손한,거만한	atrevido / impudente / insolente
불수의근	músculos involuntários
불수의의	involuntário
불쑥	abruptamente / asperamente / bruscamente / repentinamente
불순종	desobediência / desobediente
불순한,더러운	adulterado / impúdico / impuro / não inocente / obsceno
불송인	censura / desaprovação / reprimenda
불시의	imprevisto / inesperado / inopinado
불시착륙	aterrisagem de emergência
불신,의혹	desconfiança / dúvida / receio / suspeita
불신임,반신반의	desconfiança / dúvida / receio / suspeita
불신임,의심스러운	duvidoso
불신임하다	desacreditar / desconfiar / duvidar / recear / suspeitar
불심,걱정,염려	desconfiança / dúvida / receio / suspeita

불안	inquietude / intranquilidade / malestar / preocupação
불안한	ansioso / desassossegado / inquieto / preocupado / reseoso
불안정한	inseguro / instável / hesitante / oscilante
불에구워	assado no fogo
불야성,밝은곳	cidade sem noite
불연속선	linha de descontinuidade
불연이면	caso contrário / por outro lado /se não for
불온한	ameacador / amotinador / revoltoso / sedicioso
불옮기는 그릇	braseiros
불완전고용	aplicação incorreta / uso incompleto
불완전동사	verbo imperfeito / verbo irregular
불완전한	imperfeito / incompleto
불우한	azarado / coitado / desafortunado / desventurado / infeliz / pobre
불운한	azarado / desafortunado / infeliz / sem sorte
불원간	brevemente / futuro próximo / logo
불유쾌한	aborrecido / desagradável / desprezível
불의,불법	desonestidade / ilegal / imoralidade / infidelidade / injustiça
불의의	imprevisto / inesperado / inopinado / repentino / súbito
불의애	inesperadamente / repentinamente
불의한자	injustos
불을켜라	ligar(alvz)
불일내에	daqui alguns dias
불일치	desarmonia / desacordo / discordância / divergência
불입,납입	dinheiro subscrito /pagamento

불잘붙는	inflamável
불지르다	acender
불찬성	desacordo / desaprovação / discordância / dissensão
불찰,오류	engano / equívoco / erro / falha
불참	pessoa ausente
불철저한	incompleto
불청객	visitante que não foi convidado
불출,멍청이	bobo / imbecil / ingênuo / tolo / trouxa
불충분한	inadequado / insuficiente
불치,난치	incurabilidade
불치의	incurável / irremediável
불친절한	desamável / descortês / grosseiro / indelicado / rude
불침번	vigília noturna
불침번서다	cuidar / ficar de olho / proteger
불켜는등대	castiçal da luminária
불켜는등잔	luminária
불켜는촛대	castiçal
불켜다	acender
불쾌	aborrecido / descontentamento / desgosto / desprazer / mau humor
불쾌하게 만들다	zangar
불쾌하게 하다	infestar zangado
불쾌한	aborrecido / desagradável / desprezível
불타	buda
불태우다	acender / fazer queimar / pôr fogo / queimar
불티	faísca
불통,차단	interrupção / suspensão
불편부당	imparcialidade
불편부당의	imparcial / independente
불편한	incômodo / inconveniente

불편하다	incomodar
불평	desagrado / descontento / descontentamento / desprazer / queixo
불평장이	descontente / resmungão / rosnador
불평하다	lamentar-se / queixar-se / reclamar-se
불평등	desigualdade / desconformidade / deproporção
불필요한	desnecessário / inútil / supérfluo
불하하다	dispor de
불합격	desaprovação / desqualificação
불합리한	absurdo / ilógico / incoerente / injusto / irracional
불행,비운	desgraça / desventura / infelicidade / infortunio / miséria
불행한	desventurado / infeliz / infortunado / magoado / miserável / triste
불행히	desastrosamente / infelizmente
불허복제	reimpressão proibida
불허하다	impedir / interditar / não permitir / proibir / vedar
불현듯이	inesperadamente / rapidamente / repentinamente
불협화음	desafinação de sons / discordância / dissonância
불화,괴로움주는	aborrecimento / embaraço / incômodo / preocupação / transtorno
불화,달라	dólar / moeda dos E.U.A(북미합중국의돈단위)
불화하게	dissensão
불확실한	duvidoso / incerto / indefinido / indeterminado / indistinto / irresoluto

불확정한	incerto / indeciso / indefinido / irresoluto
불효,불순종	desobediência / irresponsabilidade perante os pais
불후의	etrno / imortal / imperecível / infinito
붉고흐리면	um vermelho sombrio
붉은	carmesim escarlate / vermelho(a)
붉은색의	vermelhado
붉은시금치	afoguear
붉히다	colorir / corar / enrubescer
뿜다	arrotar / ejacular / emitir / eructar / lançar fora / vomitar
붐비는	abarrotado / cheio / compacto / movimentado / repleto
붐비는시간	hora de pique / hora mais movimentada
붓,솔	broxa / pincel
붓는병	cobertas
붓는잔,사발,주발	tigelas
붓다	completar / derramando / encher
붓다,부풀게하다	aumentar / avolumar-se / dilatar / expandir / inchar / incrementar
붕괴,파멸	falência / queda / ruína
붕당,당파,파벌	facção / grupo político / partido político ou social
붕대	atadura / bandagem / faixa
붕대를감다	atar / enfaixar
붕붕거리다	sussurrar / zumbir / zunir
붕소,원소	boro / elemento / metalóide
붙다,풀바르다	colar / fazer aderir / grudar / juntar
붙들린,잡힌	preso
붙이다	afixar / colar / grudar / prega
붙들다	apoiar / capturar / deter / fazer parar / pegar / prender /

	segurar
붙들리다	ser pego
붙들린,잡힌	preso
붙잡기	pega / segura
붙잡다	agarrar / capturar / pegar / prender
	/ segurar
브라실리아주	cidade de brasília
브라질나라(남미)	Brasil
브라질보신탕	feijoada
브라질불고기	churrasco
브라질사람	brasileiro
부라질을배척하는	antibrasileiro
브라질초기개척단원	bandeirante
브라질토인,원주민	índio
브레이크	freio
브로치	broche
블라우스	blusa
비,빗자루	vassoura
비,강우	chuva
비가오다	chover
비오는	chovendo / chuvoso
빗방울	pingo de chuva
비,기념비,유적	marco histórico
비걱거리다	chiar / fazer guinchar / ranger
비겁한	covarde / medroso
비견되다,맞먹다	enfileirar-se / equiparar-se
비결	causa oculta / razão secreta /
	solução misteriosa
비계,기름기,지방	gordura
비계,수단,방법	trunfo / último recurso
비고	anotação / bilhete / comentário /
	nota / lembrete
비꼬다	fazer sinal cínico / retorcer / tecer /
	torcer
비공식의	informe / irregular / não oficial

비과학적인	anticientífico
비관주의	pessimismo
비교	comparação
비교급,비교의	comparativo
비교하다	comparar-se / contrastar / equiparar
비교할수없는	incomparável
비구승	monge / sacerdote
비구니,여승	sacerdotisa
비굴한	covarde / desprezível / ignóbil / medroso /
비극,슬품	catástrofe / desastre / infelicidade / infortuno / tragédia / tristeza
비극적인	calamitoso / dramático / trágico / triste
비근한	afavel / familiar / franco / íntimo / modesto / simples / sincero
비기다,조정하다	consertar / remendar
비기다,동점이되다	assemelhar-se / assimilar-se / comparar-se / igualar-se
비기기	empate
비기자	vamos empatar
비키다	empatar
비난,비평	animada versão / apreciação desfavorável / censura / crítica / critisismo
비난하다	argüir / advertir / culpar
비녀	acessório ornamental para cabelo
비누	sabão / sabonete
비누칠하다	ensaboar
비늘	caspa / escama
비다,텅비다	vagar
비단,다만	além disso / mas também / não unicamente
비단,명주옷	seda
비대한	corpulento / gordo / obeso

비데오	vídeo
비도덕적이다	amoralizar
비뚝거리다	balançar / desviar / inclinar / pender
비듬	caspa
비듬약	loção para caspa / tônico
비등하다	aquecer até ferver / ferver
비등점	ponto de ebulição
비등한	equivalente / igual / o mesmo / uniforme
비련,슬픈연애	amor frustrado
비례	proporçaõ
비례하다	ser proporcional
정(반)비례	diretamente proporcional
비로도,녹용	veludo
비로소	até que fim / finalmente
비로소 시작하다	começa
비록	ainda que / apesar de / embora / entretanto
	obstante
비롯하다	começar / dar início a / iniciar / originar / pricipiar
비료	adubo / fertilizante
비료를주다	adubar / fertilizar
비린,고기냄새	mau odor / mau cheiro
비만한	corpulento / gordo / obeso
비말,분무기	borrifador / pulverizador
비망록,메모	agenda / memorando
비명,고함소리	grito forte
비명,비문	inscrição tumular
비명의	anormal / desnatural / estranho / inatural / violento
비명에죽다	morrer pela violência
비무장	desmilitarização
비무장도시	zona desmilitarizada

비무장지대	cidade desmilitarizada
비민주적인,.비민주정치의	antidemocrático
비밀,비결,미스테리	mistério / razão oculta / segredo / sigilo
비밀,신비	arcano
비밀결사	sociedade secreta
비밀리에,숨어서	secretamento
비밀조약	tratado secreto
비방,욕설	aleive / método secreto
비방하는자	murmurador
비방하다	abusar / injúriar / insultar / ofender / xingar
비방하며	blasfemado
비번,휴식	folga
비범한	excelente / extraordinário / incomun / notavel / taro
비보,슬픈소식	notícias tristes
비비꼬다	entrelaçar / retorcer / tecer / torcer
비비다	esfregar / friccionar / misturar
비사회적인	anti-social
비싼	caro / custoso / dispendioso
비산하다,뿌리다	dispersar / dissipar / espalhar
비상구	saída de emergencia
비상벨	campainha de emergéncia / escada de incêndio
비상시,비상	emergência / situação crítica
비상하게	extraordinariamente / extremamente / sumamente
비상한	emergente / extraordinário / extremo / urgente
비생산적인	improdutivo / infrutífero / não rendoso / vão
비서	secretário(a)
비석,기념비	monumento

비석들	tábuas
비속한	áspero / comun / grosseiro / inferior / ordinário / vulgar
비수	adaga / faca / punhal
비스듬한	inclinado / oblíquo
비슷하게	mente
비슷하다	parecer
비슷한	igual / semelhante / similar / parecido
비애	aflição / magoa / pesar / sofrimento / tristeza
비약하다	pular / saltar / transpor
비열한	andrajoso / desprezível / ignóbil / mesquinho
비영리의	sem lucro
비영리사업	trabalho sem lucro
비예하다,상을찌프리다	
	carranquear / olhar friamente / olhar fixamente
비,비오다	chover
비옥한	fecundação / fértil / frutífero / produtivo / prolífero
비옵니다	peço
비용	custo / despesa / desperdício / gasto / preço
비용이들다	custar
비우다	desocupar / esvaziar / evacuar
비우호적인	adverso / descortês / desfavorável / hostil / inamigável
비운,불운	azar / desdita / infortúnio / sem sorte
비웃,청어식품	estaca de tenda
비웃는,조롱하는	achincalhador
비웃다	escarnecer / menospreza / sorrir desdenhosamente / zombar

비웃음,조롱거리	achincalhação
비위,기분	humor / temperamento
비위맞추다	adaptar-se / condescender / fazer a côrte
비위생적인	anti-higiênico / insalubre / insaudável
비위좋은	descarado / impassível / imperturbável / imprudente
비유	alegoria / comparação / enredo de poema / metáfora / romance ou drama
비유,속담	parábola / exemplo
비유하라	comparar
비유하여	através da ilustração
비율	índice / medida proporcional / proporção
비이비(해리)	castor
비익하다,이를보다	beneficiar / favorecer / ganhar / lucrar / tirar proveito de
비인도적인	cruel / desumano
비자	visa
비전홍자	pacifista
비젼의	contra guerra
비점,비등점	troca de ar
비정,실정,악정	administração deficiente ou desonesta / desgoverno / mau governo
비조,도와줌	criador / fundador / iniciador / instituidor
비좁은	apertado / estreito / fechado / limitado / restrito
비종교적인	contra religião / não religioso
비죽거리다	fazer
비준,표준,원형	comparação / critério / medida / modelo / norma / padrão / protótipo

비준,시인,추인	aprovação / confirmação / ratificação / sanção
비준하다	aprovar / endossar / ratificar
비중	importância / peso específico / seriedade
비지	resíduos de feijão coagulado
비참,불행	indigência / miséria / penúria / pobreza
비참한	infeliz / lastimável / miserável
비창한,섭섭한	infeliz / lamentável / pesaroso / triste
비책,술책	estratagema
비천한	baixo / deprezível / humilde / modesto / pobre / submisso / vulgar
비추다	acender / clarear / comparar com / iluminar
비축하다	abastecer / fornecer / prover
비취,옥	jade / pedra nefrítica
비치다	brilhar / fazer brilhar / luzir / refletir luz / resplandecer
비치하다	fornecer / guarnecer / prover / suprir
비키니,수영복	biquíni
비키다	afastar-se / deslocar-se / desviar-se / mover-se / mudar
비탄,애도	aflição / lamentação / mágoa / tristeza
비탈,경사	declive / ladeira / rampa
비통한	doloroso / muito triste / pasaroso / penoso
비틀거리다	bambolear / cambalear / titubear
비틀다,꼬다	curvar / entrelaçar / retorcer / tecer / torcer / trancar
비틀림	torção

비파,현악기	alaúde
비과학	rinologia
비판,평론	censura / comentário / crítica / criticismo / desaprovação
비판철학	filosofia de crítica
비평	censura / comentário / crítica
비평가	criticastro / crítico / critiqueiro / examinador / julgador
비평적인	crítico
비평하다	censurar / comentar / criticar / julgar
비품	coisa permanente ligada a um lugar
비프,스테이크	bife
비하하다	baixar a posição social / rebaixar a si próprio
비합리적인	absurdo / injusto /irracional
비합법적인	contrário à lei / ilegar / ilegítimo / ilícito
비행,죄악	ação / delito / crime
비행,날기	aviação / ato de voar / vôo
비행하다	fazer voar / viajar pelo ar / voar
비행기	aeroplano / avião
~빠르다	o avião é veloz
비행기,기술자	aeromecânico
비행기조종사	aviador / piloto
비행기표	passagem de avião
비행선	aerostato
비행장,공항	aeródromo / aeroporto / campo de aviação
민간비행장	aeroporto civil
비행접시	disco voador
비현실적인	imaginário / irreal / ilusório
비호하다	amparar / depender / proteger
비화,꾸민이야기	conto real / novela real / relato verdadeiro

비화,감상적인이야기	conto triste / novela trágica /relato patético
빈,텅빈	oco / vaga / vácuo / vazio
빈,허무한	vão
빈궁,궁핍	estreita
빈곤	indigência / insuficiência / pobreza
빈말	palavra inútil / palavra sem sentido
빈속	estômago vazio
빈손으로	de mãos vazias
빈자리	lugar vago
빈대	percevejo
빈대코	percevejo
빈도,빈번	freqüência
빈둥거리다	vadiar
빈들빈들	à toa / em vão / preguiçosamente
빈들이요,무인지대	lugar e deserto
빈말	palavra inútil / palavra sem sentido
빈민	indigentes / os pobres
빈발하다	acontecer / correr / freqüentemente / suceder
빈번한	constante / freqüente / habitual / regular / repetido / usual
빈부	os pobres e ricos / pobreza e riqueza
빈사의	expirante / extinguível / moribundo / mortal / perecível
빈약한	descarnado / escasso / estéril / magro / pobre
빈정대다	escarnecer / olhar com desprezo / satirizar / zombar
빈집	casa vaga / casa vazia
빈털털이	paupérrimo / sem dinheiro / sem tostãc
빈틈이없는사람	macaco velho
빈한한	escasso / pobre

빈혈,빈혈증	anemia
빌다,기원	auxílio / implorar / pedir caridade / rogar / rogo / solicitar / suplicar
빌다,용서,미안합니다	
	apelar / pedir perdão / requerer / rezar
빌딩,건물	edificio
빌라델비아	filadélfia
빌레몬서	filémignon
빌려주다	emprestar
빌리는사람,차용자	mutuários
빌리다	emprestar
빌립	filipe
빌립보서	filipenses
빌립을만나매	achou a filipe
빌어온것	pedir
빌붙다,아부하다	adular / bajular / gabar por interesse / lisonjear
빌어먹다	mendigando / vive / viver esmolando
빗(머리)	pente
빗다	alisar com pente / pentear
빗나가다	desencaminhadamente / desviar-se / divergir / ir erradamente
빗디디다	dar passo erradamente
빗맞다	errar / falhar / não acertar
빗먹다	serrar obliquamente
빗자루	vassoura
빗장	ferrolho / tranqueta
빗질하다	escovar / pentear
빙,돌다	forma de cilindro
빙그레	alegremente / com felicidade / com sorriso
빙글거리다	exprimir com sorriso / olhar contente / sorrir alegremente

빙산	iceberg / monte de gelo flutuante
빙상	saco de gelo
빙수	água fria / água gelado
빙자하다	aparentar / fingir / imitar / simular
빙점,동결	ponto de congelação
빙충맞은,노망한	bobo / estouvado / estúpido / imprudente / tolo
빙판	chão da estrada congelada
빙폐하는	ao dote
빙하	geleira
빚,부채	dívida / empréstimo
빚장이	cobrador de dívidas / credor
빚지다	dever / endividar
빚진자	devedor
빛,밝음,전기	claridade / efeito de luz / fonte de luz / iluminação / luminosos / luz
빛나는	brilhante / claro / luminoso / luzente / radiante
빛나다	brilhar / luzir / reluzir / resplandecer
빛나리라	brilho
빛난	luminoso
빛을받은후에	luminados
빛의상실	eclípse
빛깔	coloração / cor

사,사다	comprar
사,4	quatro
사가,역사가	historiador
사가,처가집	família de esposa
사각,네모	coisa quadrado / quadrado / quadrangular / quadro / retangular
사감,원한	indignação / má vontade / rancor / ressentimento
사거리	cruzamento
사건,고장,일	acidente / acontecimento / assunto / escândalo / evento / fato / incidente / ocorrência
사격하다	atirar / atingir com tiro / dar tiro / disparar / ferir com tiro
사계절	quatro estações
사고,뜻밖의사건	acidente / desastre / distúrbio / incidente / sinistro / transtorno
사고팔고	vende e compra
사고하다	cogitar / considerar / especular / idear / imaginar / lembra / meditar / opinar / pensar / recordar / refletir / supor
사공	barqueiro / homen que aluga barcos / remador
사과,과일	maçã / macieira
사과,사죄	apologia / defesa / desculpa
사과하다	apologizar / apresentar desculpas / exprimir pena ou pesar / pedir

	desculpas
사관,관리	capitão ou oficial de navio / comandante / oficial
사관,역사편수관	ponto de vista histórico
사교,교재	relação social
사교,이단종교	heresia / idolatria / paganismo
사교,주교,감독	bispo / dignitário / ecleciástico
사교관	mítra
사군자,국화무리	crisântemo / orquídea
사권,공권	direito individual / direito privado pessoal
사귀다	andar em / associar / companhia / conhecer emparceirar / fazer companhia / manter relação com
사귀는자	participantes
사극	drama histérica / histérico / novela histéria / peça histérica
사근사근한	agradável / afável / amável / bondoso / cordial
사기,도의	ânimo / disposição / força / moral / vontade
사기,역사기록	escrita / livro histórico / trabalho histórico
사기,기만	aldrabice / desonestidade / embuste / engano / fraude / manha / mentira / traraça / truque
사기그릇	louça / porcelana
사깃군,협잡군	estoque
사나운	ardente / bravio / fero / feroz / fogoso / furioso / impetuoso / raivoso / selvagem / violento
사나이,남자	homen / macho / masculino / rapaz / varão
사나이다운	masculino / valoroso / varonil / viril

사내아이	garoto / jovem / menino / mocinho / moço / moleque / rapaz
사내종	empregado / servente
사냥	caça
사냥감	alvo / presa
사냥개	cão de caça
사냥꾼,수렵	caçador
사냥터	lugar ou região de caça
사념,간사함	mau pensamento / mente viciosa
사다	comprar
사닥다리,사다리	escada / escada de mão
사단,분리	desunião / divisão / separação
사단법인	corporação
사단의회	sinagogo de satanás
사담,대담,담화	conversa privada
사도	apostolicidade / apóstolo / missionário
사도신경	credo apostólico
사도적인	apostólico
사도행전	atos / dos apóstolos
사두개인	saduceus
사다랕,생채요리	salada
사라지다	acabar / desaparecer / morrer / sumir
사람,인간	alma gente / homen / humano / pessoa / pov
사람낚는어부	pescadores de homes
사람의 몸	carne de homen
사람이 없는	deserto
사람잡아먹는풍습	antropofagia / antropopatia
사람은한번나서한번죽는다	
	humano nasce uma vez morre uma vez
사람의 빛이시라	luz dos homens
사랑,애정,연애	amor

남여사랑,연애하다	namorar
사랑과공의	amor e justiça
사랑스러운	agradável / amável / atraente / belo / gracioso / lindo
사랑스런연인	querido(a) / queridinho
사랑스럽게	amorosamente
사랑으로,자비	caridade
사랑하는	amado
사랑하는사람	amante
사랑하니	você está amado
사랑하다	amar / amava
사랑하라	amarás
사랑하였으리니	amarieis
사려,사상,개념	conceito / consideração / prudência opinião / pensamento
사려있는	atencioso / atento / cuidadoso / pensativo / previdente
사력	esforço desesperado / força máxima / tentativa desesperada
사령	autoridade / chefia / comando / mando
사령관	chefe / comandante / oficial
사령부	quartel-general
사례,사례금	agradecimento / galardão / graças / gratidão / honorário / recompensa / remuneração
사례,일의전례	precedente
사로잡다,붙잡다	apanhar / apreender / apresar / aprisionar / capturar / prender
사로잡다,홀리다	atrair / encantar / enfeitiçar / fascinar
사료	alimento / forragem / pasto / pilhagem / suprimento
사르리이다	consumir
사리,이유,원인	bom senso / causa / fundamento /

人

	intuição / justiça / justificação / motivo / razão / racionalidade
사리,사실	acontecimento / caso / fato / realidade / verdade
사리다,칭칭감다	enrolar / mover-se em espiral / serpear / serpentear
사립의	particular / pessoal / privado / próprio
사립학교	colégio particular / escola particular
사마리아	samaria
사마리아여자	samaritana
사마리아인의	samaritano
사망	falecimento / homicídio / morte / óbito
사망증명서	atestado de óbito
사망의	da morte·
사망에서생명으로	da morte para a vida
사망하다	falecer / morrer
사망율	índice de mortalidade
사면	absolvimente / declive / inclinação / rampa
사면하다	absolver / remitir
사별	aniquilação / destruição / exterminação / extinção / liquidação
사명	desígnio / encargo / incumbência / missão / trabalho
사명감	vocação
사모하다	almejar / amar / anciar / anelar / desejar / vivamente
사모하여	desejam / saudade
사무	assunto / caso / comércio / negócio / serviço / trabalho
사무실,서재	escritório / ofício / repartição
사무엘상,하	I,II,samuel
사무용품	artigos para escritório

사무용책상	escrivaninha
사물	coisa / matéria / objeto / ser / substância afazeres de qualquer natureza
사발	porcelana / tigela
사방	em todas as direções / todos lados
사방에	todos os termos
사방에서	os quatro ventos
사범	instrutor / mestre / professor
사범학교	escola normal
사법	administração / autoridade / jurisdição / judicial
사법권	alçada
사변,우발사건	acidente / acontecimento / desastre / guerra / incidente / inesperado / ocorrência / perigosa
사변,직사각형의사변	hipotenusa
사별	despojamento / perda / privação
사병	soldado raso
사복	de trajes simples / roupa comun
사본	apógrafo / cópia / exemplar / exemplo / manuscrito / modelo / transcrição
⅟,15분,.방	quarto
사분사분한	agradável / amável / aprazível / bondoso
사분오열	desunião / divisão / fendimento / fratura / quebra / rachadura / ruptura / rompimento / separação
사사기	juízes
사살하다	assassinar com trio / matar
사상	básicos / conceito / fases / idéia / ideologia / opinião / pensamento / raciocínio / teoria / tese
사상가	idealista / pensador

사상의	fibróide / fibroso / filamentoso / filiforme
사상자	desaparecidos / feridos / guerra / mortos / numa / perdas
사색하다	considerar / idear / imaginar / lembrar / meditar / pensar / supor
사생아	filho ilegítimo / filho adotiuo
사생아인것	bastardia
사생자요	bastardos
사생하다	desenhar / esboçar / projetar / traçar
사생집	caderno de esboços
사서함	caixá postal
사설	editoral
사소한	frívolo / insignificante / leviano / não importante / pequeno / superficial / trivial / vulgar comun
사수하다	defender o máximo
샤쓰	camisa
사슬,쇠사슬	algema / cadeia / cadeiazinhas / corda / corrente / grilheta / trava
사슬고리	argola / elo
사슴	cervos / corças / gamos / veadas / veados
사신	enviado / mensageiro
사실,사인의방	quarto privado
사실,진실	acontecimento / ato realidade / caso / fidelidade / fato / honestidade / lealdade / ocorrência / sinceridade / verdade
사실상	de fato / na realidade / praticamente / realmente / verdadeiramente
사실적인	realisticamente
사실주의자	realista
사심	amor-próprio / egoísmo

人

사암	arenito
사약	peçonha / tóxico / veneno
사양	recusa
사업	iniciativa / negócio / serviço / tarefa / trabalho
사역자들,성직자	ministros
사연	causa / circunstância / condição / detalhe / motivo
사열	exame / fiscalização / inspeção / vistoria
사열하다	examinal / inspecional / vistoriar
사욕,이기심	egoísmo / interesse / próprio / vantagem pessoal
사용,용도	uso
사용인	empregado(a)
사용의	individual / pessoal / particular / privado / próprio
사용하다	acostumar / aproveitar / consumir / habituar / particiar / usar / utilizar
샤워,샤워기	chuveiro / banho de chuveiro
사원,회사원	empregado / funciónario
사원,교회당	igreja / templo
사월	abrir
사위	genro
사유	causa / condição / motivo / razão
사육	criação de animal / procriação
사육제	carnaval
사의	agradecimento / graças / gratidão
사이,친척	relações
사이,시대,연대	espaço / intervalo / período / tempo
사이나쁘게하다	marquistar
사인,서명	assinatura
사인	causa de morte
사임하다	demitir-se / renunciar / resignar-se
사잇길	caminho estreito / vereda

사자,성직자,장관	mensageiro / ministro
사자,맹수	leão / leoa
~새끼	leãozinho
~들의	leões
~빠르다	o leão é veloz
사자,천사	anjo
사자가앞서가리라	ir adiante
사자후 긴이야기	arenga / discurso bombástico / oração fastidiosa
사장,회사	diretor / empresário / presidente
사장,모래	banco de aréia
사장,사진관	estúdio fotográfico / sala de fotografia
사장하다	enterrrar / sepultar
사재	propriedade particular / recursos privados
사저	mansão privada / residência particular
사적,유적	lugares históricos
사적,공적	feito histórico / mérito / realização / valor
사적,표적	alvo / objeto a ser / atingido / pessoa vítima de ataque
사전	dicionário / glosário
사전에	anticipadamente / previamente
사정하다(가격)	avaliar / calcular / determinar / estimar
사정,경계	alcance / distância / extensão / limite / percurso
사정,고용자	criado(a) / empregado(a) / servente
사정,상태	acontecimento / caso / circunstância / individual / manifestação
사정없는	cruel / impiedoso / inclemente / inexorável
사제,스승과제자	professor e aluno

사제,성직자	padre / sacerdote
사제,성직존중	sacerdotalismo
사죄,죽을죄	pena fatal / penalidade mortal
사죄,용서	defesa / desculpa / pretexto / rogo
사죄하다	absolver / desculpar / indultar / perdoar
사주	instigação
사증	visto
사지,신체부분	membro / pernas e braços
사직,해임,파면	demissão / exoneração / renuncia / resignação
사직,법관	autoridades judiciais / poderes judiciários
사진,형상,초상	foto / fotografia / quadro / retrato
사진관	estúdio / fotográfico / laboratório
사진기	câmara / máquina de fotografar
사진사	fotógrafo
사차의,네제곱의	biquadrado
사차원,차원이넷	quarta dimensão
사찰,검열	fiscalização / inquirição / vistoria / inspeção / investigação / revista
사찰,신전	templo
사채,부채	dívidas particulares / dívidas privadas
사철	estações do ano / quatro estações
사촌	prima / primo
사춘기	adolescência / puberdade
사취	desonestidade / embuste / engano / fraude / trapaça / truque
사치	demais / exagero / excesso / extravagância / fausto / luxo
사치품	artigos de luxo
사치스러운	exuberante / luxuoso / suntuoso
사치하다	viver extravagantemente
사칭	personificação /

	representação de uma pessoa
사타구니	ogiva / virilha
사탄	satanás
사탕	açúcar / bala / doce
사탕무우	beterrada
사탕수수	cana-de-açúcar
~농장	fazenda de cana-de-açúcar
사태,무너지다	desabamento /
	desabamento de terras
	/ enchente / inundação
사태,형세,상황	caso / circunstância / condição /
	situação
사택	casa particular / residência privada
사퇴	afastamento / demissão / retirada /
	saída
사투리	dialetos / giria
사투하다	desesperadamente / lutar
사팔눈	estrabismo / vesgo
사팔뜨기	estrabico / vesgo
사포,샌드페이퍼	lixa
사표	pedido de demissão por escrito /
	resignação escrita
사하다	perdoar
사하라	saara
사함을,사면	remissão
사항	artigo / assunto / item / objeto /
	ponto / problema / sujeito
사해,시체,송장	cadáver / defunto
사해바다	mar morto na palestina
사행	especulação
사향,향기	almiscar
사향,향수	nostalgia / saudade da pátria
사형선고	sentença de morte
사화산	vulcão extinto
사환,노예	servo

사회,공동체,인간	comunidade / mundo / sociedade
사회,회장,사장	presidência
사회구성학	sociogenia
사회구조사업	assistência social
사회의	social
사회정치	sociocracia
사회학	sociologia
삭감	abatimento / decréscimo / desconto / diminuição / redução
삭거하다,색략하다	desconsiderar / eliminar / executar / expulsar de / omitir
삭다,삭제하다	amolecer / digerir / dissolver
삭제하다	cancelar / eliminar / riscar
삯	ordenado / paga / preço / recompensa / remuneração / salário
삯군	mercenário
산(山)	montanha / monte / serra
산,산기,신맛	ácido
산간의	dentre as montanhas / entre / no meio de
산개,넓힘	alongamento / ampliação / desdobramento / expansão
산것이니라	comprado
산과,조산술	obstétrica / obstetrícia
산기,해산	parto / tempo de parturição
산꼭대기	cume / pico / sobre o cume do monte / topo
산기슭	fundo de uma montanha
산높이,산악	montanha
산더미	amontoado / grande quantidade / bastante
산돼지	javali / porco-do-mato /porco não castrado
산들바람	vento leve / vento suave / viração
산뜻한	claro / limpo / nítido / vivaz

산란	ovíparo / que põe ovos
산란하다,닭알낳음	pôr ovos
산란하다,혼란해지다	desarranjar-se / descordenar-se / perturbar-se
산림	bosque / floresta / mata / selva
산림개척	desflorestamento / desmatamento
산만한	desatado / folgado / frouxo / relaxado / solto / vago
산매	retalho / varejo / venda
산매하다	vender a varejo
산맥,톱	cadeia de montanhas / cordilheira / serra
산모	mulher que teve parto
산문,잡담	prosa
산문작가	prosador
산문적인	prosáico
산문제	prosaismo
산물,제품	artigo / criação / fruto / manufatura / produto
산미	acidez / azedia / gosto azedo
산발하다	tornar-se desgrenhado
산보	caminhada / o andar a pé / passear / passeio á pé
산부	mulher que teve parto
산부인과	ginecologia / obstetriciamaternidade
산불	fogo na floresta
산사나무,나무가시	espinheiro
산산이	em pedaços / espalhadamente / fragmentos
산삼	ginseng
산상보훈	sermão das montanhas
산성	acidade / acidez / azedia
산소,기후	oxigênio / oxigeno
산소흡입	inalação de oxigênio
산수,수학	aritmética / matemática

산수,경치,산수화	paisagem / panorama / vista
산수소	oxihidrogênio
산술,산수	aritmética
산아제한	controle de natalidade
산악	montanhas / serras
산에서 내려오고	desceu do monte
산양	antílope / cabra
산업	indústria
산울림	eco
산원	hospital de maternidade
산자의	dos vivos
산자들의 살아있는	vivente
산장	vila de campo / vila de montanha
산재하다	espalhado / estar dispersado
산적	bandido / bandoleiro
산정	cálculo / computação / estimativa
산지,지방생산물	distrito de produção / local / lugar
산지,산간지대	região montanhosa
산책	passeio
산책하다,산보하다	dar um passeio / dar uma volta / passear
산출물	produto
산촌	aldeia / burgo
산출하다	fabricar / gerar / manufaturar / originar / produzir
산타카타리나주	estado santa catarina
산탄	bala / carga de chumbo / estilhaço
산토끼	coelho / lebre
산파,조산부	governante / pajem / parteira(s)
산포하다	difundir / dispersar / distribuir / espalhar / propagar
산호,산호초	coral / espécie de
산화,산불	fogo na floresta
산화하다,녹슬다	oxidar
산화하다	adiar / pospor / suspender /

	transferir
살,몸,고기	carne / corpo
살,나이	ano / idade
쌀	arroz
살갗	casca / couro / crosta / pele
살결	pele
살구,살구나무	albricoqueiro / amêndoa(s) / damasqueiro
살균하다	esterilizar / pasteurizar / infecindo / tornar
살그머니	calmamente / pacientemente / quietamente / secretamente
살금살금	pacientemente / quietamente / silenciosamente
살기,잔인	crueldade / sede de sangue
살다	existir / habitar / morar / subsistir / viver / vivo
살대,화살	flecha / lança / seta
살렘가까운	junto a salim
살랑거리다	farfalhar / murmurar / sussurar / zunir
살려두지말지라	deixarás viver
살륙	carnificina / massacre / morticinio
살리다	preservar / prevenir / salvar
살리라	viverá
살며시	calmamente / quietamente / suavemente
살모사	cobra / víbora
살바람	vento frio
살벌한	brutal / cruel / sangüinário / violento
살별,혜성,꼬리별	cometa
살살	cortesmente / docilmente / levemente / quietamente / suavemente

살상하다	assassinar / massacrar / matar
살수차	regador
살아나다	renascer / ressuscitado / ressuscitar / reviver / tornar a viver
살아계신 하나님을	ao Deus vivo
살아계신 하나님의	아들이시니이다 o filho de Deus vivo
살아나리라	ressuscitarei / viverão
살아나며	são
살아났다	ressuscitou
살았었다	morou
살얼음	frieza / frio intenso
살의	intenção assassinato
살인,타살	assassinato / assassínio / homicídio / ocisão
살인자,살인법	homicida
살인하다	matar
살인하지말지니라	não matarás
살인한자요,살인법들	homicida(s)
살짝	levemente / ligeiramente / quietamente / suavemente
살찌다	cevar / engordar / ficar gordo
살지게하다	anafar
살진소	vaca gorda
살진암소와마른암소	vacas gordas e magras
살찐짐승들	cevados
살촉,화살촉	ponta ou cabeça de flecha
살충제	inseticida /substância venenosa para insetos
살풍경	deselegância / falta de gosto / insipedez
살피다	examinar / olhar em torno / observar / verificar / vigiar
살펴서	virdes
살해	assassino / homicídio / matança

살해된,암살된	assassinada
살쾡이	gato selvagem / lince
삼,대마	cânhamo / linho
삼,인삼	ginseng
가다	abster-se de / conter-se / privar-se
삼가라	acautelar
삼가바라다	rogar
삼가지키고	guardai
삼가주의,조심	atenta
삼각,삼각형	triângulo
삼각자	esquadro
삼각주	delta
삼간초옥	cabana / casa pequena de sapé ou palha
삼군(육,해,공)	forças armadas
삼나무	cedro-japonês / criptomeria
삶다,삶고	cozer
삶지말지니라	não cozerás
삼단논법	dedução / raciocínio / silogismo
삼단도,삼단뛰기	andar e subir / pular / saltar
삼대(조,부,자)	geração / três gerações / terceira
삼등	terceiro colocado
삼등분	trisseção / trissecção
삼련음부,삼부합주	trio / triplo
삼류	terceira classe
삼륜차	velocípide / triciclo
삼림,삼림지	bosque / floresta / mata / selva
삼모작	três colheitas por ano
삼바춤,삼바음악	samba
삼박자	tempo
삼발이	suporte de três pernas / tripé
삼배	linho / roupa de cânhamo / vestido
삼배하다,세곱	triplicar-se
삼분의일⅓	terço
삼사대까지	até a terceira e quarta geração

삼승	cubo
삼십배	trinta
삼십육계	fuga
삼엄한	cerimonioso / **grave** / sério / solene / sublime
삼월3	março
삼위일체	consubstancialidade / triade / trindade
삼일동안	em três dias
삼종형제	terceiro primo
삼지창,해신(海神)	tridente
삼차	terceira classe / terceira vez / terceiro tempo / três vezes
삼춘이모	tia / tio
삼키니라	tragou
삼키다	engolir / tragar
삼키리라	devorar
샴푸	shampoo / xampu
삼항식	trinômio
삽	pá / pazinho
삽사리,.개	cachorro
삽시간	instante / momento
삽입하다	inserir / intercalar / introduzir
삽화	ilustração
샀다	comprei
상,모습,조상	estátua / imagem / retrato
상,애도,초상	luto
상,보상,상금	galardão / prêmio / recompensa
상,식탁	mesa
상가	centro comercial da cidade / parte principal de cidade
상거래	negócio comercial / transação comercial / transações / tratado comercial
상고하다	apelar / invocar / suplicer / requerar

	/ rogar / solicitar
상고의	antiqüado / antíquado / remoto / velho
상고하거니와	examinais
상고하여보라	examina
상공,상공업	comércio e indústria
상공,하늘	céu
상관,상호관계	correlação / importa / relação mútua / relação recíproca
상극	discordância / disparidade / divergência / diversidade / rivalidade
상급	gratificação / prêmio / recompensa
상급의	mais alto / melhor / superior
상기하다	conservar / guardar / lembrar / recordar / ter em mente
상기한	supracitado / supradito
상냥한	afável / amável / benêvolo / bondoso / cortês / noção
상념,생각	compresensão / conceito / concepção / idéia
상달한지라	subir
상담하다	consultar / conversar / procurar conselho / trocar idéias
상당한	adequado / apropriado / conveniente / exato / correto
상대,마주봄	camarada / colega / companheiro(a) / cônjuge / sócio
상도,법도	método regular / procedimento normal / processo normal
상대성	relatividade
상등	melhor nota / primeira categoria / primeira classe
상등향품	principais especiarias

상등병	cabo
상례의,통례의	comun de praxe / costumeiro / habitual / usual
상록수	sempre-viva
상류,고급반	alta classe
상류,보다위의	córrego superior / parte superior / rio superior
상륙하다	aportar / aterrisar / desembarcar / pousar
상막한	embaçado / escuro / obscuro / ofuscado / opáco / turvo
상말,쌍말	expressão vulgar
상면,천장	teto
상면하다	conversar / encontrar / entrevistar / receber
상무,무단정치	espírito de guerra / militarismo
상무,상업상용무	assuntos comerciais
상반된	inimigo
상반하다	contestar / contradizer / discordar / opor-se / ser contrário
상배	troféu
상벌	gratificação e castigo / prêmio e punição / remuneração e penalidade
상법	código comercial / leis comerciais
상복	traje de luto
상봉하다	encontrar-se / rever-se
상부상조	ajuda mútua / auxilio recíproco / interdependência
상부에	acima
상비의	duradouro / estável / normal / permanente / regular
상사,직무수행	autoridade / oficial / o superior
상사,정상사건	acontecimento normal / evento habitual / ocorrência comun
상사,비슷함	parecença / semelhança

상사,서로그리워함	amor recíproco
상사,상업상무	assuntos comerciais / problemas comerciais
상사,상점	comércio / empresa / firma
상사,군계급	sargento
상사병,수난	paixão
상상,공상	ilusão / imaginação / fantasia / pensamento / suposição
상상하다	imaginarmos
상서하다	apelar / enviar por escrito / pedir / requerer
상석	primeiro lugar / superioridade
상선	navio mercante
상세	detalhe / minucia / particularidade / pormenor
상세하게	em detalhes / minuciosamente / parte por parte
상세한	detalhado / minucioso / pormenorizado
상소리	expressão vulgar / linguagem vulgar / palavrão
상소하다	apelar / invocar / pedir / requerer
상속받을것이다	herdarão
상속시키다	herdar
상속인	herdeiro / legatório / sucessor
상속하다	herdar / receber por herança / substituir / suceder
상수,상책	constante / invariável
상수도	sistema hidraúlico
상수리나무	carvalhais / carvalho
상순	primeira semana do mês
상술의	supracitado / supradito
상술하다	elucidar / esclarecer / exolanar / explicar / ilustrar
상스러운	grosseiro / inculto / indecente /

	rude / vulgar
상습	costume habitual / hábito / prática / praxe / regular
상승의	invencível / triunfante / vitorioso
상승하다	crecer / progredir / promover / subir
상승한	elevado(a)
상식,보통감각	opinião geral / senso comun
상식,음식조정	alimento / diária / dieta / ração
상식있는	ajuizado / ciente / consciente / sensível / sábio
상식없는	estúpido / inconciente / insensato
상신하다	comunicar / contar / informar / noticiar / relatar
상실하다	desperdiçar / extraviar-se / perecer / perder
상심,슬픔	aflição / tristeza
상심하다	afligir / molestar
상아	marfim
상어	tubarão
상업	comércio / tráfico
상업차로,상업의	comercial
상여	ataude / carreta funebre
상여금	bonificação / gratificação / prêmio extra / remuneração
상연하다	agir / desempehar / executar / representar / tocar
상영하다	demonstrar / exibir / mostrar
상용	necessidade / utilidade comercial
상용의	em comun / em geral / habitual / usual
상원	câmara alta / câmara dos pares / congresso / senado
상원의원	senador / senadores
상위	diferença / divergência / diversidade

상응	ação no concerto / realização no concerto
상응하다	corresponder
상의,외투	casaco / paletó
상의,의논	conselho / consulta / troca de idéias
상이,차이	diferença
상이의	ferido / inválido / machucado
상인	comerciante / mercador / negociante
상일,근무	ocasionais / serviços
상을엎으시고	derribou as mesas
상자,박스	arca / caixa / caixote
상장	certidão de premiação /certificado de mérito
상쟁하다,경쟁하다	competir / concorrer / contender / rivalizar
상전	empregador / patrão / seu senhor
상점	còmércio / loja / oficina
상접하다	entrar contato com outra pessoa
상정하다	considerar / estimar / imaginar / opinar / supor
상제	criador / Deus
상조의	apressad / precipitado / precoce / prematuro
상조하다	ajudar / colaborar / cooperar / mutuamente
상좌	primeira cadeira
상종치아니함일러라	não se comunicam
상주시는이	galardoador
상주심	recompensação / recompensa
상징,표상	figura / imagem / símbolo
상징주의	simbolismo
상책	boa maneira / bom plano / método ideal / modo adequado
상처	ferida / ferimento / injuria / lesão
상처를주다	feria / feriu

상처를입다	ferir-se
상처를입히다	ferir
상처하니	perder esposa
상추,상치,양상치	alface
상쾌한	agradável / refrescante
상큼,상큼	levemente / ligeiramente
상태,사정	circunstância / condição / estado / momento / situação
상통하다	compreender-se / comunicar-se / entender-se
상투	topete
상투의	comun / convencional / de comun / trivial / de costume
상패	medalha
상파울로주	estado são paulo
상표	marca da fábrica / marca registrada
상품,물품	artigo / mercadoria
상품	galardão / prêmio / recompensa
상품,질좋은	artigo primeiro grau / mercadoria escolhida
상피,상피세포	cutícula / epiderme / epitélio
상하	alto e baixo
상하양원제	bicameral
상하거나	danificada
상하거나,토막을치는	for dilacerado
상하다	danificar / ferir-se / machucar-se / prejudicar
상한,깨어짐	quebrada
상한,썩은	estragado
상한것	ferida
상항	porto comercial
상해,서리피해	dano pela congelação / prejuízo pela geada
상해,손실	avaria / dano / ferimente / injúria
상행열차	trem que vai a cidade

상현달,반원형달	lua nova
상현문자	enigmático / escrita hieroglífica / simbólico
상호	nome comercial / nome da firma / noma da loja / razão social
상호의	comum / mútuo / recíproco
상환	reembolso / retribuição
상황	circunstância / condição / estado / situação
상회	companhia / firma comercial / empresa
새	ave / pássaro(a)
새것	novo
새것과옛것	coisas novas e velhas
새겨,인장	selo
새기는법으로	gravarás à maneira
새긴우상	imagem de escultura
새김	gravura
새기다	burilar / cinzelar / entalhar / esculpir / gravar
새끼,짚으로꼰줄	corda de palha / laço de palha
새끼,동물어린것	crias / filhote / prole
새끼,병아리	pinto
새끼고래	baleote
새달	lua nova
새 둥우리	ninho
새뜻한,새로운	claro / esmerado / fresco / limpo / novo / puro / rente
새로운	moderno / novo / recente / renovado
새로움	novidade
새롭게하여	renovação / renovados
새마포	de linho / eram de linho / fino / fino torcido
새벽	amanhecer / alvor / alvorada /

	alvorecer / madrugada
새벽녘	alva de madrugada
새벽별	estrela da manhã
새벽에	manhã na vigilia
새벽에미쳐	amanhecer
새삼스러운	de novo / novamente
새암,샘	ciúme / cobiça / inveja
새언약	novo concerto
새왕	novo Rei
새우	camarão / lagosta
새우다	ficar acordado
새장	gaiola
새장에 새가 많이 있군요	
	gaiola tem bastante passarinho
새치	cabelo branco
새치부리다,가장하다	aparentar / fingir / imitar / simular
새파란	azul escuro
새파래진얼굴	rosto pálido
새해	ano novo
색,색갈	colorido / cor
색다른	extraordinário / incomum / invulgar / raro / singular
색도	cromático
색동	colorido / seda coloridastecido
색마,난봉장이	indivíduo / livertino / pervertido / pessoa erótica
색맹	daltonismo
색색거리다	bafejar / ofegar / respirar com dificuldade
색소	corante / pigmento
색스피어작품	obras de shakespeare
색시,신부	mulher / mulher na lua de mel / noiva / recém-cassado
색안경	óculos coloridos
색연필	lápis de cor

색욕,음란	concupiscência / desejo sexual / lascivia / luxúria
색인	catálogo / index / lista / relação / tabela
색정,음탕	lascivia / luxúria
색패	coloração / tonalidade
색채론,색학	cromática
색출하다	descobrir / explorar / procurar saber
샌들,가죽신	sandália
샘,수원	fonte / nascente / origem
샘,시기,질투	ciúme / cobiça / inveja
샘물,근원	fontes / poço dágua
생,조미가없다	sem tempero
생각 상상	idéia / pensamento / suposição
~어리석다	o pensamento é imaturo
생각나서	lembrou-se
생각에,이해력	entendimento
생각하고	menção
생각하게,기념	comemoração
생각하다	achar / conceber / considerar / idear / imaginar / lembrar / pensar
생각한다	pensam / penso
생각할때에	projetando
생각했다	pensei
생강	gengibre
생견,생사	feito por tecido de seda
생과자,케이크	bolo
생기,호흡,숨	animação / força vital / vigor de corpo e alma / vitalidade
생기,활기	animação / vivacidade
생기다	acontecer / correr / suceder
생김생김	aparência / aspecto / caráter / feições / fisionômicas / rosto
생남하다	ter filho
생년월일	data de nascimento

생도	aluno / discípulo / educando / estudante
생태의	de nascença / origem
생략하다	abreviar / diminuir / encurtar / omitir / preterir / reduzir
생략한다	abrevio / pensam
생리의,생리학	fisiológico
생명	alma / existência / vida
생명나무	árvore da vida
생명에들어가려면	entrar na vida
생명은생명으로	vida por vida
생명을얻게하고	tenham vida
생명의 떡덩어리	pão da vida
생명이 없느니라	não tereis vida
생명이 길리라	se prolonguem os teus dias
생명책	livro da vida
생물	alma vivente
생물학	biologia
생사	tecido de seda natural
생산	fabricação / manufatura / produção
생산고	produção / rendimento
생산과잉	superprodução
생산된	produz
생산력	produtibilidade
생산자	fabricante / manufator / produtor
생산하다	fábrica / manufaturar / produzir
생색내다	demandar gratidão
생생한	animado / ativo / esperto / vivido / vivo
생선	peixe(s) / pescado
생선파는사람	peixeiro(a)
생성하다	criar / formar / gerar / originar / produzir
생소	desconhecimento / estranheza / infamiliaridade

생수	água viva
~의 강	rios dágua viva
생수를 주었으리라	daria água viva
생식	criação / geração / linhagem / procriação / reprodução
생식하다	comer sem tempero
생애	carreira
생업	ocupação / profissão / trabalho
생울타리	cerca / cerca viva / divisa / sebe
생육,날고기	carne crua / carne sem tempero
생육하다	criar / educar
생일	aniversário / data de nascimento
생일이다	fazer anos
생장하다	aumentar / brotar / crescer / germinar / florescer
생전	existência / vida
생존	existência / sobrevivência / vida
생존하셨느냐	ainda vive
생쥐	camundongo
생질,족하	filho de sua irmã
생철	chapa de ferro estanhada / lâmina de estanho
생체	corpo com vida / corpo em existência
생축,가축	animais / gado
생태학	bionomía
생활,생계	existência / meio de vida / modo de vida / morar / sustento / vida
서,서부,서쪽	ocidente / oeste / ponte
서가,서재	estante ou prateleira para livros
서간,편지	carta / correspondência
서거	falecimento / morte / óbito
서곡	abertura / introdução / prelúdio / prólogo

서광	alvor / alvorada / alvorecer / amanhecer
서광이비추다	auvorecer
서구	europa / ocidente / oeste
서구의,서양의	ocidental
서글픈	abatido / deplorável / lamentável / triste / melancólico
서기,비서	copista / escrevente / escriturário / secretário
서기관들	escribas
서기고	escreveram o escrito
서늘한	fresco / frio / refrescante
서늘할쌔	viração
서다,서있다	estar em pé / ficar em pé / levantar
서다,멈추다	cessar / paralisar / parar
서당	escola antiga
서두르다	acelerar / apressar-se / precipitar
서두른	apressado / precipitado
서두름	precipitação / pressa
서둘러	apressadamente / precipitadamente
서둘러배우다	instruir-se
서둘러대하게하고	estarão travados
서랍	gaveta
서러운	abatido / melancôlico / triste
서력	era crista
서로	entre / juntamente / mutuamente / varões
서로말하되	diziam
서로부딪치다	encontrar-se
서로의	comun / mútuo / recíproco
서론	introdução / introduzida / prefácio
서류	diploma / documento / título
서리,이슬	geada(s)
서리,직무대리	diretor interinado / representante interinado

서리같이	como a geada
서리다	condensa / comprimir
서리라	estará
서머나	esmirna
서며	punha-se
서먹서먹한	acanhado / constrangido / desajeitado / embaraçado / inábil
서면,문서	cartas / correspondência / documetos / escritas
서명,사인	assinatura / marcação / sinal
서명자	assinante
서명하다	assinar
서명한	assinado
서문	introdução / prefácio
서반구	hemisfério / ocidental
서법	arte ou ação de escrever / caligrafia / estilo literário
서사시	poema sério / ocidental
서서	pos-se em pé
서서 섬기며	aparece
서서이	devagar / gradativamente / lentamente / tardamente
서설	introdução / prefácio
서성거리다	andar para cá e para lá / perambular / vaguear
서술하다	contar / descrever / narrar / relatar
서습다,망설이다	estar indeciso / hesitar / vacilar
서식지	habitat
서식하다	habitar / morar / residir
서신	cartas / correspondências / notícias
서약	acordo / contrato / juramento / promessa / trato
서양,서부,서편	ocidente / oeste
서원,기원	votivo / voto
서의,서양의	ocidental

서운한	lamentável / melancólico / triste
서있다	pé
서자	criança ilegítima / criança adotiva
서장	delegado de polícia / oficial de polícia
서재	biblioteca / gabinete
서정시	poema lírico / poesia lírica
서적	bibliógrafo
서점	livraria
서커스,곡마	circo
서투른	canhestro / desajeitado / inábil / inexperiente
서행하는	passeios
서행하다	avançar / proceder / tender
석간	jornal de noite
석고	emboço / emplastro
석류	roma / romazeiro / romeira
석류를수놓고	ao das suas bordas
석류석,에메랄드	esmeralda
석면	asbesto amiante
석명하다	esclarecer / explanar / explicar / expor / ilustrar
석방	larga / liberação / livramento / quitação / soltura
석방하다	libertar
석사	magistral / magistral superior
석수	canteiro / pedreiro
석양	sol poente
섞어	entre
석유,원유	petróleo
석조의	de pedra / feito de pedra
석탄,숯	carvão
석판	litografia
석학	sábio
석회	cal / óxido de cálcio

섞갈리다	atrapalhar-se / confundir-se
섞다	combinar / misturar / unir
선,친절이	afabilidade / bem / benevolência / boa qualidade / bom / bondade / virtude
선,실	direção / fila / linha / via
선객	passageiro de navio
선거	eleição / escolha / votação
선거구	círculo eleitoral
선거하다	eleger / escolher / votar
선거권	direito de voto / voto
선거인	eleitor / votante
선견	anticipado / conhecimento / preconcepção /pressentimento / previsão / propagando
선견지명	antevição / antevidência / previdência
선결문제	antepredicamente
선곳	pés
선교사	missionário
선교회	missão
선그라스	óculos de sol
선뜻	de boa vontade / imediatamente / prontamente
선량,친절	bondade
선량한	bom / bondoso / certo / excelente / primoroso / real / sincero
선례	antecedente / anterior / precedente
선로	de ferro / estrada / via férrea
선린정책,이웃친교	política de boa vizinhança
선머슴,버릇없는	malcriado / menino malvado / rapaz desobediente
선명	anúncio / notificação / proclamação / publicação
선명한	claro / distinto / eminente / ilustre /

	límpido / lúcido
선무	apaziguamente / pacificação / tratado de paz
선물	dádiva / dom / donativo / brinde / presente
선미,덕행	benevolência e formosura / bondade e beleza / graça / virtude
선미한	alegre / belo / claro / formoso / límpido / vivo
선민	pessoa escolhida / pessoa indicada
선민에게	ao seu povo
선박	navio
선반,책장	estante / prateleira
선반,금속공장	torno mecânico
선발하다	eleger / escolher / optar / selecionar
선배	antecessor / anterior / mais velho / pessoa idosa / superior
선병,결핵성전신병,연주창	escrofula
선불	pagamento adiantado / vale
선불하다	anteparo
선사시대	era pré-histórica
선생님,교수	doutor / mestre / professor(a)
- 은 교실로 들어간다	o professor está entrando na classe
선서,맹세	juramento / praga
선선한	calmo / fresco / refrescante / tranqüilo
선수	jogador
선실,좌석	beliche / cabine / camarote
선심	ato generoso / generosidade / magnanimidade
선악	bem mal
선악을	bem como o mal
선약	compromisso anterior /

	promessa antecedente
선양하다	aumentar / engrandecer / promover
선언하다	afirmar / anunciar / declarar / manifestar / proclamar
선원	marinheiro / tripulação de navio ou de barco
선율,가곡	melodia
선의	afeição / ben / venevolência / boa vontade
선인장	cacto
선입관	preconcebimento / preconceito / preconcepção
선잠	soneca / sono
선장	capitão / comandante
선재	anterioridade
선적,하물	despacho / carga / carregamento / embarque / remessa
선적,배에짐싫기	nacionalidade de navio / registro de navio
선전	propaganda / publicidade
선전하다	declarar a guerra
선정,정치	boa administração / boa política / excelente governo
선정,선택	escolha / seleção
선조	antepassados / avôs / pais
선조론	simbólica avoengo
선진들이	antigos
선진의	adiantado / avançado / desenvolvido
선시사,선구자	precursor / profetisa / profeta
선착	chegar o primeiro
선창,부두	cais / desembarcadouro / molhe
선창,감시,보초	portinhola / vigia
선처하다	conduzir judiciosamente / juízo / lidar com ponderação
선철	filósofo antigo / sábio antigo

선출하다	eleger / escolher / selecionar
선취득권	direito de prioridade
선택	eleição / escolha / opção / preferência / seleção
선택의자유	opção
선택한,택자들	escolhidos
선편	de navio / serviço de navio
선포	anúncio
선포하고	anunciarei
선포하다	anúnciar / declarar / proclamar
선풍기	abano / ventarola / ventilador
선하도다	bom
선한,선행	virtudes
선한것	boa
선한말씀	boa palavra
선한양심	boa conciência
선한일	boa obra
선행	oba proeza / bom comportamento / são justa
선행을	os boas obras
선행하다	anteceder / chegar / preceder
선회,한바퀴	ciclo / movimento giraftório / revolução / rotação / volta
섣달그믐날	último dia do ano
섣불리	desatentamente / decuidosamente / estouvadamente / temerariamente
설	ano novo
설겆이	lavagem de pratos
설겆이대	pia
설계자	desenhista / planejador / projetor
설계학	arquitetura
설계하다	desenhar / designar / planejar / projetar / propor-se / traçar
설계학,건축학	arquitetura
설골,혀뿌리에있는v형의 작은뼈	

	hióide
설교	discurso religioso / predição / pregação / sermão
설교하다	pregar
설날	primeiro dia do ano
설대	suporte de bambu
설득	ação de persuadir / persuasão
설렁한	fresco / frio
설레다	agir inquietamente / incomodamente / preocupadamente
설레설레	de modo oscilante / indecisamente / hesitantemente / vacilantemente
설령,만약	ainda que / apesar de / caso / embora / entretanto / se
설립,창설	constituído / estabelecimento / fundação / instituição
설립하다	constituir / estabelecer / formar / fundar / instituir
설마	não certamente / não realmente / não seguramente / sem certeza
설명	entendimento / esclarecimento / explanação / explicação
설명하다	elucidar / esclarecer / explanar / explicar / expor / ilustrar
설문	dúvida / pergunta / questão / tese
설백	branco como a neve
설복하다	convencer / induzir / persuadir
설비	acomodação / alojamento / aparelhamento / equipamento
설비좋은	bem aparelhado / bem equipado / bem guarnecido /
설사	diarréia
설사약	remédio para diarréia
설음	aborrecimento / aflição / magoa / tristeza

설유,충고,권고	admoestação / admonição / conselho
설익은	amadurecido / não estar maduro / sazonado
설정하매	derramar
설치다	agir descontroladamente / apressar á toa / ir sem instituir
설치하다	construir / edificar / estabelecer / fundar/ instituir
설탕	açúcar
설탕공장	fábrica de açúcar
설파하다	administrarem
설회,이야기	relação
썰다	cortar
섬	ilha
섬아메리카	América insular
섬광,아메리카	América insular
섬광,번갯불	jato de luz / lampejo / relâmpago
섬기게하라	servir / servides / sirva
섬기는	serviços
~예법	ordenança de culto divino
섬기다	ajudar / trabalhar / servir
섬기라	servi
섬기지말며	nem as servirás
섬길것이며	servirá
섬뜩한	amedrontado / assustado / espantado
섬멸	aniquilação / aniquilamento / destruição / extermínio
섬멸하다	aniquilar / completamente / destruir / exterminar
섬세한	delicado / raro / fino / refinado / sútil / tênue
섬유	fibra
섬유공업	indústria têxtil
섭리	DEus / divina / orientação
섭섭한	lamentável / lastimável / melancólico

	/ triste
섭섭히	com pena / com pesar / com remorso / com tristeza / lamentavelmente
섭씨,c.	centígrado / que tem cem graus
섭정	governo provisório / regência
섭취	influxo / o que entra / orifício de entrada / quantidade que entra
섭취하다	acolher / adquirir / consumir / obter / tomar
성,분,노여움	cólera / fúria / ira / ódio / raiva
성,氏	nome da família / sobrenome
성,성별(남,여)	sexo
성(城)	castelo / fortaleza / mansão
성가	canção / hino
성가대	coral / coro / grupo de cantores
성가대까운	toga
성가신	aborrecido / desagradável / desgostoso / enfadonho / importuno / incômodo
성격	caráter / individualidade / personagem / personalidade / qualidade
성격묘사	caracterização
성결	santificação
성결교회	igreja evangélica Horiness
성결하게하고	puro e santo
성결케하기위하여	para se purificarem
성결케하니	santificou
성결한	santidade
성경	Bíblia / escrituras / livro sagrado / testamento
성경을읽는다	leitura Bíblica
성경학자	Biblicísta
성공	bom resultado / êxito /

	feliz conclusão / prosperidade / sucesso
성공하다	conseguir / obter / suceder / vencer
성과	conseqüência / efeito / fruto / resultado
성곽	castelo / fortaleza / redor de castelo
성교,교섭	coito
성구,숙어	frase
성군,성좌	esterismo
성급하다	precipitar
성급한	apressado / excitável / impaciente / impetuoso / irritável / precipitado / pressa
성기 (남)	pênis
(여)	vagina / vulva
성내다,화내다	zangar
성나다,성난,화난	zangado
성냥	palito de fósforo
~공장	fábrica de fósforos
성년	maioria / maioridade
성능	agilidade / aptidão / capacidade / competência / habilidade / talento
성당	igreja católica
성대한	bem sucedido / enorme / formidável / grandioso / próspero / supremo
성도	apóstolo / crente / discípulo de cristo / santo(s)
성도에게	os santos
성령	Espírito santo
성례,세례	cerimônia / sacramento
성립	concretização / concretizar / realização / realizar
성립시키다	completar / concretizar / materializar-se / realizar
성마른,성미빠른	apressado / impaciente / impetuoso

	/ inerente
성막	tabernáculo
성명,이름	nome completo / nome inteiro
성명,발표	afirmação / anunciação / declaração
	/ relação
성명하다	anunciar / declarar / decretar /
	proclamar / promulgar / publicar
성명서	afirmação / declaração / reportagem
성묘	visita ao túmulo
성묘하다	visitar o túmulo de antecedente
성문밖에서	fora da porta
성물	santas são
성미	caráter / humor / temperamento
성미급하다	irritar / ser irritável
성미급한	irritável
성벽,성질,습관	caráter e hábito / disposição natural
성벽,성곽성	muro de castelo /
	muralha de castelo
성별되다	santificarem
성부	pai
성자	filho
성령	Espírito
성분	compomente / constituinte /
	elemento / ingrediente
성서에	atril
성소,지성소	santíssimo / santuário
성서	escritura / sagrada
성쇠	ascensão e declínio /
	sucesso e fracasso /
	sucesso e insucesso
성숙기	adolescência / puberdade
성숙하다	amadurecer / aprimorar /
	desenvolver
성스러운	santificado / santo
성신의파견	missão

성실	verdade
성실하게	francamente / honestamente / lealmente / sinceramente
성실한	franco / honesto / leal / sério / sincero / verdadeiro
성악	música vocal
성악가	cantor / cantora / vocalista
성의	constância / fidelidade / lealdade / sinceramente
성의없는	falso / insincero / não sincero
성의있는	fiel / franco / leal / sincero / verdadeiro
성인,사도,전도사	apóstolo / discípulo
성인,어른	adulto
성인교육	educação de adulto
성일	da santo / será santo
성장	aumento / crescimento / desenvolvimento / incremento
성장하다	aumenta / brotar / crescer / florescer / germinar
성적	conseqüência / efeito / nota / resultado
성적조절	sexuais
성전	templo
성전안에서	no templo
성전에	no templo de Deus
성좌	constelação
성좌도	planisférico
성직	encargo / incumbência / missão
성직을받다	ordenar-se
성직자	clérigo / eclesiástico / membro da igreja / padre
성질	caráter / moral / personalidade / temperamento
성질이나쁜	malvado / mau / ruim

성질이좋은	afável / agradável / benêvolo / bondoso
성찬	comunhão / sacramento de eucaristia
성찬반,제물대	credência
성찬식	crebração / mistério
성찬식을행하다	sacramentar
성취하다	adquir / completar / concluir / consiga / cumprir / efetuar / executar / finalizar / realizar
성층권,대기층	estrotosfera
성품	caráter / personagem / personalidade
성하므로	multiplicar
성한,깨끗한	intato / íntegro / são / saudável
성화,거룩	santificado
성황	fortuna / prosperidade
성회	haverá santa convocação
세,공물,조공	dever / encargo / imposto / taxa / tributo
세,나이	ano época / era / idade / período / taxa / ributo
세,조세	aluguel / arrendamento / pagamento / salário
세간	acessórios / equipamento / mobília / móveis
세겔,돈	sielo(s)
세계,지구,고향	globo / mundo / terra / terreno
세계장로교	presbiterianismo mundial
세계적인	internacional / mundial
세계평화	paz mundial
세공	bordado / costura / lavor / oficina / ofício / serviço / tarefa / trabalho
세공품	produto manufaturado / trabalho manual
세관	aduana / alfândega
세관검사원	conferente da alfândega

세관원	fiscal
세균	bacilo / bactéria / micróbio
세균학	bacteriologia
세균학자	bacteriologista
세금	encargo / imposto / taxa / tributo
세기,세상100년간,일세기	
	século / centuria
세내다	alugar / arrendar / empregar
세낸것	se foi alugada
세뇌하다	doutrinar / ensinar / inculcar / instruir
세다	calcular / computar / contar / enumerar / estimar
세대,가정	casa / família / lar
세대,시대	descendência / geração / linhagem / universo
세대교체	alteração de geração / mudança de geração
세대주	chefe de família / dono da casa
세든사람	locatário
세력	força / império / influência / poder / preponderância / prestígio
세력있는	eficaz / eficiente / influente / poderoso / potente
세력을부리다	controlar / dominar / exercer poder / governar / predominar
세련된	elegante / fino / formoso / polido / refinado
세례	batismo / batista / batizado / batizamento / batizas / batizo
세례주니	batizava
세례주다	batizar
세례를주더라	batizado
세로	altura
세로로	ao compridofertical /

	longitudinalmente / verticalmente
세로의	perpendicular / vertical
세론	opinião pública
세론조사	pesquisa de opinião pública
세리	publicano
세리라	contar
세말의	fim de ano
세말선물	presentes de fim de ano
세면기,대야	bacia
세면대	lavatório
세목	detalhes / itens / particularidades / pormenores
세무	assunto de impostos / negócio de taxação / profissão de taxação
세무서	ofício de imposto / posto de tributo
세밀한	detalhado / exato / minucioso / minúsculo pormenorizado / preciso
세밀히	detalhadamente / em detalhes / minuciosamente / precisamente
세배	cumprimentos de ano novo / saudações de ano novo
세배하다	reverência de cumprimento do ano novo
세분하다	especificar / subdividir
세상	continente / globo / humanidade / mundo
세상사	acontecimentos gerais / assunto mundial / ocorrenciasmundiais
세상이나뉘었더라	repartiu a terra
세상죄를지고가는	que tira o pecado do mundo
세세에,영원히	eternamente
세수비누	sabonete

세수하다	lavar o rosto
세아라주	Estado de Ceará
세우니라	levantado
세우다	construir / edificar / estabelecer
세우리니	estabelecer
세운	posto
세울지니라	suscitar
세째줄	terceira ordem
세찬,격렬한	violento
세척기	seringa
세탁기	maquina de lavar roupa
세탁소	lavanderia
세탁하다	lavar
세포핵	mesoblasto / mesoderma
셀기페주	estado sergipe
셈하다	calcular / computar / contar / enumerar / somar
셋,삼의	três
셋돈	moeda do tributo
셋째	terceiro
셋집	apartamento alugado / casa alugada
소	boi / vaca
~가느리다	o boi é lento
소각하다	desfazer-se de alguma coisa pelo fogo / destruir
소감	idéia / impressão / noção / pensamento / sentimento
소감을 말하다	contar o sentimento / descrever a impressão / noção / pensamento
소개	apresentação / introdução / recomendação introduzida
소개자	introdutor
소개장	carta de introdução / carta de recomendação

소개하다,추천	aconselhar / apresentar / introduzir / recomendar
소개하다,안내하다	recepcionar / apresentar
소개할수있는것이다	presentatividade
소견	idéia própria / opinião particular / ponto de vista
소견을말하다	expressar seu ponto de vista / idéia / opinião / pensamento
소경	cego
소고	tamboril / tamboris
소극적인	desinteressado / inerte / passivo inativo / moderado
소금	sal
~이 짜다	sal é salgado
소금물	água salgada
소금병	pote de sal / saleiro
소금을쳐서	Jogar sal
소급	retroatividade
소나무	pinheiro / pinho
소나무 숲	pinheiral
소낙비,소나기	aguaceiro / chuva / chuva forte / temporal
소녀	donzela / garota / menina / moça / rapariga / senhorita
소년	garoto / mancebo / menino / moleque / moço / rapaz
소대	pelotão
소독	desinfetar
소독약	desinfetante
소독하다	desinfeccionar / desinfetar / sanear
소돔	sodoma
소동	confusão / desordem / distúrbio / perturbação / tumulto
소동을일으키다	agitar / disturbar / incomodar / perturbar / transtornar

소동하다	alvoroçar
소동한지라	perturbar
소득	hononário / pagamento / renda / salário
소득세	imposto de renda
소등하다	apagar a luz / desligar a luz
소란,음모	barulho
소란한	agitado / amotinado / inquietado / perturbado / tumultuoso
소라	concha
소리지르다	gritar
소량	pequena quantidade / porção menor / pouca quantidade
소령	major
소름	arrepio
소름이끼치는	horroroso / horrivel / repulsivo / terrível
소리,음성	barulho / clamor / ruido / som / sons / tom
소리가 나다	soar
소리질러	clamam / clamando / clamavam / exclamou
소리치다	aclamar / berrar / chamar em voz alta / falar alto / gritar
소망	desejo / esperança / vontade
소망에따라	com seu desejo / pelo seu desejo
소매(옷)	manga
~끝동	punho
소매상인	retalhista / varejista
소매치기	batedor de carteiras / trombadinho ladrão
소멸	aniquilação / aniquilamente / apagamento destruição / extinção / exterminação

소멸하는	consumidor
소멸하다	devorar
소모하다	consumar / gastar
소모하는	consumidor
소문	bisbilhotice / boato / fama / rumor / rumores / tagarelice
소문난	afamado / famoso / pretenso / reputado / renomado
소반,그릇	parto
소박한	despretencioso / humilde / moderado / modesto / plicíssimo / simples / simplicíssimo
소방	combate ao fogo
소방대	corpo de bombeiros
소비	consumo / gasto
소비품	artigos de consumo
소비하다	consumir / custar / gastar
소산	frutos
소생	nacido
소설	romance
소식,뉴스,정보	notícia
소심한	tímido
소아과	pediatria
소아마비	paralísia infantil
소아과의사	pediatra
소요죄	crime de incitação / crime de sedução
소요의	imprescindível / indispensável / necessário / necessitado / preciso
소요하다	andar ã esmo / andar sem destino / perambular / vaguear
소용,필요	necessidade / precisão / utilidade
소용되는	imprescindível / indispensável / necessário / preciso / útil
소용돌이치다	arrastar / girar / rodopiando /

	rodopiar / turbilhonar
소용없는	desnecessário / inútil / supérfulo
소원	anseio / desejo / esperança / súplicas / vontade
소원대로	como almeja / como deseja / como queira / quisesse
소원성취하다	conseguir seu objetividade / realizar seu desejo
소위,이른바	assim chamado / assim conhecido / assim denominado
소위(육군),기수	alferes / sub-tenente
소유	domínio / pertence / posse / propriedade
소유격	càso possessivo / possessivo
소유권	possesso
소유를삼다	possessão
소유하다	apoderar-se / dominar / fazer-se dono de / possuir / ter
소유물	bens / propriedade
소유자	dono / possessor / possuidor / proprietário
소유재산	bens / propriedade peculiar
소음,시끄러움	alarido / barulho / ruído / rumor / som
소음방지	dispositivo limitador / suspensão de barulho
소이탄,폭탄	bomba incendiária
소인	carimbo postal
소일하다	distrair / divertir / folgar / passar tempo
소자	filho / pequenino
소작	arrendamento / inquilinato
소작하다	amanhar / arrendar / cultivar / lavrar
소작농	agricultor / arrendatário de lavoura /

	granjeiro /lavrador
소작료	aluguel de chácara /
	aluguel de granja
소작인	arrendatário de fazenda
소장	general de bribada
소재지	endereço / local / sede
소쩍새,밤꾀꼬리,나이팅게일	
	rouxinol
소정의	estabelecido / existente / fixado /
	fixo / fundado / seguro / vigente
소제	oferta
소제되고	varrida
소제하다	assear / limpar / varrer
소제했다	limpei
소제부	faxineiro / limpador / varredor
소중한	afetado / essencial / importante /
	precioso / querido / valioso
소중히하다	apreciar / dar valor / elogiar /
	estimar / louvar / prezar / respeitar
소지하다	carregar / conter / possuir / ter
소질	agilidade / cráter / essência /
	essencial / habilidade / qualidade
소집	aprazamento
소집하다	chamar / convidar / convocar /
	pedir para vir
소총	carabina / espingarda / revólver /
	rifre
소탕하다	matar todos os inimigos
소통	drenagem / escoamento
소파,안락의자	sofá / poltrona
소포	embrulho / pacote / remessa
소포우편	encomenda postal
소풍,여행	excursão / piquinic / posseio /
	viagem de recreio
소합향	aromáticas

소행,품행	ação / atos / comportamento / conduta /procedimento
소행,행동	fato / feito / obra
소흘한	desatento / descuidado / desleixado / negligente
소화	digestão
소화불량	apepsia / indigestão
소화의	apeptico
소화제	digestivo
소화기	extintor
소화하라	queimareis no fogo
소환	citação / convocação / ordem de comparecer
소환하다	chamar / convocar / intimar
쇠사슬,목걸이	corrente
쇠하여야	diminua
쇠하는	envelhece
소흘히하다	negligenciar
속,내부	dentro / interior / parte intrna
속기	estenografia / taquigrafia
속눈썹	cílio / pestana
속다,속이다	iludido / ser enganado
속단하다	concluir rapidamente / julgar imediatamente
속달	entrega urgente / expresso
속담,격언	ditado / provérbio
속도	rapidez / velocidade
속도계	velocímetro
속된	comun / ordinário
속력	rapidez / velocidade
속박,구속	acorrentado
속보	mensagem urgente / notícia urgente
속보이는	transparente
속삭이다	murmurar / resmungar / sussurrar
속성	rápido completamente

속세	mundo / vida cotidiana
속셈	avaliação / intenção / plano / proposito
속속들이	completamente / inteiramente
속어	linguagem coloquial
속에는,내부	interiormente
속옷	roupa íntima
속으로	dentro
속이고	enganado / esquiva
속이다	cairar / defraudar / enganar / iludir / trapacear
속이심	engano
속임	enganosamente
속치마	anágua
속팬츠	cueca
속전,석방금	resgate
속죄제	pelo pecado
속죄제니라	sacrifício por pecado
속죄하다	satisfazer
속하다	fazer parte
속하려고	remissão
속한자	pertence
속히	depressa
손	mão
손가락	dedo(s)
엄지손가락	polegar
손가방	bolsa de senhora / maleta / pasta
손녀들	os netos
손님	cliente / convidado / freguês / hospede
손님들께인사하는신랑신부	
	noivos que cumprimentam os convidados
손대다	começar / fazer / mexer
손목	pulso

손목시계	relógio de pulso
손바닥	palma
손바닥으로	pela palma da mão
손벽치다	bater palmas
손상	avaria / dano / perda / prejuízo
손색	inferioridade / subalternidade
손수	em pessoa / pessoalmente
손수건,내프킨	guardanapo / lenço / toalha
손수레	carrinho
손쉬운	fácil / simples
손쉽게	com facilidade / facilmente / sem dificuldade / simplesmente
손실	avaria / dano / perada / prejuízo
손아래의	jovem / junior / juvenil
손에넣다	conseguir
손에다키쓰하는것	beija na mão
손에쥐다	tomava
손의권능	mão forte
손을대다	tocar
손익은	experimentado / experiente / perito / versado
손자	neto(a)
증손자	bisneto(a)
고손자	tataraneto(a)
손자들	os netos
손잡이	alavanca / alça / asa / cabo / maçaneta / manivela
손재주	destreza / habilidade / perícia
손짓하다	acenar / chamar com gesto
손질	conserto / reparação / reparo
손톱	unha
~다듬는사람	manicure
~깎이	cortador de unhas
~다듬는줄	lixa de unha
손풍금주자,아코디언주자	

	acordeonista
손해	avaria / dano / estrago / injuria perda / prejuízo
솔	escova
솔기,연접.접합	costura / junção / sutura
솔깃한	atraído / inclinado / puxado
솔방울	pinha
솔선자	comandante / condutor / guia
솔선하다	comandar / conduzir / dirigir / induzir / preceder
솔직한	aberto / cândido / franco / leal / sincero
솜	algodão
솜씨	destreza / habilidade / prática
~꼼꼼하다	trabalhar meticulosamente
솜씨있는	ágil / experto / hábil / habilidade
솟다,올라가다	fluir / jorrar / sair em fluxo / subir
솟다,성장하다	brotar / crescer / emergir
송곳	berbequim e pua / broca / perfuratriz / sovela / trado / verruma
송곳니	dentes caninos
송구	jogo de handball
송금	remessa de valores / valores remetidos
송금인	remetente
송금수취인	destinatário
송달하다	despachar / enviar / mandar / passar / remeter / transmitir
송두리째	inteiramente / completamente / totalmente / tudo
송별	adeus / despedida
송별회	festa de despedida
송사,비난	acusação / intentara
송사하는자	adversário

송사하다,비나하다,고발하다	
	acusar / pleitar
송신	transmissão
송신하다	transmitir mensagem
송아지	bezerro / vitela
송어	truta
송이버섯	cogumelo / fungo
송장	cadáver / defunto
송축,축복하다	bendizer
송화기,수신기	transmissor
송환자	deportado
송환하다	repatriar
솥	caldeira / panela
쇄신하다	reformar / renovar / transformar
쇠가죽	couro bovino / couro de boi / pele bovino
쇠고기	carne de boi / carne de vaca
쇠망,쇠약	decadência / decaimento / declínio / definhamento
쇠붙이,쇠	aço / ferro / metal
쇠사슬	algema / corrente
쇠약한	débil / deficiente / fraco / frágil / tênue
쇠약하게하다	debilitar / enfraquecer
쇠퇴	amortecimento
쇠퇴하다	abaixar / decair / declinar / decrescer / deteriorar / enfraquecer
수,수량	algarismo / numeração / número / quantidade / soma / total
수가	sicar
수갑	algema
수갑을채우다	algemar
수강하다	assistir à aula / escutar aula / leitura / prestar atenção na aula
수건	toalha

수건걸이	porta-toalha
수고	ajuda / assistência / auxílio / empenho / esforço / fadiga / préstimo
수고스러운	incômodo / laborioso / penoso / trabalhoso
수고하다	ajudar / auxiliar / dar assistência / esforçar / prestar serviço / trabalho
수공	trabalho manual
수교하다	dar / entregar / passar / transmitir
수국	ortência
수군거려	murmuravam
수군거리다	cochichar / murmurar / segredar / sussurrar
수군거림	murmuração
수금(악기)	harpa
수금,징수	arrecadação / cobrança / coleta
수금하다	aderir / admitir / concordar / reconhecer
수기	anotação / comentário / memorando / nota
수난	agonia / azar desdita / dor / infortúnio / sofrimento
수난당한	sofrido
수납원	cobrador de ônibus
수녀	freira / irmã / irmã se ordem religiosa
수녀원	convento
수는,수명은	os anos da vida
수놓다	bordar / enfeitar / ornar
수놓는일	bordador
쉬다,쉰다	descansar
수다스러운	falador / lisonjeiro / falador /
수닭	galo / frango
수단	condição / forma / jeito / maneira /

	meio método / modo / recursos
수당	recompensa / remuneração
수도,수력의	sistema hidraúlico / serviço de água / instalação de tratamento de água
수도,국가도시	capital / metrópole / sede de governo
수도가어디있읍니까?	
	onde fica a capital
수도관	cano de escoamento
수도꼭지	torneira
수도국	sabesp(são paulo)
수도승,신부	frade
수도원,수녀회	abadia / convento / mosteiro / seminário
수도하다	exercitar ascetismo / realizar ascetismo
수도회원	congregados
수동적인	defensivo / passivo
수동태	voz passiva
수두룩한	abundante / profuso
수라장	cena de violência
수락하다	aceitar / admitir / concordar / consentir reconhecer
수량	capacidade / massa / quantidade / unidade / volume
수력	energia hidraúlica / força hidraúlica
수력전기	hidrelétrica
수련	educação / instrução / treino
수련한	afeiçoado / amavel / bondoso / gentil / honrado / meigo / polido
수련하게	amavelmente / cordialmente / cortesmente / docilmente / suavemente
수렴하다	arrecadar / colaborar / contribuir / recolher

수렵	caça / ação de caçar / caçada
수렵자	caçador
수렵하다	caçar / perseguir
수록하다	acumular / colecionar / coletar / juntar-se
수뢰	torpedo
수뢰정	barco torpedeiro
수료하다	aperfeiçoar / complementar / completar / concluir / terminar
수류탄	granada
수를채우다	completar
수리,매과날짐승	águia
수리,수선	conserto / reparação / reparo
수리,찬성	aceitação / acordo / aprovação / consentimento
수리,관개	irrigação / utilização de água
수리조합	de irrigação / cooperativa de irrigação
수리하다,고치다	consertar / remender / reparar / restabelecer
수리하다,영수하다	aceitar / admitir / aprovar / concordar / receber / reconhecer
수리남(남미)	surinam
수면,잠	sono
수박	melancia
수선화	narciso
수송선	navio de transporte
수수	milho miúdo
수수께끼	adivinhação / charada / enigma / mistério
수수료	gratificação / honorários / salário pagamento / remuneração
수수한	comun / franco / modesto / simples / sincero
수술(꽃)	estame

수술,절개수술	operação
~받은	operado
수술실	sala de operação
수술하다	operar
수습	controle / supervisão
수습하다	controlar / dirigir / normalizar / regular
수시로	às vezes / em qualquer tempo / de vez em quando
수식하다	adornar / ornamentar / ornar / moderar
수식어	modificador
수신	comportamento / conduta / educação de moral / moralidade
수신기,수화기	receptor
수신인	destinatário / endereçado
수신하다	a notícia / receber a mensagem / receptar
수심	aflição / angústia / ansiedade / preocupação / tormento
수심측량기	batometro
수압계	isômetro
수액	seiva
수양관	acampamento
수양버들	salgueiro-chorão
수양하다	aperfeiçoar / desenvolver / educar / melhorar
수업,학과	aula / ensino / instrução / lição
수업,보충수업	complemetação de estudo / proseguimento de estudo
수업료	mensalidade de escola
수업시간	aula / curso
수업증서	certidão escolar / certificado de escola
수업하다	dar aula / educar / ensinar /

	instruir / lecionar
수없는	incontável / infinito / inumerável / inúmero / não numerado
수없이	infinitamente / inumerávelmente
수여하다	ceder / dar / distribuir / entregar / oferecer / presentear / prover
수염,콧수염	barba / bigode
수염소	cabrito
수염을깎다	barbear-se
수영	nado / natação
~경기장	piscina para competição
수영복	roupa de banho / traje de banho
수영장	piscina
수영하다	nadar
수예	artes mecânicas / croche / habilidade maniual / trico
수예품	artigo de croche / trabalhe de tricô
수완	agilidade / aptidão / capacidade / competencia / habilidade / talento
수완가	homem capacitado / homem agil / pessoa competente
수완있는	ágil / apto / capaz / competente / hábil / qualificado / talentoso
수요	demanda / pedido / petição / requerimento / requisição
수요공급	demanda e suprimento / pedido e fornecimento / requisição e provisão
수요일	quarta-feira
수욕,부끄러움	vergonha
수용능력	capacidade
수용하다	acolher / admitir / hospedar
수용소	abrigo / asilo / hospício / manicomio / refugio
수원지	fonte / manancial / nascente /

	origem
수월한	acessível / cômodo / confortável / facil / tratável
수월찮은	difícil / dificultoso / duro / rígido / trabalhoso
수위,경비	primeira posição / primeiro / primeiro colocado / primeiro lugar
수위,수면	nível de água
수위,관리인	guarda-portão / porteiro / zelador
수위실	ocupação de porteiro / posto de guarda
수위표	indicador de nível de água
수유,젖먹이	criança de peito / lactente
수유하다	aleitar / mamar / nutrir
수은	mercúrio
수은온도계	termômtro de mercúrio
수의	veterinário
수의근,신축하는근육	músculo voluntário que se - movimenta livremente
수의로	espontàneamente / voluntáriamente
수의의	espontâneo / intencional / proposital / voluntário
수익	ganho / lucros / rendimento
수인,죄수	detento / preso / prisioneiro
수입,이익	ganho / hononário / renda / rendimento / pagamento / salário
수입,수입품	importação
수입상	importador
수입품	artigos importados / produtos importados
수장절	colheita
수장하다	enterrar / dentro de água
수재,홍수재해	inundação catastrófica
수재,뛰어난재주	gênio / homen inteligente / pessoa genial

수재교육	educação de gênios
수저	colher / colher e pauzinhos
수전노	avarento / sovina / usurário
수절하다	conservar a simplicidade / virtude preservar a pureza
수정,결정체	cristal
수정,교정	correção / emenda / melhoria / reforma / retificação
수정체	cristalino
수정하다	corrigir / emendar / reformar / retificar
수족	mãos e pés / membro
수족관	aquário
수종자	servidor
수준,레벨	critério / estado / modelo / nível / padrão
수준측량	nivelamento
수줍은	acanhado / modesto / tímido
수줍음	acanhamento
수줍어하다	ser tímido
수중에	nas mãos
수증기	gás / vapor
수지,폐물	papéis velhos / papel usado / refugo
수지,역청	breu / pez / resina
수지,수입과지출	lucro e despesa / renda e gasto / rendmento e perda
수지맞는	lucrativo / proveitoso / rendoso / vantajoso
수지통	cesto de lixo
수직의	perpendicular / plano vertical / posição ereta
수직강하	declive vertical / posição perpendicular /queda vertical
수집	ajuntamento / coleção / compilação / recolher

수집하다	ajuntar / colecionar / seleciona
수집가	colecionador
수채	cano de esgoto / desaguadouro / escoadouro / fosso / rego
수채화	aguarela / aquarela / pintura com tintas agudas
수척한	emagrecido / enfraquecido /
수첩,지갑	agenda / carteira
수축	contração / encolhimento / encurtamento /redução / retraimento
수축시키다	adstringir
수출	exportação
수출무역	comércio de exportação
수출업자	exportador
수출품	mercadorias / produtos de exportação
수출하다	exportar
수치	degradeção / desgraça / desonra / humilhação / pudor / vergonha
수치수러운	escandaloso / indecente / vergonhoso
수캐	cachorrinho / cão
수컷	macho
수탁금	capital consignatário
수탁인	administrador / consignatário / procurador
수탁하다	confiar / deixar com / entregar para
수탄	carvão animal
수태하지못하는	estéril
수평대(브라질)	equilibrador
수평선	horizontal
수평의	horizontal / linha / plano
수평으로	horizontalmente
수평으로하다	aplanar / nivelar
수포	espuma

수포로돌아가다	retornar à origem / tornar-se
수표	cheque
수필	composição / dissertação / ensaio
수필가	autor / ensaista
수하,도전장	cartel / desafio / provocação / repto
수하를막론하고	qualquer que / quem quer que seja / seja quem for / todos que
수하물	bagagem / malas
수하물취급소	sala de despacho de bagagem
수하하다	provocar
수학,산수	matemática
수학적인	exata / matemático
수학자	matemático
수해	inundação catastrófica
수해지	bairro submergido / distrito inundado / região transbordado
수해구제하다	ajudar / dar a mão
수해를입다	sofrer de enchente / sofrer de inundação
수행하다,호송	acompanhar / escoltar / executar / ir junto
수행하다,끝나다	completar / concluir / efetuar / executar / finalizar / realizar
수험하다	examinação / fazer exame / fazer teste / passar por exame
수호	defesa / proteção
수호하다	amparar / defender / proteger / salvaguardar
수화기	receptador / receptor
수확	apanhamento / colheita / consequência / rendimento / resultado / safra
수확고	lucro / produção / produto / rendimento

수확물	colheita / safra
수확하다	colhêr
수회,뇌물	corrupção / depravação / desonestidade / perversão / suborno
수회하다	aceitar / seduzir / subornar / suborno
수효	número / quantidade / soma
쉬게하는냐	cesar
쉬게하다	folgar / recrear..
쉬기를,휴식	repouso
쉬다	cessarão / descansar
쉬라	descansarás / repousarás
쉬셨다	repousar
쉬우니라	mais fácil
쉬운	fácil
쉬지않음	incessantemente
쉴곳	descanso
쉽게	facilmente
숙고	cautela / consideração / deliberação / ponderação / precaução
숙고하다	cismar / considerar / deliberar / meditar / ponderar
숙군	restabelecimento militar / restauração no exercito / restituição no militar
숙녀	dama / fidalga / moça / senhorita
숙녀다운	elegante / refinada
숙달	destreza / experiência / habilidade / perícia / prática
숙달해지다	habilidoso / ser hábil / ser mestre / tornar-se perito
숙달한	destro / experimentado / experto / habil / prático
숙덕공론	conversa em segredo / conversação / misteriosa

숙덕숙덕	de modo murmurante / em segredo / em voz baixa
숙련	destreza / experiência / habilidade / perícia / prática
숙련공	experiente / hábil / trabalhador habilidoso
숙련하다	tornar-se hábil
숙련한	destro / experiente / experto / hábil / habilidoso / prático
숙면	sono profundo
숙명	destino / fado / sorte
숙명론	fatalismo
숙명적인	fatalista
숙모	tia
숙박	alojamento / aposento / residência temporária
숙박객	hóspede
숙박소,여관	hospedaria
숙박하다	hospedar
숙부	tio
숙부드러운,온순한	afável / afeiçoado / amável / bom / bondoso / brando / carinhoso / suave
숙사	alojamentos / aposentos / aquartelamento / hotel
숙어	frase / idioma / locução / palavras
숙원	anseio / desejo / vontade
숙이다	abaixar-se / baixar-se / inclinar-se
숙정하다,규정	ajustar / ordenar / por em ordem / regular / regularizar
숙제,학과	lição de casa / tarefa
숙적	vigília noturna
숙직원	vigília noturna
숙직하다	estar na vigilância noturna
숙청	expurgo / liquidação / purgação

순,싹,눈	broto / rebento
순,순종의	genuino / inocente / puro / real
순,순서	norma / ordem / seqüência
순간	instante / momento
순결,정조	pureza / simplicidade / sinceridade / virtude
순결한	decente / inocente / puro / simples / sincero / virtuoso
순경	guarda / patrulha / polícia
순교	martírio
순교자	martir
순교하다	martirizar / morrer pela religião
순국	morrer de patriotismo / morrer o pelo país
순국열사	mártir
순금	ouro puro / ouro sólido
순대	lingüiça
순례	peregrinação / romaria
순례자	peregrino / romeiro
순리	causa exata / coerência / lógica / motivo real / raciocínio / razão
순모	fio de lã / lã
순모의	lanoso / toda lã
순무	nabo
순박	comun / honesto / modesto / natural / ordinário / simples / sincero
순복음	pentecostal
순복음교회	igreja pentecostal
순서	ordem / seguimento / seqüência / série / sucessão
순서있게	devidamente / regularmente
순서있는	em ordem / metódico / ordeiro / regular
순서없는	confuso / desordenado / irregular

순수한	comun / franco / genuino / humilde / modesto / natural / simples
순시	fiscalização / inspeção / vistoria
순시하다	examinar / inspecionar / olhar / vistoriar
순식간에	num instante / num momento
순양함	cruzador / navio
순위	ordem / seguimento / seqüência / série
순응하다	acomodar / adaptar / ajustar
순익	lucro líquido / rendimento líquido
순적,선행	beneficência
순적이만나게	encontro
순전한	genuino / imaculado / inalterado / mero / puro / simples
순전히	absolutamente / plenamente / realmente
순정	coração puro / imaculado / inocente
순정의소녀	menina de coração imaculado inocente
순조로운	fácil / sem dificuldades / sem obstáculo / suave
순종	puro sangue
순종하는	obediência
순종하다	obedecer
순직하다	falecer durante o trabalho / morrer enquanto está trabalhando
순직자	vítima de trabalho
순직한	humilde e direito / sincero e correto / simples e honesto
순진한	honesto / humilde / ingenuo / modesto / natural / simples
순찰하다	patrulhar / rondar
순찰장교	oficial de patrulha
순한	amável / bondoso / meigo /

	obediente
순환	circulação
순회하다	andar / dar uma volta / fazer um circuito / rondar / viajar
순가락	colher
술,깃털	penacho / topete / tufo
술,알콜	bebida alcólica / cachaça / pinga / vinho
술객,술객들	adivínhadores / feiticeiros
술군	bebedor
술래잡기	esconde e esconde /jogo de pegar
술맡은자	copeiro
술법	maneira
술법으로	encantamentos / magos
술술	calmamente / de modo macio / facilmente lisamente / regularmente
술어	terminologia / termos tecnicos
술책	cilada / intriga / plano / secreto
술취하다	bebedeiras
술파는곳	bar
술회하다	dizer de modo recordatório / falar / lembrar / recordar
숨,호흡	fôlego / respiração / respiro
숨기다	esconder / ocultar
숨기지아니하고	não negou
숨김없이	abertamente / francamente / livremente / sem disfarce / sinceramente
숨다	esconder-se / ocultar-se
숨막히는	abafação / abafado / abafador / asfixiante / sufocante
숨바꼭질	jogo de esconder
숨쉬다	respirar / tomar fôlego
숨어	ocultou-se
숨어서	acultamente / clandestinamente /

	às escondidas / obscuramente / secretamente
숨은	escondido / secreto
숨은지라	esconder-se
숨을막다	asfixiar
숟가락,숟갈	colher / talher
숫고양이	gato macho
숫기,겁많은	acanhamento / timidez
숫기가있는	acanhado / modesto / timido
숫기좋은	descarado / impassível / imperturbável
숫돌	aguçadeira / pedra de amolar
숫말	cavalo
숫양	carneiro
숫염소	cabra
숫자	numeral / número
숫컷	macho
숫한	abundante / muitos / muitas / numeroso
숭고한	grandioso / imponente / majestoso / nobre / sublime
숭배자	adorador / venerador
숭배하다	admirar / adorar / cultuar / inclinarás / respeitar / venerar
숭상하다	acatar / apreciar / estimar / honrar / respeitar
숭어	mugem
숯,목탄	carvão
숯불	brasas
숲,산림	bosque / floresta / mata / moita
숲이있는	arborizado
스가랴	zacarias
스리바	chinelo
쓰레기	lixo
쓰다(글)	escrever

쓰다(약을)	amargo
스바냐	sofonias
스스로된고자	castrar
스스로느끼다	sentir por si só
스승	mestre
스웨터	suéter
스위스	suiça
스커트	saia
스케이트	patim
스케이트타다	esquiar / patinar
스크린	biombo / tela
스타일,양식	estilo / modo
스타킹	meia
스튜디오	estúdio
스튜어디스	aeromoça
스페인의	espanhol
스포츠	esporte
스프,국	sopa
스프링	mola
스푼	colher
슬기로운	sabio / genial / sabiamente
슬기있는지라	prudentes
슬리퍼	chinelo
슬슬	brandamente / docilmente / levemente habilmente
슬쩍	secretamente / suavemente
슬퍼	triste / tristeza
슬퍼서	tristeza
슬퍼하다	angustiar-se
슬퍼하여	entristeceram-se
슬픈	infeliz / lamentável / triste melancôlico / pesaroso
슬픈일이군요	que tristeza
슬픔	aflição / mágoa / pesar / pranto / triteza

슬픔에잠긴	inconsolavel
슬피	pesarosamente / tristemente
슬피울며	pranto
습격하다	agredir/ assaltar / atacar
습관	costume / hábito / praxe / uso
습관적인	comun / de praxe / habitual / usual
습관적으로	comumente / habitualmente
습관되게하다	acostumar
습기	umidade
습기찬	levemente úmido / úmido
습성	costume / hábito / segundo caráter
습성이되다	acostumar / habituado /
	tornar-se acostumado
습자	arte de escrever / caligrafia
습작	estudo / matéria estudada / pesquisa
승객	passageiro / viajante
승격하다	elevar a cargo / elevar a situação
	superior / promover
승급하다	elevar a situação superior /
	promover
승낙	acordo / aprovação / autorização /
	permissão
승낙을얻어	com permissão
승낙하다	aceitar / aprovar / autorizar /
	consentir / concordar / permitir
승려	frade / monge
승리	sucesso / triunfo / vitária
승리하다	conquistar / ganhar / triunfar /
	vencer
승리자	vencedor
승마	cavalgada / ação de cavalgar
승무	dança budista
승무원	de navio / tripulação de avião
승부	vitoria ou derrota
승산	chances / possibilidades /

	probabilidades de vitória
승소하다	aceitar / aprovar / autorizar / confirmar / concentir / sancionar
승진하다	ganhar a posição superior / promoção / ser promovido
승차	ato de tomar / pegar o veículo
승차구	entrada para plataforma
승차권	passes de carro / trem
시,시편	poema / poesia / salmos
~의한줄	verso
시,시간	horário / tempo
시,도시	capital / cidade / distrito / metrópole / municipal
시가,거리	avenida / rua
시가,시장가	comercial / corrente / preço
시가,값	custo / preço do dia
시가지	área urbana
시가전	combate na cidade
시각	visão / vista
시간	hora / horário / tempo
~보내기	passa tempo
~을 요청하다	pedir á hora
시간표	lista de horários / programação de horários / tabela
시계	depertador / relógio
시계추	pêndulo
시계	campo de vista / visão
시계를맞추다	acertar horário / ajustar horário / regular
시계를고치다	concertar o relógio
시골	campo / interior / região / rural
시골뜨기	agreste / caipora camponês / homem do campo
시골사투리	dialeto de província / dialeto

regional

시국	estado / situação das coisas
시굴하다	explorar em busca de minério / pesquisar
시굴권	de pesquisa / direitos de exploração
시궁창	fosso / rego / vala
시끄러운	barulhento / clamoroso / ruidoso / turbulento
시끄럽게	barulhentemente / ruidosamente
시기,질투	ciúme / ciúmes / confissão / emulação / incitar / inveja
시기,때	ensejo / momento / ocasião / oportunidade / tempo(s)
시기하는	ciúme / inveja
시기하다	cioso / invejar / ser ciumento / ter ciume
시내,작은내	córrego / corrente / fluxo / jorro / rio / torrente
시내,도시	cidade
시내산	do monte sinai / monte de sinai
시내전차	bonde / carro elétrico
시녀,여종	criada a sérviço de rei(rainha) / serva
시늉하다	aparentar / disfarçar / dissimular / fingir / simular
시단,시적인	mundo poético
시달리다	ensinar / entregar / esclarecer / informar / instruir / ordenar
시대	época / era / década / periodo / tempo

시대정신	espírito de periodo
시대착오	anacronismo / erro de ordem cronológica
시도하다	empreender / experimentar / obter / pretender / procurar / tentar
시들다	definhar / mirar / murchar / secar
시렂장이.과오	falível / homen inseguro / incerto
시렁	estante / prateleira
시력	visão / vista
근시	vista curta
원시	vista longa
노시	vista cansado
시력과민	oxiopia
시력검사	exame de olhos / teste de visão
시력을잃다	enfraquecer de vista / perder visão
시련	aflição / apuro / fadiga / sofrimento / teste
시를짓다	compor / escrever a poesia / o poema
시름	andia / angústia / anseio / ansiedade / inquietação / preoupação
시름없이	ociosamente / despreocupadamente / vagamente
시립의	de cidade / municipal
시립극장	teatro municipal
시립도서관	biblioteca muicipal
시립병원	hospital municipal
시립학교	escola municipal
시말서	conto / ocorrência / relato / relatório
시무하러	serviço
시무룩한	calado / mal-humorado / rabugento/ silencioso de raiva / zangado
시민	cidadão / citadino / civil /

	habitante de cidade / paisano
시민의	civis
시민권	cidadania / direitos de cidadão
시발역	estação de partida
시보,소식	atual / circulante / corrente / notícia / presente
시보,견습공	aprendiz / praticante / principiante
시비	certo e errado / contestação / controvercia / discussão
시비하다	contender / contestar / disputar controverter / discutir
시사,언급	alusão / insinuação / palpite / sugestão
시사,처음보임	pré-estréia
시사,사건	acontecimentos do dia / eventos
시사하다	aludir / dar a entender / sugerir
시선	direção de visão
시선을돌리다	alterar / inverter / mudar a linha de visão / mover
시설	estabelecimento / fundação / instituição
시세,시기	época / hora / momento / ocasião / período / tempo
시세,시장가격	condições de vida / mercado / preço / situação no monento
시속	velocidade por hora
시시한	insignificante / sem importância
시신경	nervo ótico
시실리아섬	sicília
시안	plano experimental / tentativa
시야	campo de visão
시약	reagente / reativo
시온딸에게	filha de sião
시온산	monte sião
시외	distrito / periferia / subúrbio

시외전화	telefone interurbano
시원하다	fresco
시원한	refrescante
시원찮은	não agradável / não refrescante
시월	outubro
시위	comíssio / manifestação
시위운동대장	chepe de comíssio
시위하다	manifestar
시의회	capitão da guarda
시인	poeta
시인하다	aceitar / aprovar / autorizar / confessar / confirmar / consentir / sancionar
시일	data / dia / tempo / prazo
시일과장소	data / horario e local
시일이없어	carência de tempo / falta de tempo
시작	começo / início / partida / princípio
시작과끝이라	princípio e o fim
시작한	inaugurado / iniciado
시작하다	começar / dar início / inaugurar / iniciar / principiar
시장,육군소령	major
시장,지사	prefeito
시장,매매장	comercial / feira / mercado / praça
시장하신지라	teve fome
시장한	ávido de / com fome / faminto
시적인	poético
시절	época / estação do ano / perído / temporada
시정	administração / arte de político / governo / sistma político
시정방침	política administrativa / programa administrativa
시정연설	discurso político
시정하다	corrigir / emendar / regular /

	remediar / retificar
시제	tempo
시종일관	sempre
시집,결혼	casamento
시청	prefeitura
시청각교육	educação áudio-visual
시체	cadáver / defunto / morto
시치미떼다	bancar / fingir
시침바늘	alfinete
시초	começo / início / origem / princípio
시키다	mandar a fazer / ordenar /
	pedir para fazer
시트	lençóis / lençol
시평	crítica literária / poética
시합	competição / jogo / luta / partida
시합하다	competir / jogar / lutar
시행	execução / sanção
시행규칙	norma relativa a aplicação da lei /
	regulamentação
시행되다	ser executado
시행하다	cumprir / executar
시험,유혹	exame / prova / tentação / teste
시험관,심사원	examinador
시험관(가스)	proveta / tubo de ensaio
시험에떨어지다	ser reprovado no exame
시험에합격하다	passar o exame /
	ser aprovado no exame
시험적으로	como tentativa / como teste /
	experimentalmente
시험적인	experimental / tentativo
시험지	papel indicador / papel reativo
시험치다	fazer exame / prova / teste
시험코자하심이라	experimentar
시험하느냐	tentais
시험하는자	tentador

- 403 -

시험하다	examinar / experimentar / pôr a prova / provar / tentar / testar
시험하여	tentaram
시험함이러라	tentado
시효	extinção / preceito / prescrição
식,의식,관습	cerimônia / formalidade / rito / solenidade
식견	discernimento / perspicácia
식견이높은사람	homen de idéias exaltadas
식구,가족	família
식기실	despensa
식다	esfriar-se
식히다	fazer esfriar
식당	cozinha / sala de jantar
구내식당	refeitório
일반식당	restaurante
~차	vagão restaurante
식도	esôfago / garganta / goela
식량	abastecimento / aprovisionamento / provisão / mantimentos / suprimento
식량대로	ao que pode comer
식량을따라	conforme ao comer
식량사정	nutrimento / situação de abastecimento / sustento
식량정책	política de alimentação / provisão nutrimento
식료품저장실	copa
식림,수풀	reflorestamento
식모,하녀	arrumadeira / cozinheira
식목	plantação / plantio
식목일	dia de plantar árvore
식물,양식	comida / manjar / mantimento
식물,식물계	planta / vegetal
식물,식품	alimento / comida / nutrimento /

	sustento
식물원	jardim botânico
식물재배	plantio
식물학	botânica
식민	colônia / colonização
식민지	colônia
식별하다	diferenciar-se / discernir / discriminar / distinguir
식비	custo de alimentação / despesa de comida / gasto de sustento
식사	refeição
식사를들다	fazer uma refeição
식생활	vida dietética
식성	bon gosto / gosto / sabor / sentido do gosto
식성에 맞다	agradar seu gosto / satisfazer seu gosto
식수	água potável
식식거리다	respirar com dificuldade
식어지리라	esfriar
식언하다	não cumprir palavras / romper compromissos
식양,양식	modelo
식염	sal
식욕,정욕	apetite
식욕감퇴	anorexia
식욕의	comestível / comível
식용품	generos alimentícios / matíria alimetícia / viveres
식용개구리	comível / rã comestível
식인어	piranha
식인종	canibal
식자	intelectual
식전	cerimônia / ritual / rito

식초	vinagre
식칼	faca de cozinha
식탁	mesa de cozinha
~보	toalha de mesa
식후의과일,디저트	sobremesa
신,신맛	ácido / acre / agre / agro / ardente / azedo / mordente
신,구두	bota / calçado / sapato
신,귀신,하나님	Deus / Deuses / divindade / espirito
신가게	casa de calçados
신간	edição / nova
신경	nervo
신경과민	nervosidade / nervosismo
신경병	neurologia
신경쇠약	neurastenia
신경외과	neurocirurgia
신경의	nervoso
신경질,신경과민	nervosismo / nervoso / temperamento
신경통	neuralgia
신경학	neurologia
신고	declaração / denuncia / informação / notícia / relatório
신고하다	comunicar / contar / informar / noticiar / queixar-se / relatar
신기록	novo recorde
신기루	ilusão / miragem
신기원	épocas
신기한,이적	admirável / incrível / incompreensível / maravilhoso
신기한,이상한일	inovação / novidade
신년	ano novo
신념,믿음	confiança / convicção / fé
신념의사람	confiança / convicção / homen de fé
신다	colocar meia / sapato / trajar / usar

	/ vestir
신들메 풀기도	desatar a correia
신랄한	brusca / brusco / ironia / sarcasmo / severa / severo / veemente / violenta / violento / zombaria
신랑	esposo / marido / noivo / recem-casado
신령	espíritos divinos
신령한	espirituais
신령한줄	espiritual
신령의가호	proteção divina
신령한은사	dom espirito
신록	verde da natureza / verde das plantas
신뢰	confiança / cofidência / crença / esperança / fé
신뢰하는	confiante
신뢰하니	confiou
신뢰하다	acreditar em / confiar / crer em / ter confiança em / ter fé
신뢰할만한	de confiança / digno de confiança / seguro
신망	confiança e popularidade
신명기	deutronomio
신문,질문	inquérito / interrogação / pergunta / questão
신문,일보	diário / jornal / gazeta
신문기사	artigos / assuntos / notícias de jornal
신문기자	informante / jornalista / relator / repórter
신문의사설	artigo de fundo
신문하다	duvidar / indagar / inquirir / interrogar / perguntar / questionar
신문잡지의편집	jornalismo

신발	bota / calçado / sapato / tenis
신복하다	estar persuadido / ser convencido
신복시키다	convencer /
	persuadir por meios de argumentos
신봉하다	acreditar / confiar em / crer em /
	ter fé em
신부,색시	mulher recém-casado / noiva
신부,카톨릭	padre
신분	caráter social / casta / nível social /
	posição social
신분증,영주권	identidade
신비	enigma / mistério / segredo
신비스러운	enigmático / misterioso / mistico /
	oculto / secreto
신사	cavalheiro / homen de boa familia /
	homen gentil / homen honrado
신산,정화	apuro / miséria / sofrimento
신상	própria circunstância / proprio corpo
	/ situação
신생한	nova vida
신생활운동	movimento de nova vida
신서,편지	carta / correspondência
신선한	fresco / novo / puro / recém-feito
신설의	construido / recentemente
신선하다	construir / edificar / estabelecer /
	fundar / instituir / novamente
신성	divindade
신성모독	sacrilégio
신성한	consagrado / inviolável / religioso /
	sacro / sagrado / santificado
신세계	novo mundo
신세대	nova era
신속한	imediato / ligeiro / rápido / veloz
신식의	moderno / nova moda / novo estilo
	/ novo / novo tipo / recem

신실한	franco / genuino / real / sincero / verdadeiro
신앙	crença / fé
신앙생활	religião
신앙이두터운	devoto / fiel / piedoso / religioso
신앙이없는	descrente / gentio / impio / incrêdulo / infiel / pagão
신앙의자유	liberdade de fé
신약성경	novo testamento
신에게바친	sagrado
신에봉헌하다	benzer
신용	confiança / crédito
신용으로	crédito
신용을잃다	perder crédito
신용카드	cartão de crédito
신용하다	acreditar em / confiar / dar crédito a
신용할만한	digno de confiança
신용할수없는	indigno de confiança
신용장	carta de crédito
신음	gemido
신음하다	afligir-se / gemer / lamentar-se
신을벗다	descalçar
신의	fidelidade / lealdade / probidade / sinceridade / verdade
신의부르심,신의소명	vocação
신의자비를	pelo amor de Deus
신의힘으로	divinamente
신을섬기면	se servires ao seu Deus
신이되게하셨은즉	tenho posto por Deuses
신인	nova figura
신임	certeza / confiança / conviccão / crédito credencial
신인생	calouro / estudante novo
신자	crente / cristão

신장,콩팥	rim
신장,귀	altura / desenvolvimento / estatura / peso
신장하다	alargar / alongar / ampliar / expandir / estender / prolongar
신조	artigo de fé / credo / crença
신주	monumento / tabuleta
신중한	acauterado / cauteloso / circunspeto / precavido / prudente
신진대사	metabolismo / reposição / substituição
신진의	moderno / novo / recente / renovado
신진작가	escritor novo
신천지	novo mundo
신청	alvitre / oferenda / oferta / pedido / requerimento / solicitação
신청하다	pedir / propor / requerer / solicitar
신체	corpo
신체검사	exame físico / teste
신탁	confiança / confidência / em confiança
신통한	destro / experto / hábil / misterioso
신하	régulo
신하,내시	eunuco
신하들,종	criados / servos
신학	teologia
신학교	colégio teológico / seminário teológico
신학적으로	teologicamente
신학생	estudante de teologia / seminarista
신호	aviso / gesto / indício / marca / sinal
기적,신호경종	apito
신호등,등대	farol

신호수	sinaleiro
신혼의	recém-casados
신혼여행	lua-de-mel
신화	coisa imaginária / fábula / mito / mitologia
싣다,화물	carregar / colocar / encher
싣다,등록하다	assentar / gravar / inscrever / registrar
실	fio / linha / linha de coser
실각하다	abaixar / cair / decair / ser demitido / ser derrotado
실감	sensação verdadeira / sensibilidade efetiva / sentimento real
실권	poder atual / poder vigente
실국화	margarida
실기하다	deixar escapar a chance / perder oportunidades
실내장식업자	decorador
실력	abilidade / agilidade / capacidade / força / talento
실례,교본	amostra / exemplar / exemplo / modelo / molde / padrão
실로,진실로	verdade
실로암	siloé
실례합니다	com licença / medá licença
실망	desapontamento / desesperança / desespero / frustração
실망하다	desapontar-se / desesperar-se / frustrar-se
실명하다	perder a visão / tornar-se cego / vista
실무	atividade / ocupação / profissão / serviço / tarefa / trabalho
실무가	homen de negócio /

	homen de trabalho
실무적인	bem organizado / eficiente / metódico / prático
실물	artigo genuino / coisa real / objeto real / original / vivo
실상	firme
실색하다	coloração / empalidecido / perder a cor / tormar-se pálido
실속	essência / matéria / material / substância
실속있는	atual / material / real / sólido / substancial
실속없는	imaterial / impotente / insubstancial / irreal não sólido
실수하다	cometer erro / errar / fazer asneira / fazer errado
실습	desempenho / exercício / experiência / manda / prática / treino
실습하다	desempenhar / exercer / exercitar / fazer / praticar / treinar
실시	execução / operação / sanção
실시하다	executar / forçar / impor / obrigar / operar
실언하다	expor erradamente / relatar falsamente
실업,무역,상업	comércio / indústria / negócio
실업,실직	desemprego / falta de trabalho
실업가	empresário / homen de negócio / industrial
실업계	mundo de negócios
실업보험	seguro contra desemprego
실업수당	remuneração de desempregado
실업자	desempregado
실없는	falso / desonesto / não sincero
실없이	desnecessariamente / frivolamente /

	inutilmente
실연하다	encenar espetáculo / mostrar representação teatral
실용	uso prático / utilidade
실용품	artigo útil
실용적인	prático / útil
실의	lucro líquido
실인	assinatura legal / registrado
실재	realidade / veracidade / verdade
실재하다	existir realmente
실적	atuais / resultados reais / verdadeiros
실정	condição de coisas / estado / real circunstância / situação
실제의,사실의	concreto / funcional / pratico / real / verdadeiro
실제로	de fato / realmente / verdadeiramente
실족	cair / escândalos
실족케	escândalo(s)
실족케하거든	escandalizar
실족하다	escandalizar / tropeçar
실존	existência / ser / vida
실존주의	existencialismo
실존주의자	existencialista
실종	desaparecimento / desaparição
실종자	desaparecida / pessoa perdida
실종하다	desaparecer / perder-se de vista / sumir-se
실증	real prova / real testemunho / verdadeira demonstração
실증하다	comprovar / demonstrar / examinar / provar / testemunhar
실증적인	afirmativo / certo / concreto / evidente / inegável / real

실증적으로	certamente / indubitabelmente / positivamente
실지의	prático / real / verdadeiro
실지경험	experiência praticada / real / verdadeiro
실직,실업	desemprego
실직자	desempregado
실직하다	desempregar-se / perder emprego / perder seu trabalho
실질적인	essencial / material / substancial
실책	erro / falha
실천하다	exercer / fazer / praticar
실체	coisa / matéria / substância
실컷먹게하라	saciar
실태	condição real / realidade / verdades
실패	falência / fracasso / insucesso
실패로끝나다	dar em nada
실패하다	falhar / fracassar / malograr / não ter efeito / perder terrento / ser mal sucedido
실행	aplicação / demonstração / desempenho / execução / prática
실행하다	agir / exercer / executar / fazer / praticar / realizar
실험	ensaio / experiência / experimento / experimentação / prova / tentativa
실험실	laboratório
실현하다	cumprir / efetuar / realizar
실화	conto / relato verdadeiro / romance verdadeiro
실황	cena real / condição verdadeira
싫은	desagradável / desgostoso / desprezível / fastidioso / nojento
싫어하거늘	enfadado

싫어하다	antipatizar com / desgostar de / detestar / nausear / odiar
싫증	antipatia / desagrado / desgosto / desprazer odio / repugnancia
심각한	difícil / extremo / grave / importante / intenso / profundo / sério
심경	disposição de ânimo / humor
심다	cultivar / fundar / implantar / introduzir
심령	espírito
심령의	anémico
심령학,심리학	psicologia
심령에통분히여기시고	se moveu muito em espírito
심리적인	mental / psicológico
심리학자	psicologista / psicólogo
심리하다	interrogar / investigar / levar em juizo / pôr a prova
심문하다	examinar / indagar / interrogar / investigar / questionar
심미	apreciação de belezas / simpatia de coisas bonitas
심미적인	artístico / estético / harmoniosor
심미감	percepção artístico / senso estético / sentido harmonioso
심방하다	visitar
심부름	encomenda
심부름하다	dar recados / encarregar-se de um serviço
심사	exame / examinação / estudo / inquérito / interrogatório / pesquisa
심사하다	averiguar / examinar / inquirir / interrogar / investigar
심사원	examinador / juiz

심사부리다	frustrar / impedir
심사,사나운	mal-humorado / resmungão
심술	maldade / obstinação / perversidade / teimosia
심술궂은,고집센	maldoso / obstinado / perverso / resmungão
심술꾸러기	intratável / mal-humorado / rabugento
심신	alma e corpo / corpo e esdírito
심심한	cansativo / enfadonho / marcador
심심풀이	diversão / entretenimento / matar o tempo / passatempo
심원한	abstruso / culto / fundo / muito / perspicaz / profundo / sagaz
심으시다	plantio
심의	consideração / deliberação / exame
심의하다	considerar / deliberar / discutir / estudar / pensar
심장	alma / coração / peito
심장학	cardiologia
심장마비	ataque cardíaco / ataque de coração
심지,초심지	mecha / pavio
심지,희망요구	desejo / intenção / vontade
심지어	adicionalmente / alem de / outrossim / também
심지도않다	nem semear
심판,처벌	árbitro / condenável / juiz / juizo / julgador
심판대	tribunal
심판을받다	condenado
심판하다	condenar / decidir / julgar / sentenciar
심포니	sinfonia
심하다	gravíssima
심히	excessivamente

심히강대하여	esse fortaleceu muito
심히노하여	em ardor de ira
심히놀라	admiraram-se muito
심히때리고	feriram
심히두려워하여	grande medo / temeram muito
심히컸더라	grandissimo
심히크게	grandemente / grandissimamente
심한	grave / intenso / violento
심한구두쇠	avarento
심호흡	respiração profunda
십계명	os dez mandamentos
십부장	maiorais de dez
십상팔구	provável / provavelmente / quase
십억(백만의천배)	bilhão
십이방백	doze príncipes
십이월	dezembro
십이지장충	ancilostomo
~병	amarelão
십일월	novembro
십일조,십분일	dízimo / dizimais
십자가	cruz
십자가에못박다	crucificar
십자가에못박힘	crucificado
십자군	cruzada(guerra religiosa)
십자로	cruzamento / estrada transversal
십자성(별)	cruzeiro
남십자성	cruzeiro do sul
십종경기	decatro
십진법	sistema decimal
십칠일	dia dezessete
싱거운,소금이적은	menos salgado / insosso
싱거운,가소로운	menos temperado
싱싱한	fresco / novo / recém-chegado / recém-feito / recente / vivo
싶다,맛보다	gostar / querer / sentir

싸게	capa / coberta / cobertor / cobertura / envoltório / manta
싸늘한	fresco / frio / friolento / um tanto frio
싸다,따뜻이입히다	agasalhar / embrulhar / empacotar / fazer pacotes
싸다,가치가있다	merecer / ser digno de
싸다(값)	barato / ser barato
싸다니다	correr para cá a para lá / andar de um lado para outro / vagar
싸우니라,전쟁	guerra
싸우다	combater
싸움	brigar
싹,순	folhas / rebento / verdes
싼	barato / baixo / preço reduzido
쌀	arroz
쌀쌀한	cruel / frígido / frio / gelado / insensível
쌍	casal / dupla / par
쌍둥이	gêmeos
쌍쌍이	acompanhado / casal
쌍안경	binocular / binóculo / telescópio
쌍파울로	são paulo
쌓다	abarrotar / amontoar / edificar / empilhar
쌓아두다	ajuntar
쌔근거리다	arquejar / ofegar
썰다	cortar / dividir / partir / rachar / talhar
썰매	trenó
썰물	maré vazia / vazante
쏘곤거리다	cochichar / mururar / segredar / sussurrar
쏘다	atirar / dar tiro / disparar

소세지,순대	salsicha
쏜살같이	impetuosamente / rapidamente / velozmente
쏟다	cair / deixar cair / derramar / despejar
쏠리다	encostar / inclinar / tender
쐐기	calço / cunha / escora
쐬다	exibir / expor
쑤다	cozinhar / ferver
쑤시다,불을두지다	atiçar / cutucar / remexer
쑤시다,쏘다	bicar / picar
쑥	artemigem / artemisa / flor-de-diana
쑥스러운	estúpido / imbecil / tolo
쓰다	utilizar
쓰레기통	depósito de lixo
쓰레받기	pá de lixo
쓸모	finalidade / necessidade / proveito / utilidade
쓸모없는	invtil
쓸쓸한	só / solitário
씌우다	cobrir / colocar
씨	broto / bulbo / germe / grão / muda / semente
씨름	luta folclórica
씩씩한	bravo / corajoso / varonil / valoroso
씹다	mascar / mastigar
씻다,세탁하다	banhar-se / enxaguar,purifica / lavar / limpar

ㅇ

아(감탄)	ah
아가미	brânquia / guelra
아가씨	garota / jovem / moça / senhorita
아까,조금전	há pouco
아까운	deplorável / lamentavel
아교	cola / grude
아구창	afta
아꾸,낚지따위	arraiado
아기	bebê / criancinha / nenê
아기우유병	mamadeira
아끼다	economizar / poupar / ter dó / tratar com indulgência
아기뚱거리다	andar de modo afetado
아기자기한	gracioso
아낙네	mulher
아내	esposa / mulher
아노라,아느냐	saber
아늑한	aconchegante / agradável / confortável / quente
아는데	conhece
아는것이힘이다	saber é poder
아는자	sábio
아니꼬운	desgostoso / fastidioso / najoso / odioso
아니다	estar errado / nada / não é
아니오	não
아니하고	que nenhum
아니하심	não querer

아담,인간시조	adão
아담의갈빗대,마누라	costela de adão
아동	criança / menina / menino
아동교육	educação infantil / educação juvenil
아동문학	literatura infantil
아동심리학	psicologia infantil
아동연구	estudo infantil / pesquisa infantil
아둔한	bobo / estúpido / fátuo / obtuso / tolo
아득한	afastado / distante / remoto
아들,딸	filho / filha
아라고아스주	Estado de Alagoas
아랍	árabe
아랑곳없다	desligar-se / despreocupar-se / não tem nada para fazer
아래	abaixo / sob
아래로떨어짐,낙하	queda
아래로뻗다	subtender
아래에,아래로	abaixo / de baixo / em baixo /sob
아래위	cima e baixo
아래층에	andar-térreo / rés-do-chão / térreo
아래턱	maxilar
아랫배	abdomen
아량	generosidade / magnanimidade
아련한	fraco / indistinto / pouco claro / vago
아로새기다	burilar / esculpir / gravar
아론	arão
아봉진자	salpicados
아르마딜로(남미동물)	
	tatu
아르헨티나(남미)	Argentina
아름다운	belo / bonito / formoso / lindo / gracioso
~눈동자	lindos olhos

- 421 -

아름다운여성,예쁜여자	
	bela
아름다움	beleza / encanto / formosura / graça
아름답게하라	aformosear
아름답고광대한땅	terra boa e larga
아마,혹시는	por acaso / porventura / quiça / se / talvez
아마,섬유	fibra de linho / linho
아마겟돈(세제마지막날의 선과악의결전장,계, 16:16)	
	amagedom
아마조나스	amazonas
아마조나스주	Estado Amazonas
아마존	amazonais
~강	rio Amazona
아마존지방	amazonia
아마파주	Estado Amapá
아멘	Amén
아모리사람	amorreus
아모리족속	amorreu
아무	alguém / qualquer pessoa / qualquer um
아무도	ninguém
아무것도	qualquer coisa / qualquer espécie
아무것도 아닌	nenhum
아무때	qualquer hora / certo local / qualquer lugar
아무데	algum lugar / certo local / qualquer lugar
아무든지	ninguém
아무래도	de todo jeito / em qualquer caso / mesmo assim / se não dar
아무런	qualquer / quaisquer
아무렴	está bem / lógico certamente / tudo bem
아무리	de qualquer jeito /

	de qualquer modo / por mais que
아무쪼록	espero que / se der /
	se for possível /
	todas as maneiras
아물다	cicatrizar / curar / sarar
아물아물한	indistinto / vago
아미	sombrancelhas
아버지를보았나이다	este tem visto o pai
아버지의아빠	avó / vovô
아버지의애칭	pai-paizinho
아버지와	com o pai
아부하다	agradar à / estimular / lisonjear
아뿔사	ó meu deus
아브람과 이삭과이스라엘(야곱)	
	abrão de isaque e de israel
아비규환	crise agonizante /
	momento angustioso
아빔월(유대1월,태양력3-4월)	
	mes de abibe
아사	inanição / sofrimento / de fome
아사하다	morrer de fome
아서라	chega / ficar quieto / não faça isso
	/ pára
아성	razão / razões
아쉬운	impróprio / inoportuno / triste
아스팔트,포장	asfalto
아슬아슬한	arriscado / perigoso
아시아	Asia
아심이요	conhecia
아씨	dama / senhora
아악	cerimonia musical
아양떨다	coquetear/ galantear
아연	zinco
아열대	zona subtropical
아예	desde começo / desde início

ㅇ

아우성	gritos de guerra
아유,아부	adulação / lisonja
아유하다	adular / bajular / lisonjear
아이	criança / filho(a) / garoto(a) / menino(a) / moleque
아이밴자	grávida
아이스크림	sorvete
아이창피해	que vergonha
아이티섬	Haiti
아저씨	tio / titio
아주	absolutamente / inteiramente / totalmente / completamente
아주나쁜	péssimo
아주까리	carrapateira / mamona
아주더운	bem quente / muito quente
아주머니	tia / titia
아주일찍	cedinho
아주잘익은	bem madura
아주정확하게	exatamente
아주좋은,최상의	muito bom / ótimo
아주천천히	devagar-devagarinho / devagarzinho
아직	ainda
아직안된	ainda não
아직도	ainda / até agora / até esta data
~먹는구나	ainda está comendo
아찔아찔한	atordoado / tonto / vertiginoso
아차	errei / esqueci / o meu Deus
아첨,아부	adulação / bajoujice / bajulação / lisonja
아첨하다	adular / bajular / lisonjear
아첨장이	adulador / bajulador / lisonjeador
아취	charme / elegância / gosto
아취있는	charmoso / elegante
아치없는	insípido / insosso / sem sabor
아치	bom gosto / elegância / graça

아치있는	elegante / gracioso
아침,새벽	manhã / cedo / madrugada
아침까지	até a manhã / até de manhã
아침밥	café da manhã
아크레주	Edtado de Acre
아탄	lignita / linhita
아파트	apartamento
아편	ópio
아프다	adoecer / doer
아침이고요하다	a manhã esta calma
아프리카	África
아픈	doente / doloroso
아픔	dor / sofrimento
아한대	zona ártica
아호	apelido / pseudônimo
아홉	nove
아홉째	novo
아흔	noventa
악	má / mal / maldade / niquidade
악귀	demônio / espírito maligno / gênio do mal
악극	drama musical / ópera
악기	instrumento musical
악단	orquestra sinfônica
악담	injúria / insulto / linguagem ofensiva
악담하다	falar mal de / injuriar / insultar / ofender
악대	banda musical
악덕	mau hábito / vício
악독	malignidade
악독한	corrŭpto / depravado / ignóbil / malvado / vil
악마	demônio / diabo / satã / satanás
악몽	pesadelo

악보	nota musical
악수	aperto de mão
악수하다	dar a mão
악쓰다	desesperar-se
악심을품고	más intenções
악어,악어가죽	crocodilo / jacaré
악용하다	abusar / vsar mau
악	maligna
악으로선을	mal por bem
악의	inimizade / má intenção / malevolência
악인	birbante / homen desprezível / ímpio / maus / patife / vilão
악장	diretor musical
악전고투	batalha perigosa / combate difícil
악정	desgoverno / mau governo
악질	doença maligna / doença virulenta
악질의	malvado / mau / ruim
악취	feder
악취가나다	cheirar
악평하다	comentar mal de / falar mal de
악풍	mau costume
악한	malandro / malvado / mau
악한생각	pensar mal
악한세대	geração má
악한자	maligno
악한자나선한자나	tanto maus como bons
악한자들	afrontosa
악한종아	servo malvao
악한짐승	besta-fera
악함	maldade
악행	má
악화하다	degenerar / depravar-se / piorar /
안,내부	dentro / interior / parte interna
안,의견,생각	esquema / idéia / opinião /

	programa / projeto
안개	neblina / névoa / vapor
안경	óculos
안경알	lente
안계,시야	aspecto / visão / vista
안과	oftalmologia
안과의사	oculista / oftalmologista
안과학	oftalmologia
안내	guia
안내서	manual
안내하다	conduzir / guiar / liderar
안념,눈병	oftalmia
안녕하세요	bom dia
안녕히	até logo / tchau
안녕히(좋은여행시)boa viagem
안녕히계셔요	adeus
안다	abraçar / cingir / sei
안달하다	inquietar-se / irritar-se / preocupar-se
안데스산맥	andes
안도	alívio / tranqüilidade
안돼	impossível
안락	conforto
안락의자	cadeira de braços / poltrona / poltrona sofá
안락한	à vontade / cômoda / confortável / satisfeito
안력	força visual / visão / vista
안마	massagem
안맞는다	ficar mal
안면	conhecimento / face
안면있다	conhecer de vista
안방,회의장	câmara
안부	condição / estado / lembrança / saúde / situação

O

안부전하다	mandar lembranças
안색	aparência / aspecto / cor
안성마춤	adequado / apropriado / conveniente / próprio
안수	imposiçaõ de mão
안식,휴식	descanso / repouso
안식,식별력	discernimento / faculdade de dicernir / perspiáia
안식일	sábado
안식하니라	repousar
안심	alivio / paz intrna / tranqüilidade
안에	dentro / num / numa / numas
안온한	calmo / pacífico / quieto / sereno
안으로는	interiormente
앉으십시요	sente-se
앉은뱅이	coxo
앉은병자	jazia grande / multidão de enfermos
앉다	sentar
앉아있다	sentado / sentamos
앉으셨느니라	asentar-se
안위	bem-estar / prosperidade / saúde
안이한	alegre / despreocupado / feliz
안장	albarda / assento / sela / selim
안전,무사	segurança / seguridade
안전면도기	lâmina de barbear
안전면도기칼	gilete
안전핀	alfinete de segurança
안전한	estável / firme / protegido / seguro
안절부절한	agitado / desassossegado / impaciente
안정,견고	equilíbrio / estabilidade
안정,휴양	descanso / repouso
안정한	constante / estável / firme
안쪽,내부	dentro
안주,술안주	aperitivo / petisco

안주인	dona de casa
안주하다	morar / viver
안착하다	chegar com boas condições
안타까운	deplorável / lamentável / lastimável
안테나	anterna
안팍	por dentro e por fora
알,계란	ovo
알곡,곡물	grão / semente
알다	compreender / conhecer / entender / saber / sei
알기쉬운	fácil / simples
알뜰한	parcimonioso / parco
알라고아스주	Estado de Alagoas
알량한	insignificante / sem importância / trivial
알력	atrito
알루미늄	alumínio
알리다	anunciar / avisar / informar / noticiar / transmitir
알림,뉴스	notícia / anunciação
알맞는	adequado / apropriado / ideal / próprio / qualificado
알몸,나체	nú / nua
알선하다	aconselhar / recomendar
알쏭달쏭한	complicado / incerto / indefinido / vago
알아듣기,이해함	entendimento
알았노라	conheço
알약	comprimido
알지못하니라	não entender
알지못한다	não saber
알지못함이니라	não saber
알코올	álcool
알코올중독	alcoolismo
알코올중독자	alcoolatra

알파베트를읽고 쓰는것을 가르치기
알파베트를읽고 쓰는것을 가르치기
<table>
<tr><td></td><td>alfabetização</td></tr>
<tr><td>알프스산맥</td><td>cadeia de montanhas</td></tr>
<tr><td>앓다(병,질병)</td><td>adoecer / doente / dor</td></tr>
<tr><td>암,암종</td><td>câncer</td></tr>
<tr><td>암,암기하다</td><td>de cor / decorar</td></tr>
<tr><td>암거래</td><td>câmbio negro / dólar paralelo / mercado negro</td></tr>
<tr><td>암굴</td><td>caverna / furna / gruta / toca</td></tr>
<tr><td>암기하다</td><td>decorar / memorizar</td></tr>
<tr><td>암기하여</td><td>de cor</td></tr>
<tr><td>암나귀새끼</td><td>jumentinho</td></tr>
<tr><td>암닭</td><td>galinha</td></tr>
<tr><td>암담한</td><td>abatido / desanimado / melancôlico / triste</td></tr>
<tr><td>암말</td><td>égua</td></tr>
<tr><td>암사슴</td><td>cerva</td></tr>
<tr><td>암산하다</td><td>calcular / somar mentalmente</td></tr>
<tr><td>암석</td><td>penhasco / recife / rocha / rochedo</td></tr>
<tr><td>암소</td><td>vaca</td></tr>
<tr><td>암송</td><td>declamação oral / recitação / sabatina</td></tr>
<tr><td>암송아지</td><td>novilha</td></tr>
<tr><td>암송하다</td><td>declamar / recitar</td></tr>
<tr><td>암시</td><td>alusão / insinuação / palpite / sugestão</td></tr>
<tr><td>암시하다</td><td>aludir / dar a entender / dar palpite / sugerir</td></tr>
<tr><td>암실</td><td>local escuro / quarto escuro / sala escura</td></tr>
<tr><td>암암리에</td><td>secretamente</td></tr>
<tr><td>암양</td><td>velha</td></tr>
<tr><td>암염소</td><td>bode</td></tr>
<tr><td>암초</td><td>recife</td></tr>
<tr><td>암컷</td><td>fêmea</td></tr>
</table>

암닭	galinha
암돼지	porca
암탕진,거만한	bravo / corajoso / ousado / resoluto
암범	tigre
암병아리	franga / pintinho
암컷의	fêmea
암학	cancerologia
암호	cifra / código secreto
암흑	escuridão / trevas
압도적인	esmagador / irresistível / opressivo
압도하다	conquistar / dominar / superar
압력	oêrto / pressão
압박	depressão / opressão / pressão
압박하다	oprimir
압사	morte pela pressão
압수	apreensão / confiscação
압제하다	oprimir / tiranizar
압제하지 말라	não aprimir comprimir
압착하다	comprimir
압축	compressão / condensação
압축하다	comprimir
앗사리온	ceitil
앙가슴	peito / tórax
앙갚음	desagravo / desforra / represália / vingança
앙망하다	desejar / pedir / rogar / solicitar / ter esperança
앙상한	esquelético / magro
앙심	aversão / maldade / ódio / rancor
앙양하다	enaltecer / exaltar/ glorificar / louvar
앙칼스러운	inflexivel / obstinado / teimoso
앙칼진	persistente / pertinaz / tenaz
앙코르 재청	bis

앙큼스러운	atrevido / descarado / impudente / insolente
앙탈	estratagema / evasão / evasiva / subtérfugio
앞	anterior / dianteìra / frente
앞문까지 현관	diante / vestíbulo
앞서다	antecedor
앞에	antes / de / diante / na frente / perante
앞으로	adiante
앞으로굽히다	propender
앞의	anterior / antigo / passado / precedente / primeiro
앞잡이	chefe / guia / líder
앞잡이서다	conduzir / guiar / liderar
앞정강이	canela / parte frontal da perana
앞지르다	antecipar / atravessar / ultrapassar
앞치마	avental
앞팔	antebraço
애 수고로움	cautela / precaução / problema / prudência / trabalho
애 어린애	criança
애가	canto fúnebre / elegia / elegiada
애걸하다	implorar / rogar / suplicar
애고	amparo / apôio / proteção
애고하다	auxiliar / fovorecer / proteger
애곡	lamenta pranto
애굽	egito
애굽사람들	egípcios
애굽여인	egícpcia
애기	bebê / nenê
애인.정부	barrigão
애태우다	atrapalhar / incomodar / importunar / molestar / preocupar
애티	ação infantil /

	comportamento infantil / jeito infantil
애호	amparo / conservação / prêservação / proteção
애호하다 보호하다	amparar / dar proteção a / proteger
애호하다 사랑하다	amar / gostar de
액	líguido / suco
액난	calamidade / catást ofe / grande desgraça
액년	ano crítico / ano infeliz / péssimo ano
액량	quantidade / de líquido
액면	preço / valia / valor
액수	soma / total
액자	quadro de pintrura
액체.물약	pura mirra
액톨.골조	armação / madeiramente
액화.용해	liquefação
액화하다	derreter / liquefazer / liquidificar
앨범	álbum
앰불런스	ambulância
앵두.버찌	cereja
앵무새	papagaio
야간.밤	noite / noturno
야간학교	colégio noturno / escola noturna
야견	cachorro bravo
야경꾼	vigilia noturna
야경.밤활동	vista noturna
양경스러운	ruidoso barulhento
야곱	jacó
야구	basebol
야구장	estágio de basebol
야구하다	jogar basebol
애곡.비탄	lamentação
애교있는	amável / bonitinho / charmoso

애국심	patriotismo
애국자	patriota
애나콘다	anaconda
(남미의 큰뱀 35m)	
애도	condelência / pêsames
애도하다	chorar / condoer-se / lamentar / prantear / ter dó
애독하다	ler com prazer
애련	compaição / dó / pena / piedade
애로	condição / dificuldades
애매한	ambíguo / indistinto / obscuro / vago
애무하다	acariciar / acarinhar / afagar / amar / amimar / brincar amorosamente
애상.슬픔	aflição / mágoa / pesar / tristeza
애서가	bibliófilo
애서광	bibliomano
애소.기원. 간청	apelo / petição / rogo / solicitação / súplica
애소하다	apelar / pedir / rogar / solicitar / suplicar
애수.슬픔	melancolia / tristeza
애숭이	adolescente / menino / moço / moloque
애쓰다	empenhar-se / esforçar
애연가	fumante / viciado pelo fumo
애욕	afeição extremada / amor ardente / desejo sexual
애용하다	usar / utilizar
애원하다`	apelar / implorar / pedir / rogar
애인	amante / namorada / namorado
애인이있느냐	tem namorado
애정	afeto / amor / paixão
애정있는	amoroso
야단법석	afa

야단치다	chamar atenção / dar broncas / repreender
야담	anedota / conto / fábula / história / lenda
야당	partido de oposição
야릇한	curioso / esquisito / estranho
야만의	bárbaro / incivilizado / selvagem
야만인	bárbaro / selvagem
야망	ambição / aspiração
야맹	hermeralopia / nictalopia
야멸스러운	cruel / desapiedado / insensível / sem coração
야무진	firme / forte / resistente / sólido
야박한	cruel de coração / desumano / duro
야비한	grosseiro / grosso /inferior / rude / vulgar
야생의	agreste / bárbaro / incivilizado / selvagem
야성	caráter natural / rusticidade
야속한	desapìedado / inensível / inexorável
야수	animal
야심	cobiçoso / asouração / impetúosa / pretensão
야심있는	cobiçoso / ambicioso / desejoso
야업	trabalho noturno
야영	acampamento
야영하다	acampar
야위다	emagrecer / tornar-se magro
야유.피크닉	convescote / piquenique
야유.희롱	apartear / brincadeira / gracejo
야자.côco #나무	árvore de côco / #수 coqueiro
야자수가운 데부분(식용)	palmito
야자열매로 만든과자	cocada

야채	hortaliça / legume / vegetal / verdura
야채무침	salada
야채장수	quitandeiro
야포	armas de fogo / canhÕes / peça de campanha
야학	colégio noturno / escola noturna
야한	baixo / ignóbil / sensual / vil / vulgar
야합	aliança / associação / liga / união
약.거진. 거의	aproximadamente / cerca de / mais ou menos
약.의약	droga medicional / medicamento / remédio
약국	farmácia
약제사	farmacêutico
약간	pouco / um pouco
약간검은	pardo
(흑인과 백인의 혼혈아)	
약대.낙타	camelo
약도	guia / mapa simplificado
약동하다	agitar / mexer / mover
약력	bibliografia / histórico / sumário
약방	drogaria / farmácia
약방문.처방	receita medicinal
약분	redução de fração
약삭빠른	destro / engenhoso / esperto / inteligente
약소한.적은	poucas / poucos
약소한.약한	fraco / frágil / pequeno
약속	compromisso / encontro / palavra / prometimento / promessa
약속하다	prometer
약속하신	prometer / prometido
약속했다	prometeu

약수	água medicinal / água natural
약식의	abreviado / informal / resumido
약어	abreviação / abreviatura
약오르다	irritar-se
약이되다	medicinal
약자	pessoa fraca / prejudicoda / vítima
약점	fraco / ponto falho / ponto fraco
약진하다 약조물	avançar / desenvolver / evoluir / progredir
약탈하다	exporar / pìlhar / roubar / saquear
약하다	abreviar / omìtir / resumir / simplificar
약한	delicado / fraco / frágil
약해지다	enfraquecer / tornar-se fraco
약혼	festa de noivado
약혼자	noivo(a)
약화	enfraquecimento
약화하다	enfraquecer
약효	eficacia / eficiência
얄궂은	esquisito / estranho / ridículo
얄미운	atrevido / desgostoso / impertinente / odioso / ousado
얄팍한	delgado / esbelto / estrito / fino
얇은	esbelto / fino
얌전한	dócil / gracioso / manso / polìdo
얌치	senso de vergonha
양.부피	medida / quantidade / tanto / volume
양,면양	carneiro / ovelha
양갓넹이	agrião
양고기	carne de carneiro
양모.모직	lã
양계	avicultura / criação
양곡	alimento / cereal / proviçã
양귀비꽃	dormideira / papoula

양념	condimento / tempero
양단하다	cortar / pela metade
양도하다	ceder / condeder / passar para / transferir / dar
양력.들어올리는힘	força de levantar
양력.태양력	calendário solar
양로원.구.반원	asilo de pobres / casa de repouso
양립하다	continuar junto / ocupar junto / permanecer junto
양말	meia / meião
양면	ambos lados / dois lados / duas faces
양면의	de dois aspectos / de duas caras / de duas faces
양명하다	ganhar fama
양모의	de lã
양민	multidão / povo / público
양배추	repolho
양보하다	ceder / conceder / consentir / dar / permitir
양복	completo / social / terno / vestido
양복장	armário
양복점	alfaiate
양복지	fazenda
양봉	apicultura
양분	alimentação / nutrição
양산	guarda-chuva
양서류	animal anfíbio
양서의	anfíbio
양성.배양	cultivação / cultivo
양성.적극성	positividade
양성의	positivo
양수하다	abter pela transferência / receber
양식.양심	bom senso
양식.형식	estilo / jeito / maneira / moda

양식.생활유지	alimentos / comidas / provisões / rações / sustento
양식의	sumário
양식하다	cultivar / plantar
양심.도의심	alma / consciência
양심이없다	não ter alma
양심적인	consciênte
양어통.수족관	aquário
양육하다	criar / cultivar / educar
양은	níquel
양의	bom médico
양의목자라	pastor das ovelhas
양의비명소리.불평	bálido
양의우리	aprisco
양자.약.분량	quantidade
양자.프로튼	próton
양자.양아들	adoção / filho adotivo
양잠	sericultura
양장.성막.카텐	cortina
양전기	eletricidade positiva
양전자	positron
양쪽의	ambos
양조장	cervejaria
양조하다	fazer bebida por fermentação
양지	local ensolarado / lugar cheio de sol
양지바른	cheio de sol / ensolarado
양철	ferro / folhe-de-flandres / latão
양춘.봄	primavera
양치는자	pastor
양친부모	os pais / próprio pais
양탄자	alcatifa / tapete
양파	cebola / #농장 fazenda de cebola
양편가	borda
양품	artigos importados
양해	acordo / consentimento / permissão

양호한	bom / bondoso / comportado / justo / satisfatório
얕은	não profundo / posso / superficial
얕잡다	desdenhar / desprezar / menoscabar / menosprezar
어깨	ombro(s)
어그러지다	desviar / divergir
어금니	dente molar
어긋나다	cruzar lado errado / desencontrar / desviar
어기다	contrariar / desobedecer / quebrar / violar
어느	algum / qualquer um
어느것	qual / 어느 um certo / 어느날 certo dia
어느정도의	quanto
어떤.어떠한.어느	qual
어떻게	como
어떻게믿겠느냐	como crer
어떤종류	que espécie / que tipo
어두운	escuro / sombrio
어두워지다	anoitecer / escurecer / tornar escuro
어두컴컴한	assombrado
어두움	treva
어둠	escuridade / escuridão
어둡게되었다	escurecer
어디.어디까지	até onde
어디계시오니이까	onde moras
어디서왔으 며어디로가느냐	donde vensie para onde vais,
어디에있느냐	onde está / aonde / para onde
어란.알.난자	ovo
어래짐작으로	ou mesmo / por acaso / por conjeturas / sem pensar muito
어려운	complicado / delicado / dificil /

	dificultoso
어렵도다	duro
어로	pesca / pescária
어뢰	mina submarina / torpedo
어루만지다	acariciar / afagar / alisar /
	tocar levemente
어류	peixe / pescado
어른.성인	adulto / homen / mulher
어리광	brincadeira / jogo
어리굴젓	ostras temperadas
어리둥절하다	confundir / desconcertar / embaraçar
어리석다	apalermar
어리석은	bobo / insensato / nescio / tolo
어리석음	apalermarmente
어린	acriançado / lnfantil / muito jovem
어린가지	vara
어린아이의 옷	roupa de corança
어린양	cordeiro
어린애	criança / infanto
어린이날	o dia das crianças
어림잡다	avaliar / calcular / estimar / orçar
어릿광대	ator cômico / comediante / palhaça
어릿어릿한	abatido / deprimido / desanimado
어마어마한	digno / grande / magnífico
어머니	mãe / mamãe / madre /
#는 시장에가신다	a mamãe vai a feira
어머니의	maternal
어물거리다	demorar / hesitar /
	usar expressões ambíguas
어물어물	devagar / equivocamente /
	incertamente / vagamente
어미토끼가아프다	a coelho mão está doente
어버이	pai e mãe / papai e mamãe /
	os pais
어법	costume / hábito / prática

어부	pescador
어부들	pescadores
어색한	desakeotado / inábil / inepto
어서.빨리	depressa / por favor / rápido
어선	barco de pesca
어설픈	desajeitado / inferior / mal feito / ordinário
어서가자	ogojá
어성.음성	voz
어세	acento / ênface / intonação / som / tom
어수룩한	ingênuo / simples
어수선한	confuso / desarranjado / desordenado
어스레지다	contorcer / distorcer / torcer
어스레한	fusco / obscuro / pardo / sombrio
어슬렁거리다	andar à toa / vagabundear / vaguear
어슴새벽	alvor / alvorado / madrugada / amanhecer
어슴프레한	indistinto / obscuro / vago
어시장	mercado de peixes / peixaria
어언간	daqui a pouco / dentro de algum tempo
어업	indústria de pesca / pescaria
어울리다	competir / jogar
어원	etimologia
어음	letra de câmbio / ordem de pagamento / título
어이없는	absurdo / paradoxal / ridículo / sem razão
어제	ontem
어쩔줄모르는	aturdido
어조	intonação / som / tom / sotaque
어중이떠중이	gente-gentinha

어지러운	atordoado / tonto / vertiginoso
어지르다	colocar em desordem sujar
어찌하여	por que
어진	bondoso / educado / generoso / gentil / polido
어차피	de qualquer maneira / de todo jeito
어처구니없는	absurdo / espantoso / surpreso
어촌	aldeia / povoação / vila (perto do mar)
어투	jeito de falar / maneira de falar
어폐	inconveniência de falar
어학	estudo de línguas
어학자	línguista
어항	ancoradouro / cais / porto
어획고	captura / tomadia
어항	aquário
어휘.어표	vocabulário
억	cem milhões
억누르다	dominar / impedir / oprimir / reprimir / suprimir
억류	apreensão / detenção / prisão / retenção
억류하다	apreender / deter / retardar / reter
억만장자	arquimilionário o bilionário
억보	homem obstinado
억센	forte / poderoso / potente / robusto
억수	aguaceiro / chavada / chuvão / chuvarada
억압하다	dominar / oprimir / reprimir / suprimir
억양	acento / intonação / modulação
억울한	depressivo / deprimente / lamentável / lastimável
억제하다	dominar / interditar / reprimir / retringir / sofrer / suprimir

억지	pertinacia / teima
억지로	forçosamenta / pela força
억지웃음	sorrísos amarelo
억측	especulação / inferência / suposição
억측하다	especular / estimar / supor
언급하다	aludir / falar / referir / reportar
언니	irmã mais velha
언덕	colina / morro / outeiro
언덕같이	como montão
언도하다	condenar / julgar / sentenciar
언동	fala e conduta / palavra e ação
언뜻	inesperadamente / repentinamente / rapidamente
언론	discurso / fala / imprensa / jornalismo / palavra
언론계	a imprensa / empresa jornalística
언론의자유	liberdade de falar / liberdade de imprensa
언명	asserção / declaração / proclamação
언명하다	declarar / manifestar / proclamar
언사	expressão / fala / palavra
언성	intonação de voz / tom de voz
언약	aliança / celebração / concerto / testamento
언약결혼	aliança
언약서	livro da promessa
언약하다	dar palavras / fazer promessa / prometer
언약을세우지말라	não faças concerto
언약의	concerto / confirmado
언약의말씀	as palavras do concerto
언약의피니라	sangue do concerto
언어.말	fala / língua / linguagem / palavra
언어도단의	imperdoável / indesculpável /

	injustificável
언어학.말의	lingüística / lingüístico
언어학자	lingüísta
언짢은	bravo / descontente / mal-humorado / zangado
언쟁	alteração / briga / contenda / discussão
언제	quando
언제나	geralmente / sempre / usualmente
언제든지	ainda / continuamente / enquanto
언질	aviso / penhor
언행	fala e comportamento / palavras e ações
얹다	colocar / depositar / pôr
얻게하려하심이라	recebam
언다	achar / acharam / adquirir / ganhar / obter / recebeu / ter / terdes
얻었느니라	alcançar
얻으리라	mas terá
얻으셨으니	alcançou
얻지못하니라	mas nâo o acharam
얼간이	bobo / estúpido / tolo
얼결에	desatentamente / indiferentemente
얼굴	cara / face / rosto
#이 예쁘다	o rosto é bonito
#이 엄숙했다	o rosto está solene
얼굴맛사지	massagem
얼굴은보지못하리라	face não se verá
얼굴의털	barba
얼근한	maduro / meio embriagado / sazonada
얼마나	tantos
얼다	congelar / gelar / rerigerar / ficar congelado
얼떨결에	desconcertantemento /

	estonteantemente / sem querer
얼떨떨한	confuso / desordenado / perplexo
얼룩	borrão / mancha / marca
얼룩말	zebra
얼룩이있는	malhadox
얼룩진	manchado / pintado / salpicado / sujo
얼른	depressa / rapidamente
얼리는것	gelado
얼리다	gelar
얼마	quanto(a) / quantidade / soma
얼마동안	longo
얼마입니까	quanto que é / quantos custa
얼빠진	desacertado / desconcertado / descomposto
얼버무리다	fingir / usar jogo de palavras
얼씬거리다	aproximar / esvoaçar / perpassar / roçar / voar
얼안	limite
얼얼한	agudo / ardente / sensível a dor
얼음	gêlo
얽히다	enlaçar / enrolar / enroscar / trancar
엄격한	áspero / austero / duro / rigoroso / severo
엄금	banimento / interdição / proibição
엄금하다	interdizer / proibir / suspender
엄동	inverno rigoroso
엄두	desejo / esperança / idéia / intenção
엄밀한	absoluto / estrito / exato / pontual / preciso
엄벌	punição / severa
엄벌하다	punir rigorosamente
엄병덤벙	estouvadamente / temerariamente
엄수	observação severa

엄수하다	observar cuidadosamente
엄숙한	digno / sóbrio / solene
엄습	ataque surpreendente
엄습하다	atacar de repente
엄연한	grandioso / majestoso / solene / sublime
엄위	serveridade
엄정한	precdiso / rígido / rigoroso / severo
엄중한	absoluto / exato / preciso / rigoroso / severo
엄지손가락	polegar
엄청난	extraordinário / impressionante / surpreso
엄함	dureza
업무	serviço / tarefa / trabalho
업무시간	expediência / horário de trabalho
업신여기다	desprezar / menosprezar
업신여기는자	zombador
업자	comerciante / compresário / fabricante
업적	façanha / feito heróico / proeza / realização
업종	categorio de trabalho / tipos de indústria
없게	aniquilar / consumação
없게하다	tirar
없게하시려고	anquilar / consumação
없고	sem
없느니라	não tereis / sem ele nada
없다	sem
없어서는 안될	necessário
없에다	acabar / eliminar / exterminar / matar / pôrfima
업에버리고	extinguir
없에버리다	extinguir

없으므로	fornecido / não tinha
엿귀.숙어	palavras e fases
엇나가다	dividir / fender / partir / rachar
엉겅퀴	abrolhos / cardo
엉기다	coagular / coalhar
엉덩이	anca / bumbum / bunda / nádega / quadril
엉뚱하다	excêntrico
엉뚱한	absurdo / desmedido / em-razão / exagerado
엉터리	artifício / engano / fraude / tapeação
엎다	capotar / virar
엎드러짐	deitado
엎드려	prostrou-se
엎으시니이다	derribaste
엎지르다	derramar / entornar
..에..에게	para
에누리	desconto
에머럴드	esmeralda
어베소	éfeso
에베소서	efécios
에봇	efode
..에서	em / na / no
에서부터	desde
에스더	ester
에스겔	ezequiel
에스피리또주	estado espírito / santo
에어콘	ar condicionado
에워싸다	cercar / circundar / rodear
엑스광선 엑스선	raios x
엔진기름	óleo de motor
엘리베이터	elevador
여가.틈	lazer / ócio / tempo
여각	ângulo complementar

여객기	avião de passageiros
여객선	navio passageiros
여격 여성명사	feminino
여공	trabalhadora
여과기	coador
여과하다	filtrar / purificar
여관	hospedaria / hotel / taverna
여관주인	albergueiro
여교사	professora
여구	frases bonitas
여권.여자권리	direitos de mulher
여권.신분증	passaporte
여권갱신	renovar passaporte
여권교환	trocar passaporte
여급	copeiro / garçonete
여기	aqui / cá / eis
여기서부터	daqui
여기에	dali(전치사 detali)
여기자	jornalista / repórter
여기저기	aqui e lá
여단	brigada
여단장	comandante
여당	partido da situação(do governo)
여덟	oito
여덟째	oitavo
여독	peçonha / tóxico / veneno
여동생	irmã mais jovem
여드름	acne / espinha
여든	oitenta
여러가지	coisas / artigos / diferentes / várias / vários / variodo
여러가지색의	multicolor
여러가지재주	em todo o artifício
여러번	muitas vezes
여럿이	vários

여러임금	dos reis
여론	opinião pública
여름	verão
여름을보내다	passar o verão
여름휴가	férias
여리고	jericó
여명	alvorada / alvorecer / amanhercer / madrugada
여무진	durável / firme / forte / sólido
여미다(옷을)	arrumar-se
여배우	atriz
여백	margem
여변호사	advogada
여보.당신	senhor
여보세요	alô(전화할때 하는말)
여숙박객	hóspeda
여분	excedente / excesso / sobra
여브스사람	os jebuseus
여브스족속	jebuseu
여섯	seis
여섯째	sexto
여성	mulher / sexo feminino
여성명사	feminino
여성적인	feminil / feminino
여송연 잎담배	charuto
여수	prisioneira
여신	deusa
여왕	rainha
여왕벌	abelha mestra
여우.간교한 사람	raposa
여우.여배우	atriz
여위다	emagrecer / enfraquecer
여유	calma / compostura / serenidade /
	tranquilidade

여음악가	música
여의사	doutora / médica
여의다	perder-se
여인숙	albergue / hospedaria / hotel
여자	fêmeas / mulher em geral / varoa
여자경찰	polícia de mulher
여자고객	freguesa
여자다운	feminil / feminino
여자동성애	safismo
여자미용사	cabeleireira
여주인공	heroína
여자집사	diaconisa
여자팬티	calcinha
여자형제	irmã
여전히	como sempre / geralmente / usualmente
여점원	empregada / funcionária
여정	jornada / viagem
여쭙다	falar / perguntar / questionar
여태까지	até agora / até hoje / até o momento
여학교	colégio feminino / escola feminina
여학생	aluna / estudante
여행	jornada / turismo / viagem
여행가방	mala de viagem
여행사	de turismo
여행자	turista / viandante / viajante / visitante
여행하다	excursionar / viajar
여행했다	viajou
여행화물 수화물	arrecova
여호와	jeová
여호와께복을받은자	bendito senhor
여호와께 성결	santidade de senhor
여호와께특별한	sábado de respouso ao senhor

여호와는그 의이름이시로다	senhor é o seu nome
여호와의 이름	nome de senhor
여호와이래	senhor proverá
여호수아	josué
여흥	deleite / distração / diverção / divertimente
역.전환.역전	conversão / inversão / reversão
역대상하	I.II crônicas
역.전화국	estação
역의.반대의	inverso / reverso
역경	adversidade
역도	rebelde / traidor
역량	capacidade / competência / habilidade / talento
역비례	inversamente proporcional
역사	história
역사의혹독함	da dura servidão
역사적인	histórico
역설	paradoxo
역설하다	acentuar / dar ênfase / salientar
역성	facciosidade / parcialidade
역성하다	auxiliar / favorecer
역습	contra-ataque
역시	iqualmente / também
역전	inversor
역장	chefe de estação de estrada de ferro
역청	betume
역청을칠하다	betuminoso
역학	arte de adivihação
역행	movimento / retrogradação / retrógrado / retro gressão
연	papel de papagaio
연감	anuário
연거푸	continuamente / em seguida /

	repetidamente
연결	conexão / junção / liga / ligação
연결한	vinculados
연결하다	juntar / ligar / unir
연고.원인	causa / motivo / relação / razão
연골	cartilagem
연공	encanador
연구	estudo / investigação / pesquisa
연구소.학원	instituto / instituto de pesquisa / laboratório
연구실	laboratório
연구하다	estudar / inventar / investigar / pesquisar
연극	representação / teatral / ação / teatral / teatro
연금.은급	pensão
연금.감금	prisão domiciliar
연금하다	apricionar / capturar / prender
연기.기간연장	tempo de serviço
연기.뿌연기체	fumaça / fumo
연기.미루다	adiamento / transfêrencia
연기가자욱하니	fumegava
연기나다	enfumaçar / fumegar / soltar fumaça
연기하다	agir / atuar / proceder / representar
연년이	de ano em ano
연단	eirado / estrado / exercitados / palanque / plataforma / tribuna
연달아	incessantemento / sem parar / sucessivamente
연대.시대	anos /era / época / período / tempo
연대(군).다수	regimento
연도.해	ano / calendário
연락	juntura

연락하다	avisar / comunicar / informar
연련하다	afetuosamente
연련하여	namorada
연령	idade
연료	álcool / combustível / gasolina
연루	envolvimento / implicação
연륜	sino anual
연마하다	aliança / coalizão / liga / união
연막	cortina de fumaça
연못.호수	lago / lagoa / riacho
연민	comiseração / cinoauxão / piedade / pena
연방	confederação / estado / federação / federal / país / união
연방경찰서	polícia federal
연방의원	deputado federal
연방정부	governo federal
연방지역	distrito federal
연보궤	tesouro
연분	parente / relação
연분홍빛	cereja
연상	associação de idéias
연설	discurso público
연설자	orador
연설하다	falar perante ao público / fazer discurso
연속	continuação / prosseguimento
연속극	noveia
연속되어있는	corda
연속적으로	continuamente / ininterruptamente / sem parar
연수	ganho anual / renda anual
연습기간	apredizagem
연습문제	exercícios
연습하다	fazer exercício / praticar / treinar

연안	beira-mar / costa / costeira / litoral / praia / região
연애	amor / namoro
연애하니	namorando
연약에사여 있음이니라	compadecer-se
연약한	débil / fraco
연약함	fraquezas
연어	salmão
연역	abatimento / dedução / desconto / redução
연예	atuação / desenpenho / representação(teatral)
연옥	purgatório
연원	começo / início / origem
연인	amante
연장.도구	ferramenta / instrumente
연장.늘음	extensão
연장하다	alongar / ampliar / aumenta / estender / prolongar
연재하다	publicar em séries
연적	concerrente / rival
연주	concerto
연주하다	concertar / ter concerto
연주회	concerto
연중	saída do ano
연지	batom
연착하다	atrasar / chegar / tarde
연철	ferro manufaturado
연체동물	molusco
연탄	briquête
연출	atuação / encenação / exibição / representação
연판	estereotípia
연판공	estereotipista

연표	tabela cronológica
연필	lápis
연필깎기	apontador de lápis
연필공장	fabrica de lápis
연하	saudação do ano novo
연하여	enlaçarão
연한.부드러운	claro / macio / mole / tenro
연한.연대	intervalo / período / tempo
연합	associação / coligação / união / unidos
연합시키다	aliar / juntar
연합하다	associar / juntar / ligar / unir
연합한	juntos
연해	litoral / região costeira
연회	banquete / festa / festim / jantar especial
연회장	metre-sala
열.10	dez
열.더위	calor /- temperatura / febre
열나다	febrecitar / febrilizar / ter febre
열병	febre
열.줄	fila / fileira / série
열거하다	enumerar / especificar / numerar / ordenar / relacionar
열광	entusiasmo / exaltação / extase / vivacidade
열광적인	entusiástico / fanático
열국	nação
열기	febre
열납하다	atender
열녀	heroína
열다	abrir / começar / iniciar
열대	trópico / trópicos / zona tropical / zona
열대지방	torrida

열대병	doença tropical
열대식물	plantação tropical
열대의	tropical
열도.섬	arquipélago / ilhas
열도.뜨거움	calor / grau de temperatura
열독	leitura atenta
열두지파	as doze tribos
열등.열등감	complexo de inferioridade
열람하다	ler atentamente
열량	caloria
열량계	calorímetro
열려있다	aberta
열력학	termodinâmica
열린	apaixonado / ardente / entusiástico / veemente
열망	desejo ardente
열망하다	ansiar / ansioso / aspirar / desejar / estar
열매	fruta / fruto
열매맺다	frutificar
열방	nações
열방이	os povos
열번째	décimo
열병	febre
열사	herói / patriota
열성	dedicação / entusiasmo / seriedade / vivacidade
열쇠	chave
열쇠생이	chaveiro
열심	entusiasmo / fervor / paixão9 / xêlo
열심인	ardoroso / entusiasta / fervoroso / zeloso
열왕기상하	I.II. reis
열어주소서	abre
열을식히는	refrigerar

열정	emoção / entusiasmo / paixão / sentimento
열정적인	apaixonado / ardente / veemente
열중하다	concentrar-se / estar atento / acupar totalmente
열차	trem
역차역.플랫홈	gare
열폭양장	dez cortinas
열학	termologia
얇은	delgado / esbelto / fino / leve / magro
얇은자색	lilás
염려	atenção / cautela / cuidado / precaução / prudência
염려마십시요	não se preocupe
염려하노라 염려하다	atentar
염문	caso amoroso / caso de amor
염복	felicidade em amor / sorte em amor
염불	invocação / prece(budismo)
염색하다	colorir / corar / tingir-se
염소	bode / cabra / cabrito
염소털	pelos de cabras
염원	anelo / cobiça / desejo
염주	terço de rosário
염증	antipatia / aversão / desgosto / repugnância
염치	brio / dignidade / honra / reputação
염치없는	sem vergonha
염해	sal do mar
엽록소	clorofila
엽맥	veia
엽서	cartão postal
엿듣다	escutar / ouvir por acaso / ouvir secretamente

엿보다	espiar / espreitar / observar
영.0.제로	nada / zero
영.신령.영혼	espírito
영.정점	cimo / cume / espinhaço
영.영지	colônia / domínio / território
영감	artístico / entusiasmo / influência / inspiração
영걸	poderoso
영계.햇닭고기	galinha / galo
영계.영혼의세계	palavra
영고	prosperidade e declínio
영관	coroa
영광	dignidade / glória / honra / louvor
영광.면류간	coroa
영광을 돌리다	glorificar
영구	ataúde / caixão de defunto / esquife
영구적인	permanecem
영구히	permanentemente
영구의	perpétuo
영국.영국의	ânglo / inglaterra
영단	medida decisiva / medida drástica / solução / imediata
영도하다	conduzir / encabeçar / guiar / liderár
영락없이	certamente / com certeza infalivelmente / sem falha
영령	espírito de pessoa morta / espírito morto
영리한	inteligente
영문	causa / motivo / sentido / significado
영문밖	arraial
영문학	literatura inglesa
영물학.심리학	penumatologia

영벌	tormento eterno
영사.관리	cônsul
영사.평면도법	projeção
영사.군숙사	quartel
영사관	consulado
영사기	projetor de slide
영상	imagem / retrato / silhueta
영생	imortalidade / vida eterna
영생을가졌	tem a vida eterna
고.영생을가졌노니	
영생을얻기위하여	para terdes vida
영생의말씀	as palavras / a vida eterna
영생하리라	viverá para sempre
영속하다	durar / manter / preservar
영수.우두머리	chefe de estado / líder / presidente
영수.영수증	comprovante / nota fiscal / recibo
영아	bebê / criança / menor
영양.작은숙녀	senhorinha
영양.소과의짐승	antílope
예기하다.미리알다	antecipar / antever / prever
예년	ano normal
예레미야	jeremias
예레미야. 애가	lamentações de jeremias
예루살렘	jerusalém
예를들면	exemplo
에리한	afiado / aguçado / agudo / ferino / pontudo
예매권	bilhete / reservado
예모.행위.	comportamento / conduta / hábito / jeito / 품위 maneira
예모있는	cortês / de boas maneiras / ducado / polido
예물	dágiva / dons / presente
예물드리는것.헌금	oferta
예민한	afiado / agudo / pontudo / sensível

예방	precaução / prevenção
예방의학	medicina / preventivo
예방제	preventivo
예방하다	evitar / prevenir
예배	culto
예배식	liturgia
예배하다	adorar / assistir à missa / prestar culto a
에배할지니	adorarão
예법	costumes / etiquetas / hábitos / jeitos / maneiras
예보	profecia / prognóstico / previsão
예쁜	amável / belo / bonito / engraçadinho / lindo
#얼굴	rosto bonito
예비	reserva
예비일	preparação
예비의	preparativo / preparatório
예비하다	preparar
에비하셨도다	preparaste
예비하신것이라	aparelhaste
예비하여	prontos
예비하였더라	prepararam
에비학교	escola preparativa
에사로운	comun / costumeiro / de praxe / habitual
예산	orçamento / receita / verba
예상	espectativa / esperança / expectação / perspectiva
예상하다	pensar / presumir / supor
예선	jogo preliminar
예속	subordinação
예수	jesus
예수그리스도	jesus cristo
예수승천	ascensão do senhor

예순.60	sessenta
예술.문예	arte
예술가.연예인	artista
예술원	academia / de arte
예술적인	artístico
예습	preparação
예습하다	preparar lições
예시	indicação / prefiguração
예시하다.	indicar / prefigurar / prenunciar /
예언하다	prognosticar
예심	julgamento / preliminar
예약좌석	lugar reservado
예약하다	marcar / reservar
예언	predição / profecia / vaticínio
예언하다	profetizar
예외	exeção / exclusão
예의	conduta / cortesia formal / educação / etiqueta
예의바른	civilizado / cortês / educado / polido
예전의	anterior / passado
예절	conduta / etiqueta / maneira / modo
예절있는	cortês
예정	estimativa / planejamento / plano / programação
예정의	planejado / programado / projetado
예정표	programação
예측하다	predizer / profetizar / prognostìcar / vaticina
예컨대	por exemplo
예포.공포	salva de tiros
예행.해보기	ensaio / prova
옛날	antigamente / antes / tempo passado
옛날에한때	era uma vez

옛날의	antigo
옛날이야기	conto
단편소설.우화	
옛적에	antigamente
오각형	pentâgono
오게하다	fazer vir
오그리다	contrair / encolher
오기.답기	coragem / espírito indomável / pensamento obstinado
오기.잘못적음	erro na escrita / registro errôneo
오는.미래	futuro
오는것	vendo
오는지라	vieram
오더라	sairam
오늘	hoje.
#은 어머니날이다	hoje éo dia das mães
#은 어린이날이다	hoje éo dia crianças.
오늘과내일	hoje e amanhã
오늘날	atual / hoje em dia
오늘날까지	até ao dia de hoje
오늘은그것을먹어라	comei-o hoje
오다	ir / veio / vem / venho / vim / vimos / vir
오독	erro na leitura
오독하다	ler com erros
오두막집	cavana
오들오들	estremecimento
오라	venha / vinde / vem cá
오락	diversão / lazer / passatempo / recreação
오락장	casa de recreio
오랑캐꽃	violeta
오래	por muito tempo
오래가는	permanente
오래동안	durante muito momento /

	longo período
오래만에	após longa ausência / depois de muito tempo
오래참아	esperando
오랜지	laranja
오랜지나무	laranjeira
오로지	exclusivamente / somente / só / unicamente
오류	engano / equívoco / erro.
오르다.올라가다	avançar / ir para cima / montar / subir
오르다.상승	aumentar preço / crescer
오르락.내리락	subirem e descerem
오르거나	subais
오르매	subindo
오르지말라	não poderá subir
오르지못하리이라	não poderá subir
오른쪽	não subirás
오름.상승	ascensão
오리	pata / pato /
#가느리다	pato é lento.
오리나무	amieiro
오리다	ornitorrinco
오막살이	barraco
오만한	altivo / arrogante / orgulhoso / presunçoso
오매	veio
오며	venho / vim
오면	vier
오목한	côncavo
오므리다	contrair
오바댜	obadias
오박록	overlock / overloque
오바코트	sobretudo
오발	tiro acidental

오보.잘못된보도	informação errônea / ou falsa
오붓한	alegre / feliz / satisfeito
오사	chegou / vindo
오산	erro de cálculo
오세아니아	australiano
오순도순	amigavelmente / em paz / pacificamente
오순절	pentecostes
오십부장	maiorais de cinqüenta
오시다.오다	tornaram / vir
오아시스.휴계장소	oásis
오역하다	traduzir incorretamente
오용하다	abusar / fazer mau uso
오월	maio
오이	pepino
오전	antes de meio-dia / de manhã / parte da manhã
오점	defeito / erro / falha / mancha
오정	meio dia
오줌	urina
오줌누다	mijar / urinar
오지.습지	sertão
오지도못하리라	não podeis vir
오직	apenas meramente / somente / unicamente
#너 하나뿐	somente você
오징어	lula
오토바이	moto / motocicleta
오페라	ópera
오해	desentendimento / divergência / engano / equívoco
오후	à tarde
오후인사	boa-tarde
오히려	pelo contrário / preferivelmente
옥.보석	jóia / pedra preciosa / penitenciária

	/ prisão
옥.형무소	cadeia / cárcere
옥수수	espiga / milho
옥신각신하다	brigar / discutir
옥양목	calico / morim
옥외에서	externo / fora de casa
온건한	comedido / moderado / razoável
온당한	adequado / apropriado / certo / exato / peculiar / próprio
온땅에	toda a terra
온대	zona temperada
온도	calor / temperatura
온도계	termômetro
온수	água quente
온순한	brando / gentil / humilde / obediente
온실	estufa para plantas
온역.전염병	praga
온역이나 약질	com pestilência / peste
온유	manso
온전케하시는이	consumador
온전한	completo /inteiro / perfeito
온전한마음	sinceridade do coração
온정	benevolência / bondade / cordialidade
온천	balneário
온천장.해수욕장	caldas / estação de água
온통	completamente / inteiramente tudo
온혈동물	animal de sangue quente
온화한	brando / indulgente / meigo
온회중으로	todo está multidão
온후한	afável / cortês / gentil / polido
올.구김살	dobra / prega
올가미	armadilha / corda / laço
올것이다	vir / viria

올라가노니	subirei
올라가라	que fizeste subir / subí
올라와서	subiram / subirão / venham
올리다	colocar em cima / elevar / levantar
올리브나무	oliveira
올무줄	laço
올바로	acertadamente / corretamente / honestamente / justamente
올바른	correto
올빼미	coruja / mocho
올챙이	girino
옮기다	mudar / passar / remover / transferir
옮긴다	mudam
옳다	razão
옳은	certo / correto / direito /justo
옴.피부병	coceira / sarna
옷	roupa(s) / vestidos em geral / túnica
옷감.천	pano / tecido
옷걸이	cabide
옷깃	colarinho / gola
옷을벗기다	despir
옷을벗다	despir
옷을입히다	vestir
옷입다	veste / vestem / vestir / visto
옷장	guarada-roupa
옹립하다	auxiliar / defender / fortalecer / sustentar
옹색한	indigente / necessitado / pobre
옹졸한	avaro / mesquinho
옹호하다	depender / proteger
옻	laça
..와교전하여싸우다	batalhar
와이샤쓰	camisa

와전	informação errônea ou falsa
와해하다	cair / desmoronar / ruir
완강하여	obstinado
완강한	cabeçudo / intratável / obstinado / pertinaz / teimoso
완결하다	acabar / completar / concluir / terminar
완고한	cabeçudo / obstinado / pertinaz / teimoso
완두.완두콩	ervilha
완력	força brutal / força física
완료하다	acabar / completar / concluir / terminar
완만한	calmo / relaxado / soto / tranqüilo
완벽	completação / perfeição / primor
완벽한	perfeito
완비한	equipado / preparado
완성	aperfeiçoamento / completação / conclução
완성하다	completar / concluir / cumprir / terminar
완수하다	completar / concluir / executar / finalizar / realizar
완악함	dureza
완장	braçal / fita
완전한	completo / inteiro / perfeito
완전한편집	compilação completa / primor
완충기	estado tampão / para-choque
완치	cura / recuperação
완쾌하다	curar / recuperar
완화	alívio / lenitivo / mitigação
왔다	viemos / vieram / vim
왕	régulo / rei
왕관	coroa
왕국	monarquia / reino

왕권	força soberana / poder soberana
왕래	vai-vém
왕래하다	comercializar / ir e voltar / negociar
왕립	comitiva / presença / visita
왕벌	vespões
왕복	ida e volta
왕복표	bilhete de ida e volta
왕비	rainha
왕성해지다	engrandecer
왕성케하다	estabeleceu-lhes
왕성한	ativ . enérgico / potente / próspero / vigoroso
왕왕	algumas vezes / às vezes / freqúentemente
왕위	trono
왕자	príncipe
왕정복고	restaurador
왕좌	trono
왕진치료하다	assistência do médico ao domicílio do paciente
왜	por quê? o porquê / qual razão
왜가리	graça
외가	família de mãe
외각	lado externo / parte exterior
외계	exterior / mundo
외고집	obstinação / teimosia
외과	cirurgia
외과의	cirúrgico ;/ médico cirurgião
외관.모양	aparência
외교	diplomacia
외교가	diplomata / diplomatista
외교관계	relação mútua
외국	exterior / país estrangeiro
외국산	artigos importados / produtos

	importados
외국어	língua estrangeira
외국여행갑니다	vou viajar exterior
외국인	estrangeiro
외판	abandonado ;/ isolado / solitário
외등	farol de rua
외람	audacidade / desaforo / impudência
외래의	estrangeiro / importado
외로운	desolado / solitário / triste
외로움	solidão
외로히	sozinho
외면하다	afastar / deixar de atender / ficar de longe
외모	aparência / aspecto
외무부	ministério de relações exteriores
외무부장관	ministro do exterior
외부	exterior / externo / fora
외부에나타나게함	externa
외사촌	primo maternal
외삼촌	tio materno
외상	creditado / crédito / fiado
외식	hipocricia
외신	correspondência / estrangeira(s) / notícias
외아들	filho único
외야	campo externo (basebol)
외야수	jogador que atua campo externo (basebol)
외양간	estábulo
외에.밖에	além de
외우다	decorar / lembrar / memorizar
외자.외국자본	capital estrangeiro
외출	saída
외출하다	passear / sair
외치다	berrar / clamar / declarado /

	falar alto / gritar
외투	sobretudo
외할머니	avó materno
외할아버지	avó paterno
외형	aparência / aspecto físico / forma externa
외화.외국화폐	dinheiro / moeda (estrangeiro)
외황.외국영화	filme importado / estrangeiro
왼손	mão esquerda
왼쪽	esquerda / lado esquerda
요	cobertor / colchão / roupa de cama
요강	rascunho / resumo / sumário
요건	assunto / tema
요구되다	importar
요구하다	buscado / exigir / pedir / pretender / requerer / rogar / solicitar
요금	custo / preço / tarifa / taxa
요기하다	comer ante saciedade / comer com saciedade
요긴한	essencial / importante / necessário / útil
요나	Jonas
요단강	rio jordão
요단들	campina jordão
요담	conversa confidencial
요동	agitação / oscilação / trepidação / vibração
요란한	barulhento / ruidoso / turbulento
요람	berço
요령	jeito / maneira / modo / parte principal / ponto essencial
요리남비	caçalora
요리사	cozinheiro
요리집	restaurante
요리하다	cozer / cozinhar / fazer comida

요리학	gastrologia
요망	demanda / desejo / exigência / pretenção / reclamação
요목	assunto essencial / item principal / ponto principal
요새.요사이	atulmente / hoje em dia / recentemente
요새.강한	castelo / forte / fortificado / praça
요새.능력	força
요셉	José
요소.성분	constituinte / ingrediente / elemento
요소.중요점	ponto estratégico / ponto importante posição importante
요술	mágica / truque
요술쟁이	mágico
요신.고관. 각하	autoridade / decência / dignidade / honra prestígio / respeitabilidade
요약하다	abreviar / compendiar / epitonar / resumir / sumariar
요양	descanso / redu0peração / repouso
요양원	casa de saúde
요엘	Joel
요염한	agradável / atrativo / encantador / fascinante / gracioso
요원한	afastado / distante / remoto
요인	elemento / fator
요일	dia de semana / os dias de semana
요절나다	destruído / esmagado / fraturado / tornar-se tompido
요점	essência / essencial / ponto essencial / ponto principal
요정	boate / fada / restaurante
요즘	atualmente / estes dias /

	no momento / momento atual
요지	essência / essencial / ponto essencial / ponto principal
요청하다	exigir / interpelar / pedir / requerer
요컨데	em suma / finalmente por fim / resumidamente
요하다	necessitar / pegar / precisar / querer / tomar
요한계시록	apocalipse / apocalipse de s.joão
요한복음	João
요한이세례주던곳	onde João estava batizando
요한 1.2.3.서	I.II.III. João
요행이	felizmente / fortunosamente / oportunamente / por sorte
욕	injúria / insulto / linguogem / ofensiva
욕구	anelo / avidez / cobiça / desejo / impetuosa / vontade
욕망	ambição / aspiração / desejo / impetuosa / vontade
욕설	calúnia / difamação / maledicência / vitupério
욕설하다	caluniar / difamar / maldizer
욕실.화장실	banheiro
욕심	avareza / avidez / cobiça / mesquinhez
욕심많은	avarento / avaro / ávido / cobiçoso / guloso / sovina
욕심없는	altruísta / artruístico / desinteressado
욕하다	amaliçoar / injuriar / insultar / ofender
용	aragão
용감	ousadia
용감한	bravo / corajoso / destemido /

	heróico / valente / valoroso
용건	assunto / caso / dever / negócio / tarefa
용구	acessório / ferramenta / implemento / instrumento / utensílio
용기.받는그릇	receptáculo / recipiente
용기.용감	audacia / bravura / coragem / valor
용기를내라	afoiteza
용기있는	bravo / corajoso / destemido / valente
용납	aceitação / admissão / permissão / reconhecimento
용단	determinado / firme / medida decisiva / passo decisivo
용도	finalidade / necessidade / proveito / uso / utilidade
용돈	dinheiro para pequenos gastos
용두사미	anticlimax #격이다 não ter pé nem cabeça
용량	capacidade / volume
용렬한	bobo /; estúpido / imbecil / tolo
용례	amostra / exemplar / exemplo / ilustração / modelo
용맹	arroio / atrevimento / audacia / bravura / coragem / forças / ousadia
용모	aparência / aspecto / feição / traço
용무	assunto / comércio / negócio / serviço / trabalho
용법	maneira de usar / manual de intruções / procedimente
용사	homen de coragem / homen bravo / soldado corajoso
용사시니	varão de guerra
용서	perdão / remissão / absòlvição

용서를빌다	desculpa / desculpar / desculpe
용서하는(사람)	perdoador
용서하다	absolver / desculpar / perdoar
용수철	espiral / mola
용액	dissolvente / solvente
용어	expressão / palavra / termo
용의	cautela / circunspeção / precaução / prevenção / prudência
용의자	pessoa suspeita / suspeito
용이한	cômodo / confortável / fácil / leve
용인하다	admitir / aprovar / tolerar
용접	solda / soldagem / soldadura
용접하다	soldar
용한	admirável / ágil / bom / destro / experiente
용해	ação de fundir ou derreter / processo de dissolução
용해하다	derreter / dissolver / fundir / liquefazer
우(右).오른쪽	direita
우거지사	cobrir de vegetação / florir-se
우거하다	habitar
우국	patriotismo
우국지사	patriota
우그러뜨리다	enrugar / esmagar / espremer / triturar
우기	estação chuvosa / tempo chuvoso
우기다	acentuar / insistir / persistir / teimar
우대하다	tratar com consideração / tratar cortesmente
우두	vacinação
우두커니	à toa / em vão / ociosamente / sem prestar atenção
우둔한	estolido / estúpido / parvo / tolo

우등	exelência / mérito / qualidade / superior / superioridade
우등의	esplêndido / excelente / ótimo / primoroso / superior
우랄산맥	ural
우량.우수한	excelência / qualidade boa / superioridade
우량.강우량	aguaceiro / chuva
우러러보다	acatar / dar valor / honrar / prezar / respeitar
우렁찬	barulhento / estrondoso / ressoante / sonante / sonoro
우려	anseio / ansia / ansiedade / aprenção / preocupação
우려하다	ansia / precoupar-se / sentir / ansiedade
우뢰.뇌성	atroamento / trovão / trovões
우루과이(남미)	uruguai
우리.(맹수)	jaula
우리.우리들	nós / nossos
우리.새우리	cadeia / gaiola / jaula / prisão / viveirp de aves
우리가 믿겠노라	creremos
우리가정치하다	para nós
우리들	agente
우리선조	nossos pais
우리와	conosco
우리와너희	nós e a vós
우리의	nosso / nossa
#나라	nosso país
#의무	nossa obrigação
우리에게	nós para nós
우리에게 설명하여주옵소서	explica-nós
우림과둠밈	urim tumim

우매	asneira / estupidez / ignorância / tolice
우매한	estúpido / imbecil / tolo
우맹이요	insensatos
우묵한	afundado / côncavo / posto a pique
우물	fonte / poço
우물아구	boca de poço
우물거리다	mastigar / murmurar / resmungar
우물파는 사람	poçario
우미한	delicado / elegante / fino / gracioso
우박.싸락눈	granizo / grão de saraiva / saraiva
우방	nação aliado / nação amiga
우산.우비	capa / guarda-chuva
우상	falso deus / ídolos
우상숭배자들	idolatras
우생학	engênia
우선	antes de mais noda / em primeiro lugar / primeiramente
우세.비웃음	franquia postal
우세.우수함	força superior / predominância / superioridade / supremacia / vantagem
우세한	excelente / melhor / predominante / superior
우송료	franquia postal
우송하다	enviar / mandar / remeter (pelo correio)
우수	depressão / hipocondria / melancolia / tristeza
우수리	câmbio / conversão / troco
우수한	exelente / melhor / muito / superior
우스운	chistoso / cômico / divertido / engraçado / jocoso / risível
우슬초	hissopo
우승자	campeão / conquistador / vencedor

우승하다	conseguir ser o campeão / tornar-se campeão
우아한	elegante / fino / gracioso / polido
우양	de vacas e de ovelhas
우엉	bardana
우에	amor fraterno
우연한	acidentar / casual / incidental / inesperado
우연한일치	coincidência
우연히	acidentalmente / casualmente / inesperadamente
우열	mérito ou demérito / superioridade ou inferioridade
우열없는	constante / equilibrado / equiparado / igual / nivelado
우울증	hipocondria / melancolia
우울한	deprimido / melancôlico / triste
우월	predominância / primazia / superioridade
우유	leite
우유병	mamadeira
우유부단한	hesitante / indeciso / irresoluto
우의.호의 친절	afeição / amizado / benevolência
우의.비옷카바	capa impermeável contra chuva
우장	toldo
우정	amizade / relação amigável
우주.천지만물	universo
우주론.진화론	acosmismo
우주비행사	astronauta
우주여행가	astronauta
우주의	cosmonauta
우주인	cosmonauta
우주철학.우주관	cosmologia
우주학의	côsmico / universal
우준하게.미친사람	loucos

우쭐거리다	bancar o valentão / fanfarrear / gadar-se / jactar-se / vangloriar-se
우중에	na chuva
우중충한	escuro sombrio / obscuro / pardo
우짖다	gritar alto / falar / alto
우천	estação chuvosa / dia chuvoso / tempo chuvose
우체국	caixa postal
우체통	caixa postal
우측	lado direito
우틀두틀한	acidentado / escabroso / escarpade ******
우파	direitísta
우편	direitísta
우편함	correio / correspondência ******
우편배달부	carteiro
우표	estampilha / selo
우호	amigável / amizade / civilidade / cortesia / relação
우화	alegoria / conto / mito / parábola / fábula lenda
우화적인	apologal
우회하다	rodear / voltear
욱박지르다	assustar / atemorizar / intimidar / oprimir
운.행운	destino / felicidade / fortuna / sorte
운.시.운문	poesia / rima / verso
운동	educação / física / esporte / exercício / ginástica / movimento / treino
운동양말	meião
운동선수	atleta / desportista / jogador(a)
운동정신	desportismo / imparcialidade
운동팬츠	calção

우동화	tênis
운동회	atletismo. encontro dos atletas
운명	destino / sorte
운문	estância / estrofe / poema / verso
운반하다	carregar / conduzir / levar / transportar
운석	aerôlito / meteórito
운송	condução / transporte
운송료	carrêto / frete / porte / taxa
우송상자	engadado
운송업	trabalho de transporte (transportação)
운송하다	carregar / conduzir / transportar
운수	condução / transportação / transporte
운수가나쁜	astroso
운영	administração / conduta / direção / gerência
운영하다	administrar / conduzir / dirigir / manejar
운율	medida de verso / ritmo
운임	cistp de trams[prtação / passagem / preço de transporte
운전수	chofer / condutor / motorista
운전하다	dirigir carro / passar de auto(carro)
운좋은	afotunado
운집하다	afluir em multidão / aglomerar-se / encher-se
운치.고안한품위	distinção / elegância
운치있는	distinto / elegante / fino / formoso / gracioso
운하	correntes / os rios
운행	ação / funcionamento / manejo / manobra / operação
운행하다	agir / executar / mover /

	movimentar / operar
울.둘러쌈	cerca / cercado / cerco / muro / tapume
울긋불긋한	abundante em cores / colorido
울렁거리다	estar excitado
울다.눈물흘리다	chorar-se / lamentar
울다(새.벌레.짐승)	relinchar / rinchar
울리다	emitir um som / retinar
울룩불룩한	acidentado / escabroso / irregular / torto
울보	chorão
울부짖다	berrar / bradar / bramir / gritar/ uivar / urrar
울분	cólera / furia / indignação / ira / rancor / ressentimento
울음	choro
울적한	abafado / embotado / melancôlico / sufocante / triste
울창한	abafado / embotado / melancôlico / sufocante / triste
울타리	barreira / cerca / cercado / grade / muro / obstáculo
울화.노기.분	fúria / indignação / ira / nervosismo / rancor
움.눈.싹	botão de planta / broto / rebento
움.땅굴.지하실	adega / celeiro / proáo
움실거리다	enxamear / mexer / mover-se / movimentar
움실대는	movia
움직이다	acionar / deslocar / mexer / mover / pôr em movimento
움츠리다	contrair / encolher / fazer contrair / recolher / retrair
움켜지다	agarrar / apanhar / capturar / pegar / prender

움폭한.오목한	afundado côncavo / fundo / profundo
움폭한곳	buraco / cova / vale
움폭해지다	afundado / tornar-se côncavo
웃으면서상거래	vamos trabalhar com sorriso
웃음	gargalhada / riso / sorriso
웃기다	gracejar
웃다	dar risada / gargalhar / rir / sorrir
웅게중게	em grande número de pessoas / em grupo / em multidāo
웅그리다	abaixar-se / agachar-se / curvar-se
웅대한	enorme / formidável / grande / grandioso / imponente
웅도	enorme / formidável / grande / imponente / iniciativa
웅변	eloqüência / retórica
웅변의	eloqüênte / expressivo
웅자	estilo magnífico
웅장한	esplêndido / grandioso / magnífico / sublime
웅크리다	agachar-se / abaixar-se / curvar-se
워낙	a princípio / de fato / originalmente / primitivamente / na realidade / realmente
원.요구	anelo / anseio / desejo / vontade
원.조합원 회원	associado / membro / sócio
원.원둘레	círculo
원가	custo / preço / preço de custa / valor
원거리	grande distância / longa distância
원경	perspectiva / paisagem / visão panorâmica / vista
원고	manuscrito / trabalho à mão
원군	reforços(milit)
원금	capital principal

- 482 -

원기	animo / energia / força / vigor / vitalidade / vivacidade
원기왕성한	fogoso / orgulhoso
원기왕성하게	com bom humor
원내의	dentro de casa / dentro do quarto em casa
원대로	vontade
원대한	ambicioso / enorme / extenso / fabuloso / de grande projeção / magnífico
원동력	força motriz / motor
원래	inato / originalmente / por natureza / realmente
원로	político idoso / veterano
원론	fundamento / princípio
원료	matéria-prima / material / primitivo
원리	essência / norma / princípios / regra científica
원리의	essencial / mais importante / principal
원만한	completo / conforme / harmonioso / primoroso
원망.미움.앙심	aversão / malevolência / malvadez / ódio / rancor
원망.욕망.희망	aspiração / avidez / cobiça / desejo / vontade
원명	nome original / nome real
원문	texto original
원반.레코드. 둥근접시	disco / qualquer objeto circular
원반.운동용구	disco (esporte)
원본	documento original / trabalho original
원산물	produto primária
원산지	fonte / origem

원상	condição anterior / estado original / situação normal
원색	cor primária
원색사진	fotografia colorida :/ holocromia
원서.청원서	aplicação / pedido / petição / requerimento / solicitação
원서.원문	texto original / trabalho original
원성	acusação / denúncia / queixa / reclamação
원소	componente / elemento / substância diminuta
원수적	adversário / antagonista / inimigo / inimizado / oponente
원수.군주	monarco / presidente / rei / sobermano
원수.군장군	general do exército
원숙한	amadurecido / deidade avançada / desenvolvido / maduro / perfeito
원숭이	búgio / macaco
원시의	da primeira / sinio formação / inicial / original / primitivo
원시림	floresta / primitiva
원시인	homen primitivo
원심력	força centrífuga
원안	esboço original / plano original / projeto original
원앙	mandarina
원야	charco / campo / pântano / planície / vasto
원양	oceano
원양어업	pesca pelágica / pescaria oceânica
원어	língua primitiva / linguagem original / palavra original
원예	horticultura / jardinagem / trabalho de jardim

원외의	fora de casa / externo
원외운동	agitação livre /
	movimento promovido ar livre
원유	em estado natural / não refinado /
	petróleo bruto
원유회	festa dada num parque ou num
	jardim / garden-party
원음	pronúncia original / som básico
원의	sentido original /
	significado principal
원인.이유.동기	causa / motivo / origem / princípio
	/ razão
원인.간접적인원인	causa essencial / causa remota /
	fundamental
원자	átomo / partícula atômica
원자력	energia atômica / força atômica
원자무기	arma stômica / armamento atômica
원자탄	bomba atômica
원장	administrador / diretor / presidente /
	superin tendente
원적	habitação permanente /
	local de residência permanente
원전	fonte informação /
	livro de informação
원정.여행	excurção / expedição / viagem
원정.정원사	jardineiro
원조.보조	ajuda / âmparo / assistência /
	auxílio / socorro
원조.창설자	criador / fundador / iniciador /
	inventor / instituidor
원족	convescote / excursão / piquenique /
	viagem
원죄	pecado primitivo
원주.원둘레	circunferência
원주.큰기둥	coluna / pilar

원주민	indígena
원주민의	materna / nativo
원지	papel estencil
원천	fonte / fonte de informações / lugar de origem / nascente / origem
원추형	cone / objeto ou peça em forma de come
원칙	fundamento / método fundamental / norma / princípio / regulamento básico
원칙적으로	em princípio / em regulamento principal / pelo princípio básico
원컨데	eu espero / peça em forma de come
원판레코드	disco
원탁	mesa redonda
원통.기통.실린더	cilíndro / corpo roliço / qualque corpo cilíndrico
원통.원한	aflição / indignação / pesar / rancor /ressentimento / tormento / vexação
원하는	desejo
원하다	almejar / ansiar / apetecer / cobiçar / pedir / querer / rogar
원하였거니와	quisestes
원한	aversão / malevolência / ódio / penoso / rancor / sentimento amargo / triste
원한다면	se desejar / se gostar de / se preperir / se quiser
원형	forma original / forma primitiva / padrão
원형질	protoplasma
원형의	arrendondado / cilíndrico / circular / curvo / esférico / redondo / rotundo

원호	arco circular / arco esférico / arco redondo
원호하다	amparar / beneficiar / depender / proteger / salvaguardar
원활한	fáeil / harmonioso / dificuldades / sem obstáculos / suave
원흉	assassino / bando / cabeça / de motim / instigador
월간의	mensal / mensalmente / mensário
월간지	revista mensal
월경	catamenino
원경기간	regras / assistência
월경에관한	catamenial
원경불순	amenorreia
월게수	árvore de laurel
월계관	coroa de laurel
월광.달빛	luar
월권	abuso de confidência / arrogância / presunção / soberba
월급	ardenado / remuneração / salário
월급을주다	assalariar
월동하다	invernar / passar o inverno
월등한	excelente / extraordinário / fora de comun / notável
월말	fim do més / final do més
월보	informação mensal / notícia mensal / relatório mensal / reportagem mel
월부	mensalidade / pagamento mensal / prestaçáo mensal
월사금	carnê escolar / mensalidade / pagamento escolar / taxade matrícula / taxa escolar
월세	aluguel do mês / aluguel mensal
월세계	mundo lunar
월수.수입	honorário mesal / pagamento /

	renda / salário
월수.갚아가는빚	pagamento da dívida mensalmente
월식	eclipse de lua / eclipse lunar
월요일	segunda-feira
웨딩드레스	vestido de noiva
웨이터	garçom de bar
웬만큼	adequadamente / bem / convenientemente / devidamente / propriamente
웬만한	admissível / passível / ratificável / tolerável
위.상위	lugar alto / parte superior / superfície
위.위장	estômago
위구.공포.불안	apreenção / medo / pavor / preocupação / receio / susto / temor / terror
위구하다	estar apreensive / preocupado / preocupar-se / recear / temer / ter medo de
위급	acontecimento inesperado / emergência / necessidade urgente / ocorrência perigosa / situação crítica
위급한	crítico / emergente / iminente / perigoso / sério / urgente
위기	crise / momento crítico / momento de perigo / situação crítica
위난.위험	aperto / perigo / risco / situação difícil / situação perigosa
위대한	excelente / formidável / generoso / grande / magnífico / nobre / notável
위도.평행선	latitude / paralelos de latitude
위독한	alarmante / crítico / grave / importante / perigoso

위력	autoridade / capacidade / força / influência / poder / potência
위령제	missa / requiem
위령탑	cenotápio / momento fúnebre
위로	consolo
위로하다	aliviar / animar / confortar / consolar / mitigar / ressarcir
위로할수없는	inconsolável
위명.거짓이름	nome falso / nome falsificado
위문	condolência / conforto / consolação / consolo
위문하다	compadeser-se / condoer / confortar / consolar / simpatizar
위반	infração / injúria / transgressão / ultraje / violação
위반하다	desrespeitar / infringir / transgredir / ultrajar / violar / violentar
위법의	contrário à lei / ilegar / ilegícito
위병. 위에서생기는병	doença estomacal
위병.보초. 파숫군	guarda / sentinela
위병소	cadeia para soldados / quartel de guarda
위성도시	cidade satélite
위성도시명. 중소도시	taguatinga
위생	instalação sanitária / medida sanitária / serviço sanitário
위생부.위생국	repartição de saúde
위생적인	asseado / higiênico / limpo / saudável
위선	falsidade / fingimento / hipocricia
위선자	hipócrita
위선적인	dissimulado / fingido / hipócrita
위성	satélite

위세	autoridade / capacidade / força / influência / poder / potência / vigor
위시하다	começar / dar início / fazer primeira parte / iniciar / originar
위안	ânimo /conforto / consolação consolo
위안하기	consolação
위안하다	animar / consolar / confortar / dar o ânimo
위안회	encontro de consolação / encontro recreativo / festa recreativo
위암	câncer estomacal
위압하다	afetar profundamente / conquistar / dominar / intimidar / subjulgar
위약	quebra de compromisso
위엄.품위	brio / decência / decoro / dignidade / nobreza / respeitabilidade
위엄.장한일	façanha / feito heróico / grande trabalho /
엄한행동	realização / terror
위엄있는	cheio de dignidade / digno honrado / nobre
위염	gastrite
위원	membro de um comitê
위원회	delegação / comissão comitê
위에	acima / em cima
위의	acima / acima de / em cima / para cima / por cima / sobre / superior
위인	grande homen / homen nobre / magnífico / sábio
위임	cargo / delegação / mandato / obrigação / ordem / responsabilidade
위임식	congagrações / sagração

위임통치	mandatário / mandato
위임하다	confiardepositar / enarregar / entregar aos cuidados de / incumbir
위임하다.성별하다	sagrados / sagrar
위자료	conforto / consolação / dinheiro de consolo
위장.위	estômago e intestinos
위장.기만	camulfagem
위장병	gastrite
위장의.위의	gástrico / relativo ao estômago
위장의. 가면쓴.변장한	disfarçado / fingido / mascarado
위장하다	canflar-se / disfarçar / fingir / simular
위정자	administrador / estadista / governador / político
위절제수술	gastrectomia
위조하다	adulterar / alterar / falsificar
위주하다	almejar / concentrar esforços para / dar a importância / objetivar
위중한	alarmante / crítico / difícil / importante / sério
위증	depoimento falso / falso testemunho / juramento falso
위축하다	contrair / diminuir / encolher / fazer menor / recuar / retrair
위축한	enjoativo / fraco / mirrado / murcho / seco / sem vida
위치	altitude / colocação / local / lugar / posição / posicionamento / situação
위치하다	colocar em posição / localizar posicionar / postar / situar
위치한	situado
위탁	confiança / confidência / consignação / responsabilidade

위탁하다	confiar em / consignar / deixar para autro / entregar a autro
위태로운	perigoso / arriscado / temerário
위태롭게하다	arriscar / comprometer / correr risco / expor / pôr em perigo
위통	dor de estômago / gastralgia
위풍	brio / decência / decro / dignidade / nobreza
위헌	incontitucionalidade
위헌의	inconstitucional
위험	perigo / risco
#하다 차조심!	perigo / cuidado com o carro!
위험한	arriscado / perigoso
위협	ameaça / perigo
위협하다	ameaçar / intimidar / meter medo / pôr em perigo
유.종류.등급	classe / espécie / gênero / grupo / tipo
유.형체	estilo / maneira / método / modo
유가족	família acidentada / família desolada / resto de família
유가증권	valores
유감	pena / pesar / sentimento / tristeza
유감스러운	lamentável / lastimável / triste
유골	cinzas / restos mortais
유괴	rapto / seqüestro
유괴하다	levar à força / raptar
유교	confucionismo
유교병	pão levedade
유구한	constante / eterno / infinito / perpétuo
유권자	eleitor / votante
유기.버림	adandono / desampara / deserção / desistência
유기.그릇	utensílios de cobre

유기적인	orgânico
유기체	organismo
유기하다	abandonar / desamparar / desertar / deixar
유난스러운	estranho / fora do comun / incomun / raro
유년	infância / meninice
유년의	imaturo / jovem / juvenil
유능한	ágil / apto / capaz / competente / destro /hábil / qualificado / talentoso
유다	Judá
유다서	Judas
유당.락토오제	açúcar de leite / lactose
유대	Judéia
유대인	judeu
유덕의	bom / decaráter / honrado / íntegro / virtuoso
유도.무술. 유술	judô / # 하다 praticar judo
유도.설득	induzimento / instigação / persuação
유도체	condutor
유도탄	míssil / projétil
유도하다	causar / induzir / influenciar / levar / persuadir
유독히	apensa / só / unicamente / único
유동	circulção / fluxo
유동성	fluência
유동식	alimento líquido / comida líquida
유동체	flêido
유람	excursão / viagem de recreio / viagem de passeio
유람객.길손	excursionísta / turísta / viajante
유랑하다	excursionar / passear / viajar
유래	criação / fonte / gênese / geração / origem
유래하다	causar dar origem a / originar /

	proceder
유럽	Europa
유력자	homen de influência /
	homen poderoso
유력한	eficaz / eficiente / forte / influente /
	poderoso
유령	aparição / fantasma
유래	caso parecido / exemplo similar /
	situação idêntica
유래없는	incomparável sem exemplo
유리	vidro
유리끊는칼	diamante de vidraceiro
유리하다	afastar / isolar / separar
유리하며	andaram
유리한	favorável / lucrativo / proveitoso /
	vantajoso
유린하다	esmagar / maltratar / pisar /
	tratar cruelmente
유망한	auspicioso / esperançado /
	esperançoso
유머	célebre / celebremente / clebérrimo /
	humor
유명무실한	nominal / sem importância / trivial
유명한	célebre / eminente / fama / famoso
	/ insigne / notável
유명한죄수	presa bem conhecido
유모	ama-seca / ama de leite /
	babá governanta / pajem
유모차	carrinho de criança
유목	nomadismo
유목인	nômade
유물	lembrança / objeto de estimação /
	relíquia
유물론	materialismo
유방	mama teta / peito / seio

유배	banimento / degredo / desterro / exílio / expatriação
유보	reserva / reservação
유보하다	conservar / guardar / reservar
유복한	abastado / opulento / rico
유사	história / histórico
유사성	semelhança
유사시	acontecimento / emergência / inesperado / situação / crítica
유사이전의	pré-história
유사점.닮은	semelhante
유사한	afim / analógico / análogo / parecido / semelhante / similar
유산.유업	herança / legado
유산.낙태	aborto
유산계급	burguesia
유서	testamento
유서있는	famoso / histórico / renomado
유선	linha telefônica ou telegráfica
유선전화	telefone com linhas
유선형	forma aerodinâmica
유선형의	aerodinâmico / alinhado
유성.혹성.행성	planeto
유성.별똥	estrela cadente / meteoro
유성기.축음기	fonografia / pick-up / toca-disco / vitrola
유성영화	filme sonoro
유세	campanha eleitoral / galopinagem / propaganda eleitoral
유수의	eminente / notável / notório / proeminente
유숙하다	abrigar / alojar / hospedar
유순한	obediente / submisso
유시.보도.통신	comunicação / instrução / mensagem / ordem

유식한	bem-informado / intelìgente / sábio
유신론	teísmo
유실	dano / perda / prejuízo
유실물	artigo perdido / coisas perdidas
유실하다.분실하다	desperdicar / perder
유실하다.	arrastar-se / mover-se / remover-se
떠내려가다	
유심론	espiritualismo / idealismo
유심론자	idealista
유심히	atentamente / cautelosamente / cuidadosamente
유아.영아	bebê / criança / criancinha
유아.젖먹는아이	criança de peito / lactente
유약한	débil / doente / fraco / frágil
유언	testamento
유언비어	rumo sem motivo / rumor sem razão
유언자	última vontade / testador
유업	herança / inacabado / trabalho
유역	baixada / vale
유연탄	carvão betuminosa
유연한선	fio flexível
유용	distração / diverção / divertimento / passatempo / recreio / utilidade
유용하다	distrair / divertir / recrear / utilizar para outro fim
유용한	aproveitável / benefiao / proveitoso / útil
유월.6월	junho
유월절	páscoa
유월절규례	ordenança da páscoa
유월절제사	sacrifício da páscoa
유원지	jardim pública / parque público / terreno recreativo

유유한	calmo / plácido / sereno / tranqüilo
유의하다	alertar-se / cuidar-se / observar / prestar atenção
유익	vantegem
유익하나	ganhar / proveitosa / utilidade
유익한	benefício / lucrativo / proveitoso / útil / vantajoso
유인	causa / motivo / razão
유인물	artigos imprimidos / coisas estampadas
유인원.사람비슷한	antropoide / simio antropoide
유인하다	atrair / persuadir / raptar / seduzir / seqüestrar
유일의	exclusivo / só / sozinho / único
유임하다	continuar / ficar / manter / permanecer
유입하다	continuar / desemboçar / fluir / manter
유적	destrosos / escombros / ruínas
유전.상속재산	herança / hereditariedade
유전.전설	campo petrolífero / tradição
유전의	hereditário
유전하다	conservar / herdar / receber por herança
유제동물.발굽있는	ungulado
유족	família (de pessoa falecida)
유족한	abundante / adequado / bastante / suficiente
유종의미	alegria / felicidade / glória / satisfação total
유죄	criminalidade
유죄선고	sentença condenatória
유죄의	crimioso / culpado / culpável
유지.보존	conserva / conservação / manutenção / sustento

유지.소신.결말	desejo / finalidade / intenção / propósito
유지.기름기	óleo e gordura
유지.지탱.보조자	auxiliador / defensor / homen de influência / protetor / sustendador
유지되는	mantido
유지하다	conservar / manter / segurar / sustentar
유지한다	mantém
유착하다	aderir / colar-se / grudar / prender-se
유창한	eloqüênte / expressivo / fácil / fluente
유추.유사	analogia
유출하다	emitir / lançar / pôr em circulação / sair
유충	larva
유치원	jardim de infância / pré-escolar
유치장	casa de detenção / cadeia / prisão
유치하다	deter / guardar em prisão provisória ou custodia / reter
유치한	acriançado / ingênuo não refinado / rude / sem gosto
유쾌하게	agradavelmente / alegremente / animadamente
유쾌한	agradável / alegre / aprazível / divertido / prazenteiro
유태교의신조	sinagoga
유통	circulação
유통하다	circular / pôr em circulação
유패.경계를이룸	confinidade
유패하다	confinar / encerrar / limitar / restringir
유풍	costume / hábito / tradição

유피.가죽	artigo de couro / couro / pele
유하는곳	habitações
유학	estudar no exterior
유한.유연한	brando / fino / flexível / liso / macio / suave
유한.한가한	descanso / lazer / ócio / repouso
유한계	classe livre
유한의	limitado / restrito
유한회사	empresa / firma / limitada / sociedade
유향	íncenso / incenso puro
유해	cadáver / corpo morto / restos mortais
유해의	injurioso / nocivo / pernicioso / prejudicial
유행	bom-tom / estilo / maneira / moda / padrão
유행가	canção popular / música popular
유행병	epidemia / peste / praga
유행병학자	epidemiologia
유행의	à moda de bom-tom / de bom gosto / elegante / feito à moda
유행이지난	fora da moda
유행하다	entrar em moda / estar em moda / fazer sucesso
유혈	derramamento de sangue
유형	banimento / degredo / desterro / exílio / expatriação / expulsão
유형의	concreto / material / palpável / real
유혹	atração / erro / sedução / tentação
유혹으로	engano
유혹하다	atrair / induzir / persuadir / seduzir
유화.유채화	pintura a óleo
유화.화해	acalmação / apaziguamento /

	conciliação / mitigação
유화론자	apaziguador / conciliador
유화정책	política de conciliação
유황	enxofre
유회	adiantamento de encontro / transferência de reunião
유효한	aproveitável / efetivo / eficaz / eficiente / útil
유휴의	não aproveitável / desocupado / improdutivo / inativo / não usado
유흥	divertimento / festa / folia
유희	brincadeira / diversão / esporte / jogo / passatempo
육각형	hexágono
육감	concupiscência / sensualidade / sentimento sensual
육교	viaduto
육군	exército
육군소위	alferes
육대주	seis continentes
육로.로정	caminho / estrada / rota / via
육류	carne de animal
육면체	hexaedro
육박하다	aproximar / avançar
육배	seis vezes / sexta vez / sextuplo
육법전서	compêndio de leis / seis códigos de lei
육성	criação / educação / formação
육성하다	criar / educar / formar
육신	corpo
육십.60	sessenta
육아실	berçário
육안	olho nu
육영	educação / ensino / instrução / pedagogia

육영사업	trabalho educacional
육지	solo / terra / terra seca / terreno
육체	corpo
육체를따라	segundo a carne
육축.가축	carne gado
육친	familia / parentesco / próprio parente
윤.광택	lustro
윤나다	liso / polido / tomar-se lustro
윤내다	lustrar / polir
윤곽	contorno
윤년(4년)	ano bissextro
윤락한	arruinado / decaído / em ruinas
윤리	ética / princípio de ética / sistema moral
윤작	rotação de produção / rotação de safra
윤택한	afortunado / bem sucedido / florescente / próspero
윤활유	óleo lubrificante
율.비율	índice / percentagem / porcentagem / proporção
율동	cadência / compasso / harmonia / ritmo
율례.법규	estatuto / ordenação
율법	lei
율법사	doutor da lei
융기	dignidade / proeminência / projeção / protuberância / saliência / sucedido
융단	alcatifa / tapete
융성	florescimento / fortuna / prosperidade
융성한	afortunado / auspicioso / bem sucedido / próspero

융자	empréstimo / financiamento
융자하다	emprestar / financiar
융통하다	pôr em circulação
융합하다	ajuntar / aliar / casar / ligar / reunir / unificar / unir
융해하다	derreter / fundir
융화하다	conciliar / harmonizar
으깨다.바수다	despedaçar / esmagar / espremer / moer / triturar
으뜸	base /fundamento / primeiro / primeiro lugar / princípio
..으로서...의	de / em
으르다.겁내다	ameaçar / amedrontar / intimidar / meter medo
으르렁거리다	bradar / bramir / gritar / rugir / uivar urrar
으리으리한	dignomajestoso / grandioso / imponente
으스스한	frio / friorento / um tanto frio
으쓱거리다	presunçoso / ser convencido / vaidoso
으쓱한	afastado e calmo / isolado e quieto / iselado e sossegado
윽박지르다	afugentar / espantar / intimar / intimidar
은	prata
은거	aposentadoria / morar isolado / retirada
은거하다	segregar-se / viver isoladamente
은근한	atencioso / civil / cortês / polido
은금	Prata e ouro
은급	pensão / pensionato
은닉	ato de esconder / encobrimento / escondedura / escondimento
은덕	ato de caridade /

	ato de generosidade / benefício
은덕을베풀다	beneficiar / fazer favor / favorecer
은둔	recuo / retirada / retiro / segregação
은둔하다	segregar-se / viver isoladamente
은둔자	anacoreta / eremita / recluso
은막	barreia / grade / tela
은밀	discrição / segredo / sigilo
은밀한중에	secretamente
은방울꽃	açucena / flor de lis / lírio
은사.스승	mestre / professor
은사.선인	celestial / eremita / recluso
은시계	relógio de prata
은신	esconderijo / escondimento
은신하다	esconder-se
은연중	em segredo / secretamente
은은히	às ocultas / seretamente
은인	benfeitor / benfeitora
은잔	copo de prata
은전	benevolência / favor especial / graça
은총	amor divino / dignidade / favor / graça
은총을입다	achaste graça / tenho achado graça / bem aventurado
은퇴하다	afastar-se / aposentar-se / retirar-se
은퇴한	aposentado
은파.은물결	onda emplumada
은패하다	anural / cortar / eliminar / suprimir
은하수	galaxía / via láctea
은행	banco / casa bancária / estabelecimento de crédito
은행	banco
농업은행	banco agrícola
상업은행	banco comercial

중앙은행	banco central
신탁은행	banco de depósitos
주식은행	banco por açãoes
지폐발행	banco emissor
은행	
혈액은행	banco de sangue
은행강도	ladrão de banco
은행나무	árvore avenca-cabelo-de vênus
은행벤취	banco
은행업자.은행가	banqueiro
은행원	bancário
은행일반사무원	moça da caixa
은행장	gerente
은혜	benefício / benevolência / benignidade / favor / gentileza / graça / obséquio
은혜를모르는	desagradável / desprazível / ingrato
은혜와성령	ao espírito da graça
은혜와진리 가충만하더라	de graça e de verdade
은화	moeda de prata
..을위하여	por
읊다.낭송하다	compor / declamar / escrever obra literária narrar / recitar
음.소리	ruído / som / tom
음경	pênis / pinto
음계	escola musical
음낭.불알주머니	escroto / saco escrotal
음독하다	envenenar / tomar veneno
음란.간부	adútera / impudicicia / incontimência / lascivia / lubricidade / luxúria
음란한	impudico / lascivo / lúbrico / luxurioso
음력	calendário lunar

음료	bebida / gole / trago
음료수	água potável / refresco / refrigeranto
음률.리듬	cadência / compasso / harmonia / medida de verso / ritmo
음모	conluio / conspiração / intriga / trama
음미	exame / examinação / teste
음미하다	examinar
음부.음표자리	anotação musical / nota musical / partitura
지옥	sepultura
음성	voz / vozes
음색	qualidade de som / tom
음식	alimento / comida / dieta / ração
음식이름 (브라질음식)	feijoada
음식물	alimento e água / comida e bebida / alimentavar-se
음식점.식당	restaurante
음악.악대	música
음악가	músico
음악적인	músical / músico
음악회	concerto
음영	escuridão / sombra
음욕.색욕	concupicência
음울한	melancólico / triste
음율.절음	silábico
음절	sílaba
음조.어조	função-tom
음주	bebida alcóolica
음충한.교활한	aldiloso / astuto / esperto / ladino malicioso
음침한	escuro / obscuro
음탕한	esbanjador / lascivo / libidinoso /

	voluptioso
음행.음행하는자	prostituição fornicário
음향	barulho / ruído / som / tom
음험한	astucioso / ladino / malandro / traiçoeiro
음화	negativo
음흉한	astuto / ladino / manhoso / velhaco
읍.고을	cidade interior
응결하다	coagular / congelar-se / endurecer / engrossar / gelar-se / solidificar / emergente
응급의	primeiros socorros / tratamento de emergência
응급치료	primeiro socorro de emergência
응낙하다	aprovar / concordar em / consentir / permitir
응달의	na sombra / sombreado / sombrio / sombroso
응답하다	replicar / responder / retrucar
응답하여	respondeu
응모	subscrição
응모자	assinante / subscritor
응분의	adequado / apropriado / conveniente / próprio / proprocional
음모하다	subscrever
응소자	alistado / cidadão conscrito / recrudado
응소하다	abedecer à ordem de chamada
응수	reação / réplica / responsório / resposta
응시하다.신청하다	pedir / requerer / solicitar
응시하다.주목하다	contemplar / fitar / olhar fixamente
응얼거리다	murmurar resmungar / rosnar
응용	aplicação / emprego / uso / utillização

응원	ajuda / amparo / apóio / auxílio
응전하다	batalhar / guerrear / lutar / pelejar
응접	audiência / recebimento / recepção
응접실	sala de estar / sala de recepção / sala de visitas
응접하다	dar recepções / receber
응징	castigar
응축.응결	condensação
응축하다	comprimir / condensar-se / tornar denso
응하다	aceitar / replicar / responder / retorquir
의거	façanha heróico / movimento heróico / revolução heróica
의거하다	confiar em / depender de alguém
의견	idéia / opinião / ponto de vista / sugestão
의결	decisão / determinação / resolução
의곡	contorção / deslocação / luxação
의구하다	recear / temer / ter medo de
의기	espírito nobre / heroísmo
의기양양한	exultante / jubiloso / triunfante / vitorioso
의논하다	consultar / conversar / procurar informação / trocar idéias
의논하여	pensavam
의당히	corretamente / devidamente / naturalmente / propriamente
의도	finalidade / intenção / objetivo / propósito
의례히	como de costume / comumente / geralmente / habitualmente / usualmente
의로운	direito / honrado / justo / lícito / virtuoso

의로운백성	nação justo
의뢰	crédito / depósito / licença / procuração
의뢰인	cliente / freguês
의료	tratamento medical / tratamento medicinal
의류	roupa / traje / vestes / vestido / vestuário
의리	amizade / honradez / legitimidade / probidade / retidão
의리있는	fiel / honesto / leal / sincero
의무.책임	dever / obrigação
의무.숙제	valor
의무교육	educação obrigatório / instrução obrigatório
의무적인	obrigatória
의무적으로	obrigatoriamente
의문	dúvida / duvidosa / incerteza / indecição / problema / questão
의미	sentido / singnificado / propósito / significação
의미깊은	expressivo
의미론	semântica
의미하다	pretender / tencionar / significar
의병	patrióticos / soldados / voluntário
의복	roupas / trajes / vestes / vestidos / vestuário
의복.외투	manto
의분	indignação
의사.병원	cirúrgião / dentista / doutor / medico / hospital / clínica / consultorio
의사.의향. 의지	intenção / intento / plano
의사.자유의사	ação legal / medida judicial / processo prosseguimento

의사록	agenda / ata / livro de apontamento
의사표시	expressão de idéias / opinião / pensamento
의사표시하다	declarar-se
의상실	sala de vestir
의석	assento / banco / cadeira / poltrona
의술	técnica medicinal
의식.관습.의례	cerimônia / formalidade / rito / solenidade
의식.이해.인지	consciência / percepção / sentimento
의식의.예식	cerimonial / ritual
의식적인	cheio de formalìdades / cerimoneário e abrigo
의식주	abastecimento / comida / roupa e moradia / vestuário e abrigo
의심	desconfiança / dúvida / receio / suspeita
의심스러운	desconfiante / duvidoso / receoso / suspeitoso
의심없이	sem dúvida / sem receio
의심하다	desconfiar / duvidar / recear / suspeitar
의아스러운	dúbio / duvidoso / incerto / não claro / questionável / suspeito
의안	idéia / plano / projeto / programa / sugestão
의역	tradução livre
의연금	colaboração / contribuição
의연하게	calmamente / tranqüilamente
의연히	calmo / sereno / tranqüilo
의외의	imprevisto / inesperado / inopinado
의욕	desejo / intenção / vontade
의용군	milícia / voluntários
의용병	voluntário
의원	consultório / médico / clínica

(의사의진찰실)

의원.하원의원	congressista /
	membros de assembléia político
의원.입법의원	assembléia legislativa / câmara
	legislativa
의의	intenção / justíça / sentido /
	significação / significado
의의있는	expressivo / importante /
	significante / significativo
의자	assento / banco / cadeira / poltrona
의장.의회의장	Presidente de assembléia /
	renuião ou organização
의장.도안	desenho / esboço / modelo
의적	ladrão cavalheiroso
의절하다	ser ajuizado
의젓한	bem educado / digno / honrado
의제	assunto / tese / texto / tópico
의존하다	contar com / depender de alguém
의좋게	amigavelmente / como bons amigos
	/ harmoniosamente
의지.희망	desejo / força de vontade / recursos
	/ volição / vontade
의지하리라	porei
의지가강한	enérgico
의지가약한	abatido / desanimado /
	sem força de vontade
의지하다	contar com / depender de alguém
의지할곳없는	abandonado / desamparado / só
의치	dente falso
의탁	ajuda / amparo / assistência /
	auxílio / socorro
의탁지아니하다	não confiava
의탁하다	pedir ajuda / socorro /
	solicitar assistência
의하다	depender alguma coisa

의해서	conformenente de acordo com / em conformidade com
의학	ciência medicinal / medicina
의향	intenção / ponto de vista / propósito
의향심	espírito cavalhei resco / espílito nobre
의혹	desconfiança / dúvida / suspeito
의회	assembléia / congresso / parlamentar
이.기생충	Piolho
이.치아	dente
이간	ato de desafeiçoar / causa de antipatia / causa de inimizade
이거하다	deslocar / emigrar / causar antipatia / causar inimizade
이것	esta / este / isso / isto
이것들	estas / estes
이것에대하여	disto
이것은	essa
이것의	dessa
이것이무엇이냐	a que é isto?
이과의학	otologia
이관하다	ceder / passar / transferir / transportar
이교	Paganismo / religião estrangeiro
이교도	candomblé
이교의. 이단의.사교의	Profano
이구동성으로	com uma voz / com unanimidade
이국	país estrangeiro / território estrangeiro
이국풍	costume estrangeiro / estrangeirismo
이권	concessão / direitos
이끌다	conduzir / dirizir / guiar / liderar

이글이글한	ilhante / luminoso / luzente / radiante
이기	conveniência / oportunidade / vantagem
이기기도하여	vencer
이끼	musgo
이기다	ganhar / obter a vitória / prevalecer / vencer
이기자	vamos vencer
이기적인	egoístico / interesseiro
이기주의	egoísmo
이내에	dentro do prazo de / dentro dos limites / não mais que
이념	ideologia / opinião pensamento
이는유대인 의왕 예수라	rei dos judeus
이다	disso / ser
이따금	casualmente / devez em quando / ocasionalmente
이때에	agora / nesse momento / presente
이단	heresia / paganismo
이대로	como agora / como este / mesmo jeito
이동	afastamento / alteração / mudança / variação
이동시장	feira
이동하다	alterar / mudar / variar
이두근.여력	bíceps
이득	benefício / ganho / lucro / proveito / vantagem
이등의	segundo colocado
이등분하다	dividir em dois / dividir pela metade
이랑	rego / sulco
이래	desde daquele tempo / desde então
이러므로.그러므로	portanto

이러한	como tal / desta maneira / deste mesmo dodo
이럭저럭	de qualguer maneira ou outra / de uma maneira ou de / qualiquer jeito
이렇게	assim / da seguinte maneira / desta maneira / deste modo
이력	bibliografia - pessoal
이력서	currículo pessoal / histórico particular
이런.이처럼	tais tal
이렇게	assim
이로운	benéfico / proveitoso / útil / vantajoso
이론	teoria
이론가	teórico / teorista
이론상	teoricâmente
이루다	concluir / efetuar / excutar / finalizar / realizar
이룩하다	elevar / erigir / erguer / levantar
이류의	segundo nível / segunda qualidade / segundo qualidade
이륙하다	decolar / levantar vôo
이르다.폭로하다	avisar / comunicar / denunciar / falar relatar / revelar
이르다.도달하다	alcançar / atingir / chegar a / conseguir obter
이른	adiantado / antecipado / precoce / prematuro
이른아침에	de manhã
이를갊이	ranger de dentes
이를뽑다	extrair os dentes
이를태면	se for iqual
이름	apelido / nome
이름난	bem conhecido / famoso / notável

이름높은.유명해진	afamada
이름뿐인	nominal / sem importância / trivial
이리.늑대. 여우	lobo
이리오시오	vem cá
이리저리	aqui e lá / pra cá e pra lá
이마	fronte / testa
이만큼	dessa quantia / deste tamanho
이말들을기록하다	escreve estas palavras
이맘때	nessa época / nesta ocasião / neste período
이면	lado interior / outro lado
이모	tia
이목	atenção / preocupação
이목구비	aspecto / feição / fisionômicas / traço
이목을끌다	atenção / atrair / chamar / encantar / induzir
이문	estranha reportagem / informação curiosa
이물	proa / talhamar
이미.벌써	já / passado
이민	emigração / imigração
이바지하다	ajudar / contribuir / dar auxílio
이발관	barbearia
이발기	tosquiador
이발사	barbeiro / cabeleireiro
이발하다	cortar cabelo / fazer cabelo
이빨	dentes
이방인	gentio
이방의	alheio
이배.두배	duas vez / duplamente
이번	essa vez / esta vez
이별하다	divorciar / partir de alguém / separar de alguém
이분하다	dividir em duas partes iguais

이불	acolchoado / coberta / cobertor / colcha
이비인후과	otorrinolaringologia
이사	administrador / diretor
이사하다	fazer mudança / mudar de lugar / remover
이사짐운반차	caminhão de mudanças
이삭.곡식남은것	espiga / espiga de trigo
이삭(인명)	Isaque
이상.사상. 생각	conceito / idéia / ideação / pensamento
이상.불근실	além de / edemaciado / excesso / sobre
이상.사건.기변	acidente / intrincado / problema
이상가	idealista
이상이있다	estar com o problema / ter o problema
이상적인	ideal / imaginário / visionário
이상한	anormal / desconhecido / esquisito / estranho / incomun
이상한일	maravilhas
이설	opinião diferente / ponto de vista diferente
이성.남여	sexo / sexo oposto
이성.이유	bom senso / causa / motivo / racionalidade / razão
이성적인	apropriado / justo / prático / racional
이세.자여	geração posterior / próxima geração / segunda geração
이송하다	conduzir / levar / transferir / transportar
이수하다	complementar / completar / concluir / inteirar
이쑤시게	palito

이스라엘사람	israelita
이스람교도.회교도	islamismo / musulmano
이스마엘사람	ismaelitas
이슥한	escuro / obscuro / tardio
이슥해지다	escurecer / escuro / tornar-se
이슬	gota de orvalho / orvalho / rocio / sereno
이슬비	chava fina / chuvisco / garoa
이식	transplantação / transplante
이식하다	fazer transplante / transplantar
..이아닌	nem
이야기	conto / fábula / história / lenda história / novela / relato
이야기하다	bater papo / contar / onversar / dizer / narrar / relatar
이양하다	ceder / passar / remover / transferir
이염(耳炎)	otíte
이어서	iogo em seguida / próximo / seguinte
이에	depois disto / sobre isto
이와같이	igualmente / mesmo / semelhantemente
이완하다	descansar / relaxar / repousar
이왕이면	se der / se por possível
이외	acima de / além de / em adiçăo a
이욕.탐욕	avidez / ganância / voracidade
이용하다	aproveitar / fazer uso de / usar / tuilizar
이용한	aproveitado
이물다.시들다	definhar / murchar / secar
이웃	proximidade / próximo / vizinhança
이웃사람	vizinho
이웃의	vizinho
이월.2월	fevereiro
이월하다	carregar / levar / transportar

이유	causa / motivo / porque / razão
이유없이	sem causa / sem motivo / sem razão
이윽고	daqui a pouco / em breve / logo
이의.다른뜻	diferente / siginificado
이의.반대	orjecco / protesto
이의를말하다	contestar / objetar / reclamar
이익.이득.장점	benefício / ganho / interesse / lucro vantagem / vantagens
이익금	lucros
이익있는	benefíco / lucrativo / rendoso / vantajoso
이입하다	importar / introduzir - mercadorias / trazer
이자	juro
이재	agônia / aflicão / angústia / calamidade / dor / sofrimento
이제그만	basta / chega
이재민	desabrigado / sofredor / vítimas
이적	milagre / perante / sinais
이적행위	ação traiçoeira
이전	mudança / remoção / transferência
이전에	antes / outrora
이전에는	antigamente / em tempos passados / outrora
이전의	anterior / antigo / passado / precedente / velho
이전하다	mover / mudar / mudar de lugar / remover / transferir
이정	distância / espaço / milhagem / trajeto
이정표	marco miliário
이제	instante presente / momento atual / recente
이쪽	aqui / este caminho / nesse lado /

	para cá / por aqui
이종	espécie diferente / gênero diferente / raça diferente / tipo diferente
이주	emigranção / imigração
이주자	emigrante / imigrante
이주민	emigrante / imigrante
이주하다	emigrar / imigrar
이중	dobro / duplicação / duplo / repetição
이중의	dobrado / duplicado / duplicativo / duplo / em dobro
이중인격	duas faces / duas personalidades / dupla personagem
이중창	duo / dueto
이즈음	estes dias / hoje em dia / nestes dias
이지	intelecto / inteligência / poder de raciocínio
이지러지다	dividir / quebrar / rachar / romper
이질	heterogeneidade
이질의	heterogêneo
이차	segunda / segundo
이채로운	brilhante / notável / proeminente
이층	segundo andar
이치	direito / juízo / princípio / razão
이타주의	altruísmo
이탈하다	abandonar / sair
이튼날	amanhã / no dia seguinte / próximo dia
이편으로	dele / um lado
이하의	debaixo / abaixo / embaixo / inferior / mais baixo / sob
이해.이해력	compreensão / entendimento / interpretação
이해.관계	concernência / interesses / negócio /

	relação
이해력	capacidade de entendimento / percepção / poder de compreensão
이해하다	compreender / entender / interpretar / perceber / reconhecer
이해했다	entendeu
이행하다	cumprir / efetuar / executar / fazer / realizar
이혼증서	carta de desquite
이혼하다	divorciar / repudiar / separar
이회.2회	duas vezes
이후	após / depois / desde / desde então
익다	amadurecer / maduro
익명	anonimato / anonímia
이명투고	anoniminação
익사	afogamento
익사하다	morre afogado
익살.웃기기	brincadeira / graça / gracejo / humor
익살군	brincalhão / gracejador / trocísta
익살맞은	chistoso / cômico / divertido / engraçado / jocoso / risível
익살부리다	brincar / gracejar
익숙한	experiente / experimentado / hábil / prático
익은	amadurecido / maduro
익조	pássaro útil
익충.이론벌레	inseto útil
익히다	exercer / exercitar / praticar / treinar
인.성냥	fósforo
인가	aprovação / autorização / permissão / sanção
인간	homen / ser humano
인간성.인성	humana / humanidade / natureza

인간이되게하사	humanar
인감	carimbo
인걸	grande figura / grande homen / herói
인격	caráter / personalidade
인격양성	formação de personalidade
인격을존중하다	respeitar outras personalidade
인견.회견	encontro / entrevista / recepção
인계.유산	herança / legar / o ato de ceder / passar
인공의	artificial / desnatural / dissimulado
인과	causa e conseqüência / causa e resultado / motivo e efeito
인과관계	causalidade / relação entre causa e efeito
인과응보	castigo / retribuição
인구	população
인구.혈족	almas
인구과잉	superpolulação
인구문제	problema de popularização
인구조사	censo / recenseamento
인국.이웃나라	país de vizinhança
인권	direitos humanos
인근	adjacência / proximidade / vizinhança
인기	popularidade
인기배우	ator famoso
인기있는	famoso / popular
인기없는	impopular / malquisto
인기투표	voto de popularidade
인기척	indício / movimento / sinal / traço / vistigio
인내	constância / paciência / perseverança / persistência
인내를가져라	tenham paciência

인내성있는	perseverante
인내하다	aguentar
..인대도불구하고	tolerância
인덕	benevolência / boa vontade / bondade / humanitarísmo
인도.양도	ação de ceder / remessa / transferência
인도.보도	calçado
인도.인애. 인류	gênero humano / humanidade / natureza humana
인도양	oceano índico
인도적인	benevolente / bondoso / humano / humanitário
인도주의자	filântropo / humanista / humanitário
인도하는자	chefes / guia
인도하다	acompanhar / conduzir / guiar / lidar / introduzir
인도하던자들	pastores
인두.근육성기관	faringe
인디안	índio
인디오나라 창설기관	funal / fundação nacionar do índio
인력	atração / gravitação / ser humano
인류	o mundo / raça humana / ser humano
인류사회	sociedade humana
인류학	antropologia
인류학자	antropologista
인망.인기	popularidade
인면수심	demônio / malvado / perverso / safado / satanás / sem vergonha
인멸	aniquilação / aniquilamento / destruição / extinção
인명.목숨	vida / vida humana
인문	civilização /cultura

인문과학	ciência cívica / ciência humana
인문지리	ciência geográfica
인문주의	humanismo
인물	caráter / homen de caráter / personagem / pessoa
인민	população / povo / público
인민의	popular
인미의권리	direitos do povo
인본주의.인문학	humanismo
인봉	ação de selar / ou lacrar / vedação
인봉하고	selando
인부	operário / trabalhador
인사	cumprimentos / expressão de cortesia / saudações
인사말	oi (유행어. 사투리이다 (giria))
인사불성	desacordado / inconsciente / sem sentidos
인사이동	mudanças / pessoais / promover
인사하다	cumprimentar / saudar
인산	ácido fosfórico
인산인해	grande número de pessoas / multidão / população
인삼	ginseng
인상.얼굴	aparência / aspecto / caráter feição / rosto / traço
인상주의	impressionismo
인상하다	aumentar
인색한	mesquinbo / miserável / pão-duro / parcimonioso
인생	vida humana
인생과거	passado da vida
인생관	filosofia de vida / opinião de vida
인선	escolha de pessoa / seleção de pessoa

인쇄	direitos autorais
인솔하다	conduzir / guiar / lidar
인쇄	ação de imprimir / edição / impressão / tiragem
인쇄공	impressor
인쇄기	editar / estampar / gravar / imprimir / publicar
인수	estampador / impressor
인수거절	recusa
인수하다	acatar / receber / tomar a seu cargo
인수한	aceito
인술	arte benevolente
인습.관습	convenção / uso
인습을타파하다	costume / quebra
인습적인	convencional / de costume
인식	aquisição de um conhecimento / cognição / entendimento / percepção
인식력.이해력	aprender
인식부족	falta de comprensão
인식하는	conginivos
인식하다	comprender / entender / perceber / reconhecer / saber
인신	corpo humano
인신매매	tráfico humano
인심	afeição / amor / benevolência / bondade
인심나쁜	bruto / grosseiro / inculto / rude / rústico
인심좋은	amável / benigno / cordial
인양	salvamento
인양작업	operação de regate / salvamento
인어	sereia
인연	afinidade / relação
인용	aplica / citaçãoção / cotação / utilização

인용하다	aplicar / citar / notar / utilizar
인위.가식	artificialidade / artificialismo / capacidade humana / trabalho humano
인자	coeficiente / fator / misericordioso
인자하심	benignidade
인자한	bondoso / caridoso / caritativo / generoso
인장	impressão / marca / selo / timbre
인재	homen habilidoso / inteligente / talentoso
인적	traços homanos / vestígio humano
인적자원	capacidade humana / força humana / recurso humano
인접하다	adicionar / juntar / unir
인접한	adjacente / limítrofe / próximo / vizinho
인정	comiseração / compaixão / condolência / favor / simpatia
인정없는	cruel / desumano / frio / inumano / insensível
인정있는	benevolente / bondoso / compassivo / complacente / simpático
인정하다	aceitar / acolher / admitir / conceder / concentir / reconhecer
인정함	aprovado
인조가죽	napa
인조견사	fio de seda artificial / seda artificial
인조고무	borracha sintética
인조미	arroz artificial
인조비료	fertilizante artificial
인조섬유	fibra artificial
인조인간.기계인간	robô
인조의	artificial
인종.종류. 종속	espécie / gênero / raça humana

인종.복종.순종	obediência / submissão / sujeição
인종차별	discriminação racial / distinção racial
인종하다	ceder / submeter-se / subjeitar-se
인증	atestado / certidão / confirmação
인증하다	afirmar / atestar / certificar / confirmar / provar
인지.지식	conhecimento humano / sabedoria humana / inteligência humana
인지.인식. 인정	autorização / confirmação / reconheicimento validação
인지.날인	impressão / marca / timbre
인지의발달	desenvolvimento de capacidade humana
인책하다	admitir a responsabilidade / assumir responsabilidade
인척	afinidade / parentesco / relação
인쳤느니라	confirmou
인체	corpo humano
인체의구조	estrutra do corpo humano
인체해부	anatomia do corpo humano
인제해부학	antropotomia
인촌.이웃마을	vila adjacente / vila vizinha / vila próximo
인치.보호받음	custódia / proteção / tutela
인치심이라	selou
인칭	pessoa gramatical
인칭대명사	pronomes pessoais
인터폰	interfone
인파	grande número de pessoas / massa / multidão / povo
인편으로	através da pessoa / através do indivíduo / pessoalmente
인품	individualidade / figura / personagem / personalidade
인품이나쁜	malvado / maldoso / mau coração

인품이좋은	bondoso / generoso / gracioso / liverar
인하.삭감	abatimento / corte / desconto / diminução / redução
인하다	atribuir / imputar / referir a
인해전술	tática de guerra
인형	boneca / brinquedo
일한사람	(과거)pessoa que trabalhou
일하는사람	(현재)pessoa que trabalha
일할사람	(미래)pessoa que vai trabalhar
인화	estampa / gravura
인화물	fosfeto / fosforeto
인화하다	atear fogoa / incendiar / inflamar / queimar
일.노동	negócio / ocupação / profissão / trabalho
일가의	doméstico / família / parente
일각	curto espaço de tempo / pequeno intervalo / um minuto
일간	jornal diário
일거에	por tode esporço / tudo de uma vez
일거일동	todos os movimentos
일격	um golpe / um soco / uma batida / uma pancada
일계	avalição diária / despesa diária
일고.논평. 해설	aviso prévio / comentário / notícia
일고.고려.참작	compensação / consideração / ponderação
일곱.7	sete
일곱광주리	sete cestos
일과	lição diária / trabalho diário
일관하다	deixar acontecer / ser consistente / observar
일괄하다	considerar englobadamente / tratar englobadamente

일광	luz solar / raio solar
일구이언	falso
일군	obreiro / trabalhador
일급.등급1위	primeira classe
일급.하루급료	pagamento diário / salário diário
일기.한명의기병	um único cavaleiro
일기.일기장	diário
일기.날씨	atmosférico / estado / tempo
일기예보	previsão do tempo
일년	o ano
일년은12달입니다	um ano tem doze meses
일념	desejo ardente / pensamento concentrado / único pensamento
일다.이루워지다	acontecer / brotar / lavar / nascer ocorrer
일다.깨끗해지다	enxaguar / laqvar / limpar
일단	grupo / partido
일단락	fim / momentâneo / término
일당	alcatéia / componente / conspirador / mesmo / grupo / participante
일대	propria vida / uma geração / uma vida inteira
일대기	biografia
일대의	completo / inteiro / integral / todo / total
일독하다	decifrar / inteiramente / interpretar / ler tudo
일동	toda gente / todo o mundo / todos
일득	recompensa / vantagem
일득일실	e uma desvantagem / ganho e prejuízo / uma vantagem
일련의	uma série de
이례	um exemplo
일례를들면	por exemplo
일루	um clarão / um raio /

	uma esperança
일류	melhor classe / primeira classe
일률적인	homogêneo / invariável / regular / uniforme
일리	razão / sinceridade / verdade
일망타진	a captura de todos criminosos de uma vez
일면	um lado
일몰	pôr do sol
일반사무원	moça da caixa
일반적인	comun / geral / usual / universal
일반적으로	de modo geral / geralmente / por via de regra / usualmente
일번	primeiro / número um
일변하다	mudar completamente / transformar completamente
일별하다	dar um olhar rápido / lançar os olhos
일보	jornal diário / notícia diário / reportagem / diário
일부.한부분	um pedaço / uma parte / uma porção
일부.시대. 시절	data / época / período / prazo
일부러	de propósito / intencionalmente / propositadamente
일부분	uma das partes / uma parte / uma proção
1분은 60초입니다	um minuto sessenta segundos
일사	anedoda / fato pequeno
일사병	insolação
일삼다	comprometer / dedicar / devotar / empenhar / lidar com
일상의	cotidiano / diário / para uso diário / usual
일생	a vida / própria vida

일세기.백년	séculos
일선	fronteira / linha de combate
일설	opinião diferente / qualquer opinião
일소하다	escovar / limpar / varrer
일손	ajuda / ajudante / auxiliar / mão-de-obra
일수판매	monopólio
일순간	instante / momento
일승일패	uma vitória e uma derrota
일시적인	provisoriamente / temporariamente / transitoriamente
일식	eclipse do sol / eclipe solar / eclipse total
일신.혁신.개정	renovação completa / renovamento
일신하다	recomecar / refazer / renovar
일심.한마음	um pensamento / único pensamento
일심.일급의중대	intensificação diária
일심분란	concentração do pensamento
일약	um salto / um simples pulo
일어나다.발생하다	acontecer / ocorrer / suceder
일어나다.잠을깨다	acordar / levantar
일으키다.잠을깨다	fazer acordar / fazer levantar
일으키다. 발생케하다	causar / criar / gerar
일어난일	aconteceu
일어서다	ascender / crescer / erguer / levantar
일요일	domingo
일용의	para uso diário
일용품	necessidade diário
일원.멤버	membro
일원적인	singular / solitário / único / unitário
일원화하다	unificar / uniformizar / unir
일월.1월	janeiro
일으키리라	levantarei

일일이	detalhadamente / em detalhes / um por um
일임하다	confiar / consignar / depositar / entregar / promover
일자무식	analfabeto / ignorância
일전.지나간날	algum dia atrás / outro dia
일점일획	ou um til
일정	programa do dia
일정한	estável / fixo / permanente / regular / seguro / uniforme
일제히	ao mesmo tempo / juntamente / todos juntos / tudo de uma vez
일조에.유사시	em um dia / numa ocasião / numa época
일조유사시에	em caso de emergência
일족	compatriota / familiares / parentes
일종	mesma espécie / mesmo gênero / mesmo grupo
일주하다	iniciar viagem / navegar / veleiar / viajar
일지	diário / jornal
일직	plantão
일직선으로	de linha reta / em linha reta
일찍(일찌기)	cedo / de manhã / matinal
일찍일어나다	acordar cedo / levantar cedo
일찍자다	dormir cedo
일진일소	constante avanço / rápido progresso
일진일퇴	avanço e recuo / fluxo e refluxo
일체	inteiro / toda(s) / todo(s) / todos juntos / tudo
일치	acordo / concordância / conformidade / harmonia / pacto
일치하다	concordar / estar de acordo / harmonizar / ser da mesma opinião
일컫다	chamar / citar /

	fazer a chamada de / mencionar
일터	emprego / ocupação / serviço / trabalho
일평생	toda a vida / vida inteira
일품	exelente artigo / mercadoria de primeira qualidade
일하는	trabalha
일하다	executar / fazer / operar / produzir / trabalho
일함.활동	ação
일행	amigos / colegas / companheiro / companhia / grupo
일화	anedota
일흔.70	setenta
일흔번씩. 일곱번이라도	até setenta vezes sete
읽는다.낭독	leitura / ler / narrar
읽다	leitura / ler / 읽어라 leia
잃다	perder
잃어버림	perdição / perdido
임검	inspeção / verificação / visitação / vistoria
임관하다	comissionar / encarregar / incumbir
임금.왕	monarca / rei / soberano
임금.월급	ordenado / paga / remuneração / salário
임기	mandato
임기응변의	emergente / extemporâneo / improvisado / instantâneo
임대	aluguel / arrendamento
임대료	aluguel
임마누엘	Emanuel
임면	nomeação e demissão
임명하다	apontar / conferir um cargo / designar / nomear

임무	atividade / função / tarefa
임박하다	aproximar / chegar / estar perto / vir
임부	mulher grávida
임상의.병상의	clínico
임석하다	acompanhar / comparecer / estar presente / frequentar / participar
임시의	especialmente / extraordinariamente / temporariamente
임시변통하다	quebrar o galho / dar um jeito / fazer resolver / solucionar
임신	gravidez /
#부	gravida
#중이다	estar de barriga
임업	trabalho de arborização de uma floresta
임의의	espontâneo / livremente / voluntário / voluntáriamente
임전	participação na guerra / presença na guerra
임존	hora de morte / último momento da vido
입	bóca
입수염	bigode
입각하다	basear-se / servir de base a
입관하다	colocar o corpo no caixão de defunto
입구	entrada / porta / portão
입국하다	entrar num pais
입금	depósito em dinheiro ou cheque
입니다	é / são
입다	colocar / vestir
입다물다	calar
입담	eloquência / retórica
입담좋은	eloquente / fácil / verboso / volúvel

입대하다	alistar-se
입맛	apetência / apetite
입맛추다	beijar-se
입맛춤.키스	beijo
입방.삼승	cubo
이법	legislação
입사	incidência / incidente / ocorrência
입사하다	entrar para firma / trabalhar para empresa
입상	estátua
입상의	granular / granuloso
입상하다	classificar-se entre os melhores / ganhar prêmios
입석	de pé
입선하다	estar selecionado / ser escolhido
입술	lábio
입술연지	batom
입시	prova / vestibular
입신하다.출세하다	estabelecer-se
입원	hospitalizado / internação
입이 뻣뻣하고	pesado de boca
입장권	bilhete / de entrada ingresso / ingresso
입장무료	entrada franca / entrada de graça / entrada grátis
입장하다	entrar
입적	registro
입주하다	fazer mudança / mudar
입증하다	comprovar / dar a prova de / demonstrar / provar / teste munhar / testeficar
입찰하다	fazer oferta / oferecer / ofertar
입천장	céu da bôca
입체.입방체	cúbico / cubo
입체.대부금	dinheiro emprestado / empréstimo /

	objeto emprestado
입학	matrícula
입학시험	exame / prova / teste / vestibular
입항	portamento
입항하다	entrar ao porto
입헌	constitucionalismo
입회	comparecimento / presença
입회증인	atestante
입회하다	aderir / incorporar / ingressar / participar / tornar-se membro de
입후보	candidatura
이과.과학	ciência
이과.치과학	odontologia
잇다	juntar / ligar / nuir
잇몸	gengiva
있다	estar / estar situado / existir
있었다	está / existe / ha / ser / tem / estava
있을동안	durar
있을수있는.가능한	possível
잉어	carpa
잉여	resíduo / restante / resto / sobra
잉크	tinta
잉크병	tinteiro
잉태	conceição
잉태하다	conceber
잊다	esquecer / perder da memória / não se lembrar de
잊을수없는	inesquesível
잎	folha de planta / folhagem / pétala

ㅈ

자	régua / T 티자 / réguatê
자가용의	individual / particular / pessoal / privado / próprio
자각	autognose
자가하다	acordar / animar / conscio / despertar / estimular / ser ciente
자갈	cascalho / cristal de rocha / pedra / pedregulho / seixo
자개	madrepérola
자객	assassino / sicario
자격	aptidão / capacidade / competência / digno / habilidade / habilitação / qualidade / qualificação
자격소지	classificação
자격있는	apto / capacitado / competente / habilitado / qualificado
자결하다	suicidar-se
자결하려는가	quererá matar-se
자고	perdiz
자꾸	amiúde / continuamente / frequentemente / habitualmente / interruptamente / repetidamente
자구	frases / letras / palavras / períodos / termos
자국	marca / símbolo / signo / sinal / traço / vestígio
자귀.까귀	enxo / machadinho / enxada
자극.충격	estímulo / ímpeto / impulso /

	incentivo
자극.자력.인력	motivção / polo magnético
자극하다	embriagar / encorajar / estimular / excitⅰr
자금	capital / disponível / fundo de dinheiro / reçerva monetária / valor
자급	sem auxílio de outrém / sustento
자급자족	autosuficiência / independência econômica / presunção
자기.자력	magnetismo
자기.그릇	louça / porcelana
자기.나	a própria pessoa / caráter / ego eu / si / si mesmo / si próprios
자기교훈	autodidático
자기를 구원하고	salva-te
자기를 구원하다	salva-se
자기만족의	contente com si próprio / presumido / satisfeito consigo mesmo
자기발등상	por escabelo de ceus pés
자기수양	autodisciplina
자기암시	auto-sugestão
자기의	magnético
자나깨나	dia e noite / sempre / todos os dias
자녀	crianças / filhos e filhas
자는것	adormecidos
자다	dormir
짜다	ser salgado
자동경기장	autódromo
자동사	verbo transitivo
자동소유자	automobílista
자동의	automático
자동장치. 오오토메이션	autômato

자동전화	telefone automático
자동차	automóvel / carro
#공장	fábrica de automóveis
자동차기술자	mecânico
자두	ameixa / ameixeira / uva passa
자라	tartaruga
자라다	aumentar / crescer / desenvolver-se
자라라	vamos crescer
자라자	cresça
자락.가장자리	aba / bainha / barra / borda / orla
자랑	arrogância / elôgio / ensejo / jactância / orgulho / ostentação / vaidade
자랑스런	prosa
자랑스러운	admirável / arrogante / esplêndido / magnífico / orgulhoso
자랑하다	gabar-se de / exibir / jactar-se de / louvar-se / orgulhar-se / ser orgulhoso / vangloriar-se
자력.능력	dybsia . nwuia . oeicuaão / recursos / reservas / riguezos
자력.자극	força / magnética / magnetismo
자력으로	independentemente / individualmente / sozinho
자료	componentes / matéria / material / substância
자루.주머니	saco
자루.손잡이	alça / alavanca / asa / cabo de faca / de espada / manivela
자르다	atalhar / cortar / rachar / romper / talhar
자리	assento / banco / cadeira / espaço / lugar / ocupado / poltrona / posição / posto / situação
자리옷	pijama

ㅈ

자리잡다	botar / ocupar a posição / pegar o lugar
자립	independência / sustento
자립하다	tornar-se / independente
자만	orgulho / ostentação / presunção / vaidade
자만하다	orgulhar-se de / ter orgulho
자매	irmãs
자매이카(섬 남미)	jameica
자멸하다	arruinar-se / ser arruinado / destruir-se / ser destruído por si próprio
자명종	depertador alarme
자명종시계	relógio depertador
자명한	óbvio / que dispensa explicação / que se compreende / sem dúvida
자모.절음	alfabetosilábico
자못.거대하게	altamente / grandemente / muito / sumamente
자문자답	monólogo / solilóguio / perguntar-se e reponder-se
자문하다	consultar / indagar / informar-se / inquirir / investigar / perguntar
자물쇠	cadeado / fechadura
자물쇠통	cadeado / fechadura
자빠뜨리다	derrubar / jogar ao chão
자발적인	espontâneo / natural / voluntário
자발적으로	espontaneamente / naturalmente / voluntariamente
자백	confissão
자백하다	admitir / confessar / reconhecer
자벌레	larva das geomitrideas
자본	capital / dinheiro / fundo / riqueza
자본가	capitalista
자본주의	capitalismo

자봉틀	máquina de costurar
자부심	confinaça em si mesmo / dignidade / orgulho / presunção
자비	benevolência / boa bontade / bondade / caridade / clemência
자비	mercê / misericórdia / perdão / piedade
자비로운	afável / amável / benevolente / bondoso / caridoso / complacente / gentil
자비롭고	misericodioso
자산	fortuna / propriedade / riqueza
자살	autodestruição / eu me matei / suicida / suicídio
자살하다	eliminar-se / matar-se / suicidar-se
자상	picada / prurido / punctura
자색.안색	boa aparência / boa fisionomia / bom caráter / bonito rosto
자색.자주빛	púrpura / violeta
자생의	espontâneo /; nativo / natural / voluntário
자생하다	brotar naturalmente / crescer naturalmente / germinar / nascer espontaneamente
자서	assinatura / autógrafo / marcação
자서전	autobiografia
자석	ímã / magneto
자선	auxílio / benevolência / boa vontade / bondade / caridade
자선의	bondoso / caridoso / caritativo / generoso
자선가	altruista / filantropo
자세.태도	artitude / pose / posição / postura / situação
자세한	circustaniado / detalhado /

ㅈ

	minucioso / pormenorizado
자손	descendência / descendente / filhos / netos / posteridade / geração
자수.수	bordado
자수정	ametista
자수하다	entregar-se / render-se
자숙	auto controle / auto domínio / sobre si mesmo
자습하다	estudar sozinho
자승	multiplicação por si próprio / quadrado
자식	criança / filha / filho
자신.나	a própria pessoa / eu / por si mesmo / si próprio
자신.소신	confiança / em si mesmo
자아.나	ego / eu
자아내다	esticar / fiar / torcer
자애.자기몸사랑	amor-próprio / estima de si próprio
자애.박애.사랑	afeição / amizade / amor / benevolência paixão / pendor / sentimento / simpatia
자애깊은	afável / afetuoso / benevolente / bondoso / caridoso / carinhoso / complacente / cortês / docil / gentil
자애주의	egoísmo / egotismo
자양	alimentação / nutrição
자양분	elemento nutritivo
자녀들	filhos
자연미	beleza natural
자연상태	cosmo / natureza / universo
자연스러운	ingenito / nativo / natural / originario / sem afetação / simples
자연의	nativo / natural / natureza / primitivo
자연적으로	espontaneamente / naturalmente

ㅈ

자오선.정오	meridiano
자옥한.치밀한	compacto / denso / nebuloso / turvo
자외선	raio ultra-violeta
자원	meios / recursos / riquezas
자원하는	voluntária
자원하는 예물	oferta voluntária
자원하다	apresentar-se / oferecer-se / servir voluntariamente
자원하여	espontaneamente / voluntariamente
자위	defesa pessoal / proteção pessoal
자유	autonomia / independência / liberdade
자유로운	emancipado / independente / liberal / livre
자유로운몸이되다	liberta
자유로하다	librar
자유자재로	francamente / liberamente / livremente / voluntariamente
자유케하다	livertar
자유케 하리라	libertará
자율적인	autarquico / autônomo / independente
자음	consoante / consonante
자의로	de propósito / intencionalmente / propositadamente / teimosamente
자의식	consciência própria / percepção própria
자인하다	ademitir / confessar / reconhecer
자임하다	aspirar a / fazer o papel de / pretender
자자한	barulhento / clamoroso / vociferante
자작나무	betula / vidoeiro
자작농	agricultor independente / cultivador independente
자장	campo magnético

자장가	arrôlo / canção de ninar
자재	capitais / materias / propriedades / recursos / riquezas
자전	dicionário
자전거	bicicleta
자정	meia-noite
자제.통제	domínio sobre si mesmo
자제.남의 아들의존칭	próprio filho
자존심	artivez
자주.자치	autarquia / autonomia / independência
자주.여러번	amiúde / freqüentemente / muitas vezes / seguidinho / seguido
자주일어나는	freqüente
자주빛	entre cor escarlate e violeta / púrpura
자주빛 사파이어	ametista oriental
자주색	roxo
자중하다	acatar / cuidar-se / ser prudente / respeitar / ser cauteloso
자지.남근	pênis
자진하여	espontaneamente / voluntariamente
자질	aptidão / capacidade / carater / essência / qualidade / talento
자찬	auto-lógico
자책	arrependimento / contrição / remorso
자처하다	aspirar a / pretender / querer
자청하다	pedir / requerer / rogar / solicitar
자체	si mesmo / si próprio
자취	indício / marca / pista / rasto / resto / sinal / vestígio
자취하다	alojar em pensão sozinho / viver sozinho
자치	autonomia / governo autônomo /

	independência
자침	agulha magnética de bússola
자태	aparência / contorno / figura / forma / imagem / vulto
자택	casa própria / recidência particular
자포자기	abnegção / desesperança / desespero / abandonar
자행	cunhado
자행하다	agir / atuar / efetuar pela própria vontade / executar / fazer
자화상	retrato próprio
자화자찬	auto-admiração / auto elogio
자활하다	sustentar sem auxílio de autro
자획	traço de pena / pincelado
작가	autor / escritor
작고한	falecido / recentemente falecido
작곡	composição musical
작곡가	compositor /
#안익태의마지막 작품	a ultima composição de Ahn iK Tae
작금의	agora / estes dias / ontem e hoje / recente
작년	ano passado
작당하다	formar o grupo
작도	construção / esboco / o ato de desenhar / traçado
작렬하다	detonar / estourar / explodir / arrebentar
작문	composição / redação
작별인사하다	despedir-se
작별하다	deixar / despedir / falar adeus / partir / separar
작살	arpão
작성하다	compor / esboçar / escrever / faxer

ㅈ

	/ formar / redigir
작시하다	declamar / recitar / versejar / versificar
작약	peônia
작업	atividade / obra / acupação / serviço / tarefa / trabalho
작업복	blusa
작용	ato / efeito / empreendimento / função / funcionamento
작위	nobiliarquia / nobreza / pariato
작은	baixo / diminuto / pequeno / pouco
작은도끼	machadinha
작은만	enseada
작은삽	pazinha
작은새	passarinho
작은아버지집	família de irmão mais novo
작은집	casinha
작을칼	espadim
작은테이블	mesa-mesinha
작은통	boceta / caixinha
작일.어제	ontem
작자	autor / criador / escritor / inventor / literato
작전	estratégia / métodos / operação / tática / táticas
작정	conclusão / decisão / inferência / intenção / propósito
작정으로	com a intenção de / com o objetivo de
작정하다	decidir / determinar / intentar / planejar / significar
작크	zíper
작품	criação / obra / produto / realição
작풍	estilo / maneira / método / moda / modo

잔.차잔	cálice / copo / xícara
잔.세밀한	detalhado / minucioso / pequeno / pormenorizado
잔돈	dinheiro restante / pouco dinheiro / saldo / troco
잔고	restante / resto / saldo / sobra
잔금	balanço / resto de pagamento / saldo
잔당	restantes / restos
잔돈.거스름돈	trôco
잔돌	cascalho / pedregulho
잔뜩	abundante / cheio / pleno / repleto
잔디	coareira / erva / grama / gramado / relva / relvado
잔류하다	continuar / ficar / permanecer / restar / sobrar
잔물결	onda pequena
잔소리	bronca / critiquice / queixa / repreensão / critica
잔심부름	serviço misturado / serviço variado / trabalho misto
잔악한	brutar / cruel / desumano / inumano
잔액	balanço / restante / resto / saldo / sobra
잔업	trabalho extra
잔업하다	trabalhar fora de horas normais
잔여	resíduo / resto / sobra
잔인한	brutal / cruel / de sangue / desumano / inumano / violento
잔잔한	bonançoso / calmo / tranqüilo / calmoso / pacífio / quieto / sereno
잔재	resíduo / resto / sobra
잔재미	afabilidade / amabilidade
잔재미있는	afável / agradável / amável / cordial
잔존자	sobrevivente

잔존하다	permanecer vivo / sobreviver / viver mais
잔치	banquete / festa / festim
잔학한	atroz / brutal / cruel / desumano / inumano / violento
잔해	arcabouço(de animal) / esqueleto / resíduo / resto / sobra
잘.좋은.틀림없는	adequadamente / bem / certo / excelentemente / satisfatório
잘가라	adeus / anda bem / até logo
잘그랑	som / tinido / ruído
잘난	excelente / famoso / generoso / incomun / nobre / notável
잘들리다	auvido
잘못	culpa / engano / equívocado / errado
잘못하다	cometer o erro / enganar-se / equivocar / errar / falhar
잘못하여	com erro / com falta / de engano / pela falha / por erro
잘못한	enganado / equivocado / errado
잘보시오	olhe bem
잘생각하는	cuidado
잘생긴	bonito / elegante / gracioso / vistoso
잘잘못	bem ou mal / certo e errado
잘하다	conduzir bem / fazer bem
잠	soneca / sono
잠간	poralgum tempo / propósito / um instante / um momento / um pouquinho
잠간실례	licença
잠겼나이다	afundaram-se
잠꼬대	resmungar quando está dormindo
잠꾸러기	dorminhoco

잠그다.빗장을대다	fechar / trancar
잠그다.물에젖다	banharimergir / molhar / umedecer
잠기다	estar absorvido / star encharcado / estar molhado
잠들다	estar adormecido / estar dormindo
잠들었도다	dorme
잠망경	lente periscópica / periscópio
잠바	jaqueta
잠복	ato te esconder / encobrimento / incubação / latência
잠복하다	atalaiar / envoscar / espreitar
잠수부	submarino
잠수함	submarino
잠시	de tempo / pouco
잠시동안	dentro em pouco
잠시잠간	pouco
잠시후에만납시다	até ja
잠식하다	comer pouco a pouco
잠언	provérbios
잠	남 pijama / 여 camisola
잠입하다	contrabandear / entrar / infiltrar / invadir
잠에빠지다	apagar no sono
잠을깨다	despertar
잠자다	dormir / ir para dormir
잠자리	donzelinha / libelula
잠자코	em silêncio / em movimento / sem palavra
잠잠하다	assossegar / sossegar
잠잠한	calmo / mudo / quieto / sereno / silencioso
잠재우다	adormecer
잠재의식	subconsciência / subconsciente
자재적인	disfarçado / dissimulado / latente / oculto / subentendido

잠재하다	estar latente / estar oculto / ocultar-se / subentendido
잠정적인	experimental / provisional / provisório / temporário / tentativo
잠항하다	mover dentro de água / navegar debaixo de água
잡곡	cereais
잡념	idéias mudanos / pensamentos mudanos
잡다	agarrar / apanhar / aparar / captar / capturar / pegar / prender / tomar
잡다한	diversos / numerosos / vários
잡담	conversa fiada / conversa inútil / tagarelice
잡답	ajuntamento de massa / multidão aglomerada
잡동사니	mistura / resto / sobra
잡된	baixo / desprezível / ignóbil / indecente / vil
잡록	anotação misturada / anotação mista / gravação extra
잡목	lenha / madeira / moita
잡목숲	capão / capoeira / matagar / souto
잡무	diversos servisos mistos / serviços mistos / trabalhos variados
잡비	dispesa extra / dispesa não planejada / gasto casual
잡소리	besteira / conversa falsa / conversa fiada / conversa indecente
잡신	deuses
잡아당기다	arrastar / puxar / puxar com força
잡역	serviso geral / tarefa qualquer / trabalho misto
잡으라	pega / prender

잡음	alarido / barulho / ruído / rumor
잡종	híbrido / mestiço
잡지	magazine / revista
잡지문.저널리즘	jornalismo
잡초	qualquer daninha / inútil
잡화	qualquer mercadoria variada
잡화상인	armarinho / armário
잣	noz / nozes
잣나무	gofer
장.우두머리.두목	chefe / dirigente / idosos / pessoa principal / superior / velhos
장.조항.편	capítulo / divisão / parte de um livro
장.창자	intestino / intestinos
장.시장	feira / mercado / praça comercial
장.길이	comprimento
장.면사포	véu
장.갚판	coberta
장.조미.양념	molho / tempero
장.옷장	comoda / gabinete / guarda-roupa
장.책장	folha de papel / folheto / jornal
장.단시.절	versículo / verso
장가들다	casar-se
장갑	luva / luva de boxe
장갑차	carro brindado
장거리	longa distância
장관.내각	diretor / minístro / minístro reverendo / ministério / príncipes / secretário
장관.굉장한	espetáculo magnífico / expectáculo maravilhoso / formidável
장관들	capitães
장교	capitão / comandante / oficial
장교.사관.무관	oficial
보급(경리)장교	oficial intendência

일직(주번)사관	oficial de dia
상급장교.영급장교	oficial superior
중위.소위	oficial subalterno
예비역장교	oficial de reserva
참모장교	oficial do estodo maior
의무관.군의장교	oficial médico
퇴역장교	oficial reformado
일선장교	oficial combatente
하사관	oficial inferior
장구	equipamento funeral
장구한	duradouro / estável / permanente
장군	(milit) general
장기의	a longo prazo / prolongado / demorado / muito tempo
장난	brincadeira de mau gosto / travessura
장난친다	brincando
장난하다	brincar / divertir-se / folgar
장난감	brinquedo / brinquedos
장난감공장	fábrica de brinquedo
장난꾸러기	indivíduo brincalhão / menino brincalhão
장남	o filho mais velho / primeiro filho / ‚primogênito
장날	dia de mercado ou de feira
장녀	a filha mais velha / primeira filha / primogênita
장년	idade viril / masculinidade / virilidade
장뇌.고체.성분	alcânfora / canfora
장님	cego
장단.도량. 척도	medida
장딴지	barriga da perna
장담하다	afirmar / asseverar / declarar / firmar

장대한	enorme / grande / grandioso / imponente
장도리	martelo
장래	futuro / vida futura
장래에	elém-túmulo
장려금	auxílio / financiamente / subsídio / subvenção
장려하다	ajudar / animar / apoiar / encorajar / favorecer / promover
장려한	grandioso / magnífico / valente
장렬한	grandioso / heróico / valente
장래	cortejo fúnebre / enterro / funeral
장래좋은일	dos bens futuros
장로	idosa / idoso / presbítero superior
장로교.장로파의	presbiterianismo / presbiteriano
장로교회	igreja presbiteriana
장로들.노인	anciāo
장리하다.관리하다	administrar / controlar / manejar / ministrar / tomar conta
장마	estação de chuva / tempo chuvoso
장막	barraca / tenda / habitado / cabanas / tabernáculo
장막을치니라	se acamparam junto
장막.말뚝	os estacas do tabernáculo
장만하다	aprontar / equipar / predispor / preparar / prover-de
장면	cena / cenário / espetáculo / exibição / panorama / quadro
장모	sogra
장물	artigos roubados / mercadorias roubados
장미	rosa / rosada
장방형	figura oblíqua / quadrilongo / retângulo
장벽	barreira / obstáculo / muralha /

	muro / paredão / parede
장병	militares / oficiais / soldados
장보다	ir ao mercado
장본인	autor de injúria / causador / criador / originador
장부	livro contábil
장부.내장	entranhas
장비	aparelhamento / armamento / equipamento
장사.상거래	comércio / movimento comercial / negócio / venda
장사.거인	atormentador / bichão / gigante
장사.장례식.매장	enterramento / enterro / sepultamento / sepultura / serviço funeral
장사하다.파묻기	sepultar
장생	longa vida / longevidade
장생하다	viver longamente / viver muito tempo
장서.서점	livraria
장성	generais do exército
장성하다	atingir desenvolvimento completo / crescer / desenvolver-se
장성한	perfeito
장소	local / localização / lugar
장송	enterro / sepultamento / serviço funeral
장수.상인	comerciante / mercante / vendedor
장수.오래삶	longa vida / longevidade
장수벌	abelha-mestra
장수하다	curtir longevidade / viver long tempo / viver muito
장식	acessório / ato de decorar / decoração / enfeite / ornamentação / oramento

장식하다	adornar / decorar / enfeitar / ornamentar / revestir paredes com papel
장신구	acessórios pessoais / ornamento pessoal
장악하다	conter / deter / dominar / manter / ocupar / possuir / segurar
장애물	empecilho / obstáculo
장엄	grandeza / magnificência / majestade / seriedade / solenidade
장엄한	digno / grandioso / enorme / majestoso / soberbo / sublime / supremo
장인.처부	sogro
장인.기공	artesão / artífice
장자	primeiro filho
장자들	primogênito / primogenitura
장작	lenha
장작불	queimado
장전하다	apontar a arma / carregar a arma
장점	boa qualidade / mérico / ponto essencial / ponte forte / virtude
장점과단점	as vantagem e desvantagem
장정.징집된자	adulto / conscrito / homen robusto / recruta
장정.표지.제본	capa de livro / encadernação
장정하다	encadernar
장중한	cerimonioso / misteríoso / sacro / sagrado / sério / solene
장지	local de sepultamento / lugar de enterro
장차	algum dia / futuro / futuramente no futuro para futuro
장총	arma / rifle

장치	aparelhamento / equipamento / instalação
장치하다	aparelhar / colocar / equipar / instalar
장침	ponteiro longo
장쾌한	animador / emocionante / empolgante / estimulante / excitante
장터.시장	feira / prasa
장티푸스	febre tifóide
장편.관대한일	história completa e longa / história long trabalho longo
장편소설	novela completa / novela de corpo inteiro
장학금	bolsa de estudos
장한	admirável / brilhante / esplendido / excelente / magnífico
장해	dificuldade / impedimento / obstáculo
장화	botos
장황한	cansativo / fastidioso / monótono / tedioso
잦은	amiadado / continuado / repetido / frequente
재.뜬술	cinza / resíduoso de combustão
재떨이	cinzeiro
재가하다	aprovar / confirmar / autorizar / endossar / permitir / sancionar
재깍거리다	crepitar / estalar / trincar
재간	capacidade / habilidade / talento
재간있는	ágil destro / hábil / habilidoso / qualificado / talentoso
재갈	bochado de freio / ponta cortante de ferramenta
재개하다	reabrir / recomeçar
재건하다	reconstruir / reedificar

재검사	revista
재검토하다	reexaminar
재결	arbítrio / decisão / determinação / resoulução / sentença
재계	mundo financeiro
재고품	artigos em estoque / estoque / mercadoria em estoque
재고하다	alterar uma opinião / reconsiderar / submeter a novo estudo
재교육하다	reeducar
재군비	rearmamento
재귀동사	verbo reflexivo
재기	capacidade / destreza / habilidade / juízo / perspicácia
재기있는	ágil / destro / hábil / habilidade / talentoso
재기하다	começar de novo / recomeçar / recuperar / ressuscitar / ressurgir
재난	azar / calamidade / desastre / desdita / infortunio
재능	capacidade / aptidão / dons / habilidade / talento
재능있는	inteligente / hábil / talentoso
재다.측량하다	avaliar / mensurar / medir / pesar
재다.하물	carregar / encher pôr carga em
재단.절달	corte
재단.사단.연합	associação / consórcio / fundação / sindicato
재단사	alfaiate / cortador
재단칼	máquina de corte
재단하다	cortar / decidir / julgar
재덕이겸전한자	homens capazes / tementes.
재떨이	cinzeiro
재래의	comum / ordinário / usual
재량	discrição / discriminação / juízo /

	prudência
재력	capacidade financeira / habilidade financeira
재료	componentes / ingrediente / matéria / material / substância
재림	voltará
재목	lenha / madeira
재무부	ministério de finança
재무부장관	ministro da fazenda
재물	bens materiais / fortuna / riquezas / tesouros
재미	atração / interesse / gosto / prazer
재미있게	alegremente / com interesse / de modo aprazível / interessadamente
재미있게 하다	engraçar
재미있는	atranente / engraçado / interessante
재미없는	desinteressante / insípido
재빠른	ativo / ligeiro / rápido / vivaz / vivo
재발	recaída / reincidência / repetição / retorno / volta
재배	cultivação / cultivo
재배하다	cultivar / plantar / lavrar
재벌	plutocracia
재보	bens / fortuna / riquezas / tesouros
재봉	ato de coser / costura / trabalho de costura
재봉사	alfaiate
재봉틀	máquina de costura
재산	bens materiais / fortuna / prosperidade / riquezas
재삼	mais uma vez / outra vez / repetidamente
재상	primeiro ministro

재색	finura e beleza /
여자의재주와용모	habilidade e formosura da mulher
재생	renascimento / renovamento /
	ressurgimento / ressurreição
재생산	nova produção / propriedade /
	reprodução
재생산하다	produzir novamente / refabricar /
	reproduzir
재세례.재침례	anabatismo
재선하다	reeleger
재수	felicidade / sorte
재수없군	que má sorte
재시험	novo exame / novo teste
재시험하다	reexaminar
재심	novo teste / novo exame /
	novo julgamento
재심사하다	julgar novamente reexaminar
재앙	azar / calamidade / desastre /
	desdita / infortunio / praga
재야의	em oposição / fora do poder oficial
재연하다	fazer recordar / lembrar /
	reapresentar / renascer / reviver
재예	proeza e talento /
	talento e habilidade
재외의	em um país estrangeiro / fora /
	fora de casa / no exterior
재우다	fazer dormir
재원	fundos monetários /
	recursos conômicos /
	recursos financeiros
재위	poder / reinado / reino /
	sobrerania
재임하다	ocupar-se o cargo novamente
재작년	ano retrasado / dois anos atrás
재잘거리다	parolar / tagarelar

재적하다	registrar-se
재정.결정.경의	decisão / julgamento dos árbitros
재정.재원.재무	finança
재정상의	financeiro
제조정하다	reajuste
재주	capacidade / dom / habilidade / jeito / proeza / talento
재주가있는	hábil
재줏군	habilidoso / homen hábil
재지	engenho / juízo / inteligência / perspicácia
재직하다	continuar no trabalho / estar no trabalho / ter o trabalho
재차	duas vezes / duplamente / outra vez
재청	bis / outro pedido / outro requerimento
재청하다	bisar / pedir bis a / requerer outra vez / solicitar de novo
재촉하다	apressar / estimular / incitar / ter pressa / urgir
재출발	recomeço / reinício
재치	agilidade / capacidade / habilidade / interigência / jeito / talento
재치기	espirro
재크.기증기	macaco
재털이	cinzeiro
재판.판결	audiência / judicial / juízo / julgamento / sentença de um tribunal
재판.재판자리	edção / redição / reimpressão / segunda
재판관	juíz / julgador
재판소	tribunal de justiça
재판장	os juizes

재판하다	censurar / condenar / jular / sentenciar
재편성하다	reformar / renovar / recorganizar
재학	comparecimento escolar / freqüencia / presença
재학증명서	atestado escolar / certificado escolar / histórico escolar
재할인	redesconto
재해	calamidade / catástrofe / desastre
재향군인	exsoldado / reservista / veteranos
재현	reaparecimento
재혼	novo casamento
재혼하다	casar novamento
재화	calamidade / catástrofe / desastre / infortunio
잽싼	ligeiro / rápido
잿물.세척제	barrela / lixivia / detergente
잿빛	cor cinza / cor parda
쟁기질하다	arar
쟁론	controvérsia / debate / discussão / dissessão
쟁반	bandeja / tabuleiro
쟁쟁한	notável / proeminente
쟁탈	briga pelo título / conflito / disputa / luta
쟁투	contenda
저것	aquela / aquele / aquilo / daquilo / disto
저격	ato de atirar / fuzilamento / tiroteio
저격병	atirador de elite / atirador de precisão
저격하다	atirar / atingir com tiro / dar tiro / disparar / ferir com tiro
저고리	capa / casaco / paleto / sobretudo / blusa coreana

저공	baixa altitude
저금	caderneta de poupança / poupança
저기.저쪽. 저곳	acolá / ai / ali / aquele lugar / lá
저기로부터	dali
저기압.혈압이낮음	baixa pressão
저기압.신경질	bravura / nervosismo
저녁	anoitecer / noite
#을 먹으라	vai comer janta
저녁놀	arrebol / brasa de noitecer / brilho de anoitecer
저녁때에	tardinha
저녁밥	jantar
저녁부터 아침까지	tarde até pela manhã
저녁인사	boa-noite
저는자들	coxos
저능아	bobo / criança fraca de espírito / imbecil / retardatário
저능한	frao de espírito / imbecil / parvo / retardado
저당물	penhor
저당하다	dar finaça / empenhar / hipotecar
저락하다	baixar / decair / declinar / decrescer / diminuir
저런	como! / e verdade? / desta maneira / e assim? tão mal
저렇게	assim como / daquela maneira / de tal modo / igualmente / naquela condição
저렴한	a preço reduzido / barato / de preço baixo
저류	correnteza inferior / subcorrente
저리다	conservar em salmoura / preservar / temperar
저런	entorpecido / estarrecido / paralisado
저명한	bem conhecido / famoso / notável /

	proeminente
저명한7인	pleidade
저물다	anoitecer / escurecer / tornar-se escuro
저물때에	chegada a tarde
저버리다	deixar / desfazer / dispensar
저번	aquela vez / naquela hora / outro dia / pouco tempo atrás / última vez
저서	livro / produção a escrita / publicação / trabalho escrito
저속한	baixo / ordinário / rude / vulgar
저수지	represa / reservatório
저술	autoria / autoria literária / trabalho litenrário / escrita
저승	futuro existente / outro mundo / vida após morte
저울	balança
저의(제)	dela / dele
저자	autor / escritor
저작	obra literária / trabalho literário
저작자	autor / criador / escritor / literato
저작하다	mascar / mastigar
저장하다	abastecer / armazenar / estocar / pôr em estoque / prover / suprir
저절로	naturalmente / si mesmo / sozinho
저쪽	ai / ali / aquela direção / aquele locar / lado oposto
저주.파문	anatena / maldição / maldita / praga
저주하다	maldiçoar / imprecar / mardizer / rogar praga contra
저지르다	cometer / perpetrar / provocar
저지하다	impedimento / intercepção
저촉	desacordo /; combate / conflito / contradição / oposição

저축	ato de economizar / economia / poupança
저축하다	economizar / poupar
저택	casa / mansão / residência / sobradão
저편	naquele lado / naquele lugar / noutro lado
저편에	além
저하.좌천.강등	aviltação
저하하다	cair / depreciar / desvalorizar / menosprezar / rebaixar
저항	oposição / resistência
저항하다	aquentar / opor-se / repelir / resistir
저회	teus
저회의	nossa / nosso
저회에게	eles / em eles
적	inimigo / rival
적갈색	avermelho e castanho
적개심	espírito adverso / espírito hostil
적격자	pessoa competente /
적국	pessoa qualificado
적군	força / inimiga / inimigo
적극적인	certo / confiante / evidente / inegável / positivo
적기.붉은기	bandeira vermelha
적기.원수기	bandeira do inimigo
적군기	avião inimigo / avição inimiga
적그리스도	anticristo
적나라한	descoberto / despido / liso / nú
적다	anotar / descrever / escrever
적당한	adequado / apócito / apropriado / certo / conveniente / próprio / rasoável
적대시	antagonismo / hostilidade / aposição

	/ tivalidade
적대시하다	antagonizar / hostilizar / opor-se a
적도	Equador
적령	idade escolar
적립	acumulação / amontoação / reserva
적막한	deserto / desolado / só / solitário
적바림.생략.축소	anotação / nota / resumo / sumário
적발	revela / revelação
적발하다	descobrir / divulgar / manifestar / revelar
적성	aptidão / competência / gosto / jeito
적성검사	teste de aptidão
적송.발송.파송	embarque / expedição / remessa
적수	desafiante / inimigo / oponente / rival
적시다	molhar
적신.빨가벗다	nadez
적신호	sinal perigoso / sinal vermelho
적십자	cruz vermelha
적어도	ao menos / de qualquer forma / no mínimo / pelo menos
적어두다	anotar / notar
적외선	raio infra-vermelho / raio ultra-vermelho
적용하다	adaptar / aplicar / empregar / utilizar
적은	pouca(s) / pequeno
적응	acomodação / adaptação / ajustamento
적응하다	adequar / aplicar
적응성	adaptabilidade
적의	animosidade / aversão / inimizade
적임의	apto / capaz / conveniente / próprio
적자.정실자식	filho legítimo
적자.결손	déficit / perda / prejuízo

적재하다	armazenar / carregar / transportar
적적한	só / solitário
적절하게	adequadamente / apropriadamente
적절한	adequado / apropriado / conveniente / próprio / útil
적중하다	acertar / afetar / atingir
적지	território do inimigo
적진	acampamento militar do inimigo
적출하다	arrancar / extrair / tirar
적합	adaptação
적합한	apropriado / conveniente
적화하다	bolchevizar / tornar bolchevista
전.앞	antes / de que / dianteira / frente / lado dianteiro / parte anterior
전.모두.전부	cheio / completo / todos / total / tudo
전가하다	atribuir / imputar
전갈	aviso / comunicação / escorpião / mensagem
전갈하다	avisar / comunicar / enviar mensagem
전개하다	desenrolar / evoluir / mostrar / revelar
전거.권한. 직권	autoridade
전경	toda visão / todo panorama / visão completa
전공	eletricista
전공하다	especializar-se
전과.학과.과정	curso completo / todo curso
전과.큰공훈	ação heróica / façanha militar / resultados da guerra
전과자	ex-condenado
전광	iluminação
전구.전등	lâmpada
전구.선형전구	área / setor / zona

전국.온나라	todo estado / todo país / país inteiro
전국.전세	situação de guerra
전권	autoridade / poder
전근	transperência
전근하다	ser transferido / transferir-se
전기.전등	eletricidade
전기.자서전	biografia
전기기술자	elétricista
전깃줄	cabo de força / fio elétrico
전기난로	lareira elétrica
전기의.전등	elétrica / elétrico
전기의.전례의	antecedente / anteriormente / antigamente precedente
전기적인	fabuloso / lendário
전기하다	enviar por men sageiro / postar / remeter pelo correio
전나무	abeto / pinheiro
전날	antem / outros dias / poucos dias antes / recentemente
전납하다	adiantado / pagar antecipadamente
전능의	grande / onipotente / todo-poderoso
전능하신 하나님	Deus todo-poderoso
전능한.능력있는	poderoso
전단.팜플렛	folheto / folhinha
전단.단행	arbitrariedade / decisão arbitrária
전단적인	arbitral / arbitrária / arbitrariedade
전단적으로	arbitralmente / arbitrariamente / arbitrativamente
전달하다	avisar / comunicar / transmitir
전담하다	dar encargo / encarregar / incumbir
전답	campo / chácara / fazenda / granja / quintal
전당	santuário / tabernáculo
전대	sublocação
전대미문의.	inedito / nunca visto / sem exemplo

	/ sem
전례없는	precedente
전도.송전	condução / transmissão
전도.성신의파견	incumbência / missão / pregação
전도사	evangelista
전도유망한	prometedor / promissor
전도자	missonário
전도순교자	propagador
전도하다	inverter / reverter
전동기	motor elétrico
전동	abajur / elétrica / lâmpada
전락	baixa / colapso / declive / fracasso / queda
전란	querra
전람회	exbição pública / exposição
전람품	objetos expostos
전략.계략	estratégia
전략	esquema / estratagema / estrategia / tática
전략가	estratégico / estrategista
전력.행정.경력	bibliografia / vida passada / histórico pessoal
전력.전류의힘	capacidade elétrica / força / elétrica poder elétrico
전력.전쟁력	força militar / poder militar
전력.투구	toda capacidade / toda força / todo esforço
전렴하다	dedicar / devotar Y sacrificar
전령.벨	sino elétrico
전령.전보	aviso / mensagem / recado
전례	costume / exemplo / precedente
전류	corrente elétrica
전류계	amperímetro / amperômetro / galvanômetro
전리품	troféu

전리층	ionosfera
전리하다	ionizar / separar-se em íons
전말	detalhe / minúcia / particularidade / pormenor
전망	esperança / expectativa / perspectiva / possibilidade / probalidade
전망대	observatório
전매.빚갚기	em oferta / liquidação
전매.독점	monopólio
전매특허	patente(de invenção)
전매하다	liquidar / revender
전면.전방	frente / frontal
전면적인	completo / global / inteiro / total
전면전쟁	guerra total
전멸	aniquilação / aniquilamento / destruição / extermínio
전멸하다	ser aniquilado / ser destruído totalmente
전모	toda situação / toda verdade / todo aspecto
전몰하다	morrer na guerra
전무	diretor administrativo
전무후무	nunca houve sem elhante e numca haverá
전문.문장전체	toda sentença / todo texto / texto integral
전문.서언.서문	introdução / prefácio
전문.전보	mensagem telegráfica / telegrama
전문.전공.전업	especialidade / ramo especializado
전문가	especialista / craque / perito
전문교육	educação profissionalizante / educação técnica
전문지식	conhecimento especializado
전문화하다	especializar-se
전반의	comun / genérico / geral / usual

전반전	primeiro tempo
전방	frente de batalha
전방에	na dianteiro / na frente
전번에	na última vez / ultimamente
전법	esquema / estratégia / plano / tática
전보	telegrafia / telégrafo / telegrama
전보로	via telégrafo
전보배달부	mensageiro do telegrama
전보요금	taxa telegráfica
전보치다	enviar telegrama / telegrafar a
전복하다	arruinar / derrotar / destruir / subverter
전부	completo / integral / inteiro / todo / todo
전분	amido
전사.군사.사병	batalhador / combatente / guerreiro / militar / soldado
전사.전쟁의역사	anotação militar / diário militar / história militar
전사하다	morrer na guerra
전상자	feridos / machucados
전서.수집물책	coleção de livros
전서구. 통신용비둘기	pombo-correio
전선.작전지역	batalha / fronteira / guerra
전선.전기선	cabo(fio) elétrico
전설	fábula / legenda / legendário / lenda / tradição
전설적인	fabuloso / lendário / tradicional
전성.금속성질	maleabilidade
전성기	apogeu / auge da prosperidade / prosperidade / melhor fase / melhores dias
전세.임대. 집세	aluguel / reserva
전세.전재의형세	situação de guerra

전세계의	universal
전소하다	estar queimado / pegar fogo / queimar-se / serqueimado
전속력	velocidade máxima
전속의	anexado / designado / fixo / ligado / junto / vinculado
전속하다	transferir-se
전송	telefotografia
전송하다.작별하다	companhar / despedir / levar até a
전송하다.송달하다	despachar / enviar / mandar / transmitir remeter
전술.전술상의	tático
전술	operação / tática / táticas
전술상의	tático
전술의	supracitado / supradito
전승	vitória
전승하다	dar / entregar / passar / transmitir
전시.출품.박람회	exibição / expôs / exposição
전시.전쟁때	época de guerra / período de guerra
전시하다	exibir / expor / mostrar
전신.온몸	corpo inteiro / todo corpo
전신.해저전선	cabograma / telégrafo
전신국	estação telegráfica
전신용지	papel para telegrama
전신주	poste telegráfico
전심전력으로	com toda força / com todo esforço / cordialmente / de todo o coração / sinceramente
전심하다	dedicar-se / esforsar-se máximo
전압	voltagem
전압계	voltímetro
전액	dinheiro integral / soma total
전에.옛날에	antigamente
전야	anoitecer / noite / véspera
전업	elétrica / indústria

전연.정말	sinceramente
전연.오로지	inteiramente
전염	contágio / epidemia / inteção
전염병	andaço / doença / epidemia / infecciosa ou contagiosa / peste
전염성의	contagiante / contagioso / infeccioso
전염케하다	infeccional / infectar / inficionar
전용의	exclusivo / individual / pessoal / privado
전용하다	usar para outro propósito
전우	colega / companheiro / membro
전원.전체회원	todos os membros
전원.농촌의	região campestre / zona rural
전원생활	vida rural
전위	dianteiro
전유	leite puro
전율하다	estremecer / tremer
전율할	horrível / terrível
전의	espírito de luta
전임	tempo integral
전입하다	deslocar / mover / mudar
전자.소립자	elétron
전자.앞선	anterior / primeiro
전자기술자	técnico eletrônico
전자의	eletrônico
전자학	ciência eletrônica
전장.전루장	campo de batalha
전장	toda extensão / todo comprimento
전장	campo elétrico
전재	dano de guerra / prejuízo perda
전재하다	reeditar / reimprimir
전쟁	batalha / combate / guerra
전쟁하다	fazer guerra / guerrear / batalhar / lutar
전적.대전실적	façanha militar / feito militar /

	resultado militar
전적.대전결과	resultado da luta / resultado do jogo
전적으로	inteiramente / plenamente / totalmente
전적하다	mudar / transferir
전전궁궁하다	apavorar-se / estar apovorado
전전의	antes de guerra
전제.기본문제	premissa / texto supracitado
전제.전제정치	absolutismo / despotismo / tirania
전제.유대제사	holocaustos
전제물	libação
전제술	libação
전체적인	arbitrário / despótico / tirânico
전체주의	absolutismo / despotismo
전조	agouro / augurio / preswságio
전조가좋은	audacioso / debom augurio
전주.전신주	poste letrico
전주.전주곡	abertura musical
전주.지난주	semana passada
전지.전답	arrozal / campo / fazenda / granija / terra
전지.현지이전	mudança / troca de ar
전지.전기	batéria pilha
전지바테리	batéria
전진	avanço / progresso
전진하다	avançar / levar paradiante / marchar para frenteir por diante
전집	coleção completa
전차.전기차	bonde / carro elétrico / trem elétrico
전차.탱크	carro blindado / tanque
전찻길	linha de bonde / trilho de bonde
전체	inteiro / total / todo / tudo
전초	posto avansado
전축판	disco
전출하다	deslocar para / transferir-se

선치되게할지니라   fará curar totalmente
전치사   preposição (portugues에 사용되는 전
    치사들)

a	de	para
antes de	dentro de por	
ao lado de	em	seja
com	em torno de	sem
contra	entre	diante(de)
daquele	nele	

전쾌   completa cura
전토   terras
전통.관례   costume / hábito / tradição / uso
전통.화살통   aljava
전투   ação / batalha / combate / guerra
전투기   avião de caço / avião de combate
전투원   combatente / guerreiro
전파전도   anunciado / propagação
전파..음파   onda elétrica
전파하니라   divulgar
전파하다   anunciar / propagar
전파탐지기   radar
전매하다   abolir / anular / cancelar / destruir
    / revogar
전표   bilhete / ingresso / penhor / vale
전하다   avisar / comunicar / passar /
    pregado / transmitir
전함   couraçado de batalha
전해하다   eletrolizar
전향하다   converter / inverter / mudar /
    transformar / trocar / reverter
전혀   absolutamente / completamente /
    totalmente
전형   escolha / seleção
전형하다   escolher / selecionar
전형적인   caracteristico

전화.전화기	telefone / telegrama- 전보
전화.철도	eletrificação
전화.전쟁재화	danos de guerra
전화국	centro telefônico
전화를걸다	telefonar
전화박스	cabine telefônica
전화번호	número de telefone
전화번호부	lista telefonica
전화하다	eletrificar
전환	chave / conversão / interruptor / transmutação / troca
전황	situação de guerra
전후의	opós a guerra / depois da guerra
전훈.전보훈령	instrução telegráfica
절.마디.음절	articulação / versículo / verso
절.신전.교회	templo
절.인사	reverência / saudação
절.절의부호	parágrafo
절개.짼곳	corte / inoisão
절개.정절.수절	constância / fidelidade / realdade probidade / virtude
절개있는	constante / decente / leal / puro / virtuoso
절개하다	cortar / operar
절검.절약	economia / frugalidade / moderação / parcimonia / sobriedade
절경	cenário maravilhoso / cenário pitoresco / paisagem extraordinária / vista magnífica
절골술	esteotomia
절골하다	quebrar o osso
절교하다	quebrar / relação / romper relação
절구	moinho / pilão
절규하다	falar alto / gritar alto / berrar

절다	coxear / mancar / manquejar
절단	abscisão / corte
절단면	parte cortada
절단하다	amputar / cortar
절단환자	amputado / mutilado
절대	absoluto
절대로	absolutamente / apre / completamente
절대적인	absoluto
절도.갱	salteador / gatuno / ladrão
절뚝거리다	andar mancando / coxear / mancar
절뚝발이	coxo / mancos
절름거리다	mancar levemente
절름발이	pessoa defeituosa
절망	desesperação / desesperança / desespero
절망적인	desesperado / desesperante / sem esperança
절망하다	desanimar / desesperar
절멸하다	aniquilar / arruinar / exterminar / extirpar
절명하다	falecer / morrer
절박하다	ser iminente / ser pendente
절박한	iminente / pendente / urgente
절반.1/2	meio(a)metade
절벽	ingreme / penhasco / precipício / rochedo
절세의	incomparável / inigualável / insuperável / sem par
절세의여인.여신	deusa
절실한	iminente / premente / urgente
절약	economia / poupança
절약하는	econômicas
절약하다	amcalhar / economizando / enonomizar / fazer economia /

	poupar
절연	isolação / isolamento
절이다	conservar em salmoura / temperar
절정	apogeu / auge / cume / pico / ponto mais alto / topo
절제	moderação / prudência / temperança
절제하다	abster-se de / conter se de / moderar
절조	fidelidade / honra / lealdade / pureza
절차	formalidade / formalismo /procedimento / processo
절찬	grande admiração
절충.동의	acomodação / trancessão / transigência
절충.협상	negociação / transação
절충하다.	comprometer com / dividir diferença
다시나누다	repartir / separar
절충하다.협상하다	negociar / transacionar
절하는자라	adorar
절하다	encurvar-se / inclinação / inclinar
절호의	esplêndido / excelente / magnífico
젊은	jovem / jovens / juvenil / mancebo / imaturo / moça / novo
젊은수소	novilho
젊은여자	jovem
젊은이.청년	rapaz
젊은처녀.하녀	moça
젊음	juventude / mocidade
점.트럼프	advinhação / cartomancia / quiromancia
점.오점.결점	espinha / mancha / pinta / ponto
절감하다	diminuir gradualmente
점거하다	ocupar
점검	exame fiscalização / inspeção /

	vistoria
점검하다	examinar / inspectionar / olhar / vistoriar
점령	ocupação
점령하다	ocupar
점막	membrana mucosa
점선	linha tracejada
점성가	astrologo
점성술.점성학	astrologia
점수	marca / nota / ponto
점심	almoçar / almoço / lanche
점심시간	horário de almoço
점액	fluido viscoso
점원	balconista / caixa / caixeiro / empregado / funcionário
점있는자.반점	malhado
점으로되어 있는.점검	pontinhos
점자	braile
점잖은	bondoso / cavalheiresco / cortes / digno / educado
점점.점차로	gradativamente / gradualmente / passo a passo / pouco a pouco
점진하다	progredir gradualmente
점진적인	gradual / moderado
점차로	gradualmente / passo a passo
점착하다	aderir / coerir
점치다	advinhar
점프	salto
점프하다	pular / saltar
점화기	vela deignição
점화하다	fazer chamada
접견	audiência / encontro / entrevista / recepção
접근하다	aproximar / chegar perto

접다	dobrar
접대하다	atender / dar boas-vindas / dar recepção cordial / receber / tratar
접두어	prefixo
접붙이다	enxertar
접붙임.접목	enxertado
접선	conxão / contato / ligação / tangente
접선하다	entrar em contato com
접속법	subjuntivo
접속법미래	futuro de subjuntivo
접속사	conjunção
접속하다	conectar / juntar / ligar / unir
접시	prato
접종하다	vacinar
접촉	contato / encontro / liga / toque
접함	junção / liga / união
젓가락	pauzinhos / palitos
젓다	remar / vogar
정.정말.참으로	de fato / na verdade / realmente
정.끝	buril
정.애정.사랑	amor / paixão
정가	preço fixo / preço tabelado
정각.바른시각	tempo exato
정강	programa político
정강이	canela
정객	político
정거장	estação / ponto de ônibus
정견.의견	idéia / opinião
정견.계획	programa partidário
정계	mundo político
정골요법	osteopatia
정관	artigo de associação
정관사	artigo definido

정관하다	considerar / contemplar / olhar
정교사	professor licenciado / professor principal
정교한	bem trabalhado / delicado / elaborado / fino
정교한옷	os vestidos do ministério
정구.테니스	tênis / #경기장 quadra de tênis
정국	situação política
정권	poder administrativo / poder político
정규의	caractrístico / correto / exato / formar / regular
정금	dinheiro em moeda / ouro puro
정금등대	castiçal puro
정기의	determinado / fixo / períodico / regular
정년	idade certa / idade exata / maioridade
정녕	certamente / com certeza / sem dúvida
정다운	amigável / familiar / ítimo
정담	conversação / discurso
정당	partido político
정당방위	defesa legítima
정당한	apropriade / justo / legal / lícito / peculiar
정떨어지다	causar tédio / desgostar-se / enfastiar-se
정도.등급	força / grau / intensidade / proporção / qualidade
정도.올바른길	caminho do dever
정독하다	ler atentamente
정돈	organizar
정돈하다	ajeitar / arranjar / arrumar / ordenar / pôr em ordem
정들다	tornar-se afeiçoado

정략적인	político / programado
정력	energia / vigor / vitalidade
정력있는	ativo / enérgico / vigoroso
정련소	refinaria
정련하다	polir / purificar / refinar
정렬하다	alinhar-se / formar em linha
정류소	ponto de ônibus
정류장	estação / parada / ponto de parada
정리	ordem / teorema
정리하다	ajustar / arranjar / arrumar / dispor / ordenar / pôr em ordem
정맥.혈관	veia
정면	fachada / frente / frontal / fronte / rosto / testa
정면도	vista frontal
정묘한	extraordinário / fino / primoroso / raro / requintado
정문	entrada principal / protão principal
정미소	engenho / moinho
정밀한	exato / perfeito / preciso
정박하다	ancorar / fundear
정벌하다	conquistar / dominar / tomar / vencer por força
정변	crise política / mudança política
정보.뉴스	aviso / informação / notícia
정복	conquista / domínio
정복자	conquistador / vencedor
정복하다	alcançar / conquistar / dominar
정부	governo federal / união
정비례	diretamente proporcional / proporção direta
정비하다	equipar
정사.야사	história verdadeiro
정사.사기	direito e erro
정사.정치상의일	probrema administrativo /

	probrema político
정사.애정	ato sexual / sexo / romance
정상.절정.꼭대기	normalidade
정상.상태	normalidade
정상의	normal
정상인	normal
정색	aparência séria
정서.베껴씀	copia passada a limpa
정서.감정	comoção / compaixão / emoção / sentimento
정선하다	cuidadosamente / selecionar
정성	caridade / esforão / emoção / sentimento
정세	condição / situação
정수.수	essência / essencialidade
정수.자연수	número fixo
정수.완전수	número positivo
정숙한.순수한	casto / decente / inocente / puro / virtuoso
정숙한.고요한	calmo / quieto / silencioso
정식의	formal / regular
정신	alma / espírito / mente
정신박약	amência
정신병.정신이상	psicose
정신병과	psiquiatria
정신병학자	alienista
정신분석. 정신분석학(법)	psicanálise
정신이상.광기	alienismo
정신적인	espiritual / mental
정신착란.정신혼란	distração
정액	espermatozóide
정어리	sardinha
정연한	ordenado / regular / sistemático
정열	desejo / entusiasmo / paixão /

	vontade
정열적인	apaixonado / excitado
정오	meio-dia
정원.일정한인원	limite de pessoas / quadro de pessoas
정원.뜰	jardim / paraíso
정원같은	ajardinado
정원사	jardineiro
정월	janeiro
정월초하루.설날	ano bom
정욕	paixão
정욕대로.음욕	concupiscência
정유	óleo refinado
정육점	açougue
정의.우의.호의	amizade / companheirismo
정의.명확	definição
정의.공평	direito / justiça
정자	esperma / semên
정장	terno completo / traje social / vestido social
정쟁	discussão política / disputa política
정적.무사평온	calma / quietude / silêncio
정적.정치상의적	inimigo político / oponente polític político rival
정적인	estático / estável / imóvel / parado
정전.중단	cessar-fogo / suspensão temporária / trégua
정전.휴전	cessar-fogo / suspensão temporária / trégua
정전.전기중단	falta de luz / interrupção eletricidade
정절(정조) 를지케게하다	castificar
정점	ponto
정정.교정.수정	correção
정정당당하게	corretamente / honestamente /

	justamente legitimamente
정정당당한	correto / de modo justo / honesto / legítimo / limpo
정정하다	corrigir / emendar / examinar / revisar
정정한	ativo / saudável / vigoroso
정제	comprimido / pastilha
정제하다	refinar
정조.깨끗함.순수함	decência / pureza / virtude
정조.정서.감상	emoção / sentimentalidade / sentimento
정조있는	casto / decente / inocente / puro / virtuoso
정죄	condenação
정죄하다	condenar
정죄함	condenação / condenarão
정중한	cortês / culto / polido / refinado
정지	parada pausa / suspenso
정지하다	parar / suspender
정지한	estacionário / fixo / imóvel / parado
정직.실직	paralisação de trabalho
정직.공무원 직무정지	ocupação regular / trabalho legal
정직하지못한	desonesto
정직한	honésto / real / verdadeiro
정착	adaptação / estabilidade / fixação
정찰표	etiqueta
정찰하다	espiar / observar / patrulhar / vigiar
정책	orientação / política / político / programa
정체.본심의모양	caráter real / aparência real
정체 국가의조직형태	político / sistema
정체.	acumulação / congestionamento

정지하여체류함

정취	efeito artístico / humor / sentimento
정치.정치학	direção / política
정치평론가	publicista
정칙	lei estabelecida / regime estabelecido
정통	legitimidade
정평	boa fama / boa reputação / bom nome
정하다	decidir / determinar / fixar / resolver / estabelecer
정학	suspensão na escola
정형수술	toracotomia
정형외과	cirurgia plática
정형외과술	anaplacia / anaplastia
정혼.약혼	despossada
정화	exaltação / glorificação / magnificência / requinte
정화하다	clarificar / purificar / puro / tornar-se
정확.확실	certeza
정확하게	certamente / corretamente / exatamente / pontualmente / precisamente
정확하다.꼭맞다	exatamente / exato
정확한	certo / correto / exato / preciso
정황.정상	circunstância
젖	seios
젖.우유	leite
젖꼭지	chupeta / teta
젖먹이다	mamar
젖과꿀이 흐르는강	uma terra que mana leite e mel
젖다	molhar-se
젖은	molhada
젖통	ubere

젖히다	abrir / dobrar para cima / revelar / virar para cima
제각기	cada um / individualmente / respectivamente / separadamente
제거하다	abolir / cancelar / eliminar / excluir / revover / retirar / tirar
제곱	quadrado
제공하다	mostrar / oferecer / oferendar / propor
제과	confeites / doces
제구시까지	até a hora nona
(9)	
제국	império / monarquia / reino
제국주의	expensionismo / imperialismo
제기하다	apresentar / introduzir / mostrar
제단	altar
제도.방법.식	esquema / plano / sistema
제도.도안.설계	desenho
제독	almirante / comandante
제동	amortecimento
제련	refinação / refinamento
제련소	refinaria
제멋대로	egoistamente
제명하다	banir / excluir / expelir / expulsar
제목	abjeto / tema / texto / título / tópico
제물	ablação / oferecimento / oferenda / oferta / oferta solene / sacrifício
제발	amavelmente / cordialmente
제발문좀열어주시오	a porta profavor / abra a porta profavor
제법	bem / consideravelmente / convenientemente / razoavelmente / regularmente
제복	farda / uniforme

제본	encaderação
제봉사	alfaiate
제분	moagem / moedura / moenda
제비	andorinha
제비뽑아	sortes
제사.의식	religioso / rito / serviço religioso
제사.희생	sacrifício
제사장	sacerdócio / sacerdotal / sacerdote
제사장나라	reino sacerdotal
제사직	para administrarem o sacerdócio
제삼시에	terceira hora
제삼일	terceiro dia
제시하다	apresentar / exibir / expor / mostrar
제안	oferecimento / proposição / proposta
제안하다	expor / indicar / propor / sugerir
제압하다	controlar / dominar
제약	manufaturado / remédio
제약실.약국	farmácia
제왕	imperador / monárquico / soberano
제외하다	exceptuar / eliminar / excluir
제원인.근원	princípio
제위	coroa / trono
제유소	refinaria
제의	fornecer
제의하다	oferecer / propor recomendar / sugerir
제이의.두번째	segundo
제자	aluno / discípulo / principiante / pupilo
제작	manufatura / produção
제작하다	fabricar / fazer / manufaturar / produzir
제재.처벌.형벌	punição / sanção
제재.톱질	serração
제재.제목.주제	tema / tópico

제재소	serraria
제척	desnacionalização
제전	festival / grande festa / serviço religioso
제절.시기	estação / tempo certo
제정하다	decretar / estabelecer / legalizar / ordenar
제조	fabricação / manufatura / produção
제조소.생산공장	fábrica
제조하다	fabricar / manufaturar / produzir
제지	empapelamento
제지하다	conter / impedir / limitar / parar / refrear / reprimir / estringir / reter
제창.제안.건의	advocacia / discurso / noção / proposição sugestão
제창.동일받음	homofonia
제철소	siderurgiaco
제초하다	capinar
제출하다	apresentar / ceder / entregar
제칠일(7)	sétimo dia
제패	dominação / domínio / supremacia
제패하다	dominar / ganhar supremacia
제품	fabricação / limite / restrição
제하다	eliminar / excetuar / excluir
제한	limitação / limite / restrição
제한하다	confinar / limitar / restringir
제헌국회	assembléia constitucional
조.기장.피무리	milho miudo / painço
조.10억 (백만의천배)	bilhão / cruzeiros
조.파.한뜻	classe / grupo / parte / time
조각.부분	caco / fragmento / parte / pedaço
조각.조각술	escultura
조각가	escultor
조각목	madeira

조각하다	cinzelar / entalhar / esculpir / gravar
조간	edição da manhã
조감도	vista aérea
조건법	modo condicional
조개.조가비	carapaça / concha
조건	claúsula / claúsula condicional / condição / limitação / restrição
조교	ajudante / assistente / auxiliar / professor
조국	país de origem / pátria
조그마한	miúdo / pequeno
조그마한 도시	cidadinha / cidade pequena
조그마한 등잔 호롱불	alfredo
조그마한삽	pequeninho pá
조그마한책	livrinho
조금	pouco
조금깍아주십시오	me da pouco de desconto
조금씩	pouco a pouco
조급한	apressado / impetuoso / precipitado
조끼	colete
조끼가달린 싱글로된양복	terno
조난	desastre do navio / naufrágio / sinistro marítimo
조달	abastecimento / fornecimento
조도	iluminação / luminosidade
조동사	verbo auxiliar
조력	ajuda / amparo / assistência / auxílio
조련	exercício / ginástica / manobra / treino
조롱	escárnio / mofa / ridículo / zombaria

조롱거리	apupada / desfruto
조류	corrente
조류사육	avicultura
조류사육가	avicultor
조류학	ornitologia
조류학연구	algologia
조르다.동여메다	amarrar / apertar / atar / estreitar
조르다.강요하다	apressar / estimular / exigir / forçar impor / incitar
조리.논리	bom senso / fundamento / lógica / razão / acionalidade
조리.신중	atenção / cautela / estado de saúde /precaução / prudência / recuperação
조림	reflorestamento
조림하다	compor / construir / elaborar / formar / montar
조마조마	ansiosamente / nervosamente / preocupadamente
조만간	daqui a pouco / em algum dia / em tempo / logo mais tarde
조망	expectativa / perpectiva
조명	iluminação / luz
조목	artigo de mercadoria / gênero / item / parte / peça
조문.위문	pêsames
조물주	Criador / Deus
조미료	condimento / tempero
조밀	densidade / densidão / espessura
조밀한	denso / cerrado / compacto / espesso
조바심하다	estar ansioso sobre / preocupar-se
조사.목사도우는자	discurso de funeral
조사.주격에 보격	dical / estilo / fraseologia
조사.젊어서죽음	indação / inquérito / investigação / pesquisa

조사하다	informar / investigar / pesquisar
조산	nascimento prematura
조산원	Parteira
조상	antepassado / ascendente / avoengo / patriarca / predecessor
조상들에게	aos país
조상의 하나님	Deus de teu Pai
조상이다	antecedente
조서	ocorrência / minuta / protocolo / registro
조서를 작성하다	atuar
조선.선반건조	construção naval
조선소	estaleiro
조성	ajuda / amparo / apoio / auxílio / fomento
조성되었다	consiste
조성하다.도와주다	ajudar / amparar / apoiar / auxiliar fovorecer
조성하다.생산하다	fabricar / fazer / manufaturar / produzir
조성하다.얽다	compor / constituir
조세	imposto / taxa
조소하다	dar risada / gargalhar / rir / zombar
조수.보조자	ajudante / assistente / geral
조수.새와짐승 새와짐승	pássaros e animais
조수.밀물. 썰물	maré
조숙한	precoce / prematuro
조심	atenção / cautela / cuidado / guarda / precaução / prudência
조심스런	cuidadoso / cuidadosamente
조심하는	acautelado / cauteloso / circunspeto / precavido / prudente

조아리다	curvar-se / dobrar-se(a cabeça) / inclinar-se
조약	convenção / pacto / tratado
조약돌	calhau / cascalho / pedregulho / seixo
조언	conselho / opinião / parecer / recomendação / sugestão
조언하다	aconselhar / advertir / dar concelho / resomender
조업	ação / atividade / ato / lavor / obra / serviço / tarefa / trabalho
조업하다	acionar / movimentar / operar / produzir / trabalhar
조연자.보조자	auxiliador / coadjuvante
조에.기능.수완	capacidade / conhecimento / dote /
조용	silêncio
조용하다	deparar com alguém / encontrar-se casualmente
조율	afinação / concordância / entonação / harmonia / modulação
조율하는.조율한	afinado
조율하다	afinar / entoar / estar em harmonia / musicalizar
조웅.화합.일치	acordo / concordância de opinião / concordia / consentimento / entendimento / harmonia
조의	condolência / luto
조인	aviador / piloto
조인하다	assinalar / autenticar / marcar / rubricar
조작	construção / fabricação / planejamento / plano / trama
조작하다	construir / fabricar / fazer / forzar / pranejar / tramar
조잡한	áspero / escabroso / indelicado /

	inferior / rude / vulgar
조절	ajustagem / ajustamento / ajuste / controle / normalização / regulação / regulamentação / regulamento
조절하다	ajustar
조정.알선	intercessão
조정.협약	ajuste / controle / regulamentação
조정.중재	arbitragem / arbitramento / mediacal
조정.궁전	corte real / palácio do planalto / residência real
조제.준비.예비	preparação / preparativo / preparo
조제.제작하다.생산	bruto manufaturado
조제하다.처방하다	receitar
조종	toque de sinos
조종사	aviador / piloto
조종하다	conduzir / dirigir / quiar / pilotar
조준	ato de visar / linha de mira / mira / pontaria
조준하다	apontar / fazer pontaria / visar
조직	estrutura / organismo / organização
조직되다	sistemas
조직하다	organizar
조촐한	apenas suficiente / asseado / pequeno
조치	medida / meios / providência / recursos
조치하다	providenciar / tomar medidas
조카	sobrinho
조퇴하다	abandonar a aula / deixar mais cedo / sair mais cedo
조판	composição / redação / tipográfico / trabalho de compositor
조폐	amoedação / cunhagem / moedagem / sistema monetário
조합	agremiação / associação /

	cooperativa / sociedade
조항	artigo / artículo / claúsula / item / parágrafo
조행.습관	conduta / costumes / modos
조화.자연	artística / criação / natureza
조화.인공꽃	flor artificial
조화.	concordância / conformidade /
잘어울림(음의)협화	harmonia simetria
조화하다	combinar / harmonizar
조화한	concordante / harmonioso
조회	encontro da manhã / reunião da manhã
조회하다	combinar / harmonizar
족보	estirpe / genenalogia / linhagem
족속	tribos
족속들이	as tribos
족쇄.수갑.쇠사슬	algema / cadeia / corrente / elo / grilheta
족장이요	segundo as suas gerações
족제비	doninha
족집게	tenas
족하	sobrinho(a)
족히	adequadamente / suficientemente
존경	consideração / deferência / respeito
존경받는	considerdo
존경하다	acatar / apremar / honrar / respeitar
존경할만한	apreciável / estimável / honorável / respeitável / vunerável
존귀	elevação / grandeza / nobreza
존귀한	digno / fidalgo / fino / generoso / majestoso / nore
존귀함	digno / honra
존대하다	tratar com respeito
존망	destino / sorte / vida ou morte
존망지주	crise / momento crítico /

	momento dífcil / situação difícil
존속.연속함	continuação / continuidade / prossequimento
존속.계속존재	antepassado / ascendência / precedência
존엄한	cheio de dignidade / digno / grandioso / honrado / majestoso / nobre / sublime
존재	existência / ser / vida
존재하다	estar / existir / há / haver / ser / subsistir / viver
존중하다	apreciar / considerar / estimar / reconhecer / valorizar
존칭	honorífico / título honorário
졸다	cochilar / dormir levemente / dormitar / estar meio adormecido / modorrar / tosquenejaram
졸도하다	desfarecer / desmaiar
졸렬한	desgracioso / indelicado / rude
졸리다.수축하다	estar apertado / estar contraído / estar preso
졸리다.졸음	estar cansado / estar com sono /
estar	sonolento
졸병	cabo / soldado raso
졸부.벼락부자	novo-rico
졸사.급사	morte inesperada / morte repentina
졸사하다	morrer repentinamente
졸아들다	contrair / diminuir / encolher / recolher / retrair
졸업	graduação / formatura
졸업생	aluno graduação / formando
졸업식	cerimonia de formatura
졸업장.학위수여장	diploma
졸업하다	formar / graduar
졸지에	abruptamente / bruscamente /

	inesperadamente / repentinamente
좀.좀벌레	traça
좀더	que mais
좀도둑	ladrão / trombadinha
좀먹다	ser roído pelas traças
좀벌레	traça
좁은.좁다	estreito / restrito
좁히다	apertar / estreitar
종.마늘.파.등	pedunculo
종.뿌리	fonte / origem / raiz / semente
종.노예	escravo / servo
종.종류	categoria / classe / espécie / gênero / grupo / tipo
종.벨	campainha / gongo / sino
종각	campanário / torre dos sinos
종결	conclusão / fim / parte final / término / termo
종결하다	acabar / chegar a um fim / concluir / finalizar / terminar
종교	religião
종교적인	devoto / eclesiástico / pio / religioso
종군	indivíduo que não é militar / voluntário para guerra
종군기자	repórter da guerra
종굴박	fruto do cabaceiro / pequeno cabaço
종극.결국	extremidade / fim / finalidade / finalismo
종극의	conclusivo / decisivo / definitivo / extremo / final / último
종기.종말.끝	parada / ponto final / terminal / término
종기.종양.부스럼	apóstema / apóstase
졸내.최후.결국	até que em fim / finalmente / por fim ultimamente
종달새	cotovia

종대.기둥	coluna / fila / fileira
종두	inoculação / vacinação
종래	até agora / até aqui
종래대로	como antes / como passado
종래의	anterior / antigo / passado / primeiro
종량.석방.해방	emancípação / libertação
종량세	dever específico / imposto específico / obrigação / específica
종려나무.야자수	palmeira / canhamo / linho
종론	debate religioso / discussão religosa
종료	conclusão / fim / término
종료하다	chegar a um fim / completar / concluir / encerrar / terminar
종류	categoria / classe / espécie / grupo / tipo / variedade
종렬.행렬.줄	coluna / fila / fileira / seqüência / série
종렬.깨어진틈	fenda / racho / rasgo / rombo / ruptura trinca
종마	garanhão
종마부	assoalho / chão / pavimento / piso / soalho / solo
종막	fim / parte final / ponto final / último capítulo / última divisão de uma peça teatral
종말	fim / parada final / ponto final / terminal
종말론	escatologia
종목.조항. 조목	artigo / item
종목.목장과농지	agricultura e pasto / lavoura e pastagem
종묘. 제왕가의사당	templo ancestral de família real
종묘.씨앗	ação de semear / semeadura

종범	cúmplice / encobridor / receptador
종법	lei subordinada
종별	agrupamento em algum sistema / classificação / separação
종부	esposa do herdeiro
종비	adubo para lavoura / fertilizador / fertilizante
종사.헌신	consagração / dedicação / devoção
종사.종가 계통의후손	herdeiro de família real
종사하다	consagrar / dedicar / devotar / empregar / sacrificar
종산	cemitéiro de família
종생	vida inteira / toda vida
종서	escrita feita verticalmente
종소리	campainha / som do sino
종속	dependência / obediência / subordinação / submissão
종속문	oração subordinada
종속히	prontamente
종손.종가의맏손자	neto mais velho de família real
종손.형제의손자	neto do próprio irmão
종수.식목	plantação / plantio
종수. 사촌형제의아내	esposa do primo
종시	do começo ao fim / em toda parte / por tudo
종식	cessação / descontinuação / interrupção / irradiação / pausa
종식계급	burguesia
종신의	a toda vida / permanente / vitalício
종신형	pena vitalícia / sentença / vitalícia
종아리	barriga da perna
종알거리다	murmurar / resmungar / rosnar
종업원	assalariado / balconista /

	empregado(a) / funcionário(a)
종없이.질서없이	por acaso / sem método / sem pensar
종용.권고.권유	insinuação / persuação / proposta / recomendação / sugestão
종용하다	convencer / induzir / persuadir / tentar convencer
종우	touro
종유동	caverna
종을삼은.노예삼은	escravizam
종을울려라	tanger um sino
종이	folha / papel /
~#공장	fábrica de papel
종이공장	fabrica de papeis
종일	dia inteiro / todo o dia
종자.동지.당파	partidário / sequidor
종자.씨앗	semente
종자.종가의맏아들	filho mais velho de uma família
종자매.종형제	prima
종적	indicio / pista / sinal / traço / vestígio
종전	fim de guerra / final de guerra
종전의	anterior / antigo / passado / precedente
종전후의	após a guerra / pós-guerra
종점	estação / final / ponto final / terminal
종족	estirpe / família / gênero / geração / humana / linhagem / raça / tribo
종족의.부락의	tribal
종종걸음	passos afetados / passos curtos e rápidos
종지	conclusão / fim / ponto final / terminal / término
종지부	fim / limite / ponto final

종착역	estação / terminal
종파	facção / partido
종파싸움	briga partidária / discussão partidária / disputa partidária
종합	síntese
종합대학	universidade
종합병원	hospital dos clínicas
종합적인	sintético
좋다	está bem / está direito / exelente / ótimo
좋아지다	melhorar
좋아하다	amar / desejar / estimar / gostaria / gostar / querer
좋아하다.즐거움	gosto
좋은	admirável / agradável / boa / bom / bons / excelente / fino / sorte
좋은것	melhor
좋은기회	oportunamente / oportunidade
기회주의자	oportunista
좋은사마리아여인	bom samaritano
좋은인상을주다	fazer bonito
좋은일	boa ação
좋은포도주	vinho bom
좋은향기	perfume
좋지않은 인상을주다	fazer um feio / cara feia / careta
좌.왼편	esquerda
좌객	passageiro / viajante
좌골	bacia / ilíaco / osso
좌담	conversa / conversação / palestra
좌담하다	conversar / palestrar / palestrear
좌담회	banquete / reunião / simpósio
좌상	figura sentada / imagem sentada
좌석	assento / banco / cadeira / poltrona
좌우	esquerda-direita

좌우간	de qualiquer maneira / de qualiquer modo / de todo jeito / em qualquer caso
좌익	esquerdista
좌익운동	movimento esquerdista / movimento esquerdo
좌천	banimento / reletação
좌측통행	manter a esquerda
좌표	coordenadas
죄	ato imoral / crime / delito / pecado
죄과	culpa / defeito / defeito moral / desize / erro / falha
죄다.다.모조리	inteiramente / totalmente
죄다.축소하다	apertar-se / entesar / estreitar-se / firmar
죄를범죄치말라	não pecar maus
죄를범하였도다	pequei
죄를짛다	pecar
죄많은사람	pecadores
죄상	caráter do pecado cometido / natureza do crime cometido
죄송스러운	arrependido / contrito / lamentável / melancólico
죄수	detento / preso / prisioneiro
죄악	ato imoral / crime / delito / pecado
죄의종이라	servo do pecado
죄인	criminoso / ofensor / pecador / pecadora / transgressor
죄지은	criminoso / culpado / culpável / pecador / pecaminoso
죄패	acusação
주.성현.지방	distrito / estado / província / região
주.주석	anotação / apontamento / comentário / explicação / observação
주.받을목.분담액	ação / parte / porção / quota /

	tração
주.주간	semana
주간.편집부장	administrador / diretor /
	empresário gerente / superintendente
주간.낮동안	durante a tarde
주간.일주일	semanal / semanalmente / semanário
7일	
주객	hospedeiro e hóspede
주거	domicílio / habitação / moradia /
	residência
주걱	concha
주검	cadáver / corpo morto / defunto /
	restos mortais
주격	caso nominativo
주관	governar / subjetividade / sujeito
주관하다	administrar / dirigir / dominador /
	superintender / supervisionar
주교.감독사교	antiste / antistite / bispo
주교.부동하는다리	ponte flutuante
주권.유가증권	certificado de ações /
	direito de quotas
주권.통치권	autoridade suprema / poder supremo
	/ soberania / supremacia
주권역사	soberano
주근깨	lentigem / sarda
주기	época / era /
	espaço de tempo decorrido entre
	dois fatos / período
주기도문	oração dominical
주기적인	intermitente / periódico
주다	conceder / ceder / dada / dar /
	darei / dever / entregar / oferecer /
	presentear / propor
주도권	direito iniciativo
주도한	atento / cauteloso / completo /

	cuidadoso / exato / inteiro / meticuloso
주동	chefia / comando / direção / guia
주된	essencial / o mais importante / primeiro / principal
주둔	permanência de tropas em algum lugar
주둥이	bico
주력	força principal
주로	essencialmente / principalmente / sobretudo
주류	corrente principal
주름.주름살	ruga(rosto) / 아버님의주름 Ruga do Pai
주름.접음	prega
주리다	esfomear / morrer de fome / sentir fome / passar fome
주릴때에	com fome
주마등	caleidoscópio / lanterna giratória / rotativa
주막	bar / choperia / estalagem / hospedaria / taverna
주막의주인	publicano
주말	fim de semana
주말여행	viagem de fim de semana
주머니	algibeira / bolsã / bolso
주머니칼	caniveto
주먹	punho / punhados
주먹다짐	mão fechada
주모자	chefe / comandante / condutor
주목	anotação / atenção / diligência / nota / observação / ponderação / reparo
주목하다	atendimento / importância / ligar
주무	administração / conduta / direção /

	gerência / manejo
주무르다	fazer massagens / tocar com os dedos
주문.신청. 청원	demanda / encomenda / pedido
주물.시.글.술법	feitiçaria / fórmula mágica / magia
주문하다	pedir
주민	cidadão / habitante / morador / população
주밀	atenção / cautela / cuidado / diligência / precaução / prudência
주밀한	acautelado / cauteloso / cuidadoso precavido / prudente
주발	bacia / prato / tigela / vaso
주방	cozinha
주별	castigo / pena / penalidade / punição
주별하다	castigar / infringir pena a / punir
주변.변통성	conduta / flexibilidade / manipulação / versatilidade
주변.주위	ambiente / arredores / periferia / redor
주보.매점	cantina / taberna emacampamento
주보(교회).공보고시	boletim
주부	dona da casa
주부코	nariz vermelho
주빈	injeção
주사	injetor
주사기	dado
주사위	estátuas
주산	cálculo feito pelo abaço
주산물	produtos principais
주상	estátuas
주석.연.백납	chapa de ferro estanhada / estanho
주석.해설.설명	anotação / comentário / nota
주선하다	aconselhar / encarregar / lembrar /

	recomender
주셨느니라	deu-lhe
주성분	elemento principal /
	ingrediente principal
주소	domicilio / endereço / residência
주시오.주라	dá
주식.주권	ação / fração / parte / quota
주식.양식	alimentos e bebidas
주식.점심	almoço / lanche / merenda
주식.주식물	alimentação principal /
	comida principal / gênero alimentício
주식회사	sociedade anônima
주신것이요	foi dada
주심	árbitro / juiz
주악	música / representação musical
주악하다	instrumento musical / tocar música
주안점	ponto essencial / ponto principal
주야로	de dia e de noite
주어	sujeito
주었다	deu
주었으리라	daria
주역	astro / ator principal /
	atriz principal
주연.주인공출연	ator / atriz principal que representa
	a função principal
주연.작은잔치	banquete / farra / festa / festim
주옥	jóia / pedra / preciosa / pérola /
	rubi
주요한	especial / essencial / importante /
	indispensável / necessário / principal
주의	ambiente / arredor / circunferência /
	periferias
주유.급유소	abastecimento de gasolina / óleo /
	ou álcool / petráleo
주유소	posto de gasolina

주유.난장이	anã / anão / pigméia / pigmeu
주유하다	abastecer / encher / lubrificar / suprir
주(州)의.주에관한	estadual
주의.주목	advertência / atenção / aviso prévio / conselho / orientação / recomendação
주의.방침	causa primária / doutrina / fundamento / preceito / princípio
주의깊은	atencioso / atento / cauteloso / cuidadoso / meticuloso / vigilante
주의하다	acautelar / advertir / atender / cuidar-de / cuidar-se / prestar atenção / tomar cuidado
주의하여	atentamente / cautelosamente / comatenção / cuidadosamente / desveradamente
주인.근본원인	causa primária / causa principal / motivo essencial
주인.공장주.사장	dono / hospedeiro(a) / patrão / patroa proprietário
주일.일-토 7일간	semana
주일.주의날	domingo
주일의	dominical
주일학교	escola dominical
주임	cabeça / pessoa encarregada / pessoa principal / pessoa responsável
주입하다	aplicar / entornar / infundir / introduzir
주자.금속활자 금속활자	letra de metal
주자.뛰는자	corredor / jogador
주장.팀통솔선수	capitão do time
주장.담당	cargo / dever / domínio / ofício /

	responsabilidade
주장하다.규정하다	dar encargo / de clarar / encarregar incumbir / ordenar
주장하다.변호하다	afirmar / defender / insistir num ponto de vista / reivindicar
주정부	estado / governo estado
주재	domicílio / habilitação / moradia / residência
주재하다	dirigir / encarregar / superintender / supervisionar
주저	dúvida / hesitação / incerteza / vacilação
주저하다	hesitar
주전자	caldeira / chaleira
주정군	homen bêbado
주제	assunto principal / tema principal / texto principal / titulo
주제넘은	atrevidaço / descarado / impertinente / impudente / sem-vergonha
주조.주조음	nota tônica / tom fundamental
주조.소붙이녹임	corrente / fluxo principal
주조하다	engendrar / inventar / modar / modelar
주종	patrão e empregado / senhor e servente
주주	acionista
주지	sentido geral / significado principal
주지사	governador de estado
주지의	de conhecimento geral / motório
주지주의	intelectualismo
주차장.차고	estacionamento / garagem
주차하다	estacionar
주창	advocacia / advocatura / defesa / estímulo / promoção / (변호)

주창하다	aventar / progredir / promover / sugerir
주체	assunto / essência / núcleoparte / mais importante / tese / tópico
주체성	autonomia / carater subjetiva / independência / liberdade
주최	fiança / garantia / patrocinio
주축	central / estrutura principal
주춤거리다	estar indeciso / hesitante
주치의	médico da família
주택	apatamento / casa / moradia / prédio / residência
주택건설	construção de casa
주파	ciclo / período
주파수	faixa de ondas / freqüência
주필	editor chefe
주혈포자.충병	toxoplasmose
주형.틀	moldura
주홍	laranja
죽	sopa de aveia
죽겠나이다	acabar a vida / perecer
죽다	falecer / morram / morrer
죽도밥도 아닌	nem assim nem assado
죽었다	falecido / falecer / morrer
죽으러가자	morremos
죽으심	morrido
죽은	defunto / falecido / morto
죽을것이다	sera morte
죽음	falecimento / óbito / morte
죽음의 하나님이아니다	não é Deus dos mortos
죽이다	abater / assassinar / matar / liquidar
죽순	bambu
준거	analogia / autoridade / conformidade

	/ semlhança
준결승	partida semi-final
준공하다	acabar / complementar / completar / concluir / terminar
준다	dou
준동하다	assolar / infestar
준법	cumprimento de lei / obediência a lei
준비	arranjo / medida preparatória / preparação
준비된	munido / preparado
준비되었다	pronto
준비없는	imprudente / sem preparo sem proteção
준비하다	aprontar preparar / tornar preparado
준사관	subtenente
준사원	jovem funcionário / membro associado
준설	dragagem
준설기	draga / máquina de dragar
준설하다	dragar / limpar com a draga / rocegar
준수하다	conformar-se / cumprir / estar de acordo / obedecer / observar
준수함	formoso
준엄한	absoluto / cuidadoso / pontual / rigoroso / sério
준열한	áspero / inclemente / rigoroso / severo
준용하다	aplicar coformente / empregar / pôr em pratica / usar / utilizar
준위	subtenente
준장	general de brigada
준재	brilhante / homen talentoso
준행하다	obedecer

준험한	abrupto / acidentado / alto / escabroso / escarpado / ingreme
줄.노끈.실	corda / cordão / fio / linha
줄.깎는기구	grosa / raspador / raspadeira
줄거리	rascunho / resumo / sumário
줄서다.열	fileira / fila
줄곧	desde começo ao fim / todo tempo
줄기	tronco de árvore / canas
즐김	desfrute
줄다	baixar / decair / declinar / decrescer / diminuir / reduzir
줄어들다	diminuir / encolher / fazer contrair / fazer menor / retrair
줄이다	abreviar / contrair / diminuir / reduzir
줄인글.약자	abreiatura
줄자	fita métrica / régua
줍게하다	colham
중.수도승	frade / monge
중간	meio / meio de caminho / nametade do caminho
중계	conexar / lingação / relação
중계방송	transmissão direta
중공.중국	china comunista
중공업	industúria pesada
중구	no meio do multidão
중금속	metal pesado
중년	meia-idade / período de vida entre juventude e velhice
중노동	tarefa difícil / trabalho difícil / trabalho pesado
중농주의	fisiocracia
중다하다.증가하다	aumentar
중단하다	cessar / cessarão / estorvar /

	fazer parar / interromper / suspender
중대	bateria / companhia / esquadra / esquadrão
중대성	consideração / gravidade / importância / influência / seriedade
중대한	grave / essencial / importante / momentoso / sério
중도	meio / meio de caminho / semi curso
중도에서	no meio do caminho
중독	envenenamento / toxicose
중동	Oriente Médio
중등의	centro / intermediário / médio / meio
중등학교	escola ginasial / escola secundária / ginásio
중량	peso
중력	gravidade
중령	tenente-coronel
중류	meio de um rio
중류계급	classe media / burguesia
중립	imparcialidade / neutralidade
중립국	país neutro
중립지대	zona neutra
중매	a maneira de casar sem namoro
중매하다	apresentar pretendentes ao casamento entre si
중매인.혼인중매	casamenteiro
중매인.중개업자	agente / avaliador / corretor / intermediário / mercador / vendedor
중미	américa central
중병	doença séria / grave
중보.중재한	intervindo
중보시요	mediador

중복.반복.되풀이	duplicação / dobro / reiteração / repetição
중복.삼복의하나	meio de dias de canícula
중복.산중턱	parte dianteira de montanha
중부	parte central
중부지방	distrito central / região central
중산계급	classe média produtiva
중산모	chapéu-coco
중상	ferida grave / ferimento sério
중상주의	mercantilismo
중상하다	assacar / caluniar / difamar / maldizer
중생대	Era mesozóica
중석	metal / tungstênio
중성	sexo neutro / homosexual
중성자	nêutron
중세기	idade Média
중세사	História Medieval
중소기업	microempresa
중수	água pesada
중수소	hidrogênio pesado
중시하다	acatar / estimar / honrar / respeitar / valorizar
중심.가운데	central / centro / essencial / parte principal
중심.무게	centro de gravidade
중심력	força centrípeta
중심사상	idéia central / idéia principal
중심점	ponto central
중앙	centro / meio / sede principal
중앙아시아	Oriente médio
중앙우체국	correio central
중앙의	central / no meio / situado no centro
중앙정부	federal governo central / união

중앙집권	centralismo / centralização do poder administrativo
중얼거리다	murmurar / resmungar
중역.번역하다	retradução / retraduzir
중역.지배인	administrador / diretor / superintendente
중역회	o conselho dos diretores
중요사항	assunto / questão importante / tópico
중요산물	artigo principal de produção
중요서류	documento importante
중요하다	importar
중요한	de importância / essencial / importante / preciso / sério / necessario
중용	comedimento / moderação / prudência
중우.민중	multidão vulgar / plebe
중우정치	governo da população / oclocracia / democracia
중위	Primeiro tenente
중유	óleo pesado
중음부	contralto / parte musical para contralto
중의.일반여론	opinião geral / opinião popular / opinião pública
중의.일반상담	consulta geral / deliberação geral
중이	tímpano
중장	vice-almirante
중절	interrupção / suspensão
중절하다	cessar / descontinuar / interromper / parar / suspender
중점	básico / central / essencial / ponto fundamental
중지하니	foi proibido

중지하다	descontinuar / interromper / parar / suspender
중진	autoridade / chefe / comandante
중책	grave / responsabilidade difícil / séria
중추.중심	centro / meio / principal
중추.추석	em meados de outono
중추.척골	coluna vertebral
중추신경	nervo central
중추의	central / pivotal
중키	altura média
중태	condição crítica / grave / séria
중턱	no meio de montanha
중포	arma pesada
중풍	entorpecimento / marasmo / paralisia
중풍병	paralicia
중하다.가중한	agravado / cuidadoso
중학교	secundária / colégio / ginásio
중한	critico / grave / importante / sério
중혼	bigamia
중화	neutralização
쥐	camundongo / rato(a)
쥐나다	breca / ter cãibra(cãimbra)
쥐다	agarrar / apanhar / pegar / ter
쥐얻뜯다	dividir / partir / rasgar
쥐털	ratoeira
즈음	época / fase / ocasião / momento / período
즉	a saber / isto é
즉결	decisão imediata
즉결재판	decisão sumária / sem demora / sem formalidades
즉결처분	condenação sumária
즉시	imediatamente / logo / depois / em

	/ seguida
즉위	ascensão a um trono / entronização / o ato de tomar posse
즉위하다	ter acesso a um trono / tomar posse
즉응	acomodação / adaptação / ajustamento
즉응하다	acomodar / adaptar / ajustar
즉효	efeito imediato / resultado imediato
즉흥의	improvisado / improviso
즉흥시인	improvisador
즐거운	agradável / alegre / divertido / folgazões / prazenteiro
즐거운 여행이되십시요	voa viagem
즐거움	alegria / gozo / prazer
즐거워	glória
즐거워하다	alegrar / exaltar / regozijar
즐기다	desfrutar / divertir / gostar de / gozar / ter prazer com
즐거이	agradavelmente / de modo aprazível
즐비하다	estar colocado em certa posição / estar mantido em sequência
즙	suco / sumo
증가하다	ampliar / aumentar / crescer / multiplicar
증감	acréscimo e decréscimo / aumento e decrescimento
증감	progresso e declínio
증강하다	ampliar / aumentar / avolumar / reforçar
증거	comprovante / demonstração / evidência / mostra / prova / testemenho / testificais / testificando
증거궤	arca do testemunho / arca os seus varais

증거니라	será por sinal
증거를세우다	provar
증거판	testemunho tabúas / tábua do testemunho
증거하다	testemunhar
증거하셨느니라	testeficando
증권	ações / letra de câmbio / bolsa de valores
증급	decrescimento de salário / diminuição de salário
증기	vapor
증대하다	ampliar / aumentar / crescer / engrandecer / estender / expandir
증류기	alambique / destirador
증류수	água destirada
증류하다	destilar / fazer destiração / gotejar
증명서	atestado / certidão / certificado
증명하다	comprovar / dar a prova de / evidenciar-se / provar
증발	evaporação/ vaporização
증발하다	desaparecer / evaporar / evaporizar / secar
증배	aumento de ação / aumento de lucro / aumento de prêmio
증보	adição / amplificação / complemento / suplemento
증봉	aumento de salário / remuneração
증산	aumento de produtividade / crescimento de produtividade
증서	contrato / documento / escritura / título
증세	condição / estado de paciente / sintoma
증손자	bisneto(a)
증수.수입	aumento de rendimento / lucro

증수.승천.오름	ascensão / elevação de rio
증수하다	ascender / elevar / subir
증식	anumento / crescimento / muliplicação
증식하다	aumentar / crescer / multiplicar / propagar
증액	contéudo adicional / quantidade total adicional / soma adicional
증언	atestação / demonstração prova / prova testemunho
증언자	testeficador
증언하다	comprovar / declarar solenemente / testemunhar / testemunhar
증여	contribuição / dádiva / doação / presente
증여하다	dar / contribuir / doar / fazer presente
증오	aversão / ódioso
증오할	destestável / odioso
증원.사람을늘림	aumento de assistentes / pessoal quadro de funcionários
증원.증강.보강	reforço
증원대	reforço
증원하다.증가하다	ampliar pessoal / aumentar / grupo
증원하다.증강하다	reforçar
증인	testemunha
증자	aumento de capital / investimento
증정	doação / oferecimento
증정하다	brindar / doar / oferecer / ofertar / presentear
증조부	bisavô
증조모	bisavó
증진하다	elevar a cargo / promover
증축하다	ampliar / aumentar a construção /

	estender
증파하다	enviar / tropas adcionais
증폭기	amplificador
증후	indício / sinal / sintoma
즙.쥬스	suco
지가	preço da terra / valor do terreno
지각	consciência / discernimento / idéia / noção / percepção
지각	razão / sensação / sentido
지각력.이해력	perceptibilidade
지각없는	imprudente / inconfidente / indiscreto
자각있는	circunspecto / discreto / judicioso / prudente / sisudo
지각하다	atrasar-se / chegar com atraso
지갑	bolsa / carteira
지거운.아니꼬운	asqueroso
지껄이다	falar rapidamente / tagarelar
지게	madeiamento utilizado para transportar a cargo
지경.국경	território / fronteira
지구.땅.전체	global / golbo / o mundo / terra
지구.지역	bairro / distrito / parte / região / setor / zona
지구.구유.통	cocho / gamela / tina
지구력	duração / resistência / tolerância
지구의	globo terrestre
지국	escritório / filial / ofício / repartição / sucursal
지꽃은	intratável / mal-humorado / rabugento
지극한	extremo / grandíssimo / imenso / maior / máximo
지극히	extremamente / sumamente
지극히거룩하니라	santíssimo

지극히높은. 가장높은	altíssimo
지극히 작은자	pequeninos
지근	raiz laternal
지근거리다	arreliar / cacetear / importunar / pedir com insistência
지글지글	o som de chiado
지급전보	telegrama urgente
지긋이	calmamente / sossegadamente / tranqüilamente
지금	agora / imediatamente / instante / já / momento atual / presente
지금부터	daqui em diante
지금의	atual / contemporâneo / presente
지금쯤	momento atual / nesse momento
지급하다	ceder / conceder / dar / entregar / oferecer / presentear
지급한	imediato / iminente / premente / urgente
지긋지긋한	desgostoso / fastidioso / nauseoso / nojoso
지기	amigo íntimo / conhecido
지나가다	passagem
지나다	andar / por / atravessar / decorrer / passar
지나새나.항상	constantemente / continuamente / sempre todo tempo
지나치게	demais / excessivamente / muito
지난	final / último
지난날	tempo passado / velho tempo
지난달	o mês passado
지난봄	primavera passado / última primavera
지남철	ímã / magneto
지났읍니다	passadas

시내다	passar
지네	centopeia / escolopendr / lacráia
지느러미	asa / barbatana / nadadeira
지능	capacidade / intelectual
지능검사	teste de inteligência
지능지수	quociente de inteligencia
지니다	guardar / manter em / possuir / ter
지다.짐을지우다	carregar / conduzir / declinar
지다.내려오다	baixar / cair / declinar / descer
지다.패자	deixar / perder / ser derrotado / vencido
지당	adequação / justeza / retidão
지당한	adequado / correto / exato / peculiar / próprio
지대.지구.지역	área / bairro / região / zona
지대.임차료.집세	aluguel / renda
지대.더없이큼	força destacada
지대한	grande / imenso / vital
지대.통솔	liderança
지도. 지구표면의그림	atlas / mapa
지도리.돌저귀	charneira / dobradiça / gonzo
지도서	guia / manual
지도자	chefe / comandante / condutor / guia / líder / mestre / regente
지도정신	espírito de guiar
지도책	atlas
지도하다	comandar / conduzir / dirigir / encabeçar / guiar
지독한	cruel / severo / terrível / violento
지동설	teoria de copérnico
지둔한	disparatado / estolido / estúpido / parvo
지랄병	epilepsia
지렁이	minhoca

지레짐작	conclusão precipitada
지력	força mental / intelecto
지령	instrução / ordem
지론	estimada / opinião apreciada
지루한	cansativo / fastidioso / monótono / tedioso
지루하다	ser tedioso
지류	afluente / rio tributário
지르다.발로차다	chutar / dar pontápes / espernear
지르다.소리지르다	aclamar / exclamar / dar vivas / falar alto gritar
지름	diâmetro
지름길	caminho mais curto
지리.지형	geografia
지리.토지이익	vantagem geográfica / vantagem de terra
지리멸렬. 갈피를못잡음	descontinuidade / incoerência
지리멸렬한	caôtico / incoerente
지망하다	espirar / desejar / escolher / preferir / querer
지맥.지층.광맥	estrato / filão / veio
지맥. 석판인쇄의제작법	off set / processo litográfico
지면	chão / soalho / solo / superfície da terra / terreno
지명의	eminente / famoso / insigne / notável
지명인사	eminente / homen famoso / notável
지명하다	designar / nomear
지명하여 부르시고	tem chamado por nome
지문	impressão digital
지문학	fisiografia / geomorfologia
지반	base / elemento principal / fundamento

지방.기름기	gordura
지방.지역	área / distrito / interior / localidade / região
지방의	local
지방자치	administração local
지방행정구	região
지배	controle
지배계급	classe dominante
지배인	administrador / diretor / gerente
지배하다	controlar / dominar / governar
지변	fenômeno geográfico
지병	doença crônica
지복	alegria / êxtase / maior felicidade
지부	divisão / filial / parte / seção / sucursal
지분	roude e pó
지불	pagamento / remuneração / vencimento
지불금	pagamento
지불되어지다	se paga
지불.청산하다	quitar
지불하는날	dia de pagamento
지불하다	pagar / reminerar
지붕	telhado / teto
지붕들보	cumeeira
지사.총독	administrador / governador
지상의.최고의	eminente / máximo / soberno / supremo
지상의.땅위의	terreal / terreno / terrestro
지상낙원	paraíso da terra
지상명령	ordem suprema
지성.지혜.지력	intelecto / inteligência
지성.성실.진실	devoção / lealdade / sinceridade
지성물	santificarás estas coisas
지성소	santuário santo dos santos

지세.지형학	aspecto / configuração / forma / topografia
지세.세금	taxa de pedágio
지소	filial / ofício / sucursal
지속	duração
지속되다	tardar
지속적인	perpétua
지속하는	permanente
지속하다	continuar / ficar / manter / permanecer / prosseguir
지수	módulo / número
지스러기	restante / resto / retalho / sobra
지시대명사	pronomes demostrativos
지시적.논증적	demonstrativos
지시하다	comandar / dar ordem / indicar / instruir / ordenar / pedir
지시하시니	mostrou-lhe
지시하심	avisado / dito
지식	ciência / conhecimento / informação / saber
지식인	intelectual / sabichão
지실하다	estar bem informado / saber tudo sobre
지싯거리다	arreliar / cacetear / importunar
지악스러운	atarantado / nervoso / niquento / piegas / trapalhão
지압요법	tratamento das doenças através de pressão dos dedos
지양하다	negar
지어내다	fabricar / fazer / inventar / produzir
지언	fala inteligente / palavra sábia
지역	área / região / zona
지역형태	forma regional / tipo regional
지연	adiamento / atraso / demora / detença / paragem / retardamente

지연하다	adiar / atrasar / demorar / retardar
지열	calor da terra / calor terrestre
지엽의	acessório / inferior / secundário / importância
지옥	averno / inferno
지우개	apagador / borracha / raspador
지우다.마멸하다	apagar / raspar
지우다 (글자)없애다	agitar / misturar / remexer
지우다.짐을싣다	colocar para carregar
지원병	voluntário
지원하다.헌신하다	apresentar-se / oferecer-se / servir voluntariamente
지원하다.원조하다	apoiar / auxiliar / ajudar / suportar sustentar
지위	graduação / grau / posição / posto
지육	cultura intelectual
지은	grande favor
지은자	edificador
지인	conhecido
지자기	magnetismo terrestre
지장.장애.고장	dificuldade / impedimento / obstáculo situação crítica
지장.손도장	impressão do polegar
지저귀다	cantar / chilrear / estridur / gorjear / piar / pipilar
지저분한	corrupto / imundo / obsceno / sujo
지적도	mapa(de terra registrada)
지적인	intelecto / intelectual / inteligente
지적하다	apontar / designar / indicar
지절거리다	parolar / tagarelar
지점.지사.분점	agência / filial / sucursal
지점.위치	local / lugar / ponto / posição
지정	afeição profunda / amor sincero / paixão sincera

지정거리다	estar em dúvida / hesitar / vacilar
지정대리점	autorizado oficial
지정하다	apontar / especificar / designar / nomear
지정학	geopolítica
지정학자	geopolítico
지조	constância / fidelidade / lealdade / probidade
지주.기둥	esteio / fulcro / sto principal / suporte / sustentáculo
지주.토지소유자	proprietário de terras
지중해	mar mediterrâneo
지지난달	mês retrasada
지지난밤	noite retrasada
지지난해	ano retrasado
지지다.태우다	chamuscar / levemente / queimar
지지다. 기름에튀기다	frigir / fritar
지지리	excessivamente / extremamente / muito
지지부진하다	desenvolver pouco / evoluir com atraso / progredir pouco
지지자	auxiliador / defensor / patrocinador / sustentador
지지하다	apoiar / defender / manter / segurar / suportar / sustentar
지지한	de pouco valor / insignificante / sem importância
지진	abalo sísmico / terremoto
지진학	sismologia
지진학자	sismólogo
지참금	dote / prenda natural
지참인	carregador / condutor / transportador
지참하다	carregar / conduzir / levar /

	com alguma coisa
지척	distância bem curta ou próxima
지척거리다	cambalear / hesit/ vacilar
지청	prefeitura / reparição pública
지청구	exprobração / repreensão
지청구하다	exprobrar / ralhar / repreender
지체.혈통	atraso / estirpe / individualmente / linhagem
지체.신체의일부	corpo e membros
치체하다	adiar / atrasar / demorar / retardar
지출	custo / despesa / gasto
지층	camada / estrato
지치	dente do siso
지치다	exausto / fatigar-se / tornar-se cansado
지침	apontador / indicador / ponteiro
지칫거리다	andar de modo afetado
지키다	vamos guardar
지키다.보호하다	amparar / defender / proteger / salvar / guardar
지키다.유지하다	conservar / manter / preservar
지키라	guarda / guardar
지킬지니라	fará guardarás / guardareis
지켜보다	fitar / observar / olhar fixamente
지탱하다	manter / preservar / sustentar
지파	facção / partido / seita / tribo
지팡이	bastão / partido / seita / tribo
지평선	horizonte
지폐	dinheiro / mota
지프차	jipe
지피다.비추다	acender / alumiar / pôr fogo
지하도	passagem subterrânea
지하수	água subterrânea
지하실	hipogue / proão
지하실에저장하다	adegar / guardar no porão

지하의	subterrâneo / subtérreo
지하철	metrô
지하철도	ferrovia subterrânea
지향하다	apontar para / indicar para
지협	istmo
지형.지형학	aspecto geográfico / topografia
지형.모형.원형	modelo / molde
지혜.총명	finura / inteligência / juízo / perspicácia / sabedoria / sagacidade
지혜가풍부한	fino hábil / inteligente / perspicaz / sábio
지혜로운	prudente
지혜롭게하자	sabiamente
지혜있는영으로	espírito da sabedoria
지혜있는자	sábio
지휘	administração / comando / direção
지휘관	comandante
지휘자	director / maestro
지휘하다	dirigir
직각	ângulo reto
직감	intuição / intuito / percepção / senso
직감하다	concerber por meio dos sentidos / perceber
직결	conexão direta / direta / ligação
직경	diâmetro
직계의	descendente direto
직공	artifice / empregado / funcionário / operário / trabalhador
직관	intuição / intuito / percepção
직구	bola / lançada em linha reta
직권	autoridade / poder oficial
직능	cargo / função / ocupação / ofício / tarefa
직답	reposta direta / reposta pronta

직렬	seguimento / série / sucessão
직류	corrente contínua / corrente direta
직립한	aprumado / direito / em pé / ereto / perpendicular / vertical
직매	venda direta
직면하다	defrontar-se com / fazer face a / ficar em frente de
직무	cargo / dever / função / funciona / ocupação / ofício trabalho
직물	têxtil / roupas / tecido / vestidos
직분	cargo / função / ministério / ocupação / papel / serviço / trabalho
직사광선	raio direto
직선	linha perpendicular
직선의	liso
직설법	modo indicativo
직세	imposto direto / taxa direta
직소	petição direta / requerimento direto
직소하다	requerer / rogar / suplicar
직속의	direto de / sob controle / subordinar-se diretamente a
직수입	importação direta
직수출	exportação direta
직업	ocupação / profissão / serviço / trabalho
직업댄서.발레리나	bailaríno
직역	
직영	administração direta / operação direta
직원	funcionário
직유	comparação / simile
직인	autenticação oficial / selo oficial
직장.일터	local de serviço / oficina / posto de trabalho / trabalho
직장.내장의일부분	(anat)reto

직전에	faz agora / há pouco / quase agora / um pouco antes
직접적인	decisivo / direto / mediato / sem intermediário
직계	organização do trabalho / regulamentação
직조	túnicas
직책	cargo função / posto / responsabilidade do trabalho
직통	comunicação direta / sem tráfico
직통하다	comunicar diretamente com alguém
직할	controle direto / jurisdição direta / supervisão imediata
직할하다	administrar imediatamente / coolar diretamente
진가	valor real / valor verdadeiro
진갑	aniversário de sessenta e um anos
진격	avançada / avanço / ataque ação de atacar
진격하다	agredir / atacar / tomar a ofensiva
진공	vácuo
진공관	tudo de vácuo / válvula eletrônica
진공소제기	aspirador de pó
진군	marcha
진군하다	marchar
진귀한	de valor / precioso / valioso
진귀한것	preciosidade
진급	promoção
진급시키다	elevar o cargo
진급하다	ganhar promoção
진기한	fora do comum / notável / raro
진노	furor / ira
진눈깨비	granizo / saraiva
진단	consulta / diagnóstico / exame / sintoma de moléstia

진단하다	diagnosticar
진달래	azalea
진땀	suor sofrido
진담	conversa séria / fala séria / fala verdadeira
진도	grau de progresso
진동	oscilação / trepidação / vibração
진동하다	oscilar / tremer / vibrar
진득이	calmamente / pacientemente / resognadamente
진득진득한	adesivo / grudeo / viscoso
진딧물	barata
진력하다	esforçar / fazer esforço / render máximo / servir tudo
진로	curso / direção / rota / rumo / trajetória
진료	exame e tratamento medicinal
진료소	ambulatório / clínica / hospital
진료하다	diagnosticar e fazer tratamento
진리	autenticidade / realidade / verdade
진맥	exame de pulsação
진맥하다	examinar pulso
진묘한	esquisito / estranho / curioso / excêntrico
진미	sabor delicioso
진범인	verdadeiro criminoso
진보	avanço / desenvolvimento / melhoria / progresso
진보적인	progressivo / sucessivo
진보하다	desenvolver / evoluir / progredir / melhorar
진본	cópia original / escrita genuína
진부	verdadeiro fato / verdade ou falsidade
진부한	antiquado / envelhecido / passado /

	sem graça / sem novidade
진설병	proposição
진수.본질	alma / essência / essencialidade
진수(배의).진수식	lançamento de um navio a água
진수성찬	cheio de comidas diferentes / comidas especiais / comida festim
진술	relacionamento
진술하다	declarar / dizer / expôr / exprimir em palavras
진실	fato real / realidade / sinceridade / verdade
진실로	certamente
진실로.진실로	na verdade na verdade
진실한	honesto / real / sincero / verdadeiro
진실한 친구가되었다	acomadrar
진실함	verificado
진심	com todo o coração / sinceridade
진심으로	com prazer / cordialmente / entusiasticamente / sinceramente
진압	repressão / supressão
진압하다	oprimir / reprimir / suprimir
진언	conselho / opinião / parecer / recomendação / sugestão
진언하다	aconselhar / opinar / recndar / sugerir
진열	desfile / exobição / exposição
진열장	vitrina
진열하다	exibir / expor mostrar
진영	acampamento militar / quartel
진용	estrutura de combate / guarnição
진원지	centro sísmico
진위	verdade / verdade ou falsidade
진의	motivo real / verdadeira intenção
진자	pêndulo

진짜	artigo / genuíno / real / verdadeiro
진짜로	com efeito / realmente
진작.즉시	anticipadamente / imediatamente / mais cedo
진작.승진	anticipadamente / imedamente / mais cedo
진작하다	elevar a cargo / promover
진재	desastre / terremoto
진저리	agitação / arrepio / estremecimento / tremer / tremor
진저리나다	desgostar-se / enfastiar-se / repugnar
진전하다	crescer / desenvolver / evoluir / progredir
진절머리나는 지겨운	anajado / enajado
진정	apresentação / doação / introdução / oferecimento
진정의	certo / direito / exato / real / sincero / verdadeiro
진정하다	acalmar-se / tornar-se calmo
진정한	genuíno / real / sincero / verdadeiro
진종일	durante o dia / o dia inteiro / o dia todo
진주.귀중품	pérola
진주.진격.돌격	avançada / avanço
진주하다	avançar / levar para diante / marchar para frente
진지	acampamento de soldados / quartel
진지하게	seriamente / sinceramente
진지한	importante / sério / sincero
진찰	consulta médica / exame médico
진찰실	clínica / consultório
진찰을받다	consultar o médico
진찰하다	consultar / examinar /

	fazer o exame
진창	barro / lama / lodo
진척하다	avançar / desenvolver-se / evoluir / progredir
진출	avançada / avanço / entrada / ingresso / marcha
진취적인	ativo / corajoso / evolutivo / progressivo
진동.경련.발작	cólica / dores do parto / dor forte / espasmo
진동.아픔을 진정시킴	alívio de dores
진통제	andinia / antálgico
진퇴양난	apuro / dilema / embaroçosa / situação
진폭	amplitude de vibração
진품	artigos preciosos / artigos valiosos
진학하다	entrar a escola / matricular-se / promover-se
진한	cor escura / matriz escura
진행	avança / caminhada / continuação / jornada / processo / prosseguimente / progresso
진행시키다	adiantar
진행하다	continuar / prosseguir / ter sequimento
진형	formação de batalha / formação militar
진홍	carmesim / cor vermelha viva / escarlate
진화.발전.진전	desdobramento / desenvolvimento / evolução
진화.불을끔.소화	destruição de fogo / extinção de fogo
진화론	teoria de evolução

진화하다.발전하다	desenvolver / evoluir
진화하다.없애다. 지우다	apagar / destruir / superar
진흙	barro / lama / lodo
진흥	crescimento / desenvolvimento / evolução / progresso
진흥하다	crescer / desenvolver / evoluir / progredir
질.특징	caráter / espécie / essência / natureza / qualidade / tipo
질겁한	apavorado
질구하다	correr com velocidade / ir rapidamente / passar com pressa
질그릇	cerâmica / louça de barro / olaria / vasilha
질굿이	pacientemente / resignadamente
질긴	denso / duro / inflexível / resistente / rígido
질깃한	algo resistente / um tanto duro
질녀	sobrinha
질다(길이)	ser lamacento
질러가다	cortar caminho / ir pelo caminho curto
질문	pergunta questão / questionário
질문하다	fazer perguntas / indagar / interrogar / perguntar / questionar
질박한	comun / modesto / simples
질병	doença / enfermidade / moléstia
질서	ordem
질서있게	devidamente / ordenadamente / regularmente
질서있게하다	ordenar
질소	nitrogênio
질식	afogo / asfixia / sufocação
질식상태	asfixiador

질식하다	asfixiar / morrer por sufocação / morrer sufocado
질의	interrogação / pergunta / questão
질의하다	fazer perguntas / indagar / interrogar / perguntar / questionar
질주하다	correr com velocidade máxima / fugir rapidamente
질책	censura / exprobração / repreenção / reprimenda
질책하다	censurar / repreender / reprovar
질투	ciúme / cicumento / inveja
질투많은	cioso / ciumento / invejoso
질투하다	cioso / ser ciumento / ser invejoso
질퍼거리다	andar na lama / estar sujo / lama cento / lodoso
질풍	tempestade / temporal / ventania / vento
질항아리	jarro / pote / vaso
질환	doença indisposição / enfermidade
질흙	atoleiro / lama / lodo
짊어지다	carregar-se / conduzir-se / levar ao ombro / portar-se / suportar com os ombros
짐	bagagem / carga / carregamento / frete
짐구루마	caçamba / carreta / carroça
짐꾸리는사람	empacatador
짐꾼	carregador
짐을부리다	descarregar / tirar a carga de
짐을싣다	carregar / encher de cargas
짐승	animal / besta / bicho / gado
짐승같은사람	alimária / animalesco
짐작하다	adivimhar / crer / estimar / julgar / supor
짐짓	de propósito / intencionalmente /

	propositadamente
짐차	caminhão de lixo
집	casa / domicílio / família / lar / moria / residência
집게.못뽑이	alicate / tenaz / torques
집결	concentração
집결하다	concentrar / reunir em massa
집계	soma / total
집계하다	calcular / somar / totalizar
집권.통지.지배	a tomada do poder / o domínio de poder político / posse do poder
집권.정권을잡음	a centralização do poder
집권하다	apoderar-se / dominar
집념	ação de fixar / dedicação / persistência / tenacidade
집념하다	dedicar-se / persisti-se / se achar afeiçoado / ser dedicado a
집다	apanhar / bicar / pegar
집단	agrupamento de pessoas / facção / grupo / multidão
집무	atividade / comercial / dever / profissão / serviço / tarefa / trabalho
집무하다	exercer / laborar / operar / produzir / trabalhar
집배인	carteiro
집사	남자집사 diácono / 여자집사 diaconisa
집산하다	colecionar e distribuir
집안	casa / família / lar
집안에	em casa
집약적인	ativo / intensivo / intenso
집어치우다	desistir / paralisar / parar / pausar / pôr fim a
집요	persistência / pertinência / teima /

	tenacidade
집요한	abstinada / persistente / pertinaz / teimoso
집적거리다	arreliar / importunar / incitar / irritar / provocar
집주인	pai de família
집중하다	concentrar
집착하다	anelar / anisiar / apegar-se de / desejar vivamente / ter saudades de
집토끼	coelho
집필	jornalismo
집필하다	compor / escrever / narrar por escrito / redigir / relatar
집합하다	agregar / ajuntar / congregar / encontrar / reunir
집행	despacho / execução / realização
집행하다	cumprir / efetuar / executar / fazer / levar a efeito / realizar
집회	assembléia / congregação / congresso / encontro / reunião
집회하다	agrupar-se / congregar-se / juntar-se / reunir-se
짓.행동.행위	ação / comportamento / conduta / façanha feito / obra / procedimento
짓다	construir / edificar / erigir / fazer
짓밟다	calçar / esmagar / pisar / pisar pesadamente
짓씹다	mastigar / ruidosamento
징.악기일종	gongo
징.못종류	prego de cabeça grande / tachão
징검다리	alpondra / passagem feita de pedras nágua
징계	castigo / disciplina / pena / penalidade / punição / repreenção
징계하다	castigar / punir / reprimir

징그러운	desgostoso / fastidioso / nojoso / odioso
징모	alistamento / inscrição / recrutamento / reforço
징모하다	alistar-se / recrutar / servir no exército
징발	coleta / recrutamento / requisição
징발하다	chamar para o serviço militar / recrutar / requisitar
징병	alistamento / conscrição / recrutamento
징세	arrecadação de imposto
징세하다	arrecadar os imposto / coletar
징수	arrecadação / coleção / imposição
징수하다	arrecadar / fazer / coletas
징역	aprisionamento / detenção / prisão
징용	alistamento / recrutamento / requição para fins militares
징용하다	alistar / forção para o serviço militar / recrutar / requisitar-se
징장구	gongo e tambor
징조	fenômeno / indício / sinal / sintoma
징집	alistamento / inscrição / recrutamento
징집하다	alistar / recrutar / servir no exército
징후	alusão / indicação / indicio / sinal / sintoma
짓궂은	acintoso
짖다	bradar / gritar / latir / urrar
짙은	denso / escuro / espesso / grosso / profundo
짚	palha
짚다	achar / notar / perceber / pressentir / ter palpite ou impressão

짜낸즙	licores
짜는일	combinação
짜다.뜨다	fazer trico / tecer / tricotar
짜다.꼬다	comprimir / expremer / torcer
짜다.입아하다	compor / constituir / formar / organizar preparar
짜르다	atalhar / cortar / rachar / romper / talhar
짜맞춤	tecelão
짜서.망서	malha
짜임새	constituição / estado
짜증	aborrecimento / descontentamento / desgosto / desprazer / mau humor
짝	casal / dupla / par / parelha
짝짓다	casar/ juntar / ligar / unir
짝사랑	amor de um só lado
짝수	número par
짝짝이	par errado / par falso / par incorreto / par trocado
짝하다	associar-se com / formar-se par / unir-se com
짠	salgado
짤막한	algum tanto curto / um pouco curto
짬	abertura / fresta / instante / lazer / momento / ócio
짧은	curto
짧은뼈.해골	ossadas / crânio
짧은학과	lição-liçãozinha
째다	rasgar
쩔쩔매다	atrapalhar-se / complicar-se / estar confuso / não saber o que fazer
쪼개다	dividir / quebrar / rachar
쪼개지다	falhar
쪼다	apanhar com bico / bicar

쬐다.빛나다	expôr a luz / luzir / reluzir / respndecer
쭈그리다	abaixar-se / agachar-se / curvar-se
쯤	aproximadamente / cerca de / por pouco / próximo de / quase
찌개	carne cozida e vegetal / sopa com
찌꺼기	detritos / refugos / residuoso / sedimento
찌그리다	esmagar / oprimir / prensar
찌다.살이찌다	engordar / tomar-se gordo
찌다.뜨겁게하다	aquecer / aquentar / esquentar
찌르다	apunhalar / enfiar a faca / ferir com arma pontuado / furar / picar
찌프리다	caranquear / franzir as sobrancelhas / olhar com ira
찍는것	grampeador
찍다.벌목하다	cortar / derrubar
찍다.사진찍다	estampar / gravar / imprimir
찍어	cortada
찍히다	cortado
절금하다	estremecer / hesitar / vacilar
찔러	penetrar
찜질	compressa / compressa quente
찜질하다	aplicar a compressa / aplicar a fomentação
찡그리다	fazer a cara feia / mostrar desagrado / olhar com ira
찢겼다	despedaçada
찢긴것	dilacerado
찢다	despedaçar / lacerar / rasgar
찢어지다	rompesse
찢어진	roto
찢으며	rasgou
찧다	bater / batido / pilar / pisar

ㅊ

차.남은것	diferença / restante / saldo / sobra
차.음료재료	chá
차.자동차	automóvel / carreto / carro / carruagem / veículo
차가다.움켜잡다	apanhar / arrebatar / interceptar / levar levar a força / obter por ação rápido
차가워지다	esfriar / ficar frio / refrigerar / resfriar-se
차거운	frígido / frio / friorento / gelado / gélido / um tanto frio
차게하는.시원하다	refrescante
차고	estacionamento / garagem
차고근무자	garagista
차곡차곡	agradavelmente / confortavelmente / em ordem / ordenadamente
차관	dívida / emprestado / empréstimo / objeto
차근차근한	compacto / conciso / firme / maciço / resumido
차다.발로차다	chutar / dar pontapés / espernear
차다.가득차다	encher-se / estar cheio / estar completo estar lotado / tomar
차단	atravanco / intercepção / interrupção / isolação / isolamento
차단기	interruptor
차단하다	cortar / deter / limitar / impelir / interceptar / interroper

차덮개	capa
차도.도로	leito da rua / pista da estrada ou rodovia
차도.치료	convalescença / cura / reconvalescença / recuperação / reparaçao
차돌	pedra aguda
차등.등급.정도	degrau / diferênção / divergência diversidade
차라	chutei
차라리	antes / de preferência / mais propriamente / melhor / preferivelmente
차량	automóvel / caminhão / carro / ônibus / pick-up / vagão / veículo / viatura
차례	fila / fileira / norma / ordem / regra / seqüência
차례로	regularmente / sucessivamente
차례차례로	sucessivamente / um após outro / um por um
차리다	aparelhar / equipar / estabelecerr / fundar iniciar / instalar / montar / ornar / preparar-se
차림	adorno / aparelhamento / aprovicionamento / aspecto / enfeite / equipamento / olhadela / olhar / preparação / preparativo / preparo
차바퀴	roda
차별	diferença / discriminação / distinção / diversidade / separação
차별없이	indiscriminadamente / indistintamente / sem discriminação / sem distinção

차별적인	característico / discriminador / distintivo / judicioso
차별하다	discernir / discriminar / distinguir
차압	apreeensão / confiscação / embargo / penhora / sequestração
차압하다	apoderar-se / apreender / confiscar / embargar / empossar / penhorar
차액	balanço / diferença
차용	empréstimo
차용자	mutuário
차용증서	valor
차용하다	emprestar / obter emprestado
차원	dimensão / extensão / tamanho
차이	deferença
차일.채양	diferencia / toldo
차일피일하다	adiar / pospor / protelar / retardar / transferir
차자	vamos chutar
차장	cobrador / condutor
차주전자	bule de chá / chaleira
차지하다	agarrar / apropriar-se / capturar / manter / ocupar / pegar / reter
차지하리라	apoderar
차진	abafado / grudento / pegajoso / úmido / viscoso
차질	extravio / falha / fiasco / fracasso / malogro
차차	cada vez mais / com o tempo / passo por passo
차착.잘못	erro
차츰.점차로	aos poucos / em tempo / gradualmente / passo por passo / pouco a pouco
차표	bilhete / ingresso / passagem passe
차후	daqui em diante / daqui por diante /

ㅊ

	depois / doravante / futuramente
착.엄격히	cautelosamente / firmemente / rapidamente / rigorosamente / severamente
착각	alucinação / ilusão
착란	abstração / desatenção / distração
착륙	aterrissagem
착륙장	campo de pouso
착륙하다	aterrar / aterrisar / pousar
착상	ideação / idéia / imaginação / opinião / pensamento / plano
착상하다	conceber / fazer idéia de / formar noção / pensar / ter em mente
착색하다	assentar-se / colorir / corar / dar cor a / pintar / tingir
착석하다	estar sentado / sentar / sentar-se
착수하다	começar / dedicar / iniciar / principiar / tentar
착실한	bom / calmo / estável / leal / legal / seguro / sereno / sóbrio
착안	concepção / idéia / intenção / panorama / visão
착암기	perfuratriz
착오	engano / equívoco / erro / ilusão / logro
착용하다	calçar / trajar / usar / vestir
착유하다	explirar / ordenar / mungir
착잡한	complexo / complicado / confuso / desordenado / embaraçado / intrincado / misturado / perplexo
착종.착잡한	complexidade / complicação / confusão / dificuldade / embaraço
착종한	complexo / complicado / intrincado
착착	passo a passo / pouco o pouco

착취	apreensão / exploração
착취하다	aproveitar-se de / explorar / extorquir / obter por ameaças
착한	afável / amável / benigno / bom polido / bondoso / digno / dócil / gentil / humano / manso / meigo / sincero / verdadeiro
착한행실	boas obras
찬란하게빛나다	resplandecer
찬란한	brilhante / claro / esplêndido / ilustre / luminoso / lustroso
찬란히	brilhantemente / gloriosamente
찬미의	louvor
찬미하고	tendo cantado o hino
찬미하다	adorar / amar / amar afeiçoadamente / aplaudir / estimar / exaltar / glorificar / louvar / respeitar
찬미가	canção sacra / hino / salmo
찬부	aprovação ou desaprovação / sim ou não
찬사	aceitar / aplauso / aprovar / concordar / confirmar / elogio / estar de acordo / exaltação / glorificação / louvor / panegirico / sancionar
찬성.동의	assentímento
찬송	reisado / louvor
찬송가	canção sacra / hinário / hino / salmo
#후렴	côro
찬송하다	exaltar / glorificar / louvar / cantar
ou	Louva
찬송하리니	cantar / cantarei
찬송하라	cantai / celebrar

찬송하리라	cantar-te-ei
찬송할것이요	farei uma habitação
찬술하다	colecionar / coligir / compilar / editar / editorar / publicar
찬양과영광	louvor e glória
찬양하다	admirar / adorar / elogiar / glorificar / louvar
찬연한	brilhante / ilustre / luminoso / lustroso / resplandecente
찬의	aprovação
찬장	armário / guarda-louça / estante
찬조	ajuda / amparo / apóio / assistência / auxílio / patrocínio / proteção
찬조하다	ajudar / auxiliar / encorajar / patrocinar / proteger
찬찬한	atencioso / atento / cuidadoso / cortes / polido / solicito
찬탄하다	admirar / adorar / exaltar / glorificar / louvar
찬탈하다	apoderar injustamente / apreender / confiscar / usurpar
찰나	instante / momento
찰싹	bofetado / palmado / tapa
찰찰	exuberância / transbordamento
찰흙	argila / barro / lama / lodo / terra
참.참으로.참된	certamente / com certeza / de fato / na realidade / naturalmente
참.정확한	exata / fidelidade / honestidade / realidade / sinceridade / verdade
참가자	participador / participante
참가하다	associar / incorporar / participar / tomar parte em
참감람나무	oliveira
참깨	gergelim / sésamo
참견마	trata de sua vida

참견하다	imiscuir-se / impedir / interferir / intervir / interromper / interpor / intrometer-se
참고	dicas / informação / recomendação / referência
참고서	dicionário / livro de consulta
참고하다	considerar / consultar / estudar / informação / procurar
참관	fiscalização / inspeção / inspecionar vistoriar / olhar / visita / vistoria
참괴.부끄러움	humilhação / vergonha
참극	catástrofe / incidente / tragédia
참기름	óleo de gergelim / óleo de sésamo
참나무	carvalho
참는	paciente
참다	aguentar / resistira / sofrer / suportar / sustentar / tolerar
참담한	desditoso / desprezível / ignóbil / infame / infeliz / triste / vil
참떡	verdadeiro / pão
참되도다	com verdade
참되시다	verdadeiro
참된	certo / correto / exato / fiel / genuíno / real / legítimo / sincero / verdadeiro / veridico
참람하도다	blasfema / blasfemia / blasfemos
참례	assistência / comparecimento / participação / presença
참말로	certamente / realmente / sinceramente / verdadeiramente
참망.대담	arrogância / audácia / coragem / intrepidez / pretensão / presunsão / suposição
참모	estado-maior

참모총장	o estado maior
참배	adoração / culto / veneração
참배하다	adorar / prestar culto / venerar / visitar / a
참빛	a luz verdadeira
참사.비참한죽음	morte calaminosa / morte / trágica
참사.재앙.재화	acidente / calamidade / corrência / desastre / tragédia
참사관	conselheiro / membro de um conselho
참살	assassinato / assassínio / homicídio
참살하다	assassinar cruelmente / massacrar / matar
참상	cena dramática / cena desastrosa / cena trágica / cena triste
참새	pardal
참석하다	assistir a / comparecer / estar presente em / participar / visitar
참소	calúnia / caluniar / difamoção / difamar / mácula / maldizer
참수하다	decapitar / degolar / descabeçar
참신한	nóvel / novo / recente
참언.중상.비상	calúnia / difamação
참언.예언	predição / profecia / vaticínio
참여하는	participante
참여하다	estar presente em / fazer a pare de / participar
참예하다	associariamos / visitar a igreja / visitar o templo
참예하였느니라	entrastes
참예한	participantes / provaram
참외	melão
참으로	de fato / na realidade / realmente / verdadeiramente

참으로실례 했습니다.	oerdão
참을성	paciência / perseverança
참을성있는	paciente / perseverante / resignado / suscetível
참음	suportais / suportastes
참이스라엘 사람이도다	verdadeiro Israelita
참작	compensação / consideração / importância / ponderação / respeito
참작하다	considerar / levar em consideração / ponderar / ter em conta
참장막	santúaria
참전하다	participar de uma guerra
참정권	direito de voto
참조하다	aludir / comparar / referir
참패	derrota / esmagadora
참한	brando / elegante / gentil / humilde / limpo / suave
참혹한	calamitoso / funesto / dramático / infeliz / miserável
참화	acidente / calamidade / desastre / desgraça / reves
참회	arrependimento / compunção / penitência / confissão
참회하다	admitir / confessar / reconhecer
찹쌀	arroz glutinoso
찻잔	xícara
창.실내용신	chinelo / sala de sapato
창.창유리	vidraça / vidro de janela
창.화살대	lança
창가	canção / música / música bocal
창간	primeira / edição / primeiro lançamento / primeira publicação
창간호	primeiro número de revista /

	primeira revista
창간하다	criar / editar / fundar / originar / publicar
참견하다	construir / edificar / estabelecer / fundar / instituir
창고	armazém / almoxarifado / depósito
창공	azul-celeste / céu azul
창궁	céu azul
창궐	excesso / extravagência / exuberância / superabundância
창궐하다	desmedido / excessivo / ser exuberante
창구	caixa
창극	ópera clássica coreana
창녀	meretriz / prostituta
창녀집	alcoico / prostíbulo
창대케하다	angrandecever / engrandecer
창대케하시다	alargar
창도자	defensor / patrono / protetor
창도하다	apoiar / defender
창립자	fundador
창립하다	constituir / edificar / estabelecer / fazer / instituir
창립한	fundado
창망한	enorme / ilimitado / infinito / vasto / prota dejanela
창문	janela / #유리 vidraça de janela
창백한	descorado / livido / pálido
창설하다	constituir / criar / estabelecer / formado / fundar / instituir
창성하니	crescia
창성케하시되	engrandecido
창세	criação de mundo
창세기	Génesis
창수가나고	correram rios

창시하다	começar / desencadear / inaugurar / iniciar / introduzir / originar
창안	idéia nova / idéia original / idéia primitiva
창업	estabelecimento / fundação / inauguração
창업하다	edificar / estabelecer / fundar / inaugurar / iniciar
창의.새로운의견	idéia nova
창의.커어텐	bambínela
창이.부상함	chaga / ferida / ferimento / machucadura
창일	grandemente / prevaleceram
창자	intestino
창작력	força de criatividade / originalidade
창장적	criativo / original
창작하다	criar / dar origem a / originar
창조	criação / criou / fundação
창조자	criador / Deus
창조적인	criativo
창조하다	criar / gerar / originar
창졸한	abrupto / apressado / inesperado / repentino / rápido / súbito
창창한	celeste / céu azul / lívido
창천	céu azul / céu de primavera
창포	cálamo
창피	desgraça / desonra / ignomínia / vergonha
창피해	que vergonha
창피를당하다	envergonhado / ser humilhado
창피를주다	causar desgraça / envergonhar/ humilhar
창피스러운	escandaloso / indecente / vergonhoso
찾는자	procurador

찾다	achar / busca / buscar / chamar / consultar / persequir / procurar / procuravam / visitar
찾더라	buscava
찾아내다	achar
찾았다	achado
찾으라	ache
찾으시느니라	procura
찾은.발견한	achado
찾은지라	procuraste
찾지못하다	inescrutável
채.아직도	ainda / mesmo / único
채.혁대	bandas
채.북채	baqueta de tambor
채.지팡이	varais / varas
채결하다	colocar em votação / decidir pela votação
채광	mineração
채광하다.채굴하다	escavar uma mina / extrair / minéirio / minar / minerar
채굴자	escavádor
재굴하다	explorar / extrair minério / minar / minerar
채권.신용대부 신용대부	crédito
채권.사채	debentúre / título de dívida amortiável / débito
채널	canal
채독	vegetal / veneno
채료	corante / pigmento / tinta
채무	dívida / obrigação
채무자	devedor
채벌	devastação / derrubada de árvores / corte de árvorse
채벌하다	cortar / derrubar / devastar

채산	cálculo de lucro / rendimento / vantagem
채색하다	colorir / pintar
채색한	coberto de tinta / colorido / pintado
채석장	pedreira
채소	erva / legumes / vegetal / verde / verdura
채소장수	quitandeiro / verdureiro
채식주의	vegetarianismo
채식주의자	vegetariano
채식하다	alimentar só verduras / comer
채용	adoção / aprovação / designação / nomeação
채용하다	aceitar / admitir / adotar / aprovar
채우다.걸쇠잠그다	trancar / travar
채우다.가득채우다	completar / encher / preencher
채우리라	cumprir / encheram / fartar-se-á
채점하다	anotar pontos / dar notas
채찍	açite / azorraque / chicote / latego
채찍질하다	açoitar
채집하다	buscar / catar / colecionar / coletar
채탄	mina de carvão
채탄하다	extrair o carvão / minar o carvão
채택하다	aceitar / admitir / adotar / celecionar
채화	pintura
책	livro / revista
책.장부.저술	livro
견본책	livro de amostras
원장.대장	livro de razão
교과서	livro didático
상품대장	livro de mercadores
금전출납대장	livro de caixa
수표첩	livro de cheque
기록부.회의록	livro de atas

요리책	livro de receitas
등록부.출근부	livro de ponto
참고서	livro de referência
비망록	livro de lembrança
초서대장	livro borrão
책가방	pasta escola / mala escolar
책꽂이	prateleira para livros / estante
책동	promoção de desordens ou distúrbios
책략	ardil / artifício / estratagema / truque
책망	censura / exprobrar / reclamar / repreender / reprovar
책망하다	censurar / exprobrar / reclamar / repreender / reprovar
책방	livraria
책사.설계사	intrigante / maquinador / planejador / projetista
책상	carteira escolar / escrivaninha / mesa
책임	encargo / responsabilidade
책임이다	dever
책임있는	de confiança / de responsabilidade / responsável
책임자	chefe / responsável
책장	estante de livro / estante ou armario para livros
책하다	condenar
챙기다	acatar / arrumar / colecionar / colher /ordenar / pôr em ordem / preparar
처.아내	esposa
처가집	casa de esposa
처남	cunhado
처녀.미혼여성	donzela / moça / mulher solteira / senhorita / virgem

처녀다운	virginal / puro
처녀에게	das virgens
처녀의	novo / sem uso / solteira / virgem / virginal
쳐다보다	olhar
처단	condenação / decisão / julgamento / sentença
처단하다	arbitrar / decidir / decidir sobre / julgar / sentenciar
처량한	desolado / infeliz / solitário / triste
처럼	como / do mesmo / equivalente / igual / semelhante / tal como
처럼보이다	parecer
처리하다	controlar / despachar / lidar / manejar / manobrar / resolver / solucionar
처마.추녀끝	aba do telhado /beirado / beiral
처방	receita médica
처방하다	receitar
처벌	castigo
처벌받으리라	será castigada
처벌하다	castigar / infringir pena a
처사.속세를 버린사람	eremita / ermitão
처사.행실	administração / conduta / direção / manejo / negociação / procedimento
처서상하게하면	ferir e o danificar
처서	batida / batido / ferir
처세	cómportamento / conduta / procedimente
처세하다	comportar-sebem / conduzir a vida / portar-se bem
처소.장소	distrito / local / localidade / lugar / ponto / região / residência
처소에	o levaste

처신	estilo / hábito / maneira / método / modo / prática / uso
처신하다	agir / comportar-se / conduzir-se / portar-se / proceder-se
처음	começo hora do começo / início / origem / primeira parte
처음과나중이요	primeiro e o derradeiro
처음난것	primogênito(s)
처음부터	o princípio
처음사람	primeira caridade
처음에	começando
처음에는	antes de tudo / em primeiro / em primeiro lugar / primeiro
처음에태어남	primogênito
처음으로	pela primeira vez
처음의	anterior / fundamente / primeiro / primitivo / principal
처음익은	dos primeíros frutas
처음표적	princípiou sinaís / primeiro sinal
처자	própria esposa e seus filhos
처절한	agourento / horrível / repulsivo
처지	circunstância / condição / estado / situação
처지다	baixar / declinar / decair / ficar mais fraco / por a pique
처참한	fulminante / miserável / horrível / repugnante / repulsivo
처처에	em vários lugares
처치하다	atormentar / importunar / liquidar / matar
처하다	delicada / encontar-se em situação / haver-se / portar-se
처형	suplício / pena de morte
척.빨랑빨랑	rapidamente / sem hesitação
척도	escala / medida / padrão

척척	depressa / facilmente / prontamente / rapidamente
척추	coluna vertabral / espinha dorsal
척추동물	animal vertebrado
척출	extração / remoção
척출하다.뽑아내다	arrancar / extrair / tirar
척출하다.도려냄	desalojar / desapassar / despejar
척후	reconhecimento / verificação
척후병	batedor / escoteiro / observador / patrulha
천.1000	mil / um mil
천.옷감	malha / pano / textura / tecido
천.하늘	céu
천거	recomendação / recomendo
천거하다	pedir / recomendar
천고	céu
천구의	globo / celeste
천국	céu / o reino de Deus / paraíso / reino dos céus
천국복음	o evangelho do reino
천국의상급.사례금	galardão
천국열쇠	as chaves do reino dos céus
천기	estado / atmosférico / clima / tempo
천단.결단	arbitrário / decisão
천단하다	arbitrariamente / decidir
천당	céu / o reino de Deus / paraíso
천대까지	em milhares
천대하다	desdenhar / desprezar / escarnecer / refutar
천도	transferência de capital
천도하다	capital para / mudar / transferir capital para
천동.천둥	trovão
천동설	teoria ptolemaica
천륜	costumes / leis morais / moralidades

천리마	cavalo super veloz
천리만	clarividência / discernimento / perspicacia / segunda visão
천막.이동성전	tabernáculo
천막.텐트	barraca / tenda
천만천사와	aos muitos milhares de anjos
천만에요	nada disso
천만인의	milhares de milares
천명	destino / escolha de Deus / própria vida
천명하다	aclarar / clarificar / elucidar / esclarecer / explicar / limpar / purificar
천분	astrologia / astronomia
천문대	observatório astronômico
천문학	estudo de astronomia / tratado de astronomia
천문학상	astronômicas
천문학상의	astrônomos
천문학자	astrólogo / astrônomo
천박한	aparente / leviano / não profundo / raso / superficial
천벌	castigo divino / pena divina / punição divina
천부.타고난재능	caráter natural / dom natural / dote natural / talento natural
천부.천국의	pai celestial
천부의	congênito / dotado / inato / inerente / talentoso
천부장	maiorais de mil
천사.수호신	anjo / #의 손수건 lenço do anjo
천사의	angélico
천생의	inato / inerente / nativo / natural / originário / primitivo
천성	caráter natural / personalidade /

	temperamento
천식	asma
천애.하늘끝	horizonte
천연두	variola
천연의	nativo / natural / originário / primitivo
천연산물	produtos naturais
천연스러운	ingênuo / sem afetação / sem artifício / sem malícia / simples
천연자석.자철광	pedra-íma
천연적인	cósmica
천연하다	adiar / atrasar / demorar / deter / dilatar / retardar
천운	destino / fado / sorte
천의가장자리	bainha de costura / telha
천장	forro do teto / teto
천장판자	tetom
천재.수재	gênio / pessoa genial
천재.큰재난	calamidade natural / catástrofe natural / flagero natural
천주교	catolicismo romano / religião católica
천주교회	igreja católica
천지	céu e terra / mundo
천지개벽	a criação de mundo / começo de mundo
천지신명	Deus / divindade / qualqueer deus
천직	desígnio divino / missão divina / vocação
천진난만	cândido / ingênuo / simples
천천히	conciência / de espaço / devagar / lentamente / lento / em pressa / tardiamente / vagarosamente
#걸어가자	vamos andar devagar
천체	corpo celeste / glovo / globo celeste / parte celeste

천품	caráter / cunho / gênio / personalidade / temperamento
천하	globo terrestre / mundo / terra / terrestre
천하만국	reinos do mundo
천하만민	as nações da terra
천한	baixo / ordinário / grosseiro / trivial / vulgar
천히.망신	desonrra
철.밝다	amadurecimento / entendimento / juízo / prudência
철.절기	época / estação do ano / período / tempo / temporada
철.쇠철분	ferro
철거하다	afastar-se / evacuar / recuar / remover de / retirar-se
철공소	forja
철도	estrada de ferro / via férrea
철두철미	desde o início(começo)até o fim / completamente /inteiramente
철로	estrada de ferro / fêrrea
철망	rede de arame
철면피	cara-de-pau / descaramento / desaforo / imprudência
철모	capacete
철병하다	afastar-se / retirar-se / sair-se
철사.쇠줄	arame
철수하다	recuar / retirar-se
철야하다	manter insônia / trabalhar sem dormir
철인	filósofo / homen de inteligência
철자	ortografia / soletração
철장	vara de ferro
철저한	completo inteiro / total
철조망	arame farpado

철퇴하다	afastar-se / ir-se embora / retirar-se
철폐하다	obolir / anular / cancelar / destruir
철필	instrumento pontudo / pena
철학	filosofia
철학자	filósofo
철학적인	filosófico
철회	afastamento / remoção / retirada
철회하다	afastar-se / recuar / retirar-se
첨가.첨부	afixos
첨가된단어	palavra adicional
첨가하다	acrescentar / adicionar / anexar / juntar
첨단	extremidade / fim / limite / ponta
첨부자.삽입자	infixo
첩부하다	acresentar / ajuntar / anexar / apensar / juntar
첩	amante / mácia / barrega / concubina
첩질하다	abarregar-se
첩경	amneira útil / método apropriado
첩보	informação secreta
첩부하다	afixar / anexar / fixar / prender
첩첩이	de mantão / em quantidade
첫등장하다. 데뷔하다	estrear
첫열매	primícias
첫째	primeira / primeiro
첫째는	primeiramente
첫째자.알파	alfa
청.청구한	demanda / pedido / petição / requerimento / requisição
청하다	pedir / requerer / rogoar / solicitar
청각	ouvido / senso de audição
청강생	auditor / estudante / ouvinte

청강하다	atender a leitura / ouvir preleção
청결	limpeza
청결한	asseado / imaculado / limpo / puro
청과	frutas / vegetativos / verduras
청구하다	demandar / exigir / pedir / requerer
청년	jovem / mancebo / mocidade / moço / rapaz
청년기.사춘기	adolescência
청동	bronze
청동의	bronze
청량음모	guaraná
청력	audição / capacidade de audição / senso de audição
청렴한	decente / honesto / honrado / real / sincero
청명하더라	claridade
청명한	correto / brilhante / claro / direito / esperto / honesto / inteligente / justo / luminoso / vivo
청백한	correto / honesto / justo
청부	acordo / contrato / pacto
청부자	contraente / contratante
청부받다	combinar / comprometer-se a / contratar-se / encarregar-se
청빈	probreza honesta
청사	escritório público / repartição pública
청사진	cópia de desenho técnico / fotocópia azul
청산	liquidação / oferta / saldo
청산하다	decidir / liquidar / resolver / saldar
청색의.푸른	azul
청소	faxina / limpeza
청소기	limpador de pára brisa
청소부	lixeiro
청소하다	lavar / limpar

청소했다	limpei
청신한	fresco / límpido / novo / puro
청아	distinção / elegância / **graça** / requinte
청어	arenque
청옥	jacinto
청우계.기압계	barômetro
청원	petição / requerimento
청원하다	pedir / peticionar / requerer / solicitar
청음기	audifone
청청한	claro / imaculado / limpo
청종	ouve
청종하고	atento / ouvires
청종하였더라	obedecer
청중	expectadores / ouvinte(s) / público
청지기	administrador / caseiro / porteiro /
(왕가의)집사장	mordomo
청지기.수위	administrador / caseiro / porteiro / procurador
청진기	estetoscópio
청진하다	auscultar
청첩	convite
청초한	asseado / claro / esmerado / imaculado / limpo / puro
청춘	flor da juventude / primavera da vida / tempo primoroso da juventude / mocidade
청취	audição
청취하다	escutar / ouvir / prestar atenção
청컨데	peço / peço-vos
청탁	pedido / requerimento / rogo / solicitação / súplica

청탁하다	implorar / pedir / rogar / solicitar / suplicar
청함을받은자	são chamados
청하여	chamai-o / rogaram
청혼하다	pedir em casamento
체.체중	peneira
체.음모가	bisbilhoteira / bisbilhoteiro
체.거짓부리기	artificialidade / fingimento / simulação
체.망	peneira
체격	compleição / corpo / físico
체력검사	exame físico / teste / físico
체결	acordo / ajuste / conclusão / decisão / resolução
체결하다	ajustar acordo / concluir / finalizar / firmar acordo
체경.거울	espelho
체계	esquema / formação / organização / plano
체계적인	de acordo com um plano / ordenado / metódico / sistemático
체계적으로	sistematicamente
체납	dívida em atraso / falta de pagamento / saldo a pagar
체납하다	declarar em falta / desviar-se do dever
체념하다	renunciar / resignar
체득하다	compreender / conceber / controlar / perceber
체력	força física / poder físico resistência física
체류기간	estádia
체류하다	esperar / ficar / pausar / permanecer
체망	peneira

체면	decência / dignidade / honra / prestígio / respeitabilidade
체부.우편배달부	carteiro
체송.수송.우송	condução / transporte
체송하다	carregar / conduzir / levar / transportar
체신.보도.전달	aviso / comunicação / mensagem
체약	acordo / combinação / convênio / tratado
체온	temperatura do corpo / temperatura corporal
체온계	clínica / termômetro
체위	critério físico / modelo físico / padrão físico
체육	educação física / treinamento físico
체육관	ginásio esportivo
체재	estilo / forma / maneira / método / modo
체재하다	ficar / permanecer
체적	capacidade / cubagem / massa / quantidade / volume
체제	configuração / estrutura / organização formado / sistema
체조	exercício físico / ginástica
체중	peso
체질	característica de corpo / compleição corporal / temperamento
체취	cheiro de corpo / odor de corpo
체포하다	apreender / apricionar / capturar / deter / embargar / prender
체하다	arebtar . fubgur . sunykar
체험	experiência / prática
체형	penalidade corporal / punição corporal
체휼.불쌍히	compadecer-se

쳐내다	eliminar / livrar-se de / por fim a / remover / retirar
척들다	alçar / erguer / içar / levantar / subir / suspender
초.양초	vela
초.식초	vinagre
초.일초시	segundo
초가	casa coberta de palha
초개같이	como rastolho
초고.도안.초서	desenho / esboço / esquema / rascunho projeto
초과하다	exceder / sobrepujar / superar / ultrapassar
초급	classe / grupo dos amadores / iniciadores / novatos
초기의	antecipado / inicial / no princípio / precoce / prematuro
초대객	convidado
초대받은.청하다	convidado
초대장	convite
초대하다	convidar
초등교육	educação elementar / primária
초등의	elementar / primário / primitivo / principal
초라한	desprezível / miseravel / ordinário / pobre / vil
초래하다	causar / efetuar / originar / ser causa de
초록색	o verde das plantas / verde
초막절	tabernáculos
초면	primeiro encontro
초목	erva / planta
초미의	indispensável / iminente / imediato / premente / urgente
초보.기본	primeiros / rudimento

초보의	básico / elementar
초보자	iniciante / principiante
초본	abstrato / extrato / idéia / resumo / sumário / teórica
초빙	convite / encontro marcado
초빙하다	contratar / convidar / engajar
초상.초상화	descrição realista / imagem / retrato
초상.상사	falecimento / morte / óbito
초생달	crescente / lua nova
초석	pedra angular / pedra-fundamental
초속.초속도	velocidade por segundo
초속.	velocidade inicial
처음속도(1초동안의 20m의 바람)	
초실절	festa das primícias
초심자	iniciador / novato / principiante / simplório
초안	desenho / esboço / projeto / rascunho
초연	desinteresse / imparcialidade / indiferença
초연한	desinteressado / imparcial / não interesseiro
초원	campina / pampas / planície / pradaria
초월하다	exceder / superar / transcender / urtrapassar
초음속	velocidade supersônica
초인	super-homem
초인종	campainha da porta / campainhas
초저녁	no começo da noite
초점	centro / foco / ponto
초조	amofinação
초조한	ansioso / impaciente
초조해지다	ansioso / tornar-se impaciente
초청받은	convidado

초청하다	convidar
초췌한.마른.야윈	enciado / emagrecido / enfraquecido macilento
초침.시계초바늘	ponteiro de segundq
초코렡	chocolate
초태생	primogênito
초하루	primeiro dia do mês
촉각.감각기	antena / apalpador
촉각.촉감	sentido tátil / tato
촉광	intensidade de velas / potência de velas
촉구하다	apelar para / demandar / estimular / interpelar / rogar a
촉망	esperança / expectação / expectativa / perspectiva
촉망하다	expectativa / ter esperança
촉매	catalisador
촉발	contato explosivo / toque explosivo
촉성하다	acelerar / apressar / estimular / favorecer / fazer depressa / fomentar
촉수	antena tentáculo / tentáculo
촉진하다	acelerar / apressar / fazer depressa
촉촉한	aquoso / um tanto úmido nebuloso
촌.마을	aldéia / burgo / interior / povoação / povoado / região rural / vila
촌가	momento do lazer / recreio
촌극	comédia / drama / teatro
촌뜨기	caipira / camponês / homen do campo
촌수	consanguinidade / familiar / parentesco / relação
촌스러운	caipira / grosseiro / rural / rústico / simples
촌음	impulso / instante / momento

촌충	tenia / solitária
출랑거리다	agir temerairamente / chapinhar / patinhar
출출한	ávido / com fome / esfomeado / faminto
촛대	castiçais / castiçal
촛불	luz da vela
촛점	centro / foco / ponto
총.연발총	arma / arma de fogo / espingarda / pistola / revolver
총.모두	integral / inteiro / quase totalidade / total / todo
총각	solteiro
총검	baioneta
총결산	total liquidação
총계	quantia / quantidade total / soma / total
총공격	ataque geral
총괄	sumário / resumo
총구	boca de arma de fogo
총독	comandante / governador geral
총론	anotação / nota / observação
총리	regente
총명	entendimento / inteligência
총명한	astuto / erudito / esperto / inteligente / sagaz / versado
총무	assuntos gerais / negócios gerais / secretário geral
총사직	demissão total / total renúncia
총살하다	atirar para matar / executar com tiro / matar com tiro
총상	ferimento de arma
총선거	eleição geral
총아	favorito / pessoa bem amada / predileto / protegido / querido(a) /

	válido
총안.섬	ilha
총알.탄환	bala
총애	afeição / amor / favor / fineza / paixão / simpatia
총애를받은	querido
총영사	cônsul geral
총영사관	consulado-geral
총의	conceito / juízo / opinião
총장	presidente / reitor de universidade
총재	presidente
총총한	brilhante / claro / luminoso / luzente / radiante
총총히	alegremente / depressa / rapidamente / vivamente
총칭하다	chamar / nomear
총탄	bala de revólver
총통	estado-maior / general / presidente
총할하다	controlar / inspecionar / superintender / supervisionar
총합	generalização / sintética
총화	fogo de artilharia
총회	assembléia geral / encontro geral / reunião geral
촬영	camara
촬영소	atelier / estúdio
촬영하다	fazer filme / filmar / fotografar
최고	máximo
최고기록	recorde
최고의	ilustre / principal / solene / sublime / superior
최근	ultimamente
최근에	há pouco tempo / recentemente / ultimamente
최근의	atual / momento presente / recente

	/ último
최대의	abundante / amplo / extenso / grande / largo
최면	hipnose
최면술	hipnotismo
최상급	supelativo
최상의	de exelente / eminente / o mais desejável / o melhor / ótimo / maior./ perfeito / principal / superior
최선	frente / primeiro
최선을 다하다	fazer o máximo / tentar fazer o melhor possível
최선의	a melhor parte / do melhor modo / no mais alto grau / a máximo desempenho / o melhor
최소공배수	mínimo múltiplo comun
최소의 가장젊음	a mais jovem / a menor / parcela / o mais jovem / o menor número / o mínimo
최소의 가장적음	o menor tamanho
최신유행가	música recente
최신의	atual / de acordo com moda / moderno / recente
최악의	o pior de todos
최저의	a menor quantia / mínimo / o menor número
최종의	derradeiro / extremo / final / último
최초의	inicial / o começo original / primário / primeiro / primordial
최하의	em menor grau / em último lugar / o mais baixo
최후	fim

최후에	for fim
최후의	conclusivo / decisivo / definitivo / final / último / derradeiro
추.흑연	chumbo / esfera de ferro / peso de balança / prumo
추.더러움.불결	baixeza / imundicie / porcaria / sulidade / vileza
추가	adicional / suplementar
추가의	adicional / suplementar
추가하다	acrescentar / adicionar / ajuntar / aumentar / juntar / sumar / suplementar
추거.주문	recomendação
추거하다	aconselhar / encomendar
추격	busca / persequição / procura
추격하다	buscar / caçar / persequir / procurar / sequir
추고.수리	consideração / especulação / inferência / pensamento
추고.사고.사색	rememoração / remeniscência / retrospecção / pensamento
추고하다	aperfeiçoar / cultivar / melhorar / progredir / refinal
추구하다. 더좋게하다	indagar / informar-se / inquirir / investigar
추구하다.추격하다	buscar / caçar / dar caça a / inquirir / ir a caça / persequir / procurar
추궁하다	afligir / fazer pressão / sobre / forçar / incitar / oprimir
추근추근	obstinadamente / persistentemente / pertinazmente
추기	administração do estado
추기경	cardeal
추기다	atrair / incitar / induzir / instrigar /

	persuadir / seduzir / tentar
추녀.처마.추녀끝	aba do telhado /beirado / beiral
추녀.못생긴여자	mulher feia
추념	lamentação / lembrança / memória / recordação / reminicência
추다.춤추다	bailar / dançar / fazer dançar
추단하다	ajuizar / censurar / concluir / condenar / deduzir / inferir / julgar / pressupor / sentenciar
추대하다	admirar / com admiração / tratar
추도	lamentação / luto / pranto
추도문	escrita memorial
추락	caída / declive / queda / queda estrepitosa / salto / tombo
추락하다	cair / cair morto / deixar cair / tombar
추럭.트럭	caminhão
추량	conjetura / hipótese / suposição
추례하다	embotado / insípido / ser ordinário / triste / vil
추례한	abatido / deprimido / desanimado / miserário / triste / vil
추렴	contribuição para despesa
추목	adição / adicionamento / soma / suplemento
추론	explicação / justificação / raciocínio
추론하다	argumentar / debater / discutir / persuadir / provar
추리	interência / raciocínio
추리다	escolher / selecionar / separar
추리소설	conto misterioso / contos policiais / história misteriosa
추리하다	concluir / inferir / pensar / raciocinar
추모하다	lembrar a morte /

	ter sentimentos por
추문.추태.의혹	calúnia / escândalo / infamia / ignominia
추문.스캔들	indagação / inquerição / inquêrito /
아름답지못한소문	questão rígida
추물	coisa suja / matéria / pessoa feia / suja
추방	deportação
추방하다	banir / exilar / expurgo / expulsar / purgação
추분	equinócio do outono
추산하다	avaliar / calcular / estimar
추상.추상적	abstração / abstrato / idéia abstrata
추상.기억	memória / rememoração / retrospecto
추상.상상	conjeturá / maginação / suposição
추상하다.	lembrar / recordar
상기시키다	
추상하다.상상하다	conjeturar / imaginar / presumir / supor
추상같은	áspecro / austero / rigoroso / duro / forte / rígido / rigoroso / sério / violento
추석	festival do outono(costume)
추세	corrente / curso / direção / inclinação / propensão / tendência
추수	ceifa / safra / sega / colheita
추수꾼	ceifeiros
추수하다	colher
추악한	desagradável / disforme / escandaloso / feio / horrendo / mau / repelente / repulsivo
추앙하다	adorar / amar afeicoadamente / cultuar / prestar culto a / respeitar / venerar

추어주다	adular / aplaudir / bajular / cortejar / elogiar / exaltar / lr
추억	anamnécia / lembrança / memorial / recordação / saudação
추운	algido / de temperatura baixa frio / frígido / frio / gelido
추위	calafrio / frio / geada / temperatura baixa / tempo frio
추이	alteração / mudança / transição / variação
추잡한	baixo / corrupto / desprezível / imundo / indecente / obsceno / sujo / vil
추장	chefe ou cacique de tribo / príncipe
추장하다	elogiar / louvar / recomendar
추적	acossamento / busca / caça / persequição / procura
추적하다	buscar / caçar / persequir / procurar / sequir
추접스러운	desagradável / indecente / sordido / torpe / vil
추정의	presumível / presuntivo
추정하다	conjeturar / deduzir / inferir / presumir / supor
추종하다	dedicar-se a / guiar-se por / imitar / ir atrás de / seguir o exemplo de / tomar como modelo
추진.누기찬 습기있는	molhado / úmido
추진.전진.촉진	impulsão / impulso / propulsão
추진기	hélice
추천	recomendação
추천하다	recomendar
추첨.복권	loteria / sorteio
추첨하다	sortear / tirar a sorte

추측	supõe / suposição
추측하다	adivinhar / conjeturar / julgar / pensar / supor
추출하다	estrair
추태	comportamento / escandaloso / indecente / vergonhoso
추파	olhadela alegre / olhar amoroso
추파를던지다	dar sinal piscando os olhos / pestanejar / piscar com olhos
추한	desagradável / disforme / feio / ignóbil / infame / repelente / repulsivo / vil
추호도	de maneira alguma / de modo algum / de qualquer forma
축.느리게.천천히	com preguiça / lentamente / vegarosamente
축.차축	cadeia / eixo / estrutura
축가	canção festival
축구	futebol
축나다	abaixar / decrescer / diminuir / reduzir / tornar menor
축농증	ozena / sinusite
축농증의	ozenico
축도.축복기도	abençoar / benção dos apóstolos
축도.축소화	esboço / miniatura / reduzido
축대	eirado / terraço / terreiro
축배	brinde / toste
축복	abenção / aventurança / bem aventurança
축복하다	abençoai / desejar felicidade / louvar / pedir a benção de Deus
축사.축하	congratulação / felicidação / saudação
축사.축소사진	a fotografia reproduzida em tamanho menor desenho feito em escala

	menor
축사.천막.막사	baia / barraca / boxe / tenda
축성.축성술.보강	fortalecimento / fortaleza /
	forte construção do castelo
	fortificação
축성.축사.축하	ato religiosa / cerimonia religiosa /
	benção de Deus
축소	abreviação / corte / decréscimo /
	diminuição / redução
축소하다	abreviar / contrair / diminuir /
	emagrecer / reduzir
축야	toda noite / todas às noite
축연	banquete / festa / festim /
	festividade
축원	desejo / oração / pedido / reza /
	rogo / súplica
축원하다	almejar / anelar / desejar / orar /
	querer / rezar
축음기	fonógrafo / gramofone
축의.축사.축하	congratulação / felicitação /
	saudação
축의.경축.축전	celebração / comemoração / festejo
축이다	banhar / molhar / umedecer
축일.축하일	dia festival
축일.	em detalhes / minuciosamente /
하나씩한나씩	um por um
축재	acumulação de bens / fortunas /
	riquezas
축재하다	economizar / fazer econmias /
	ganhar dinheiro / juntar dinheiro
축적.퇴적	acumulação
축적하다	acumular / aglomerar / ajuntar /
	amontoar / crescer
축전.축하	celebração / comemoração /
	felicitação

축전.전보	cartão de felicitações / telegrama
축전지	acumulador
축제.축하	grande divertimento / festa / festejo / festival
축제.성토	abragem / aterro / dique / terraplenagem
축제일	dia de festa / dia santo / feriado geral / feriado público
축조적으로	cláusula par cláusula / item por tem / parte por parte / seção por seção
축지다	desabanhar / desconsiderar / desonrar / descreditar / enfraquecer / tornar-se fraco
축처지다	andar lentamente / perder tempo / rastejar-se / tardar
축척.척도	escala reduzida
축척.약탈.박탈	desapropriação / esbulho / espoliação
축천.하나님께빔	orar para bens / rezar para Deus
축축한	aquoso / úmido / um tanto úmido
축축히내리는비	a chuva que cai farta
축출	banimento / desterro / elimina / exclusão / expulsão
축출하다	banir / excluir / expelir / expulsar
축포.공포	saudação de tiros
축하	celebração / congratulação / felicitação / parabéns
축하하다	benção / congratular / dar parabéns / felicitar
축항	ancoradouro / enseada / construção do porto
춘경	cenário / paisagem da primavera / panorama
춘궁기	período em que vive com a falta dos alimentos
춘난	calor moderado da primavera

춘란	orquídea esverdeada
춘매.봄매화	ameixeira / ameixoeira da primavera
춘몽	sonho inútil / vago / vão / vazio
춘분점	ponto vernal / primaveril
춘사	acidente / catástrofe / desastre / tragédia
춘추.어른나이	ano / idade
춘추.봄과가을	primavera e outono
춘풍	brisa / vento leve da primavera / viração
춘하	primavera e inverno
출가.집을떠나감	sair de casa para entrar no seminário ou convento
출가.시집을 감	bodas / casamento / matrimônio / núpcias
출가하다	casar-se
출감하다	sair da prisão cadeia
출거하다	partir / retirar-se / sair
출격하다	atacar / fazer sortida
출교	fosse expulso
출구	saída
출근부	freqüência / livro de presença
출근하다	ir para a trabalho
출금	custeamento / custeio / pagamento de despesas
출금하다	pagar / reminerar / satisfazer um débito
출납계	caixa / caixeiro / encarregado da caixa
출납부	livro caixa
출동	mobilização da tropa
출동하다	mobilizar / partir / pôr-se a caminho / pôr-se em movimento
출두	auditório / apresentação /

	comparecimento / freqüência / presença
출두하다	aparecer / apresentar-se / comparecer / estar / ir / vir
출렁거리다	abarar / agitar / balançar / flutuar / ondular
출력	potência / potência elétrica / saída
출마하다	aspirar / candidatar-se / concorrer / pretender
출몰하다	aparecer e desaparecer / freqüêntar
출발	largada / partida / saída
출발하다	ir-se / partir / sair
출범하다	navegar / sair para o mar / velejar
출병	expedição / expediente de tropa
출병하다	despachar / enviar / expedir
출분.더밍.가츨	avasão / fuga de casa
출분하다	fugir de casa / sair de casa
출생	nascimento / natal / parto
출생지	lugar de nacimento / lugar de origem
출생하다	dar a luz / nascer
출석	assistência / comparecimento / freqüência / presença
출석부	lista de freqüência / livro de presença
출석하다	assistir / comparecer / estar presente / freqüêntar
출세하다	progredir / prosperar / ser bem sucedido / suceder / ter sucesso
출신	fonte / nascimento / nativo / natural / origem
출매급기	exodo
출연하다	aparecer / desempenhar / mostrar-se / representar / surgir

출영하다	dar recepções / receber / receptar
출옥하다	emancipar / libertar-se / pôr em liberdade / sair da prisão / soltar
출원	pedido / petição / requerimento / solicitação
출원하다	pedir / requerer / solicitar
출입하다	entrar e sair / fazer visita a / ir para ver / visitar
출자	contribuição de capital / investimento
출자하다	contribuir / dar o dinheiro / empregar / investir
출장	viagem a serviço / viagem de négocio
출장소	agência / escritório de representações / filial / sucursal
출장하다	viajar com objetividade de trabalho / viajar de negócio
출전	fonte de informações / lugar de origem / origem
출전하다	defrontar / enfrentar / ir para frente / participar num jogo desportivo
출정하다. 법정에나감	ir para frente
출정하다. 앞으로나아감	ir para frente
출중한	extraordinário / fora do comum / incomum / notável / preeminente
출찰구	bilheteria / onde vende o ingresso
출처	fonte / fonte de informação / nascente / origem
출출한	ávido / com fome / esfomeado / faminto

출타	ausência
출타중에	durante a ausência / enquanto estiver fora
출타하다	ausentar-se / estar fora / ir para fora / sair
출판	edição / editoração / imprensa / publicação
출판사	editora
출판하다	divulgar / editar / publicar
출품	exibição publica / exposição / mostra
출항하다	partir do porto / sair do porto
출현	aparecimento / comparecimento / comparência / surgimento
출현하다	aparecer / aparesentar ao público / ·comparecer / sugir / tornar-se visível
출혈	hemorragia / sangria
출혈하다	derramar seu sangue / perder sangue / sangrar
춤	baile dança /
#추는시간(현재)	que dansa
#춘시간(과거)	hora
#출시간(미래)	hora
춤추니	com danças
춤추다	dançar / executar dançando / fazer dançar
충격	abalo / apralicia / choque / colapso / colisão / distúrbio / impacto
충고	conselho / opinião / parecer / ecomendação
충고하다	aconselhar / dar conselhos / opinar / recomendar
충당하다	abastecer / completar / encher
충돌	batida de carros / choque / colisão /

conflito / desacordo / golpe

충돌하다   bater / chocar-se com estrondo / colidir / entrar em conflito

충동   estímulo / impeto / impulso / instigação

충동적으로   impulsivamento

충만   abdância / encheu-os / fartura / plenitude / profusão / repleção

충만하다   bastar / fartar

충만한   plenitude

충분한   adequado / bastante / cheio / satisfatório / suficiente

충분히   abundantemente / competentemente / inteiramente / fartamente / plenamente / suficientemente

충성   fidelidade / fiel / lealdade / obediência

충신   legalista

충실   fidelidade

충실한   crente / fidedigno / fiel / honesto / leal / sincero / verídico

충심으로   com prazer / cordialmente / entusìasticamente / sinceramente

충원하다   alistar / recrutar soldados / reforçar

충의   legalismo

충일   exberância / oplência suficiência / superabundância

충적기   era aluvial

충적의   aluvial / aluviano

충전하다.   completar o estoque / encher /
 가득채우다   prover novamente /
suprir novamente

충전하다.적재하다   carregar / carregar bateria / eletrificar encher / pôr carga em / recarregar

충족한	adequado / bastante / cheio / satisfatória / suficiente
충천하다	elevar-se para céu / subir para alto / voar a grande altitude
충충한	melancólico / triste
충치	cárie / dente cariado / dente deteriorado / dente estragado
충해	prejuízo provocado pelos insetos
충혈	acúmulo / congestão / congestionamento
충혈한	congestionado / injetado / repleto / pletórico / vermelho irritado
충효	compaixão / devoção / fidelidade / lealdade / piedade
취객	bebado / beberrão / ebrio / embriagado
취급	modo de tratar / tratamento
취급하다	agir com / lidar com / mexer / tratar / tratar de um assunto
취득.얻다	tomando
취득하다	adquirir / alcançar / comprar / conquistar / ganhar / granjear
취리하는자	banqueiros
취미	atração / gosto / interesse / passatempo / predileto
취사	arte culinária / ato de cozinhar / cozinhar / cozimento
취사장	cozinha
취사선택	escolha / gosto na seleção / preferência / seleção / sortimento
취사하다	achar melhor / eleger / escolher / optar / preferir / selecionar
취소	anulação / anulamento / bromo / elemento químico
취소하다	anular / cancelar / eliminar /

	obliterar / riscar / revogar
취업하다	começar a trabalha /
	iniciar o trabalho /
	ir para o trabalho / ter trabalho
취의	finalidade / intenção / intento /
	objetivo / propósito / sentido
취임	aceitação de cargo /
	o ato de assumir o cargo ou
	trabalho
취임하다	assumir o posto / tomar posse de
	um cargo
취재하다	fazer reportagens /
	trabalhar como repórter ou fotógrafo
취조하다	examinar / indagar / informar /
	inquirir / investigar / perguntar por
취중	antes de tudo / especialmente /
	o mais de tudo
취지	intenção / sentido / significado /
	toer
취직하다	achar o emprego /
	ser admitido a trabalhar
취체하다	comandar / controlar / dirigir /
	supervisionar
취침하다	deitar-se na cama / dormir /
	ir para a cama
취하다.몹시취하다	embeber-se / embriagar-se
	tornar-se bêbedo
취하다.손에쥐다	escolher / ganhar / obter / tomada /
	tomar
취하하다	afastar-se . ur-se . returar-se
취학하다	entrar na escola /
	matricular-se na escola
측.측면.옆	lado / parte / superfície
측근자	próprio pessoal / próprios membros
측량자	balizador

측량치못하다	não avaliável
측량하다	avaliar / calcular / levantar / medir
측면	flanco / lado / parte de uma posição
측문하다	aprender por ouvir / dizer
측연	grafita / prumo / sonda
측우기	pluviômetro
측은한	comovente / deplorável / lastimável / patético / tocante
측정기	medida
측정하다	avalar / calcular / medir / mensurar / pesar
측정한	mediaso
측후소	observatório meteorológico
층.계단.층층	andar / assoalho / chão / pavimento / piso / solo
층계	degraus / escada / escadaria
층대	escada / escadaria
치.일부	fração / parte / porção / quota
치.값	valor numérico
치근거리다	arreliar / cacetear / importunar / incomodar
치근치근	de mode enfadonho / importunamente
치과	odontologia
치과의사	dentista
치다.때리다	bater / dar pâncadas / ferir / golpear / malhar / tocar
치다.깎아치다	cortar(plantas) / recortar
치다.뽐내다	empinar-se
치다.깨끗하게하다	assear / esvaziar / limpar
치다.체로치다	peneirar
치다.박대하다	amarrar / atar / fixar / ligar
치다꺼리	conduta / manejo / trabalho
치런치런	completamente cheio / com superabundância

치렁치렁한	completamente cheio
치레.옷맵시	ação de vestir / enfeite / roupa / vestidura
치레하다	enfeitar-se / vestir-se
치료	curativo / medicamento / remétodo de tratamento
치료법	método curativo / método de tratamento
치료비	honorário do doutor / preço de tratamento
치료하다	curar / melhorar / remediar / reparar / tratar-se
치르다	acertar / contar / fazer pagamento / pagar / remum / nerar / satisfazer um débito
치를떨다	encolerizar-se / enfezar / enfurecer-se / enraivecer-se / irar-se
치마	saia
치명적인	determinado pelo fado / fatal / imporrogável / invevitável / mortal
치밀다.떠밀다	afastar / empurrar
치밀다.격노하다	encolerizar / enfurecer / enraivecer
치밀한	cauteloso / certo / definido / exato / preciso / prudente
치받이	declive / ladeira / rampa
치부하다	enriquecer
치사스러운	infame / ignominioso / vergonhoso
치사하다	agradecer / dar graças / exprimir gratidão
치산	conservação florestal
치세	domínio / poder / reinado / soberania
치솔	escova de dentes
치수.척도.도량	medida / padrão / tamanho

치수.하천보존	conservação do rio
치아.이빨	dente
치안	ordem pública
치약	creme dental / pasta de dentes / pasta dental
치열한	áspero / austero / rigoroso / sério / severo
치외법권. 국법상권리	direitos extraterritoriais
치욕	degradação / desgraça / desonra / humilhação / ignominia / vergonha
치우다	arrumar / limpar / pôr em ordem / remover
치우치다	inclinar-se
치유하다	cicatrizar / curar / remediar / sarar
치음	som sibilante
치이다	ser atropelado
치이즈	mussarela / queijo
치자	gardenia
치장	ato de decorar / decoração / ornamentação
치적	feito administrativo / realização administrativa
치정.어지러운정	amor ilícito / amor proíbido / paixão apática
치중	material de guerra / munição
치중하다	acentuar / colocar valor em / dar ênfase / salientar / valorizar
치질	hemorroidas
치태.어리석은행동	absurdo / asneira / bobagem / doidice loucura / parvoice / tolice
치통	dor de dentes
치하.축하하다.	congratular / felicitação / parabéns
치하.통치아래	regra / sob reino de / sujeito a norma

치하하다	congraturar / dar parabéns / felicitar
치한.바보.저능아	bobo / burro / estúpido / idiota / ignorante
치환하다	destituir / substituir / tirar do seu lugar
치환하다. 거꾸로하다	converter
칙명	ordem imperial
친교	amizade / amizade íntima / intimidade
친교를맺다	ligar
친구	amigo íntimo
#가문득생각나다	lembrou-se do amigo de repente
친근한	familiar /íntimo
친목	amistosa / amizade / relação
친밀	amizade íntima / familiaridade / intimidade
친밀한	afável / afetuoso / amável / amigável / amigo / amistoso / benêvolo / cordial
친분	afeição / amizade / benevolência
친서	carta autográfica / manuscrita
친선	relação amigável / relação amistosa
친아버지	próprio pai
친애하는	amado / caro / estimado / precioso / prezado / querido
친우	amigo de coração / amigo do peito / grande amigo
친전	felicitação confidencial / particular / pessoal
친절	afabilidade / amabilidade / bondade / favor / gentileza
친절하게	agradavelmente / cordialmente / gentilmente
친절한	afável / amaveis / amável / bondoso

	/ docil / gentil
친정	família de esposa
친족	fámília parentela / parente / parentesco
친족결혼	casamento dentro da família
친척	família / parente / parentela / parentesco
친필	assinatura própria / autógrafo / escrita própria
친한	amigável / amistoso / familiar / íntimo
친히	em pessoa / pessoalmente / presença
칠	ato de pintar / pintura
칠기	louça / porcelana manufatura
칠하다	colorir / pintar
칠떡거리다	andar lentamente / rastejar
칠면조	peru
칠석	festival vedico
칠월	o mês julho
칠일	dia sete / sétimo
칠지.니스칠한종이	papel envernizado
칠칠절	festa dos semanas
칠칠한	destro / hábil
칠판.흑판	lousa / quadro-negro
칠판글을지우다	mexer / pagar
칠현금	heptacordio
칠흑	preto como carvão
칡	araruta
침.침을흘리다	baba / cuspe / saliva
침.나침반	bússora / fonógrafo / o ponteiro de / relógio
침.바늘	acicula / agulha de acupuntura
침강.침전	sedimentação
침구	material para leito / roupa de cama

침노	violência
침노하다	conquistar / dominar / ganhar em guerra
침대	cama / leito / 꼬마침대 cama para criança / invadir / tomar
침대보	acolchoado
침대용보	colchão
침대차	carro dormitório / ônibus leito / vagão leito
침략.공격	ataque / invasão
침략.겁탈.강탈	pilhagem / saque
침략자	agressor / invasor
침략적인	agressivo / belicoso / ofensivo / pugnaz
침략하다.침입하다	conquistar / dominar / invadir / tomar
침략하다.겁탈하다	expoliar / pilhar / roubar / saquear
침례	batista
침례교회	igreja batista
침로	alojamento inferior / curso do navio / entrepontes / proa
침모.여재봉사	costureira
침목	dormente / silêncio
침몰하다	afundar-se / ir a pique / socobrar
침묵	calada / calmo / quietude / silêncio
침묵하다	calar-se / silenciar / tornar quieto
침뱉다	cuspir
침뱉으며	cuspir-lhe
침범	infração / invasão / trapasso / violação
침범하다	atacar / infringir / invadir / penetrar / transgredir / violar
침사.명상.숙고	contemplação / meditação / pensamento / reflexão

침사하다	meditar profundamente / pensar bem / ponderar
침삼키다	engolir cuspe
침상	cama
침상의.바늘모양	em forma de agulha
침소	dormitório / quarto de dormir
침소봉대.과장	exagero / exageração
침수하다	imergir / ir ao fundo / afundar / submergir
침술	acupuntura
침식. 잠자고먹는일	ato de comer e dormir / conduta / modo de viver
침식.부식.좀먹기	corrosão / erosão / desagregação
침식하다	corroer / roer / sofrer erosão
침실	dormitório / quarto de dormir
침야철야	escuridão / noite escura como breu
침엽.바늘잎	agulhas do pinheiro
침엽수	aceroso / pontiaguda
침울한	deprimido / melancólico / triste
침윤.포화	impregnação / penetração / saturação
침윤하다	penetrar / permear / saturar
침을.차액	saliva
침입	intrusão / invasão
침입자	intruso / invasor
침입하다	infringir / invadir / penetrar
침전.과정분리	processo de separação / sedimentação
침전물	depósito / sedimento
침전지.침정기.	reservatório de depósito
침전하다	precipitar / separar
침착	calma / compostura / tranquilidade / serenidade
침착한	calmo / calmoso / sereno / sossegado / tranqüilo

침체한	estagnado / inativo / parado / paralisado / quieto
침침한	escuro / obscuro
침탈하다	expoliar / pilhar / roudar / saquear
침통한	abatido / deplorável / lamentável / melancólico / sério / triste
침투성	osmose
침투하다	infiltrar / penetrar
침하.잠수	afundamento / declínio / submersão
짐하하다	afundar / ir a pique / submergir
침해하다	infringir / invadir / trasgredir / violar
침거.감금. 체포	hivernação / prisão / reclusão
침거하다	manter dentro de casa / segregação / viver em exclusão
침복.동면	hibernação
칭.명칭.이름	apelido / nome / título
칭얼거리다	afligir-se / enfadar-se / inquietar-se / queixar-se
칭찬	louvor
칭찬하다	aplaudir / elogiar / exaltar / falar bem / louvar
칭찬할만한	admirável / elogiável / louvável / recomendável
칭하다	chamar pelo nome / citar / indicar / mecionar / nomer
칭호	epiteto / título / nome

ㅋ

카나다(북미)	camadá
카나리아	cananeira
카누.통나무배	canoa
카니발	carnaval 흑인들의축제.카톨릭교국의 명절
카나발	carnaval 카니발.칼톨릭교국의 명절. 대환략
카드식색인	fichário
카메라	cámera / máquina de retratos / máquina fotográfia
카톨릭교도	católico
카펫트.깔것	tapete
각각거리다	desemboçar / expelir / pigarrear / tossir ruidosamente / vomitar
각태일	coquetel
칼	canivete / espada / face / navalha / punhal
칼금.찰상	arranhadura / esfoladura / raspadura
칼맞다	esfaqueado / levar facada / ser apunhalado
칼라	colarinho
캄캄한	escuro / escuro come bréu / espessas / muito escuro / sombrio
캉가루	canguru
캐다.채굴하다	desenterrar / retirar cavando / tirar desenterrar
캐다.질문하여알다	obter por indagação
캔.깡통	lata

캔디.생과자	doce
캪슐	cápsula
커녕	de jeito nenhum / longe de ser
커다란집.큰집	casarão
커브	curva
커브길.모퉁이	esquina
커튼	cortina
커튼을걸다	correr a cortina
커튼을치다	cortinar
컬컬한	ansioso / com sede / seco / sedento
컴컴한	escuro / na sombra / obscuro / obuscado / opaco / sombreado / sombrio / sombroso
컵.잔	copo / xícara
컵받침	pires
컹컹거리다	ladrar / latir
켜.위치.장소	camada / posição / postura / situação
켜다.비쳐지다	acender-se / iluminar-se / ligar / luz
켤레.짝	casal / dupla / par / parelha
케익.생과자	bolo / doce
케케묵은	antigo / antiquado / desusado / fora da moda / velho
코.숨쉬고냄새맡는곳	focinho / nariz / olfato / venta
코.옷꿰메는 곳	ponto de costura
코골다	roncar
코구멍	narina
코끼리	elefante
코노래	canto com os lábios fechados / murmúrio / sussurro
코르크	saca-rolha
코수염	riso de escarnio / sarcasmo /

	zombaria
코스타리카(중남미)	costarifca
코웃음	riso de escarnio / sarcasmo / zombaria
코의.코에관한	nasal
코주부.코가큰	bicanca
코코아.쵸콜렛원료	cacau
코트	남자 paleló / 여자 casaca
코피	epistaxe / hemorragia nasal / sangue nasal
콜드크림	creme de beleza
콜레라.호열자	cólera
콜록거리다	tossir
콜롬비아.남미	colombia
콤파스	compasso
콧물	catarro / escarro / muco nasal / nanho
콩	feijão / soja ervilha
콩기름	óleo de ervilha / óleo de soja
콩깍지	casca de ervilha
콩팥	rim
쾌감	agradável impressõ / sensação aprazível / sensação amável
쾌락	desejo / divertimento / gosto / gozo / prazer / prazer sensual
쾌락주의	epicurismo / hedonismo
쾌보	alegres / informações / notícias boas / novidadesı
쾌속	alta velocidade
쾌속선	barco rápido / cliper / veleiro rápido
쾌승	vitória decisiva / vitória destacada / vitória marcante / vitória notável
쾌적한	agradável / aprazível / cômodo /

ㅋ

	confortavel/ encantador / refrescante
쾌활한	agradável / alegre / animado / animador / contente / divertido / jovial / vivaz / vivo
쾌히	agradavelmente / alegremente / com prazer / de boa vontade / facilmente / prontamente
쿠바.섬남미	cuba
크게	grandemente / muito mais poderoso
크게기뻐하니	alegra-se muito
크게성대하게	grandemente
크게외치는소리	alarido
크게장성한즉	muito mais poderoso
크게진동하며	tremia grandemente
크기	grandemente
크니이사	é o maior
크다	aumentar / crescer / desenvolver-se / ser alto
크루제이로 (브라질의돈단위)	cruzeiro
크리스마스	natal
크리스마스츄리	árvore de natal
크시므로	é maior
큰	abundante / amplo / enorme / gigante / grande / imenso / largo / magnífico / rijo / vasto / volumoso
큰가축의떼	(30-40마리의떼)manada
큰곡성있으리라	haverá grande damor
큰곰별	ursa maior
큰광명	luminar maior
큰권능	com grande força
큰궤	caixote de embalagem
큰공장	fábrica grande
큰길	estrada / pista / rodovia / BR

ㅋ

큰나라	grande nação / grande pais
큰나무.고목	árovore
큰날	o grande dia
큰낫	foice
큰농장	fazenda
큰딸	primogênita
큰드렁크	mala
큰마음	audácia / coragem / presunção
큰망치	malho
큰목자	grande pastor
큰물.깊은물.지옥	os abismos
큰민족	grande nação
큰바위	roca
큰방	salão
큰복	abençoar / grandessimamente
큰불	calor
큰비.대홍수	dilúvio
큰빗	escovão
큰상자	caixão
큰소리로	clamou com grande / clamar alto
큰아버지	tio
큰어머니	tia
큰안식일이니	é o sábado do descanso
큰일	coisa / crice / problema grave
큰임있는	bocado
큰위엄으로	a grandeza tua excelência
큰인자	grande homen
큰자	maior
큰재앙으로	com grandes juízos /
	com juízos grandes
큰죄를	pecou pecado grande
범하였나이다	
큰죄를	pecastes grande pecado
범하였도다	

큰풍년	grande fartura
큰힘있는.강력한	poderoso
클러치	embreagem
클럽	clube
키.신장	altura / estatura
키.방향타	elmo / leme / timão
키작은	baixo / não alto
키큰	alto / elevado
키쓰하다.입맞추다	beijar / beijo
키우다	criar / cultivar / desenvolver / educar / engrandecer / instruir / plantar / sustentar
키타	violão
키의손잡이	leme
킬로그램	Kg / quilograma
킬로미터	Km / quilometro
킬킬거리다	cacarejar / dar risadinha / grasnar / gargalhar / garrular / iri a miúdo / tagarelar

ㅋ

타고난자.허가한	concedido
타고남은상태	queimados
타국에서.외국에서	peregrino
타국인	estrangeiro
타국인에게	estranho
타다.말을타다	montar / montar um cavalo
타다.화상을입다	queimar
타락	decadência
타락하다	abasardar-se / declinar-se / degenerado / degenerar / depravar-se / ir para o pior
타락한자들	recaíram
타래	coli
타래박	caneca
타력.자력	força externa
타력.타력성	inércia
타박	objeção / réplica
타박상.멍	contusão / esmagamento / machucadura / pisadura
타박하다.반대하다	alegar / contestar / desaprovar / objetar
타박하다.때리다	contusão / esmagamento / machucadura / pisadura
타산	avaliação / cálculo / cautela / interesse próprio
타산적인	calculista / cauteloso / interesseiro / previdente / prudente
타살	assassinato / assassínio / homicídio

타수	piloto / timoneiro
타악기	instrumento de percussão
타액	cuspe / saliva
타원	elipse / oval
타원율	elipticidade
타원체	elipsoide / ovóide
타월.서양수건	toalha / toalha de rosto
타의	motivo diferente / outra intenção / outro motivo
타이르다	aconselhar / advertir / avisar / recomendar
타이어	pneu
타인.남의	alheio
타자	batedor
타자기.타이프	máquina de escrever
타작하다	debulhar
타져서.불타기	queim
타전하다	emitir sinal / enviar mensagem / fazer ligação
타조	avestruz / ema
타진하다	aprofundar / informar / penetrar / percutir / sondar
타처	outra / terra de diante
타파하다	abater / defender / derrotar / derrubar / destruir
타합하다	arranjar de antemão
타협하다	ajustar / comprometer(-se) / entrar num acordo / fazer facto
탁견.견식	boa idéia / excelente / idéia brilhante / ótima opinião
탁구	pingue pongue / ping-pong / tênis de mesa
탁상시계	relógio de mesa
탁송하다	consignar / despachar / destinar /

	entregar / enviar
닥월한	afamado / eminente / esplêndido / excelente / famoso
탁자.교탁	mesa / carteira
탁한	abafado / barrento / confuso / denso / enlameado / espesso / impuro / indistinto / obsceno
탄광	mina de carvão
탄광인	mineiro
탄내	cheiro de queimadura
탄도	trajetória
탄력	elasticidade
탄력있는	dobradiço / elástico / flexível
탄력없는	não elástico / sem flexibilidade
탄로	descoberta / descobrimento / revelação
탄로되었도다	foi descoberto
탄막	barragem / dique / fogo de barragem
탄복하다	admirar / adorar / apreciar / impressionar / prezar
탄산	ácido carbônico / carbonato
탄산가스	gás carbônico
탄생	começo / nascimento / natividade / origem / parto
탄생일을맞이하는 사람.주년.생일	aniversariantes / natal
탄생하다	nascer
탄성.신음	gemido / suspiro
탄성.탄력성	elasticidade
탄소	carbônico / carbono
탄수화물	carboidrato / hidrato de carbono
탄식	carpimento / gemido / lamentação / lamento / queisume / suspiro

탄식하다	suspirar
탄알	bala / chumbo / projétil
탄압	aflição / aperto / compressão / depressão / pressão / tiranja
탄약	munição
탄원하다	apelar / implorar / invocar / pedir / rogar / suplicar
탄일.출생.출산	nascimento
탄탄한	compacto / denso / duro / firme / resistente / rígido / sólido
탄핵	acusação / contestação / depreciação / depreciar
탄핵하다	acusar / censurar / condenar / denúnciar / depreciar
탄환	balas / chumbo / munição / projétil
탈.가면.복면	disfarce / máscara
탈.사고	aborrecimento / distúrbio / empecilho / emcrenca / obstaculo
탈각하다.확실히	seguramente
탈각하다.평형되다	deixar de / desfazer(-se) / livrar(-se)
탈것.운반기구	condução / carro / meio / transporte veículo
탈록기.도리깨	debulhador / mangual / máquina de debulhadora
탈곡기.레일	trilho
탈당자	dissidente / separatista
탈당하다	abandonar / apostar / retirar-se / separar-se
탈모제	depiratório / epilatório
탈모하다.없어져감	tirar
탈모한.털이빠짐	tirar
탈색하다	desbotar / descolorar / descorar
탈선	afastamento / descarrilamento /

	desvio / digressão / divagação / digresso
탈선하다	descarrilar / desviar / digressionar
탈세하다	livrar-se / de imposto / sonegar
탈없이	calmamente / delivadamente / de modo macia
탈영	deserto
탈옥하다	escapar / fugir da prisão
탈의실	camarim / quarto / para / vestir-se / vestiare
탈장	rompimento / escapamento / escape evassão / fuga / fugida / libertação
탈주	deserção / escapamento / escape / avessao / fuga / gugida / libertação
탈주병	desertor / fugitivo / transfuga
탈주하다	fugitivo
탈지면	fugitivo
탈출하다	escapar / fugir / liberatar(-es)escape / evasão/ guga / fugido / libertação
탈취하다	agarrar / apanhar / apreender / apressar / aponderar-se / capturar / pegar
탈퇴	apastamento / cisão
탈퇴하다	abandonar / afastar-se / ir-se / retirar-se / saí / sair / separar-se
탈환하다	recapturar / recuperar / retomar
탐관오리	avarento / oficiar
탐구하다	estudar / examinar / investigar / pesquisar
탐내다	almejar / anelar / ansiar / cobiçar / desejar / querer / suspirar por
탐내지말지니라	não cobiçaras
탐닉	clemência / dedicação / dissipação /

	favor / graça / indulgência / interesse
탐독하다	ler com ansiedade / ler lentamente
탐문하다	descobrir / explorar / investigar / procurar saber / revelar
탐방	averiguação / indagação / inquirição / inquérito / pequisa / sindicância
탐방거리다	estatelar-se / cair de chapa
탐방기자	informante / relator / repórter
탐방하다	indagar / informar-se / investigar / investigar / perguntar
탐색하다	descobrir / estudar / examinar / investigar / pesquisar / procurar por / revelar
탐스러운	agradável / atrativo / gostoso / encantador / gracioso
탐승객	excursionista / visitante
탐심.탐내다	avazeza / cobica / concupiscência
탐욕	avareza / avidez / cobiça / rapaina
탐정.형사	detetive / investigador / secreta
탐정소설	contos policiais
탐조등	farol / holofote
탐지	descoberta de crimes / descobrimento / revelação
탐지하다	denunciar / descobrir o crime / investigar crimes / revelar
탐탁한	agradável / satisfatório
탐험	exploração / investigação / pesquisa / sondagem / verificação
탐험가	explorador
탐험하다	averiguar / examinar / explorar / sondar / investigar
탑	pagode / templo pagão / torre
탑승자	passageiro

탑승하다	abordar / entrar no /veículo / ser conduzido / subir em veículo
탓	causa / efeito / fundamente / motivo / razão / resultado
탓하다	acusar / considerar responsável / responsabilizar
탕감하다	absolver / cancelar / diminuir / remitir
탕감하여	suplica
탕자	filho pródigo / pródigo
탕진하다	desperdiçar / dissipar / esbanjia / gastar
태.노끈	fieira
태.모태	ventre
태고의	antigo / relativo a antiguidade
태도	atitude / jeito maneira / postura
태동	estímulo / fomentação / incitação / instigação
태동하다	estimular / excitar / fomentar / incitar / instigar
태만한	desatencioso / desatento / descuidado / negligente
태반	grande parte / maioria / maior
태생	começo / mascimento / origem / parto
태세	atitude / comportamento / jeito / mode de se portar / postura
태속에	ventro
태양.태양들	sois / sol
태양계	sistema solar
태양의	solar
태어나다	nascer
태어남	nascimento
태업	sabotagem

태연	bonança / calma / serenidade / sossego / tranquilidade
태연한	calmo / sereno / sossegado / tranquilo
태엽	mola / mola real
태엽장치	maquinismo de relógio
태우다.불사르다	calcinar / carbonizar / incendiar / queimar
태우다.운반기구	embarcar / entrar / tomar veículo
태이블	mesa
태자	herdeiro da coroa
태초	começo / origem do mundo / princípio
태평스러운	calmo / pacífico / sossegado / tranqüilo
태평양	Oceano Pacípico
태풍	furacão / tupão / ventania
태형	castigo / fustigação / peia / pisa / sova / surra
태환	conversão / tranposição / tranformação
태환한다	cambir / converter / inverter / mudar / transformar
택시	táxi
택시를부르다	chamar o táxi
택시운전수	motorista de táxi
택자들.선택한	escolhidos
택정함.분리하다	separado
택하다	eleger / escolher / preferir / querer / selecionar
택하심	eleição / eleito
탠트.천막	barraca
탯가.운반수단	carreto / frete / transporte
탱탱한.꼭끼는	apertado / compacto / estreito /

	impermeável / tenso
터.기반	fundamente / local / lugar / sítio / terreno
터널.땅굴	túnel
터놓고	aberamente / francamente / liberalmente / livremente / sinceramente
터덜터덜거리다	andar com dificulado / caminhar sem força
터뜨리다	disparar / estourar / explodir / rebentar
터득하다	compreender / perceber / saber
터무니없는	absurdo / desarrazoado / exoribitante / sem fundamento
터벅터벅거리다	cambalear / caminhando sem-força / titubear
터전	local / lougar / sítio / terreno
터지고	fenderam-se
터지다	estourar-se / explodir-se / rebentar-se / romper
턱.턱뼈	queixo
턱.잔치.향연	banquete / festim / recepção
턱걸이	barra
턱받이	babadouro
턱수염	barba
턱없는	excessivo / exagerado / imoderado / infundado / sem fundamento
털	barba / cabelos / pelos
털가죽	pele
털다	agitar / mexer / sacudir / vacilar
털럭거리다	agitar / balançar / fazer barulho / vibrar
털실	fio de lã / lã
털실의	de lã / banoso / lanudo / lanzudo

털어놓다	confiar-se / despejar / entregar-se / esvaziar
털털한	afável / cômodo / folgado / livre / sossegado
텁석	bruscamente / repentinamente / subitamente
텁수룩한	cabeludo / despenteado / felpudo / peludo / sem trato
텁텁한	aborrecido / desagradável / de mau gosto / insípido
테.끝	aba do chapéu / borada / extremidade / margem / orla
테.틀.구조	armação
테두리	contorno / estrutura / extremidade / limite
텔레비젼	televição
토건업	engenharia e construção civil
토관	canal de lama / cano terrestre / conduto / térreo
토굴	antro cova / caverna
토기장이	óleiro
토끼	coelho / #가빠르다 o colho é veloz
토끼새끼	coelhinho
토끼장	coelheira
토담	barro / parede de lama / terra
토대	alicerce / apóio / base / fundação / princípio
토라지다.골 낸	enfadade mal-humorado / tornar-se amuado
토란	táro
토로하다	declarar / dizer / enunciar / expressar / manifestar
토론	debate / discussão
토론하다	debater / disputar / discutir

토론회	fórum / debate
토마도	tomate
토막	estilhaço / fração / fragmento / pedaço / quebrado
토막국수	talharin
토목	construção civil / trabalho civil
토벌하다	conquistar / dominar / reprimir / subjulgar
토벽	lama / parede de barro / terra
토사	vômito e diarréia
토성	saturno
토시	bracelete / pulseira
토실토실한	bochechudo / cheio / gordo / gorducho / robusto / roliço
토양	solo / terra
토역	aterro / terraplanagem / trabalho de solo
토역군	cavouqueiro / operário de escavações / escavador
토요일	sábado
토의하다	debater / discutir / trocar idéias
토인	indígena / nativo / originário / oriundo
토지	continente / província / solo / terra / terreno / território
토지개량	aperfeiçoamento de terras / melhoramento
토질	carater de solo / natureza de terra / qualidade de solo
토착민	indígenas / nativos
토착의	nativo / nato / natural / original
토칸틴스주	estado tocantins
토하다	vomitar
톡톡이	cruelmente / rigorosamente /

	severamente
톨.낟알	grão / partícula / semente
톱	serra / serrote / 기계톱 serra motor
톱니바퀴	engrenagem / roda dentada
톱톱한	agundante / basto / compacto / denso / espesso / grosso / junto
통관	canundo cano / cuba / êmbolo de bomba / tubo
통.바께스	balde / banheira / barril / cuba / galão / selha / tina
통따게	abridor de latas
통각.고통.수고	sentimento de dor / sofrimento
통감하다	agudamente / penetrantemente / sentir sutilmente
통거리.토짜	completamente / inteiramente / totalmente
통계	estatística
통계학	estatística
통고하다	avisar / informar / noticiar / notificar / publicar
통곡하다	choramingar / lamentar / lastimar / prantear
통곡하며	se lamentarão
통과세	imposto sobre passagem / pedágio
통과하다	aprovar / atravessar / cruzar / passar / superar
통관	alfândega / porta de entrade / saguão
통관수속	ato de aclarar certificado de alfândega para saída
통괄하다	generalizar / superintender
통근하다	agência
통나무	acha / barrote / cepo / lenho / tóro / trave / tronco

통나무배	canoa
통달하다	conseguir ser sábio das coisas / ser bem conhecido das coisas
통독하다	ler desde começo
통렬하게	cruelmente / severamente
통렬한	bárbaro / cruel / feroz / furioso / violente
통계	costume / hábito usual / prática comun / praxe
통례의	ordinário
통로	passadico / passagem / trânsito / travessia
통론	acordo geral / consenso / princípios gerais
통매하다	acusar / censurar / condenar / criticar / sentenciar
통발	barragem / represa
통보하다	avisar / informar / relatar
통산	montante / soma / total
통산하다	adicionar / incluir / somar / totalizar
통상	comércio / negócio / tráfico / troca
통상의	comun / geral / habitual / normal / usual
통상조약	pacto comercial / tratado
통설	idéia comun / opinião popular / opinião pública
통성명하다	apresentar
통속의	comun / popular / simples / vulgar
통솔하다	comandar / controlar / dirigir / lidar / mandar / ordenar
통수	autoridade / comando / mandato / ordem / poder
통신	comunicação / correspondência
통신교육	curso de correspondência

통신사	agência de notícias / comunicação
통신하다	comunicar / corresponder
통어	controle / dominação / domínio / mando regra / manejo / norma / regime
통어하다	conter / controlar / dominar / governar / mandar / reprimir
통역	esclarecimento / explicação / interpretação / tradução
통역하다	decifrar / esclarecer / explicar / interpretar / traduzir
통용하다	circular / espalhar notícias / pôr em circulação / usar
통운	expresso / transportação / transporte
통일	concordia / união / unidade / unificação
통일적인	iqual / regular / uniforme
통일하다	coordenar / harmonizar / reconciliar / unificar / unir
통장	carteira de poupança / livro-caixa
통째	cheio / completo / integral / inteiro / são / todo / total
통째로	churrascaria
구운고기.불고기식당	
통절한	arguto / penetrante / sensitivo / vivido
통제	controle / domínio / regime / regulamentação / regulamento
통제품	artigos controlados sob controle
통조림	comida enlatada / em conserva
통지	aviso / aviso prévio / comunicação / informe / notícia
통지서.안내장	carta de aviso

통지하다	avisar / comunicar / informar / noticiar
통찰	introspecção / penetração / perspicacia
통첩	aviso oficial / informação / notificação / nota escrita
통치	administração pública / domínio / governbo / reinado
통치권	soberania
통치자	soberano
통치하다	administrar / dirigir / governar / mandar
통쾌한	agradável / extremamente delegável / triste
통탄하다	afligir-se / chorar / deplorar / lamentar / lastimar
통단할	deplorável ; lamentável / lastimável / triste
통통한	gordo / gorducho / rechonchudo / roliço
통틀어	ao todo / inteiramente / totalmente / tudo
통풍	ventilação
통하다	circular / estar aberto / passar / ser familiar com / ter entendimento com
통학하다	assistir às aulas / freqüentar à escola / ir para escola
통할	comando / controle / direção / gerência / superintendência
통할하다	comandar / controlar / dirigir / inspecionar / supervicionar
통합	concisão / resumo / reunião / síntese / únião / unificação

통행.여행표	passagem
통행금지	movimentos de veículos / suspensão de trânsito
통행세	imposto de trânsito / pedágio / selo pedágio
통행인	caminhante / peregrino
통화.전화사용	conversa pelo telefone / uso de telefone
통화.화폐	moeda em circulação
통화축소	deflação
통화팽창	inflação
퇴각하다	afastar-se / inclinar-se para trás / recuar-se / refugiar-se
퇴거하다	abandonar / desocupar / partir / recuar / retirar-se
퇴근시간	fim do expediente
퇴근하다	do expediente / sair do trabalho
퇴기다	atirar para o ar / mover brandamente / tocar de leve
퇴로	caminho / carso / trilha para retirada / via
퇴물	artigo recusado / meradoria rejeitada / refugo
퇴박맞다	não aceito / rejeitado / repelido / ser recusado
퇴보	retrogressão
퇴비	adubo químico / estrume / fertilizante
퇴사하다	aposentar-se / retirar-se do trabalho
퇴산하다	dispersar / espalhar / separar
퇴색하다	descolorir-se / perder a cor
퇴석	morena
퇴세	decadência / declínio / deterioração
퇴역	aposentadoria do serviço /

	retiramento
퇴역장교	em reserva / oficial aposentado
퇴원하다	deixar hospital / sair do hospital / ter alta
퇴위	abdicação / renúncia / resignação
퇴장하다	abandonar / deixar / partir / sair
퇴치	julgo / submissão / sujeição
퇴폐	corrupção / decadência / declínio / depravação / deterioração
퇴폐주의	decadência
퇴폐한	avacalhado
퇴학하다	abandonar a escola / sair da escola
퇴학당하다	ser expulso da escola
퇴화	degeneração / degradação / depravação
퇴화하다	degenerar / degradar / depravar / devolver
튓자놓다	não aceitar / recusar / rejeitar
투.방법.양식	costume / estilo / jeito / maneira / modo
투고	contribuição / dádiva / oferta
투고하다	escrever para
투구	capacete / elmo
투기	especulação / jogo
투기적인	arriscado / especulativo / insequro
투덜거리다	murmurar / queixar-se / reclamar / resmungar
투망	rede
투명한	claro / límpido / puro / translúcido / transparente
투묘하다	ancorar / arremessar / jogar / lançar / âncora
투미한	asnático / bobo / estúpito / idiota / imbecil / tolo

투박한	brutal / bruto / duro / grosseiro / rígido / rude
투사.발사.포사	incidência / lançamento / projeção
투사.싸우는	batalhador / combatente / guerreiro / lutador
투사각	ângulo de incidência
투서	cartas / correspondência / relação
투수	arremessador / lançar
투숙하다	ficar no hotel / hospedar-se / permanecer
투시화	desenho perpectivo / esboço / perspectivo
투약하다	aviar uma receita / dar medicamento / remédios
투영도	projeção
투옥하다	aprisionar / colocar em prisão / prender
투우	tourado / touro
투우사	bandarilheiro / toureiro
투원반	lançamento de disco
투입하다	aplicar / colocar / investir capitais / trazer
투자	aplicação de capital / investimente
투자하다	fazer investimento / investir capitais
투쟁	luta
투쟁성	combatividade / competividade
투쟁하다	batalhar / combater / competir / disputar / empenhar-se / guerrear / lutar / lutar por / rivalizar
투전군	jogador de bichos / viciado pelo jogo lotérico
투지	espírito de luta
투창	lançamento
투철	caval / epicácio / eficaz / perfeição

투철한	perfeito / profundo
투포한	arremesmo de bola de ferro
투표	votação / voto
투표권	direito de votar
투표자.선거인	votante
투표하다	votar
투표함	caixa / caixote / urna
투하하다	arremessar / atirar / lançar para baixo
투항	capitulação / entrega / rendição
투항하다	ceder / entregar-se / render-se
툭툭한	denso / lente / pesado / tacto
툴툴거리다	lamentar-se / queixar-se / reclamar
퉁기다	cair / cair em falta / escapulir / saltar / soltar
퉁명스러운	abrupto / brusco / grosseiro
튜립	tulipa
튀기다	enlamear / estalar / fritar / respingar / salpicar / tocar de leve
튀김	frita
튀김감자	batata-frita
튀김생선	frita de peixe
튀다	fazer saltar / pingar / salpicar / saltar
트기.잡종	cruzamento de raças / híbrido·/ raça cruzada
트다.뚜껑을열다	abrir /destampar / fender / rachar / romper
트다.싹이트다	brotar / florescer / germinar / gerar
트럭	caminhão
트랙터	trator
트럼프	baralhar
트림하다	arrotar / eructar
트렁크(자동차)	porta-mala

트렁크.가방	baú / mala
트이다	abrir-se / clarear-se / tornar-se melhor
트집	aborrecimento / culpa / defeito / falta
특가	preço de liquidação / preço de promoção / preço especial
특가방매	venda especial / oferta liquidação
특과	curso especial
특권.특전	direitos especiais / privilégio
특권계급	classe privilegiada
특근하다	ficar trabalhando nas horas extras
특급	expresso especial
특급열차	trem expresso especial
특기	capacidade / característica / habilidade
특대.특별히큼	tamanho especial
특대.특별한대우	atendimento especial / tratamento / trato especial
특대권	direito de ser bolsista
특대생	estudante bolsista
특대의	excepcional / grande
특등	classe especial
특별한	especial / excepcional / particular / pessoal
특례	caso especial / exemplo inedito
특매품	artigos / mercadorias para vendas especiais
특명	comando especial / ordem especial
특무대	contra-espionagem / unidade militar de contra-informação
특별히	em particular / especialmente
특보	informação especial / notícia especial / noticia prévia e resumida / perdão

특사.대사	anistia
특사.특별임무자	embaixador extraordinário / enviado especial / mensageiro especial
특산물	artigos especiais / especialidade / produtos
특색	característica / caráter especial / peculiaridade
특색있는	característico / especial / peculiar
특설	instalação especial
특성.성격	caracter / caracteristica / diferença / distinção
특수한	escolhido / especial / excepcional / particular / peculiar / raro
특수화하다	especializar
특수성	particularidade
특약	acordo especial / contrato especial
특약점	agência especial
특유의	característico / especifico / exculsivo / pessoal próprio / raro
특이한	extraordinário / peculiar / pouco comun / singular / raro
특전	assistência / auxílio / favor / privilégio / proteção especial
특정의	determinado / específico / excepcional / individual / particular
특제	fabricação especial
특질	extraordinário / peculiaridade
특집	edição especial
특징	característica / especialidade / peculiaridade / sinal distintivo
특파원	correspontente especial / representante extra
특파하다	enviar / expedir / mandar / remeter

	especialmente
특허	patente(de invenção) / permissão especial
특허국	departamento / divisão de patente
특허권.특허장	privilégio de invenção
특혜	vantagem especial
특약	específico / remédio especial
특히	especialmente / exclusivamente / particularmente
튼튼하고.확고한	segura
튼튼한	consistente / forte / possante / resistente / sádio / são
틀.기계	engenho / maquina / maquina de costurar / molde
특러지.위엄	dignidade / honrabilidade / honradez / mérito / nobreza
틀다	contrariar / ligar / mudar / retorcer / trançar / virar
틀리다	diferir / divergir / errar / falhar / ser diferente / variar
틀린.잘못한	errado
틀림없이	certamente / com certeza / de verdade / sem falta
틀어막다	encerrar / entulhar / fartar / fechar / interromper / obstruir / parar
틀진.품위있는	dignificado / digno / honrado / nobre
틈.기회	acaso / brecha / descanso / espaço / intervalo / lacuna / lazer / oportunidade / sorte
틈에두고	porei numa fenda
틈틈이	em todo momento que der / pouco a pouco / quando der tempo
티.흠.결점	defeito / deficiência / falha

티끌	ciscos / poeira / pós
티눈	calo
티샤쓰	camiseta
팁.사례금	caixinha / gorjeta / gratificação

ㅍ

파.양념	cebolinha
파.당파	classe / facção / grupo / grupo exclusivo / panelinha / partidário / partido
파격의.특별한	diferente / especial / excelente / excepcional / extraordinário / imcompáravel / invulgar / particular / sem exemplo / sem igual / sem precedente / superior
파견하다	aviar com presteza / despachar / enviar / expeliar / mandar / remeter
파괴	destruição / devastação / extermínio / ruína
파괴적인	destrutivo / ruinoso
파괴하다	anquilar / arrasar / arruinar / assolar / demolir / desfazer / destruir / exterminar
파국	cataclismo / catástrofe / colapso / prostração / repentina / queda / ruina
파국적인	catastrófico
파급하다	alongar(-se) / defraldar / difundir / espalhar / estender(-se) / expandir / influenciar / influir / persuadir / prolongar-se / propagar
파기하다	abólir / aniquilar / anular / arrasar / arruinar / destazer / destruir
파나마(중미)	panama

파내다	abrir caminho / cavando / desenterrar / desentocar / escavar / extrair / furar / tavar / tirar cavando / transpassar
파니	à toa / em vão / ociosamente / prequiçosamente
파다	cavar / desenterrar / investigar / pesquisar
파닥거리다	adejar / bater as asas / derapejar / esvoaçar / fulutuar / menear / ondear / palpitar / saracotear / tremular / menear / voejar / voltear
파도.물결	as correntes / onda / vagalhão
파도소리	som das ondas
파도치는바다	mar encrespado
파동	flutuação / ondulação / vibração
파라과이(남미)	paraguai
파라나주	estado paraná
파라솔	guarda sol
파라이바주	estado paraíba
파라주	estado pará
파란.청색	azul / cor azul
파란.혼란	confusão / desordem mental / perturbação / turbação
파랑	azul
파랑새	barba-azul
파래지다	tornar-se pálido
파렴치한	desavergonhado / descarado / impudente / sem vergonha
파르스름한	azulado / esverdeado / verdoso
파룻파룻한	azul / verde vivo
파리	môsca
파리떼	enxames de moscas

파리채	apanha-moscas
파리한	batido / emaciado / emagrecido / enfraquecido / exausto / magro
파마	ondulação / permanente
파면하다	demitir / despedir / mandar embora / não admitir / recusar
파멸	arruinamento / dano / decadencia / demolição / destruição / devastação / estrago / extermínino / falência / ruína
파문.삼빛	aguagem / irrigação / rastelo / sedeiro
파문.성찬정지.제명	anatema / eliminação / exclusão / excomunhão / expulsão
파문하다	anatematizar / ecluir / excomungar / expelir / expulsar
파묻다	enterrar / inumar / sepultar
파벌	facção / grupo exculusivo / panelinha / parcialidade / partidarismo
파삭파삭한	débil / delicado / frágil / inseguro / instavel / quebradiço
파산	bancarrota / falência
파산선고	abertura de falência
파산하다	arruinar / empobrecer / levar a farência / tornar destituído de
파상의	flutuante ondulante / ondulatório
파상풍	tetânico / tétano
파상풍의	antitetânico
파생어	derivada(palavra)
파생하다	derivar-se / descender / originar-se / proceder / provir
파선	naufrágio / novio naufragado /

	sinistro marítimo
파선하다	arruinado / destruído / injúido / estar naufragado / fazer naufragar / naufragar
파손	dano / estrago / injúria / perda / prejuízo
파손하다	estar estradado / levar danos / ser prejudicado
파송하다	enviado
파송한	enviado
파수	espreita / vigia
파수병	escolta / guarda / sentinela / vigia
파수보다	atalaiar / espreitar / guardar / observar / vigiar
파숫군	guarda
파악하다	compreender / entender / perceber / reconhecer / saber
파약	rompimento de promessa / violação de contrato
파약하다	contrato / infligir o contrato ;/ promessa / romper acordo
파업.데모	greve
파업하다	entrar em greve / fazer greve
파열	detonação / erupção / estouro / explosão
파열음	explosão / explosão
파열하다	disparar / estourar / explodir / rebentar
파옥하다	escapar-se da prisão / fugir de prisão / partir de prissão
파운드	arratel / libra(moeda) / libra(peso)
파인애플	abacaxi
파장.	comprimento de vaga / duração de onduração /

파도길이	extensão de onda
파장.	bazar / bolsa /
	encerramento de mercado /
공설시장	feira venda
파적하다	brincar / distrair / divertir /
	matar tempo / recrear
파종	semeadura / sementeiro
파종기	estação de semeadura
파종하다	semear
파종하여	semearás
파죽지세	força irresistível / foram irresistível
파지	papel inútil
파초	tanchagem
파출소	delegacia de polícia
파충류	répteis / réptil / reptilário /
	reptilatório / réptis
파치	artigo defeituoso
파탄	bancarrota / falência / fracasso /
	insucesso / quebra
파트너	acompanhante
파티.기념식.축제	festa
파편	fragmentos destruídos destruídos /
	partes quebradas /
	pedação quebrados
파하고	desconcertado
파하다	acabar / desistir / encerrar / fechar
	/ terminar
파행동물	réptil
파행하다.절며가다	andar com dificuldade / coxear /
	manquejar
파행하다.	andar de rastos / arrastar-se /
엉금엉금기다	mover-se nlentamente
파혼하다	romper um casamento
파흥하다	estragar divertimento /

	fazer perder prazer do jogo
팍신팍신한	afável / brando / flexível / macio / tenro / terno
팍팍한.	enxuto e difícil para mastigar / seco / triturar
팍한.갈급한	impaciente / impertiente / irritante / mal-humorado
판.지방의.장소의	caso / cena de ação / jogo / local / lugar / tempo
판.크기.부피	dimensão / formeto / grossura / medida
판.철판	chapa / edição / lâmina placa / prataria / publicação
판.계시판.지시판	prancha / tabua / tabuleta
판.화판.꽃잎	pétala / válvula
판.열린	aberto
판가름하다	afirmar o que esta certo / julgar
판결	decisão / juízo / julgamento / sentença / judiciária
판결문	a decisão / documentada / julgamento
판결례	antecedente / exemplo / judicial / precedente
판국	assuntos / estado / situação / situação de negócios
판권	autorais / copirraite / direitos
판권소유자	detentor / possuido de copirraite
판권침례	infração de direitos autorais
판나다	acabar-se / cessar / esgotar-se / finalizar / terminar
판단	avaliação / conclução / consideração / desição / estima / juizo / julgue / opinião
판단받으실때	julgado

판단하다	criticar / decidir / julgar / justiçar / sentenciar
판도	distrito / dominação / jurisdição / território
판돈	apostas / paradas(=no jogo)
판들다	acabar com ceus bens materiais / ir para falência
판로	bolsa / feira / mercado / praça / tráfico
판매	leilão / venda
판매원	balconsta / bilheteiro / vendedor
판매처	bilheteira
판명하다	provar para ser / ser julgado / tronar-se claro
판박이	estampado / impresso / livro
판별하다	discernir / distinguir / jular
판사	juiza / juiz
판검사	juiz e promotor /público
판연한	claro / distinto / evidente / plano real verdadeiro
판연히	claro / distintamente / evidentemente
판유리	lâmina / placa / vidro de forma chapa
판이한	lâmina / placa / vidro de forma chapa
판자	pranch / tobús / tabuleta
판잣집	barracas / tendar
판장	cobertura de tábuas
판정기준	critória por pontos
판정승	vitória por pontos
판정하다	decidir / julgar / decidir
판치다	erguer-se sem rival / ser dono da situação /

	tomar cinta da partida
판판이.항상	sempre / toda partida / todaz vêzes / todo hora / todo tempo
판판한	achatado / chato / liso / plano / raso
판화.인쇄	cópia / estampa / gravura / impressão
판히	claramente / sistinamente
팔.어깨	braço / braços
팔.8	oito
팔각	octógono
팔꿈치	calcanhar / cotovelo
팔다	comprar arroz / distrair / mudar / negociar / vender / vendestes / vendo / virar
팔다.넘겨주다	entregar
팔다리	braços e pernas / membro(corpo)
팔뚝시계	relógio de pulso
팔라	vende
팔랑거리다	agitar / bater com as asas / menear / sacudir
팔랑개비	moinho de papel
팔렸도다	vendido
팔리라.팔다	trair
팔리우리라	será entregue
팔매질하다	erremessar / atirar / jogar / lançar
팔방미인	mulher bonita / mulher linda / pessoa desejada por todo mundo
팔세.팔다	vendeu
팔이없는	abráquico
팔자운수	destino / fado / sina / sorte
팔짱끼다	dobrar / próprios braços
팔지못할것이요	não poderá vendê-la
팔찌	bracelete / pulseira

팡파짐한	atarraçado / baixo e forte / gorducho
팔팔한	apressado / ligeiro / precipitado / rápido / vivo
팥	feijão
패.그룹	carta / bando / companhia / etiqueta / grupo / letreiro / rótulo
패각	carcaça / casca / concha
패각추방	ostracismo
패군	exército derrotado
패권	hegemonia / prioridade / supremacia
패궤	corrompida
패기	ambição / aspiração / espírito ambiciose
패기만만한	ambicioso / pretencioso
패다.때려부수다	bater / espancar / ferir /golpear / tocar
패다.쪼개다	cortar em postas / desbaratar / partir
패덕	depravação / desonestidade / devassidão / imoralidade
패륜의	depravado / desonesto / ilícito / imoral / libertino / vicioso
패망	derrota / desbarato / revês
패물	individuais / ornamentos pessoais / particulares / privados
패배하다	perder-se / ser batido / ser derrotado
패보	notícia de derrota
패설	conversa / fala inconveniente / indecente / injúria / insulto / ofensa
패소하다	perder caso
패습	mau hábito

패인	causa / motivo de derroto
패자.승리자	batalhador / campeão / herói / vencedor
패잔병	inimigo / remanesente / restante do exército derrotado
패장	general derrotado
패장들에게	oficiais
패적	inimigo derrotado
패전	derrota na guerra
패전국	nação derrotado / país derrotado
패종시계	desperador
패전주의	derrotismo
패주	derrota / desbaratamento
패주하다	fugir-se / ser derrotado
패하다	destruir / perder-se / ser batido / ser derrotado
패혈증	envenenamento de sangue / septicemia
팬들거리다. 나태하다	estar ocioso / mandriar / preguiçar
팬들팬들	à toa / em vão / indolentemente / ociosamente
팬치	alicate
팬티	calça / 남자 coeca / 여자 calcinha
팽.순환	ciclo / forma de fazer círculo / giro / volta
팽개치다	arremessar / arrojar / despedir / desistir / jogar fora
팽권	pinguim
팽이	brinquedo de criança
팽창	ampliação / desenvolvimento / diratação / expanção / inflamação
팽창률	ampliação / proporção de expanção
팽창하다	ampliar / aumentar / crescer /

	desenvolver / dilatar / expandir / inchar / inflamar
팽팽하게	firmemente / tensamente
팽팽한	esticado / iliveral / proporcionado / tenso
퍼내다	despejar / esvaziar / tirar para fora / bazar
퍼드덕거리다	bater com as asas / sacudir as asas
퍼뜨리다	desenvolver / difundir / divulgar / espalhar / estender / propagar
퍼런	azul intenso / profundo
퍼붓다	chover a cantaros / derramar / fluir / transbordar
퍼석퍼석한	débil / fraco / fragil / quebradiço
퍼지다	ampliar-se / aumentar-se / estender-se / propagar / ser difundido
퍽.많이	bastante / excessivamente / grandemente / inteiramente / muito
펄군	pessoa quem é indiferente da própria aparência
펄떡거리다	bater / saltar (coração) / palpitar
펄렁거리다	agitar / bater com as asas / menear / sacudir
펄썩	de pronto / de repente / imediatamente / subitamente
펄쩍	bruscamento / repentinamente / subitamente
펄펄한	brioso / enérgico / forte / robusto / vigoroso / vivo
펌프	bomba / escarpim
펑	estalo / ruído seco
펑하고	com estalo / com ruído seco
펑펑	abudantemente / copiosamente /

	profusamente
펜	caneta-tinteiro
페이지	pagina
펴다.펼치다	abrir / dilatar / difundir / estender / expandir / propagar / tender
편.양.부피	capítulo / divisão / parte / secão / volume
편.옆.측면	banda / lado / parte
편가르다	dividir dois times / dividir duas partes
편견	preconceito / preocupação
편견을가진	de preconceitos / imbuido / predisposto
편견이없는	imparcial / sem preconceitos
편곡	arranjo(música)
편달하다	animar / encorajar / estimular / fomentar
편대	formação / uma parte do exército
편도	simples
편도선	amígdala
편도선수술	amigdalectomina
편도의열매 (살구의일종)	amêndoa
편도표	bilhete simples
편람	guia / manual
편리함	adequado / apropriado / cômodo / conveniento / oportuno
편린	uma pequena parte
편만하다	abundante
편물	confecção / crochê / em ponto de meia
편법	cômdo / util / manejável / método
편쌈	briga entre duas partes
편성하다	arranjar / compor / constituir /

	formar / organizar
편식	alimentação escolhida / comida / dieta desequilibrada
편안히	calmamente / pacificamente / quietamente / tranqüilibrada
편육	carne cortada em fatias finas / fatias de carne
편의	afabilidade / conveniência / docilidade / facilidade
편의를도모하다	favorecido
편의상	facilidade / por motivo de conveniência
편의주의	oportunismo
편이.안락.쉬움	conforte / facilidade
편익	benefício / conveniência / facilidade / proveito / vantagem
편입	admissão / alistamento / entrada / matrícula
편자.말굽.쇳조각	ferradura
편자.발행인	compilador / diretor de jornal / editor / redator
편재	onipresença / obigidade
편제	formação / organização
편주.조각배	barca pequena / barco pequeno / navio pequeno
편중	preponderância / prepotência
편지	aviso / carta / mensagem / nota / notícia /
#가 짤막하다	a carta está curta
편지왕래하다	corresponder-se
편지지	papel de cartas
편집	compilação / edição / publicação
편집부	corpo de redatores
편집장	chefe de redator /

	responsável pela redação
편차	declinação / declínio / desvio / divergência / inclinação
편찬물	coleção / compilação
편찬하다	editar / publicar
편찮은	desconfortável / desconsolado / incômodo / sem conforto / triste
편취	burlar / calotear / enganar / extorquir / fraudar / lograr
편친	país / única mãe / único pai
편파	favoritismo / parcialidade
편파적인	desleal / infiel / injusto / parcial
편팔	com braço estendido
편편록	compilação de várias peças literárias / micelanea
편편한	chato / liso / plano / raso
편한.편리한	cômodo / conveniente
펼치다	abrir / desenvolver / difundir / espalhar / estender / propagar
평.비평	comentário / crítica / criticismo / fama / renome / reputação
평가.	apreciação / avaliação / consideração
사정가격	estima / estimação
평가.등가.동등	identidade / igualdade / paridade
평가액	avaliado / orçamento / valor estimado
평가하다	apreciar / avaliar / considerar / estimar
평가한.감정한	avaliação
평강한	pacípico
평균	avaria / balanço / média
평균점	ponto médio
평균하다	balancear / calcular a média de / contra-balançar

평년	ano comun / ano normal
평등	igualidade
평등주의	princípio de igualdade
평등하게	igualmente
평등한	igual
평론.비평	crítica literária / resenha
평론가	crítico / examinador / revisor
평면	plano
평민	pessoa comun / povo
평민의	vulgar
평방	metro quadrado
평범	banalidade / generalidade / normalidade
평범한	comum / medíocre / ordinário / simples
평상시의	normal / todo o dia / usual
평생토록	durante toda a vida
평소에	normalmente / usualmente
평수	área
평시도	cristão
평안.평강	paz
평안할지어다	salve
평안히가라	vai em paz
평야	planície
평온	paz / serenidade / temperatura normal
평온한	calmo / pacífico / quieto / tranqüilo
평원	campo / planície
평의원	conselheiro / membro
평의회	assembléia / conferência / reunião
평이나쁜	impopular
평이좋은	popular
평이한	fácil / simples
평하다	comentar / criticar / falar de

평인간.평민	popular
평일	facilmente / simplesmente
평정하다	acalmar / conquistar / dominar / oprimir / pacificar / segurar / subjulgar
평정한	calmo / quieto / sereno / sossegado / tranqüilo
평지	planície
평탄	admirado
평탄케하라	endireitar
평탄한	brando / liso / macio / plano / polido / sem relevo
평판	paralelo
평평한	brando / liso / plano / polido / raso
평행	paralelo
평행선	linha paralelo
평형	balanço / equilíbrio / estabilidade
평화	paz
평화롭게하는자	pacificadores
평화롭게하다	sossegai
평화스러운	calmo / pacífico / sereno
평화시	tempo de paz
평화의기	banderia de paz
평화주의자	pacifista
폐.허파	pulmão
폐.싫증	aborrecimento / distúrbio / preocupação / transtorno
폐.폐지.무효	abolição de escola(fechamento)
폐간하다	parar de publicar
폐결핵	tuberculose pulmonar
폐기하다	abandónar / abolir / anular
폐렴	pneumonia
폐렴학	pneumologia
폐루(남미)	peru

폐복막염	pneumoperitônio
폐쇠하다	bloquear / fechar / obstruir / tampar / trancar
폐습	hábitos ruins / mau costume
폐일언하고	contradição / quebrantada
폐이지	página
폐품	artigos sem valor
폐하다.폐지하다	revogar / reprimir
폐한	quebrantando
폐허	destroços / escombros / ruinas
폐회	encerramento / fim
펠남부꼬주	estado pernambuco
포.대포	canhão
포개다	acumular / amontoar / colocar um após outro / empilhar
포격	bombardeamento / bombardeio
포격하다	bombardear
포경선	barreira / barreiro
포경수술	vasectomia
포고	declaração / decreto / notificação / proclamação / promulgação
포고하다	aclamar / anumciar / declarar / decretar / proclamar / promulgação
포괄적으로	de modo geral / incluíndo-se / inclusivamente / inclusive
포괄하다	abranger / cobrir / compreender / conter / encobrir / incluir
포교하다	anunciar / espalhar / pregar / propagar
포구	angra / baia / enseada / porto
포기.거절.반대	abandono / desistência / abnegação / rendição / renúncia
포기하다	abandonar / ceder / desistir-se / renunciar / renunciar-se

포대.포병.진지	bateria / forte
포대.자루	saco / sacola
포대기	coberta / cobertor / colcha de bebê
포도.포장한	calçada / pavimentação / rua pavimentada
포도.과일	uva /
#크기	tamanho da uva
#의나라	pais da uva
포도나무	vide
포도당	glicose
도도밭	videira / vinha / vinhedo
포도송이	ramos de uva
포도원	vinha / vinhal / vinhedo / vinheira
포도주	vinho
포도즙	suco de uvas
포도포동한	gordo / gorducho / robusto
포로	prisioneiro e guerra / cativo
포로가되다	cativar / ser prinsioneiro
포로교환	troca de prisioneiros
포로수용소	campo de prisioneiro / detenção / prisão / retenção
포리.민간보호처	guarda civil / polícia / soldado de polícia
포마드	pomada
포만.만복	saciedade
포목	comércio de panos / fábrica de panos / panos
포물선	parábola
포박하다	agarrar / apanhar / apreender / capturar / prender
포병	artilharia
포병대	corpos de artilharia
포복하다	andar de rasto / arrastar-se pelo chão / engatinhar

포복절도하다	rir muito
포부	ambição / anseio / desejo ordente / aspiração
포부있는	ambicioso / aspirante / aspirador
포삭포삭한	frágil / quebradiço
포삭	galardão / gratificação / recompensa / prêmio
포석	paralelepípedo
포섭하다	aceitar / admitir / atrair / conseguir / obter / persuadir / seduzir
포성	barulho de fogo / descarga de fogo / som
포수.포병.사수	artilheiro / caçador
포수.포품수취인	receptador (catcher)
포술	artilharia
포승	corda de polícia
포식	glutonaria / gula / saciedade
포식하다. 엄청나게먹다	comer demais / excessivamente
포장비	custo de embalagem
포장용돌	laje de pedra
포장지	papéis para embaragem
포장하다. 시멘트접합하다	calçar / cimentar / pavimentar
포장하다. 꾸리다.싸다	embrulhar / empacotar / enrolar
포진	formação preparativa para guerra / linha / local de batalha
포착하다	agarrar / apoderar-se / capturar / compreender / tomar
포충망	rede para pegar insetos
포탄.	bala de canhão
포켙.호주머니	bôlso
포크	garfo

포학	crueldade / desumanidade / ferocidade / tirania / violência
포함	canhoneira
포함시키다	conter / incluir
포함하다	abranger / compreender / conter / incluir
포화.침윤	saturação
포화.포화염	descasrga de canhão
포화점	ponto de saturação
포환	bala de canhão
포획고	captura / ganho / presa
포획물	presa
포획하다	apoderar-se / aprisionar / apreeender / capturar / tomar
포효.둑한소리	berro / bramido / grito / rugido / urro
폭.너비	amplidão / largura / vastidão
폭.칸막이	cortina
폭넓은.광대한	amplo / extenso / grande / imenso / largo / vasto
폭좁은	apertado / estreito / limitado
폭거	ação de violência / infração / transgressão / ultraje / violação
폭격	ataque / bombardeamento / bombardeio / incursão
폭격기	avião de bombardeiro / bombardeador / bombardeiro
폭군	despola / tirano
폭넓은.광대한	largo
폭도	amotinador / desordeiro / devasso / libertino
폭동	amotinação / greve / rebelião / revolta / tumulto
폭동을일으키다	insurgir

폭등하다	elevar-se preço / subir preços irregularmente
폭락	baixa / queda de preços de repente
폭력	força / violência
폭력단	terroristas
폭력행사	força / uso de violência
폭로하다	desmascarar / desverdar / divulgar / publicar / revelar
폭리	excessivo / exploração / extorsão / lucro
폭민정치.서민정치	governo de população / oclocracia
폭발	detonação / erupção / estouro / explosão
폭발시키다	estourar / explodir / rebentar
폭발물	explosivo
폭발탄	bomba
폭사하다	ser morto pelo bombardeio
폭서	calr intenso
폭소하다	dar risadas frotes / gargalhar
폭식하다	comer excessivamente bem
폭신폭신한	almofado / flexível / macio / suave / tenro
폭약	bomba / explosivo
폭언	linguagem vulgar / palavrão
폭우	aguaceiro / chuva trorrencial / chuvarada-temporal / torô
폭음.술을많이마심	beber excessivamente
폭음.폭성	explosão / som de explosão
폭음하다	beber exessivamente
폭정	despotismo opressão / tirania
폭주	congestão
폭죽	fogo de artifício
폭침하다	estourar e submergir / explodir e afundar

폭탄	bomba / granada
폭파하다	destruir / explodir / fazer explodir
폭포	cachoeira / acacata / catarata / queda de dágua
폭풍.태풍	furacão / tempestade / temporal / trovoada
폭풍경보	aviso de tempestade / furacão / temporal
폭풍우	borrasca / tempestade / temporal
폭풍을 일으키게하다	insurgir
폭한	bandido / brigão / desordeiro / malfeitor / valentão
폭행	força / fúria / impetuosidade / violência
표.목표	catálogo / diagrama / nomenclatura / plano / programa / tabela
표.표적	documento / insígnia / marca / sinal
표.차표.입장권	bilhete / cédula / etiqueta / letreiro / passagem / passe / voto
표가붙은	indicado marca designado / marcado
표가없는	sem designação / sem marca / sem marcação
표결하다	decidir / fazer a votação / resolver / submeter a votação / votar
표기	assentamento / inscrição / registro
표기가격	preço de lista / preço registrado na tabela
표독	atrocidade / barbaridade / brutaridade / desumanidade
표독한	bárbaro / brutal / cruel / desumano / insensível
표류하다	barlaventejar / boiar / desviar-se de rumo / flutuar /

	ir a deriva
표리	dentro e fora / interior e exteriror / interno e externo / os dois lados / verso e reverso
표면	aparência / aspecto / exterior / face / fisionomia / superfície
표면으로는	exteriormente / externamente
표면적	exteriormente
표명.고발	denúncia
표명하다	declarar / dizer / enunciar / expressar / exprimir / manifestar
표방하다	advogar / defender / interceder / oferecer-se / representar
표백분	hipoclorito de cal
표백하다	confessar / declarar / dizer / expressar / manifestar
표범	leopardo / onça / pântera
표변하다	comutar / converter / mudar de / mudar em / transformar
표본.견본	amostra / espécime / exemplo / modelo
표상.상징	emblema / figura / idéia / imagem / representação / símbolo
표시	marco / marque / miliário
표시하다	demonstrar / expressar / indicar / manifestar / marcar / mostrar
표어	epigrafe / mote
표음기호	fonético / símbolo
표의문자	hieroglífico / hieróglifo / ideografia
표적	alvo / meta / objetivo / objeto / milagre / sinal
표절	litrária / pirataria
표절하다	piratear literariamente
표정	aspecto / atitude / expressão / gesto

	/ olhar
표정있는	expressivo / significativo
표정없는	inexpressivo
표제	epígrafe / título / tópico
표제어	principal verbete
표제음악	música de programa
표주박	abóbora / cabaça / maranga
표준.기준	critério / modelo / norma / padrão / tipo
표준적인	exemplar / normal / oficial
표준화	estandarização
표지.책뚜껑.봉투	capa / envelope
표지.표적	indício / marca / símbolo / sinal / traço / vestígio
표징.증거	sinal / testificação
표착하다	chegar em terra depois de flutuar nos mares
표창하다	elogiar / honrar / premiar
표파는곳	bilheteria
표피	cutícula / epiderme / pele / película
표하다	demonstrar / expressar / manifestar / mostrar
표한한.잔인한	bárbaro / cruel / desumano / feroz / furioso / impetuoso / violento
표현	expressão
표현하다	expressar / exprimir / manifestar / representar
풋대	marco miliário
푸근푸근한	brando / flexível / macio / suave / tenro / terno
푸근한	brando / confortável / macio / suave / tenro / terno
푸념	agravo / injúria / ofensa / quesa / reclamação

푸념하다	lamentar-se / queixar-se / reclamar
푸다	despejar / esgotar com bomba / extrair / puxar / vazar
푸대접	inospitalidade / má recepção / mau tratamento
푸딩.식후.과자	pudim
푸른	azul / fresco / novo / recente / verde
푸른색의	azul
푸릇푸릇한	azul fresco / verde vivo
푸석돌	pedra frágil / quebradiça
푸석푸석한	débil / fraco / frágil / quebradiço
푸성귀	hortaliças / legumes / verdes / verduras
푸접없는	áspero / hóstil / pouco amistoso / repelente / repulsivo
푸주	açougue / casa de carne
푸진	abundante / copioso / farto / profuso
푸한	bombástico / inchado / intumescido / tumefato
푹.완전히	a fundo / completamente / inteiramente / profundamente / suficientemente / totalmente
푹석푹석한	brando / débil / fraco / fragil / macio leve / tenro
푹시푹신한	esponjoso / flexível / macio / poroso / tenro / tenro
푼내기흥정	negócio pequeno
푼다더라.설명하다	interpretar
푼더분한	abundante / amplo / cheio / copioso / farto / rico / vasto
푼돈	pouco dinheiro
푼푼이	pouco a pouco

푼푼한	abundante / cheio / amplo / copioso / liberal / tolerante
풀.잔디.초목	capim erva / grama / pasto / relva
풀.밀가루반죽	cola / goma / grude / massa / pasta
풀다	afroxar / desamarrar / desatar / desfazer / soltar
풀로붙이다	colar
풀리다	desamarrado / estar satisfeito / ser desatado / ser solucionado / solto
풀먹이다	pastar
풀매	pedra pequena
풀무	acordiã / fole
풀무불	foralha de fogo
풀썩	bruscamente / repentinamente / subitamente
풀솜	borra de seda / paina / penugem
풀어주다	soltar
풀죽은	abatido / deprimido / desalentado / desanimado
풀칠하다	colar / pregar / prender
폼.폭넓은외투	largura de casaco
폼.유행옷	espaço entre peito e roupa
폼.품격	delicadeza / dignidade / elegância / graça / honrabilidade / mercê / nobreza / refinamento
품군.일군	trabalhador
일잘하는사람	homen trabalhador
시골일군.노동자	trabalhador rural
농장노동자	trabalhador agrícola
제강소의직공	trabalhador em aço
품삯	salário
품있는	cortês / elegante / gentil / polido /

	refinado
품없는	baixo / comun / grosseiro / rude / vulgar
품다	abraçar / acariciar / conter / guardar no peito
품등.등급	categoria / classe / dignidade / graduação /
계급	qualidade
품목	item / lista de artigos
품사	classificação / divisão de palavras
품삯	honorários / ordenado / pagamento / remuneráção / salário
품성	boas qualidades / caractrística / caráter / reputação
품속.젖가슴	seio
품앗이하다	ajudar mutuamente / um ao outro
품위	categoris / dignidade / graduação / medida / qualidade
품의	consulta com adultos
품종	classe / espécie / gênero / geração / grau / raça / variedade
품질.자질.성질	caráter / condição / estilo / qualidade
품질분석	análise qualitativo
품팔이하다	vender nas ruas
품형회	apresentação / exibição / exposição / manifestação
품하다	comunicar / contar / dizer / expressar / falar / informar
품행	conduta / personalidade e atitude sobre ação / procedimento
품행이나쁜	depravado / desonesto / imoral / libertino

풋곡식	nova colheita / novo fruto
풋나기	bobo / simplório
풋바심하다	colher antes de amadurecer
풋볼.축구	futebol
풋사랑	namorico / namoro de adolescentes
풍경.풍광	cena / cenário / paisagem / perspectiva / visão / vista
풍금	órgão
풍기	disciplina / educação / método / moralidade / norma / ordem / rigor
풍기다	cheirar / farejar / perfumar / suspeitar
풍년	ano fecundo / ano fértil / ano frutífero / ano frutuoso
풍떨다	alardear / blasonar-se / gabar / jactar-se / ostentar / vangloriar-se
풍덩	cair subitamente na água
풍덩이	besouro / bicho / escaravelho
풍랑	mar com tempestade forte / tempestuoso / vento e ondas
풍력	velocidade do vento
풍력계	anemomentro
풍로	fogão para cozinha
풍류	apreciação / elegância / graça / harmonia / refinamento
풍만한	cheio / corpulento / gordo / gorducho / opulenta / rechonchuda e bonita
풍모	aparência / aspecto / fisionomia / traços
풍문	boato / rumor
풍미	gosto / paladar / sabor
풍미하다	esmagar / influenciar / influir / oprimir / predominar

풍병	apatia / paralisia
풍부.풍요	abundância
풍부하다.충분하다	abundantemente
풍부한	abundante / cheio / copioso / rico
풍비박산	ato de espalhar em todas as direções
풍선	balão
풍설.눈바람	tempestade de neve / vento e neve
풍설.소문	boato / conversa indiscreta / fofoca / rumor
풍성한	abundância / abundante / cheio / farta / profuso / rico
풍성함.부유	riqueza
풍속.습관.상습	costumes / hábitos / maneiras / modos de local
풍속.바람속도	velocidade do vento
풍수해	dano causado pelas tormenta e enchente
풍습.습관	costumes / estilos locais / hábitos / maneiras / modos
풍어	grande pescada
풍우	aguaceiro / chuvarada / pancada de chuva / vento e chuva
풍운아	aventureiro
풍유.비유	alegorismo
풍월하다	apreciar / divertir as velezas de natureza / gozar
풍자	ironia / sarcasmo / sátira
풍자한	bastante
풍자향	gálbano
풍족하고	abundância
풍차	cata vento / moinho de vento
풍채	aparência / aspecto físico /

	fisionomia / presença / traços
충치	efeito artístico / formosura cênica
충토	clima e condição natural de solo /
	clim natural / locais
풍파	disturbâncias / problemas /
	tempestades / vento e ondas
풍편	boato / fofoca / rumor
풍해	dano /
	perjuízo causado pela tempestande e
	tormenta
풍향	direção de vento
풍화하다	reformar moralidades / arejar
프로그램	plano / programa
플랫트홈	plataforma
피.혈액	sangue
피.외부에.밖에	ah! / fora! / ora! / ora essa!
피가멎은	anti-hemorrágico
피값이라	são preço de sangue
피고	acusado / defensor / réu
피고의	indesculpável
피곤한	cansado / cansado com / cansados
피난지.피난처	asilo
피난하다	abrigar-se / asilar /
	pôr-se em seguro / refugir-se
피남편이로다	esposo sanguinário
피눈물	choros amargos
피다.꽃이피다	cobrir-se de flores / florescer /
	florir
피대	correias transmissoras
피동의	passivo
피둥피둥한	corpulento / gordo / gorducho /
	forte / robusto / vigoroso
피란	asilo / refúgio
피란민	abrigado / asilado / refugiado

피란처	local onde estão refugiado
피로.연회.교제	comunicação / demonstração / introdução / propagação
피로.피곤	cansaço / exaustão / fadiga
피로연	festa de casamento
피로하게하다	cansar
피로하다	cansado / cansou
피로해지다	cansar / estar cansado / sentir cansaço
피뢰침	pára-raios
피륙.비단.배	material têxtil / pano / tecido
피리.퉁소	flauta
피멘트.큰고추	pimentão
피밭	campo de sangue
피복.의복	roupa / roupa de toda espécie / vestido / vestimento
피복.외투	camisa / capa / incandescente / manta / manto
피부	casca / couro / involucro / pele
피부염	dermatite
피부학	dermatologia
피뿌리는예. 성수살포	aspersão do sangue
피살되다	ser assassinado / ser morto
피상적인	comun / pouco pro-fundo / superficial / trivial
피서하다	curtir o verão / passar o verão / veranear / viajar no verão
피선거권	elegibilidade
피습하다	agredido / atacado / invadido / ser assaltado
피신하다	escapar / esconder-se / proteger-se / refugiar
그와나	ele e eu / eu e outros

피아노	piano
피아노를치다	tocar o piano
피아우이주	estado piauí
피의자	pessoa suspeita
피임	medidas anticoncepcionais
피임법	método anticoncepcional
피임의.피임약	anticoncepcional
피임하다	prevenir gravidez
임신을피함	
피임하다.임명하다	indicado / ser apontado /
	ser nomeado para
피자마.파자마	pijama
피장파장	empate / igualdade / imparcialidade
피조물	criado / criatura
피차	este e aquele / isto e aquilo /
	os dois / um a outro
피차간	entre ambas partes / entre nós /
	entre os dois / entre vocês
피차의	mutual / mútuo / recíproco
피체되다	agarrado / apreendido / impedido /
	preso / ser capturado
피치자	administrador / comandante /
	governador / regente
피폐하다	esgotado / tornar-se cansado
피하다.숨다	acobilhar / escapar / evitar / fugir /
	manter-se afastado / prevenir
피하리요	escapremos
피하주사	injeção hipodêrmica
피하자	vamos fugir
피한지	lugar freqüentado no inverno
피한하다	hibernar / invernar /
	passar o inverno no lugar quente
피해	avaria / dano / estrago / perda /
	prejuízo

피해를입다	dano / levar prejuízo / prejudicado / ser danificado
피해망상	doença mental / ilusão de perseguição
피해자	paciente / sofredor / vítima
피해지	atingido / distrito danificado / prejudicado
피흘린죄가없으나	não será culpado do sangue
피흘린죄가 있으리라	será culpado do sangue
피혁	couro
핀.안전핀	agulheta / alfinete / broche / cavilha / cravo / pino / prego
핀둥핀둥	à toa / em vão / ociosamento
핀세트.핀셋	pinça
핀잔	desprezo / repreensão pessoal / reprovação
핀잔먹다	repreendido / ser desprezado
핀잔주다	recusar / rejeitar / repelir
핀트.초점.중심	foco
필.원통형의물체	rolo
필.머리	cabeça
필경.결국	afinal de contas / enfim / finalmente
필경.사본.동사	copia / reprodução / transcrição
필경하다	copiar / imitar / reproduzir
필기시험	exame escrita / prova escrita / teste escrita
필기장	agenda / caderno de apontamentos
필기하다	escrever / fazer ditados / tomar notas
필단	resposta escrita
필두에	em parte principal / em parte superior / em primeiro lugar

필름.영화	filme
필마	cavalo
필멸의	frágil / perecedouro / precível
필명	outro nome literário / pseudônimo
필법	escrita / estilo de caligrafia
필부	homen comun / vulgar
필사적인	arriscado / arrojado / desesperado / furioso / temerario
필산	cálculo / computação
필생.필경	copista / imitador / copiador
필생의	para toda a vida / vitalício
필세	força de caligrafia / vigor
필수의	indispensável / necessário
필수조건	condições indispensáveis e necessárias
필수품	artigos de primeira / necessidade / os necessários
필승	certamente / com certeza / verdadeiramente / vitória absoluta
필시	certamente / indubitavelmente / seguramente
필연.모두	certamente / totalmente
필연성	fatalidade / inevitabilidade / necessidade / precisão
필연의	essencial / inevitável / necessário / preciso
필연적으로	inevitavelmente / necessariamente / precisamente
필요	carência / necessidade / precisa / precisão
필요불가결한물건	as coisas necessárias
필요없는	desnecessário / imprestável / inútil / supérfluo
필요하다	carecer de / necessitar / precisar

필요케하다	necessitar
필요한	indispensável / necessário / preciso / urgente
필요함	necessidade
필요한만큼	bastante
필자	autor / escritor
필적	caligrafia / escrita / ortografia
필적하다	competir / emular / pugnar / rivalidade / rivalizar
필주	acusação escrita / declaração escrita
필지	fatalidade / inevitabilidade
필치	escrita / estilo de caligrafia
필통	lapiseira
필하다	acabar / completar / concluir / finalizar / terminar
핍박	compressão / opressão / pressão / severidade / tensão / violência
핍박자	perseguição / perseguidor
핍박하게된지라	perseguiram
핍박하다	perseguir
핍박하였느니라	perseguir
핏기	aspecto / caráter / coloração de sangue / cutis / tez
핏기없는	doente / fraco / pálido / sem força
핏대	nervura / veia
핏발	congestão
핏발서다	ser injetado de sangue (olhos)
핏줄	descendencia / linhagem / nervura / veia
핑.도는모양	a roda de / ao redor / em volta de
핑계	desculpa / escusa / pretexto
핑계삼아	a desculpa de / a pretexto de
핑계치못한다	irrecusável

하강	descender
하강하다	descer
하객	convidados
하고많은	abundante / inumerável / muito numeroso / numeroso
..하고싶다	ter vontade de
하급의	inferior / pessoa de posição inferior / subordinado
하기.여름철	época de verão / verão
하기의	o seguinte / os seguintes
하나	um / uma
하나가되게하다	ungir
하나님	Deus
하나님의사랑	agapé
하나님아버지	pai nosso
하나님의성회	assembléia de Deus
하나님의아들	filho de Deus
하나님의일군	ministros de Deus
하나님이 우리와함께하신다	Emanuel
하나만주세요	me da um só
하나씩	pedaço por pedaço
하나의	algum o mesmo alguma / a mesma / idêntico / igual
..하는사이	entrementes / durante
하늘.창공.천국	céu / #은 시원하다 o céu é refrescante
하늘거리다	acenar / agitar / balançar /

	demorar-se / fazer sinal / flutuar / ondear / ondular / oscilar / tardar / tremer / tremular / vadiar
하늘문이로다	porta dos céus
하늘에있는	celestial
하늘의	celeste de séu / divino / sagrado
하다	completar / concluir / cumprir / desempenhar / efetuar
하다못해	de qualquer forma / pelo menos / quando muito / ao mesmo
하드	sorvete
하등의.열등의	baixo / deficiente / degradado / desprezível / envergonhado
하등의.어쨋든	de qualquer maneira / de qualiquer medida / de todo / jeito
하락	caida / decadência / decaimento / declinino / declive / decrescimento / depreciação / desvalorização / desdém / diminuição / menosprezo / queda / salto / tombo
하려고한다	ja fazer
하루	um dia
하루바삐	rapidamente / se der rápido / tão logo
하루살이	efémero
하루에	ao dia / em dia / no dia / num dia / por dia
하루종일	dia inteiro / todo dia
하루하루	dia dia / dia por dia / diariamente
하류	rio abaixo
하마	hipopôtamo
하마터면	apenas / por pouco / quase / semente
하물.짐	bagagem / carga / carregamento /

ㅎ

	mercadoria / peso
하물며	ainda / além do mais / mais
하복.여름옷	roupas de verão /
	uniformes de verão
하복.배복부	abomen / região abdominal / ventre
하사관	oficial inferior
하소연	apelo / rogo / solicitação / súplica
하속들	criados / servidores
하수	dreno / escoadouro / fosso / rego /
	vala
하수.무능한	falta de jeito / inabilidade
하수관.배수관	cano de esgoto
하수구	canal de esgoto /
	canalização de esgoto
하수도	sarjeta
하수인	assassino / homicada
하수하다	assainar / matar
하숙	alojamento / aposento / residência /
	temporária
하숙생.기숙사학생	aluno interno
하숙인	hóspede / inquilino / locatório
하숙하다	abrigar / alojar / hospedar / pousar
하숫가	borda para do rio
하얀	alvo / branco / imaculado / ingênuo
	/ inocente / livido / puro /
#새 한마리	um pássaro branco
하여간	casualmente / em quaquer caso /
	de qualquer maneira / de todo
하여튼	em qualquer caso /
	de qualquer maneira / de todo jeito
하염없이	abertamento / desanimadamente /
	francamente / tristemente
하오	a tarde / na tarde / tarde
하옥	aprisionamento / detenção / prisão

하옥하다	encarcerar / prender
하와	Eva
하와이	havai
하원	câmara dos comuns
하위의	dependente / inferior / secundário / subordinado / subalterno
하의	calça / roupa de baixo
하이에너(식육수)	hiena
하이타이(가루비누)	sabão em pó
하인.종	arramador / inferior / secundário / sobordinado / subalterno
..하자마자	com apenas
하잘것없는	insignificante / minúsculo / muito pequeno / sem importância
하지만	a não ser / contudo / embora / entretanto / mas / não obstante / porém / senão / ser todavia
하직하다	despedir-se / partir
하차	carroça
하차하다	descer / sair
하찮은	de pouco valor / desprezível / frívolo / imprestável / insignificante
하천	canal / rios
하체.나체	nua / nudez
하층	subsolo / substrato
하치.낮은	inferior / qualidade
하품	bocejo
하품하는	bocejador
하품하다	bocejar
하혈하다	ensanguentar / fazer sangrar / manchar com sangue / sangrar
학.두루미	cisne
학.학급	grau / guindaste / escolaridade
학과.학과과정	matéria escolar / objeto escolar

ㅎ

학과.수업	aula / lição / lições
학관	instituto educacional
학교	colégio / escola / faculdade / universidade
학교동료.친구	colega
학교를빼먹다	fazer gazeta
학구적인	acadêmico / escolar / escolástico
학기	estapa / semestre
학년	grau / serie escolar
학대	maltratados / mau tratamento / tratamento cruel
학대하다	atormentar / maltratar / tratar cruelmente
학도	aluno / estudante
학력	conhecimento
학령	idade escolar
학리	hipótese / suposição / teoria
학명	nome científico
학문	aprendizagem / disciplina / erudição / estudo / saber
학벌	grau acadêmico
학부	curso universitário / departamento / faculdade / seção
학부형	os pais dos estudantes
학비	despesa escolar / mensalidade escolar
학사	bacharel
학살	carnificina / matança / massacre
학살자	carniceiro / matador / trucidador
학살하다	abater / massacrar / matar
학생	aluna / aluno / estudante
학생복	uniforme escolar
학생생활	era escolar / vida escolar
학설	doutrina / teoria

ㅎ

학수고대하다	aguardar impacientemento / esperar ansiosamente
학술	aprendizagem / conhecimento / doutrina / erudição / sabedoria
학술강연	conferência científica
학술어	termo técnico
학습	aprendizagem / estudo
학식	conhecimento / erudição / estudo / sabedoria / saber
학식있는	douto / erudito / instruído / sábia / versado
학업	estudos / trabalho escolar
학예	arte / ciência e cultura
학예회	apresentação literária / exercícios literários
학용품	artigos escoláres / materiais escolários
학우	amigo de escola / colega / companheiro de escola
학원.교양학회	instituição educacional
학원.학회	colégio / cursinho / escola / instituto / instituição
학위	diploma / estágio / grau
학자	cientista / doutor / pessoa erudita / sábio
학장	diretor / presidente de universidade / reitor
학적	histórico escolar / registro escolar
학정	absolutismo / despotismo / tirania
학제	sistema educacional
학질	febre palustre / malária / maleita
학질예방약	atebrina
학칙	direção escolar / ordem escolar / regra / regulamento escolar

- 761 -

학파	classe escolar / grupo escolar / partido / seita
학풍	caráter escolar / costume acadêmico / tradição
학회	academia / instituto artístico / instituto científico / sociedade erudita
한.원한	arrependimento / aversão / ódio / lamentação / malevolência / pena / pranto / queixume / rancor / remorso / tristeza
한이되는	deplorável / lamentável / lastimável
한가위	mês lunar / quinze de agosto
한가지	um / uma / uma coisa / uma espécie
한가지의	comun / idêntico / igual / inalterado / mesma / mesmo / semelhante / similar
한가운데	centro / meio / no meio / núcleo
한가한	desocupado / livre / vago / vazio
한갓	apenas / meramente / simplesmente / somente
한꺼번에	ao mesmo tempo / juntamente / todos juntos
한걸음	um passo
한걸음.한걸음	as avançada a / passo a passo
한걸음나아가	além disso / mais / mais adiante / amis longe
한껏	quanto / possível
한결	conspicusamente / especialmente / notavelmente / visivelmente
한결같은	constante / igual / inalterável / parecido / semelhante / similar / uniforme

한계	limite / marco / nível
한계를넘다	passar o limite / ultrapassar o limite
한계를정하다	balizar / demarcar / estabelecer o limite / limitar
한고비	clímax / crise / momento sério / situação difícil
한고비넘다	passar da crise / passar do perigo
한끝	extremo / fim / limite / ponto final / terminal
한기	calafrio / frio / sensação de frio / temperatura baixa / tempo frio
한끼	um jantar / uma refeição
한길	estrada / principal avenida / rua
한눈팔다	olhar ao lado / olhar de lado / olhar sem atenção
한다한.탁월한	conpícuo / notável / proeminente / respeitável
한담	bate papo / conversa fiada / tagarelice
한대	gelada / zona glacial
한데모여	reunião
한때	durante algum tempo / em pouco tempo / para algum tempo / uma vez
한도	limite
한동네	cidade
한동안	durante bom tempo / para algum tempo
한두번	uma ou duas vezes
한란계	termômetro
한마디	uma palavra
한마디로말하면	em poucas palavras / em uma palavra
한많은	lamentável / lastimável / odioso

ㅎ

한모금	um gole / uma gota
한몫	fração / parte / proção / quota
한문	letras chinesas / linguagem clássica chinesa
한밑천	capital / dinheiro
한바닥	centro de cidade / local central
한바퀴돌다	dar uma volta / fazer um giro no local
한반도	península coreana
한발	falta de chuva / seca / secura / sede
한밤중	escuridão completa / meia-noite / noite bem escura
한방.한의처방	medicina chinesa
한방울의눈물	uma gota de lágrima
한번	uma vez
한벌	um terno de roupa / um vestido / uma coleção / uma roupa
한뼘(보통9인치)	palmo
한복판	central / centro / coração / meio / sede principal
한사코	constantemente / de modo duradouro / persistentemente / sem parar
한산한	desocupado / inativo / inerte / livre / parado / paralisado
한세상	existência / vida
한세월	ócio / tempo de lazer
한속	conlúio / conspiração / mesma idéia / mesmo pensamento
한숨	respiração profunda / suspiro
한숨쉬다	lamentar com suspiros / suspirar com tristeza
한숨자다	cochilar / dormir levemente / dormitar / tirar uma soneca

한시간은 60분입니다	uma hora tem sessenta minuto
한식.한국음식	comidas coreanas
한식의	costume coreano / estilo coreano
한심한	deplorável / lamentável / lastimável / penoso / repugnante
한아름	montão / o máximo que se pode segurar com os braços
한약	droga chinesa / remédio chines
한없는	eterno / infinito / sem fim / sem limite
한없이	continuamente / eternamente / incessantemente / infinitamente
한여름	meio do verão / pleno verão / sol de verão
한역	interpretação coreana / tradução coreana / versão coreana
한웅큼	mão-cheia / um punhado
한의	medicina oriental / médico oriental
한입	um bocado / uma vez
한자(漢字)	letra chinesa / língua chinesa
한자(尺)	côvado
한잔	uma xicarada / um gole / um copo
한잠	descanso / sono / soneca
한잠자다	dormir / dormitar / tirar soneca / coxilar
한적한	calmo / imóvel / pacípico / quieto / sossegado
한정	demarcação / determinação / limitação / restrição
한정하다	determinar / limitar / restringir
한쪽	outro lado / um lado / uma parte
한주먹	um punhado

ㅎ

한줌	mão-cheia / um punhado
한증	banho de vapor / sauna
한증탕	banho de espuma
한집안	família / mesma comunidade / membro de família / mesmo membro
한차례	ciclo / curso / rota / rotina / série / sucessão / vez
한참	depois de muito tempo / durante muito tempo
한창	apogeu / auge / juventude / mocidade / plenitude
한창장마철	estio
한코	ponto arrepender
한탄	suspiro
한탄하다	deplorar / lamentar / lastimar / sentir
한턱	hospitalidade / oferecimento de festa
한판	luta / turno / um jogo / vez
한패	aliado / confederado / cumplice / mesmo grupo / mesmo lado / mesmo partido
한편	acima de / além de / em adição a / exceto / fora de / salvo
한평생	toda existência / toda vida
한풀꺾인	abatido / desalentado / desanimado / descoroçoado
한하다	limitar / restringir
..할까요	quarquer
할당하다	aquinhoar / dividir / repartir
할렐루야	aleluia
할례	circuncisão
할례받은	cincusidade
할례하다	circuncidar
할만하다	merecer

할말	bate-papo esperado / conversa desejada / palavra desejada / pretensão
할머니	avó / vovó /
#는시장에 가신다	vovó vai á feira
할수있는	capacidade / habilidade
할수있다	poder / poderia
할아버지	avô / vovô
할인하다	abaixar / descontar / diminuir / reduzir
할퀴다	arranhar / feril / marcar / riscar
핥다	lamber
함.상자	caixa / caixote / cofre / estojo
함께	com alguém / em companhia / em conjunto / junto
함께하게하신여자	companheira
함구하다	manter boca fechada / manter segredo / manter silêncio
함대	esquadra / esquadrão / rendição
함락	derrota / desmoronamento / rendição
함빡	completamente / inteiramente
함부로	à toa / sem permissão / sem propósito
함석	zinco
함성	grito de guerra
함양하다	criar / cultivar / educar
함유하다	conter / incluir / misturar / reter / ter
함장	capitão de navio de guerra
함정.비행선.항공선	ceronave / navio de guerra
함정.덫.올가미	armadilha / cilada / laço / truque
함정에빠뜨리다	cilada / fazer cair na armadilha
함축하다	abranger / conter / incluir / profundamente / significar

함축있는	expressivo / significativo / sugestivo
합격하다	obter aprovação para / passar exame
합계.총수	soma / total
합계하다	adicionar / juntar / somar
합금	fusão de dois metais
합금하다	convém
합당한	adequado / apropriado / conveniente / digno / próprio
합동	aliança / associação / coalizão / coligação / liga / união
합동하다	aliança / associar-se / ligar-se / unificar-se / unir-se
합력하다	cooperar com / juntar forças / trabalhar juntos
합류하다	associar / incorporar / juntar / unir
합리적인	justo / lógico / racional
합리화	racionalização
합법적인	legal / legítimo / lícito
합병	combinação / fusão / junção / união
합병하다	anexar / combinar / incorporar / juntar / unir
합성의	sintético
합성하다	combinar / compror / sintetizar
합세하다	juntar forças / uir forças
합숙하다	abrigar juntos / alojar / hospedar
합승차	carro de lotação
합승하다	pegar o meio de transporte juntos / viajar juntos
합심하다	agir de acordo com / forças / juntar-se
합의	acrode mútuo / concordância mútua / opinião mútua
합의하다.연합하다	chegar a um acordo / combinar /

	concordar / estar de acordo
합의하다.상담하다	consultar / procurar informação / trocar idéias
합작	colaboração / cooperação
합작자	colaborador / sócio
합주.연주.음악회	concerto
합죽거리다	murmurar / resmungar
합죽하다	a boca e face do rosto estão baixos
합창.성가대	coro
합창하다	cantar em coro
합치다	combinar / misturar / pôr juntos / reunir / unir
합치하다	concordar / estar de acordo / unir
합하다	adicionar / jutar / somar
항.조항	artigo / clausula / frace / item / oração / parágrafo
항간	camada social / classe social / grupo social
항거하다	deter / impedir / opor-se / repelir / resistir
항고	apelaçao / denúncia / direito de apelação / protesto / queixa / reclamação
항고하다	apelar / impor / pedir / requerer / rogar / solicitar
항공	aeronâutica / aviação / navegação / aéreo
항공권	passagem
항공기	aeronave
항공로	curso aéreo / rota aéreo / mala aéreo
항공료	passagem
항공모함	porta de avião
항공우편	aéreo postal / correio / aéreo /

	mala aéreo
항공학	aeronáutica
항구	cais / porto
항구에도착하다	aportar
항구적인	contínuo / duradouro / estável / permanente
항렬	classe familiar / hierarquia / parentesca / posição parentesca
항례적인	comun / costumeiro / de praxe / habitual / usual
항로	rota marítima
항만	ancoradouro / baía / enseada / laguna / porto
항목	artigo / categoria / cláusula / item / ponto / título
항문.똥구멍	ânus
항문의	anal
항변	apelo / argumento / contestação / reclamação / pretexto / protesto
항변하다	contestar / contradizer / impugnar / refutar
항복	ato de render / rendição
항복하다	ceder / entregar-se / render-se
항상	constantemente / continuamente / perpetuamente / sempre / todas as
항생.항균성	antibiose
항성	estrela fixa
항속.비행	ato de voar / viagem de avião / vôo
항심	desejo constante / opinião permanente / vontade firme
항아리.독.단지	cântaro / coberta / jarra / jarro / pote / talhas
항의	objeção / protesto / queixa / reclamação

항의하다	objetar / protestar / queixar / reclamar
항쟁하다	combater / competir / contender / disputar / lutar
항해	nâutica / navegação
항해의	marítimo / nâutico
항해하다	dirigir o navio / navegar / viajar por via marítima
항행하다	dirigir o navio / navegar
향수.향기	perfume / saudades
향하다.운전하다	dirigir
해.태양	sol
해.손해.피해	dano / injúria / má / prejuízo
해(年).일년	ano
해.살.일년.년도. 학년.년령	ano
금년	ano corrente
성상.세월	anos
금후10년	daqui a dez anos
수년간	nestes últimos anos
생일을쇠다	fazer anos
윤년	ano bissexto
내년	ano vindouro
일년내내	todo o ano
내년.오는해	ano que vem
작년	ano passado
매년해마다	todos os anos
평년	ano comun
새해.신년.해마다	ano novo
해결	decidir / explicação / resolução / solução / soluto
해결하다	demitir / despedir / mandar / embora / não admitir
해고	demitir

해골	caveira / esqueleto / ossos
해괴한	acanhado / desconhecido / esquisito / estranho / misterioso
해군	esquadra / frota / marinha de guerra
해군본부	almirantado
해군의	marítimo / naval
해군장관.	
해군대장	
해난	desastre do mar / naufrágio / sinistro marítimo
해내다	completar / concluir / efetuar / executar / fazer / finalizar / realizar
해녀	escafandrista / mergulhadora
해달	teixugo
해답	conclusão / resposta / solução / soluto
해당화	rosa-amarela
해당하다	corresponder / merecer / ser digno de / ter direito a / ter merecimento
해도	mapa marítimo
해독	mal / maldade / tóxico / veneno
해독제	antídoto / contra-veneno
해독하다	decifrar / interpretar
해돋이	levantar do sol
해동하다	degelar / derreter / descongelar / dissolver
해득하다	compreender / entender / perceber / econhecer / saber
해로	rota marítima
해로로	por via marítima
해로운	nocivo / pernicioso / prejudicial
해류	corrente / fluxo

해리	milha marítima
해마	morça
해마다	anualmente / cada ano / em um ano / por ano / todo ano
해말쑥한	agradável / amável / claro / formoso / limpo / que tem tez clara / limpo
해면.수평선	nível do mar / superfície do mar
해면.목용용해면	esponja
해면하다	absolver / dispensar / inocentar / isentar
해명하다	elucidar / esclarecer / explicar / ilustrar
해몽하다	interpretar o sonho
해박한	culto / douto / letrado / erudito / sábio
해발	a partir de nível de mar / acima do nível do mar
해바라기	girassol
해방	emancipação / libertação
해방하다	alforriar / deixar livrar / emancipar / libertar / livrar-se / soltar
해법	chave da solução / resolução / solução
해변	na praia do mar / praia beira do mar
해변길	caminho do mar
해변맨끝	cavo
해변에섰더니	em pé na praia
해병	marinha
해병대	corpo de fuzileiros navais
해보다	exercer / experimentar / tentar / tentar a fazer
해부	analise / disseção /

- 773 -

	retalhação anatômica
해부하다	analisar / anatomizar / cortar / repartir
해부학.해부술	anatomia
해빙하다	degelar / derreter / descongelar
해산	delivramento / parto
해산물	produto marítimo
해산하다.조산하다	delivrar / partejar / servir de parteira
해산하다.해체하다	decompor / desfazer / desunir / dissolver
해상의	em cima do mar / marítimo
해석.설명	explicação / interpretação
해석.분석.해부	análise
해석자	hermenêutica
해석하다.설명하다	explicar / interpretar / traduzir
해석하다.분해하다	analisar / estudar / minuciosamente
해설.설명	comentário / explanação / explicação / interpretação / verção
해설자	comentarista / locutor
해설하다	comentar / explicar
해소하다	anular / desfazer / dissolver
해수	água do mar
해수욕	banho de mar
해수욕복	maiô
해수욕장	balneário / banho de mar / lugar em que se pode nadar
해수욕하다	banhar na praia
해쓱한.창백한	descorado / lívido / pálido
해시계	relógio de sol
해안	beira-mar / costa / costeira / litoral
해안선	contorno da costa
해안의	costeiro / litoral
..해야한다	dever

해약하다	cancelar o contrato / dissolver o acordo
해양	oceano
해어뜨리다	desgastar / gastar com o uso
해어지다	desgastar-se / gastar-se
해없는	inofensivo / inocente
해열제	antifebril / antifirético / febrícula / febrífogo / antifebrina
해외로	fora de casa / fora no exterior / rumo a um país estrangeiro
해외의	estrangeiro / exterior / externo
해운	frota marinha mercante / navegação
해운업	comércio de navegação / companhia de navegação
해융	esponja
해원	marinheiro / marujo
해이하다	afrouxar / relaxar
해일	macareu
해임하다	demitir-se de / desobrigar-se de / livrar-se de
해저	fundo de mar
해적	corsário / pirata
해전	batalha naval
해제하다	anular / cancelar / dissolver / eliminar / inutilizar
해주다	fazer para algúem
해직하다	demitir / despedir
해체하다	desconjuntar / desfazer / desmembrar / desmontar
해초	alga / planta marinha
해충	animais daninhos / bicharia / vermina
해치다	prejudicar
해탈	libertação / livramento / salvação

해탈하다	libertar / livrar / salvar-se
해태	gênero de algas marinhas comestíveis
해트라이트	farol dianteiro
해학.농담	brincadeira / chiste / graça / gracejo / pilheria / traca
해학적인	cômico / humoroso
해협	canal
해후하다	encontrar por acaso / encontrar-se eventualmente
핵	núcleo
핵무기	arma atômica
핵물리학	física nuclear
핵반응	reação nuclear
핵분열	desintegração de núcleo atômico
핵심	a parte mais importante / centro núcleo / essência
핵폭탄	bomba atômica
핸드볼	andebol
핸들	volante
햅쌀	primeiro arroz do ano
햇곡식	nova colheita / nova produção / nova safra
햇무리.햇물	auréolo de sol / halo de sol
햇볕	luz solar / raio solar / raio sol
햇빛	luz solar / raio do sol / raio solar
햇살	raio de sol
햇족속	do heteu
행.열.대열	carreira / coluna / fila / fileira / linha / ordem / série
행각하다	peregrinar / viajar através de
행구다	enxugar / lavar
행군	marcha
행낭	bagagem / bolsa / malas / maleta /

	sacola
행동	ação / comportamento / conduta / movimento / procedimento
행동거지	comportamento / conduta / maneira / modo
행동하다	agir-se / comportar-se / protar-se
행랑	alpendre / dependência / empregados / quartos dos servos / telheiro
행렬	cortejo / desfile / prorissão
행로	atalho / caminho / linha de conduta / vereda
행방	indício / paradeiro / pista / rasto / vestígio
행방불명자	o desaparecido / o extraviado o perdido
행방불명의	extraviado / perdido / sumido
행복	alegria / bem-aventurado / felicidade / sorte / ventura
행복을누리다	gozar a felicidade
행복을빌다	desejar ter felicidade
행복하게살다	viver com felicidade / viver felizmente
행복한.만족한	alegre / contente / feliz / satisfeito
행사	acontecimento / evento / incidente / programa
행사하다	acostumar / aproveitar / fazendo / habituar / praticar / usar / utilizar
행상.행상인	buparinheiro / mascate
행색	aparência / apresentação externo / aspecto / forma exterior
행세하다	agir-se / comportar-se / conduzir-se / portar-se
행습	costume / hábito / praxe / uso
행실	ação / comportamento / conduta /

	maneira / modo de ação / procedimento
행악하다	agir com violência / com maldade
행여	por ocaso
행운	boa sorte / dita / fortuna / impervisto / sucesso / ventura
행운을비네	boa sorte
행운의	afortunado / ditoso / feliz / fortunado / fortunoso / venturoso
행원	funcionário de banco
행위	ação / as obras / ato / comportamento / conduta / feito / maneira / modo de ação / procedimento
행음자	prostituem
행음하다	adulterar
행음함	adultério
행인	caminhange / passageiro / transeúnte
행장	bagagem de viagem / malas de viagem
행적	comportamento / conduta / procedimento
행정	administração / direção
행정부	o executivo
행주	esfregão / pano usado na cozinha / pano de prato / toalha usada na cozinha
행주치마	avental usado na cozinha
행진	marcha / procissão
행진하다	desfilar
행차하다	fazer a viagem / viajar / visitar
행패부리다	agir com maldade / agir mar / comportar-se mal / conduzir-se mal

행포하다	maldade / cometer ultraje / praticar violência
행하다	agir / cometer / complir / conduzir / encarregar / executar / fazer / feito / praticar
행행	execução de sentença
향.훈향	incenso
향교	escola confucionista
향긋한	aromático / fragrante / odorífero / perfumado
향기	aroma / bom cheiro / cheiro / fragrância / odor / perfume / suave
향기로운	fragrante / odorífero / perfumado
향기름	perfumista
향년	são os dias dos anos
향락	alegria / divertimento / gozo / prazer / satisfação
향락주의	epicurismo / hedonismo
향락하다	desfrutar / divertir-se / gozar / ter prazer com
향로	incensório / turíbulo
향료	aroma / cheiro de condimento / odor / perfume / sabor
향리	terra natal
향상시키다	aperfeiçoar / melhorar / progredir
향상하다	avançar / crescer
향수.고향생각	nostalgia / saudade de pátria / saudade de terra natal
향수.향료	aroma / odor / perfume
향수를느끼다	sentir nostalgio
향수를바르다	usar perfume
향수하다	deleitar / divertir / gozar
향연	banquete / festa / festim / festividade / jantar

향연을베풀다	cerebrar / oferecer festas / receber convidados
향유	óleo perfumado / perfume / pomada / unguento
향유하다	celebrar / divertir / festejar / gozar
향취	cheiro
향토	pátria / terra natal
향품	aromáticas / especiarias
향하다	estar com a frente para / ficar em frente de / voltar-se para
향하여	frente-de / para / perto / proximo / vindouro
향하심	desejo pelo estudo / esperança pela educação
향후	depois disso / em seguida
허가	aprovação / autorização / licença / permissão
허가하는	permissor / permissório
허가하다	aprovar / autorizar / dar licença / licenciar / permitir
허깨비.도깨비	fantasma
허겁지겁	com pressa / confusamente / precipitadamente
허공	ar / céu / espaço / vazio
허구	alegoria / ficção / novela / romance
허구의	artificial / convencional / fictício / imaginário
허기	apetite / fome
허기지다	estar com fome
허다한	abundante / bastante / muitos / numeroso / vários
허다한무리	uma grande multidão
허덕거리다	mover-se com grande esforço
허둥거리다	agitar / aturdir / confundir /

	desconcertar / excitar / perturbar
허둥지둥	apressadamente / com pressa / precipitadamente
허락.승락	licença
허락을얻어	com aprovação / com licença / com permissão
허락없이	sem licença / sem permissão
허락하다	aprovar / concordar com / consentir / permitir
허락한	dado / dito
허례	cortesia / formal
허름한	baixo / inferior / mediano / medio / moderado / vil
허리	cintura do corpo / coxa / lombos
허리띠	cinto / cintura
허망한	artificial / desonesto / falso / lusório / vão
허무한	inútil / nulo / vaidade / vão / vazio
허무맹랑한	absurdo / desleal / desonesto / falso / infiel / mentiroso
허무주의	niilismo
허물.결함	culpa / defeito / deslize / engano / erro / falha / falta / pecado / rebelião
허물.쓰레기	cacos / entulho / farrapos / lixo / refugo / residuoso
허물다	arruinar / demolir / desfazer uma construção / destruir
허물없는	perfeito / sem culpa / sem defeito / sem erro
허물없다	aberto / cândido / honesto / leal / ser franco / sincero
허물없이	abertamente / francamente / sinceramente

허물어지다	cair / desmoronar / ruir
허방짚다.빗맞다	calcular errado / errar / falhar / não acertar
허방치다	desapontar / falhar a / fracassar / malograr / ser mal sucedido
허벅다리	coxa / parte superior da perna
허비다	arranhar / coçar / riscar / roçar
허비하다	condumir / desgastar / desperdiçar / dissipar / esbanjar / gastar
허사	futilidade / ineficácia
허사로돌아가다	inútil / tornar-se ineficaz / vão
허세	amecaça / bazofia / blefe / fanfarrice / logro
허송세월하다	desperdiçar o tempo / ficar a toa / perder o tempo
허수아비	espantalho / póstiço / simulacro
허술한	comum / inferior / ordinário / pobre / vulgar
허식	aparatoso / ostentação / pompa
허식없는	natural / sem afetação / simples / sincero
허식적인	aparatoso / ostentoso / pomposo
허심탄회한	abertamente / candidamente / francamente / sinceramente
허약한	débil / doente / doentio / fraco / frágil
허영	argulho / ostentação / presunção / vaidade
허영의	arrogante / convencido / orgulhoso / presunçoso / vaidoso
허용	aprovação / autorização / permissão
허용하다	aprovar / autorizar / concentir / deixar / licenciar / permitir
허울	aparencia exterior / aspecto

허위	calunia / falsidade / fraude / hipocrisia / infidelidade
허위대	figura alta
허위의	desleal / desonesto / enganoso / falso / infiel / não verdadeiro
허위적거리다	fazer esforço / labutar / mover-se com grande esforço
허전거리다	barbuciar / gaguejar / pronunciar com hesitação
허전한	desconsorado / solitário / triste
허탈	depressão / desalento / desânimo / prosterinação / prostração
허탕치다	fazer esforço inutir / tornar-se vão
허투루.허룻없이	desatentamente / descuidadosamente indiferentemente
허튼맹세	juramento falso / perjúrio / promessa irresponsável
허튼소리	conversa falsa / conversa fiada / fala incerta / mentira
허파	pulmão
허풍	elogio de si próprio / jactância / ostentação
허풍선이	alardeador / fanfarrão / ostentador
허한	abatido / deprimido / desanimado
허허바다	mar vasto / oceano
허허벌판	planície / vasta planície
허황한	futil / incoerente / insignificante / inútil / leviano / ridículo / vão
헌것	artigo usado / artigo / velho
헌금	contribuição / donativo / oferta / subscrição
헌납하다	colaborar / contribuir / dar auxílio / doar / ofertas / subscrever
헌당식	consagração / consagrações /

	consagrado / dedicação / sagração
헌대.부스럼	furúnculo / tumor
헌법	constituição /
	leis internos de um país
헌법상.	constitucionalmente (24)
헌법적으로하다	
헌병	polícia do exército
헌쇠	fragmento de ferro velho /
	pedaço de ferro velho
헌신	areto / dedicação / devoção /
	oblação / sacrifício
헌신짝	sapato velho / sapato usado
헌신적으로	dedicadamente / devotadamente
헌신적인	beato / devoto / pio / religioso
헌신하다	consagrar
헌장	caráter da constituição / constituição
헌책	associação de idéias / proposta /
	recomendação / sugestação
헐값	preço baixo / preço barato
헐거운	amplo / folgado / frouxo / solto
헐다	destruir / falar mal de / ser ferido /
	ser inflamado
헐떡이다	arquejar / latejar / ofegar / palpitar
헐뜯다	caluniar / difamear / falar mal de
헐렁한	amplo / folgado / frouxo / largo /
	solto
헐레벌떡	confusamente / precipitadamente
헐벗다	estar empobrecido /
	estar vestido pobremente
헐어버리다	derribar / derrubar / destróis /
	transtornareis
헐한	barato / de preço baixo /
	preço reduzido
험남한	arriscado / perigoso / temerário

험담하다	caluniar / difamar / maedizer
험상궂은	bruto / grosseiro / indelicado / rude / tosco
험상스럽다	bruto / grosseiro / parecer rude / sinistro
험악한	ameaçador / grave / perigoso / sério
험준한	abrupto / alto / escarpado / ingreme
험수룩한	felpudo / hirsuto / miseravel / ordinário / peludo / vil
험한	arriscado / perigoso / sério
헛간	celeiro
헛걸음하다	ir em vão / ir inutilmente
헛다리잡다	confundir / enganar-se / equivocar / errar / interpretar mal
헛되게	em vão
헛된	desnecessário / futil / inutil / vão
헛된것	vã
헛듣다	ouvir mal
헛방	erro / falha
헛보다	deixar passar / não tomar conhecimento / omitir
헛소리하다	falar bobagem / falar em delírio / falar em vão
헛소문	boato falso / rumor falso
헛손질	batida no ar
헛수고	esforço inútil / trabalho em vão / trabalho perdido
헛수고하다	esforçar em vão / fazer esforão em vão / perder o seu latim trabalho inutilmente
헛웃음	sorriso afetado / sorriso forçado / sorriso malicioso
헛일	esforço inútil / esforço perdido /

	trabalho inútil
헝겊	pano / pedaço pequeno de roupa / retalho
헝클다	complicar / confundir / embaraçar / enrolar / envolver / misturar
헤뜨리다	dispersar / dissipar / espalhar / esparramar
헤롯왕	rei Herodes
헤메다	andar ao leu / perambular / vaguear
헤아리다	calcular / computar / contar / estimar / orçar / avaliar
헤어나다	escapar / ficar de fora / livrar-se de / safar-se / salvar-se
허어드라이.건조기	secador
헤지지다	desunir / divorciar-se de / esparar / despedir-se
헤어질때(인사)	até logo
헤엄치다	nadar
헤치느니라	disperas
헤치다	desenterrar / escavar / revolver a terra / tirar cavando
헤픈	dispendioso / desperdiçador / esbanjador / imprevidente / pródigo
헤피.비싸게	de modo desperdiçador / dispendiosamente / prodigamente
헬라인	gregos
혀	língua
혁대	cinto de couro / fivela
혁명	insurreição / levante / revolução
혁명가	revolucionário
혁명의	insurreto / rebeldo / revolucionário / sedicioso
혁신	melhoria / reforma / reorganização / renovação / renovamento

혁혁한	afamado /brilhante / eminente / famoso / glorioso / ilustre
현.실.줄	barbante / corda / corda fina / cordel / fio
현.현재의	atualidade / presente
현관.입구	alpendre / entrada / pórtico / varanda / vestíbulo
현관벽	saguão
현금.돈	dinheiro à vista
현금의	atual / contemporâneo / existente / presente
현금으로팔다	vender à vista
현기증	tontura / vertigem
현기증나다	algariar
현대	era contemporânea / era moderna
현대기술이 필요하다	preciso de técnicos avançados
현대식	contemporâneo / moda / sistema moderno
현대의	atual / contemporâneo / hoje em dia / moderno
현대인	modernista
현대적으로하다	atualizar
현대적인	de acordo com a moda / moderno
현대주의	modernismo
현대화	atualização
현대화하다	modernizar
현명한	aulto / douto / erudito / esperto / inteligente / sábio / sagaz
현미경	microscópio
현상.현상학	fenômeno
현상.현재상태	galardão / oferecimento de prêmio / prêmio / recompensa
현상하다	revelar um firme /

	revelar uma chapa
현세	este mundo / mundo atual / mundo contemporâneo
현세의	mundano / terreal / terreste
현숙한	bom / com boas manéiras / elegante / gracioso / virtuoso
현시.오늘날	temporais
현시하다	descobrir / divulgar / manifestar / mostrar-se / revelar
현실	realidade
현실의	atual / presente / vigente / real
현실적인	realístico materialista
현실화하다	cumprir / efetuar / levar a cabo / realizar
현악기	instrumentos de corda
현역	serviço ativo
현인	homen da sabedoria / homen erudito / homen sábio
현장	cena de acidente / constituição / local de ocorrência
현재까지	até agora / até este momento
현재로서는	agora / no momento
현재사건	atualidade
현재의	atual / contemporâneo / existente / presente
현저한	extraordinário / fora do comun / impressionante / notável
현존하다	existir / morar / sobreviver / viver
현주소	endereço atual de residência
현지	local vigente / lugar / lugar atual / ponto
현직	atual cargo ocupado / profissão atual / trabalho atual
현찰	dinheiro à vista

현품	artigos bons / artigos modernos / artigos novos
현행범	atual / existente / presente
현행범	criminoso flagrante
현혹하다	causar deslumbramento / encante / fascinar / maravilhar-se
현황	condição atual / situação atual
혈관	artéria / vasos sangüíneo / veia
혈기	força espiritual / força juvenil / força vigorosa / teima
혈기왕선한	de sangue quente / fogoso / sanguinário
혈류증으로	fluxo de sangue
혈색	aparência / aspecto do rosto / cor / tez
혈서	documento escrito de sangue / escrita feita de sangue
혈안	olhos irritados / olhos vermelhos / preocupação
혈압	pressão arterial / pressão de sangue / pressão sangüínea
혈액	sangue
혈액형	grupo sangüíneo / tipo de sangue
혈연관계	consanguinidade / parente consanguineo / parentesco / relação familiar
혈육	carne de sangue / própria família / próprios filhos
혈전	batalha cruel / batalha desesperadora / batalha ensanguentado
혈족	consanguinidde / família / parentela / parentes
혈족결혼	casamento entre pessoas de mesma família

혈청	soro
혈청주사	injeção de soro
혈통.자손	descendência / estirpe / geração / linhagem / sangue
혈흔	mancha de sangue
혐오	antipatia / aversão / desafeição / desgosto / ódio / repugnância
혐오함	detestável / odioso
혐의	desconfiança / dúvida / suspeita
혐의를두다	desconfiar em / duvidar / suspeita
혐의자	pessoa suspeita / suspeito
혐의쩍은	duvidoso / problemático / suspeitável / suspeito
협곡	desfiladeiro / gargante / vale estreito
협공하다	atacar pelos dois lados juntos
협동	ajuda / colaboração / cooperação / cooperativa
협동조합	sociedade cooperativa / união cooperativa
협력	ajuda / auxílio / colaboração / cooperação
협력자	ajudante / auxiliar / colaborador / cooperador
협력하다	ajudar / auxiliar / colaborar / cooperar / trbalhar junto
협박자	ameaçador / intimidador
협박장	carta de intimidação
협박하다	ameaçar / intimidar / meter medo
협상.상담	concerto / negociação
협상하다	comentrar o acordo com / fazer negócio / negociar com tratar com
협소한	apertado / estreito / limitado

협약	acordo / concordia / contrato / convenção / entendimento / pacto
협의.상담	conferência / consulta / conversa / troca de idéias
협의.좁은뜻	sentido limitado / significado restrito
협의사항	artigos de debate / assuntos de discussão
협의하다	consultar / conversar / faqzer conferência / trocar idéias
협의회.협회	institucionalizada
협잡	artifício / embuste / engano / fraude / impostura / malandragem
협잡꾼	caloteiro / logrador / trapaceiro
협잡하다	calotear / defraudar / enganar / iludir / lograr / trapassear
협정	acordo / concordância / contrato / convenção / entendimento
협정가격	preço combinado / preço determinado / preço especificado
협정서	minuta / protocolo / registro
협조	ajuda / auxílio / colaboração / cooperação
협착한	apertado / duro / limitado / restrito / rígido
협화	concordância / harmonia / regularidade / simetria
협화음	assonante / consonante / ressonante
협회	agreciação / associação / clube / instituição / sociedade
형.먼저난형제	irmão mais velho
형.형벌	castigo / pena / penalidade / punição
형.형태	aparência / aspecto / estilo / feição

	/ figura / forma / método / modelo
형.스타일	costume / estilo / maneira / método / moda / modo / regrauso
형광등	lâmpada fluorescente
형구	instrumento de penalidade
형국	aspecto / caráter / distintivo / feição fisionômicaa / traço
형기	aspecto / caráter / distintivo / feição / feição / fisionômica / traço
형무소	cadeia / penitenciária / prisão
형무소장직	fivela
형벌	castigo / culpado / pena / penalidade / punição
형법	lei criminal / lei penal
형부	cunhado
형사	detective / investigador / polícia / secreto
형사사건	acidente criminal / caso criminal
형상	aparência / acpecto / caráter / configuração / figura / forma / imagem
형성	formação
형성된	formado
형성하다	formar
형세	aspecto / circunstância / estado / o parecer / situação
형수	cunhada
형식	cerimonia / etiqueta / formalidade / praxe
형식적인	cerimonioso / formal / ordenado / sistematico
형안	hipermetropia / presbitia / presbitismo
형안의	hipermetrope / presbita

영언할수없는	indescritível / indizível / inefavel / inexprimível
형용	parecer
형용사	adjetivo / qualidade
형용하다	descrever / expor / fazer a descrição de / narrar
형이상학적인	animico
형이학상	filosofia do espírito / metafísica
형이하.물질적	concreto / físico / material / natural
형적	indício / pista / rasto / sinal / vastígio
형정	política criminal
형제	amigo íntimo / irmão
형제의	como irmão / fraternal / fraterno / irmão
형체	aspecto físico / figura / forma / fraternal / matéria / substância
형체를이루고 있다	afiguram
형태	aprência / configuração / figura / forma
형통하다	andar bem / começar bem / conduzir bem / dar certo
형편	circunstância / condição / estado / situação / tratados
형편없이	impiedosamente / implacavelmente / inexoravelmente
형형색색의	diferentes / diversos / multiforme / variado / vários
혜성	cometa
혜안.감각	opinião / percepeção / ponto de vista / senso / visão
혜택	benção / benefície / fovor / obséquio / vantagem
혜택을주다	favorecido

호.번호	número / pseudonimo / título
호.굴웅덩이	fosso / rego / vala / valado
호가.좋은값	oferta / ótimo preço / proposta
호각	assobio / apito
호감	boa impressão / bom sentimento / simpatia
호강하다	viver em extravagância / viver luxuosamente
호걸	aumento / bom momento / de negócios / guerreiro forte
호곡	gravíssimo
호공.취사용스토브	fogão
호구조사	censo / recenseamento
호구지책	forma de viver / meio de vida / modo de vida
호기.좋은시기	boa chance / boa oportunidade / bom momento / bom tempo / chance favorável
호기.커다란기쁨	entusiasmo / espírito forte / força espiritual
호기심	curiosidade / desejo de saber
호기심이많은	curioso / desejoso / perguntador
호담한	arrojado / audacioso / audaz / corajoso / valente
호도	nogueira / noz
호된	áspero / austero / duro / rigoroso / sério / severo
호라이마주	estado roraima
호락호락	de boa vontde / facilmente / prontamente
호랑이	tigre
호렙산에서	monte de horebe
호령	comando / mando / ordem
호롱	lamparina / lampião

호리호리한	esbelto / fino / magro
호마노	pedras sardonicas / sardonicas
호명하다	chamar pelos nomes
호미	enxado
호밀	centeio
호박.풍전자	jacinto
(보석의일종)	
호박.식용	abóbora / ambar / jerimu
호별	extravagante / luxuoso / pródigo
호사스러운	extravagante / luxuoso / prodigo
호색가	sensualista
호색의	concupiscente / luxulioso / sensual
호생의	alternado / alterno / revezado
호선	arco / curva / linha
호세아	oseias
호소하다	apelar para / criticar / rogar / suplicar
호소하여	clamaram
호송	escolta / proteção
호수	lago / lagoa
호신	defesa pessoal / proteção pessoal
호신술	capoeira
호양	concessão mútua
호언하다	blasonar / fazer alarde / gabar-se / jactar-se de vangloriar-se de
호열자	cólera
호외	edição extra de jornais
호위	escolta / guarda / protcção
호위병	escolta / guarda / vigia / vigilância
호응하다	aceitar / contentar / ajudar
호의.친절	bondade / favor / fineza / generocidade / gentileza
호의를품다	benquerer
호의적인	amical

호적.등기소	arquivo de censo / registro
호적.기척.정적	buzina / seretia / sirena
호적수	boa luta / boa parelha
호전성	belicosidade
호전적인	belicoso / guerreiro / hostil
호전하다	aperfeiçoar / melhorar / progredir
호젓한	abandonado / oflito / desamparado / desconsolado / só / solitário
호주.한집안주인	chefe de família / dono de casa proprietário
호주머니	argibeira / bolso
호출하다	chamar / citar / convocar / intimar
호크	coichete
호탕하다	falar alto / gritar auto
호탕한	audaz / corajoso / destemido / intrépido
호평하다	censurar bem / fazer comentário favoravelmente
호텔.숙박소	hotéis / hotel
호텔문직이	porteiro
호피	pelo de tigre
호한한	copioso / extenso / grande / volumoso / vultoso
호협한	cavalheiresco / cavalheiroso / nobre
호화스러운	brilhante / esplêndido / luxuoso / rico / surtuoso
호흡	fôlego / respiração / rêspiro
호흡기	órgão respiratório
혹	côrcovo / galo / inchação / lombinho / quisto / tumor
혹독하다	maldido
혹독한	áspero / austero / curo / rígido / rigoroso / severo / violento
혹사하다	trabalhar duramente

우성.유성	planeta
혹시	no caso / possivelmente
#기억이날까	sera que selembra
혹은.또는	ou
혹평	crítica severa / dura
혹하다	estar fascinado
혹한	frio intenso
혼.영혼	alma / anímo / espírito
혼기	perído núbil
혼나다	estar amedrontado / levar a bronca / receber a bronca
혼내다	amedrontar / atemorizar / dar a branca / meter medo
혼담	pedido de casamento
혼도니아주	estado rondônia
혼돈	desorganização
혼돈한	caôtico / confuso / em desordem
혼동하다	confundir / consternar / estar confuso / misturar
혼란.혼돈	confusão / desalinho / desarranjo / desordem / tumulto
혼란시키다	desordenar / inquietar / perturbar / transtronar
혼미하다	entorpecer-se
혼방사	algodão misto / fio de lã
혼백	alma / espírito
혼비백산하다	fica surpreso / tornar-se surpreendido
혼사	cerimonia de casamento
혼선	cruzamento de linha telefônica
혼성	voz mesclado / voz mista
혼성물	mescla / mistura
혼성의.합성된	complexo / composto / misturado
혼성의.잡종의	mestiço / misto / híbrido

혼수.혼수상태	coma / estupor inconsciência
혼수.혼비.혼인물품	artigos usados em casamento / enxoval de noiva
혼신의	completo / integral / inteiro / todo / total
혼연한	genuino / harmonioso / ileso / intato / integro / puro / verdadeiro
혼인	casamento / enlace / matrimônio / núpcias
혼인잔치에	as bodas
혼인집	leito bodas
혼자	exclusivo / só / solitário / sozinho / único
#서공부한다	está estudando sozinho
혼잣말	monólogo / solilóquio
혼잡	confusão / desarranjo / desordem / tumulto
혼잡게하다	confundir
혼잡한	confuso / desordenado / embaraçado / perplexo
혼탁한	barrento / confuso / denso / lodoso / turvido / turvo
혼합	combinação / composição / mescla / mistura
혼합물	composição / mescoa / mistura
혼합하다	amalgar / combinar / mesclar / misturar / unir
혼합한	misturado
혼혈아	mestiço
홀.커다란방	sala-salão
혼가분한	alegre / jocoso / leve / ligeiro
홀로	desolado / exclusivo / isolado / solitário / somente / sozinho
홀리다	encantar-se / fascinar-se

홀아비	viúvo
홀연히	inesperadamente / rapidamente / prepentinamente / subitamente
홋이불.시트	lençol
홍마노.금강석	diamante / sardônica
홍보석.홍옥수	sardio
홍사	roxo
홍색	carmesím
홍수	cheia / dilúvio / enchente / inundação / maré
홍어.가오리	raia
홍역	gafeira / sarampo
홍예문.기둥의열	arcaria / colunata
홍은.넓고큰은혜	grande favor
홍일점	essencial / no meio de principal / única fêmea
홍채.눈알의얇은막	íris
홍포	capa de escariata
홍학	flamingo
홍합	marisco
홍해	mar vermelho
화.격분.노여움	cólera / fúria / ira / ódio / raiva
화.악의.나쁜마음	dano / desastre / desgraça / infortúnio / maldade
화.이유. 원인.화내다	causa
화가.그림그리는자	artista / pintor
회가.칠쟁이	armação de pintor / cavalete / pintores
화관.면류관	coroa / corola / grinalda
화구.분화구	boca de vulção / cratera
화근	causa / causa de desastre / origem de maldade / problema / razão

화끈거리다	fazer calor / sentir-se calor
화끈달다	estar excitado ou ansioso
화끈달아	excitadamente
화급한	imediato / preciso / urgente
화기.일치	calma / harmonia / ordem / paz sossego /
화합	tranquilidade
화기.공포	arma de fogo
화기애애한	em paz e harmonia
화나다	ficar bravo / irritar-se / zangar-se
화나게하다	enfurecer / enraivecer / irritar / provocar
화내는.흥분한	assanhadiço
화내다	ficar zangado
화농	naturação / supração
화단.화가의사회	grupo de pintores
화단.꽃밭	canteiro de flores
화덕	fogão de cozinha
화란사람	holandês
화랑	galeria dos quadros
화려한	admirável / brilhante / esplêndido / glorioso / magnífico
화력	força de calor
화력발전소	usina elétrica / usina geradora
화로	braseiro / fornalha / forno
화롯불	forgueira
화를내다	zangar-se
화목제.화제	oferta queimado
화목제물	propiciação
화목한	afável / afetuoso / amável / familiar harmonioso
화물	carga / fardo / frete
화물선	cargueiro / navio cargueiro
화물자동차	caminhão

화백	artista / pintor
화병	vaso de flores
화보	revista ilustrado
화복	bem-estar e aflição / felicidade e calamidade / felicidade e tristeza
화.본학	agrostiologia
화부	bombeiro / foguista
화분.꽃심는분	vaso de plantas
화분.꽃가루	polen
화사한	caro / extravagante / luxuoso / suntuoso
화산	vulção
화살	flecha / seta
화살표	seta indicadora
화상. 불에데워서상함	queima / queimação / queimadura
화상.초상화	imagem / pintura / quadro / retrato
화상을입다	ferir com fogo / tornar-se queimado
화석	fosseis / fôssil
화성.협화음	concordância / harmonia / regularidade
화성.유성.행서	marte / planeta
화신.성육.인간화	certo / corporificação / encarnação / personificação
화실.촬영실.조각실	atelie / estúdio / oficina de pintores
화약	pólvora
화염	brilho / chama / fulgar / fogo / lume
화염검	espada inflamada
화염방사기	lança-chamas
화요일	terça-feira
화원	jardim de flores
화음	acordo / concordancia / confomidade

	/ harmonia
화음의	cordal
화의하다	fazer a composição / fazer a faz
화장.얼굴단장	maquilhagem
화장.분장	cremação / incinerçar / pintura
화장비누	sabonete
화장실	banheiro / privada / toillete
화장용의	para uso cosmético
화장품	artigos de toucador / maquilhagem-cosmético
화장품구	conjunto de utensílios de toucador
화장터	crematório
화장하다.얼굴단장	fazer maquilhagem / pintar rosto
화재.불	chama / fogo / incendido
화재경보	alarme contra incêndio
화재를일으키다	causar o chama(o fogo)
화재보험	seguro de incêndio
화젓가락.족집게	pinça / tenaz
화제.문제	acender a oferta / assunto / objeto / ponto / principal / tema / tópico
하차	carro de transporte
화창한	balsâmico / brando / claro / meigo / não hublado / sereno
화첩.화면지도	album de pintura / quadro
화초	flor / planto
화초장이	botânico / floricultor
화촉.결혼식	casamento
화친하다	fazer amigo / tornar-se amigo
화투놀이	jogo de carta(coreano)
화평	paz / reconciliação / sossego / tranquilidade
화평케하는자	pacificador
화폐	amoedado / dinheiro / moeda
화폐단위	unidade monetária

화폐제도	sistema monetário
화포	aniagem / canhamaco / lona
화풀이하다	desabafar / desafogar / enfurecer / irritar / zangar
화화	aiai
화풍	estilo de pintura
화필	broxa / pincel
화학	química
화학약품	produtos químicos
화학의	químico
화학자	boticário / farmacêutico / químico
화학작용	ação química / atividade / efeito / química / químico
화합	acordo / ato de combinar / combinação / união
화합물	composto / mistura
화합할수없는	irreconciliável
화해	conciliação / conciliavelmente / harmonia / reconciliação
화해시키다	benquistar
화해하다	apaziguar / congraçar / fazer a paz / reconciliar
화해할수없는	irreconciliável
화형	execução por queimação
화환	granalda / coroa(de flores)
확고한	decisivo / definifivo / firme / fixo / rexoluto / seguro
확답	resposta definitiva
확대사진	fotografia ampliada
확대하다	alargar / ampliar / aumentar / engrandecer / estender / expandir / magnificar
확률	probabilidade / verossimilhança
확립하다	decretar / determinar / estabelecer /

	firmar / fixar
확보하다	adquirir / assegurar / garantir / obterr / segurar
확산	difusão / dispersão / propagação
확성기	alto-falante / corneta / megafone
확신	certeza / confiança / convicção / fé
확신하다	acreditar / confiar / firmemente / ter certeza em / ter confiança
확실성	certeza / incerteza
확실한	certo / convencido / evidente / exato / indubitável
확실히	certamente / certo / com certeza / induvitavelmente / seguramente / perpeitamente
확약	compromisso marcado / promessa definitiva
확언하다	afirmar / asseverar / atestar / confirmar / firmar
확인서	comprovação / confirmação / prova
확인하다	apurar / averiguar / determinar / verificar
확인했다	averiguar confirmar
확장하다	alongar / ampliar / estender / expandir
확정판결	julgamento irrevogável
확정하다	decidir / determinar / resolver / solucionar
확정한	decidido / determinado / resoluto / resolvido
확증	comprovação final / conclusão / confirmação
확증의	comprovante
확증하다	alagar / ampliar / aumentar / dilatar / expandir

확고한	decidido / frime / resoluto / seguro / sólido
환.금전교환	bolsa / câmbio / moeda / título
환각	engano dos sentidos / ilusão
환갑날	aniversário de 60 anos de vida
환경	meio ambiente
환관	castrado / eunuco
환금하다	cambiar / permutar / trocar
환기	arejamento / ventilação
환기하다	arejar / ventilar
환난	aar / desastre / desdita / infortúnio
환담	conversa / divertido
환대하다	dar as boas vindas / saudar amavelmente / receber com alegria / receber cordialmente
환도뼈	coxa
환도하다	retornar para capital anterior voltar
환락	deleite / distração / diversão / divertimento / gosto / gozo / prazer sensual
환란	aflição / atormentados / tribulação
환멸	desengano / decepção / desilusão
환문하다	chamar / citar / convocar / intimar
환부	parte afetada
환산하다	cambiar / converter / transformar / transmudar / trocar
환상	aparição / espectro / falsa aparência / fantasia / fantasma / ilusão / quimera
환상가	devaneador / fantasiador / fantasista / sonhador / vadio / visionario
환상곡	fantasia
환상에 빠지다	iludir

환상적인	imaginário / irreal / quimerico / utôpico / vicionário
환생.재생.부활	renascimento / reencarnação / ressurreição
환생.고함소리	gargalhada / grito alto / grito de aplauso / hurra / risada alta viva
환송.작별인사	adeus / despedida
환송.반환	devolução / restituição / retorno
환심	ato de generiosidade / boas graças / benefício / fovor / fineza / obséquio
환약.알약	cápsula / comprimido / pilula
환언하면	em outras palavras
환영.환상	aparição / espectro / fantasia / fantasma / ilusão
환영.즐거이맞음	boas vindas / recepção / cordial / saudação / amável
환원	inação/ redução / reintegração / reposição / restabelecimento / restauração
환원하다	fazer voltar ao estado original / recolocar / reintegrar / repor / restabelecer / restaurar
환자	doente / fraca / paciente
환절기	a época que muda a estação do ano / o período
환함.밝음	aberto / claro / luminoso / radiante
환한.친하게된	conhecido / familiarizado / proficiente
환하다.아름답다	bonito
환하다.교환하다	cambiar / trocar / permutar
환향	voltar par casa
환형.환상.공상	aparição / fantasia / fantasma / ilusão / quimera

환형.변형	transformação
환형동물	anelado / anelídeo
환호	aclamação / de aprovação / frito de aplauso / viva
환호하다	a clamar / gritar
환희	alegria / contentamento / contento / felicidade / jubilo / prazer / regozijo
활	arco
활쏘는자	arqueiro
활을쏘다	atirar / flechas
활개	asa / braço
활개치다	ser triunfante / vitorioso
활극	cena violenta / de seção / filme
활기	energia / força / robustez / vigor / vitalidade / vivacidade
활기있는	ativo / enérgico / veemente
활기없는	abatido / deprimido / desanimado / fraco / frouxo
활대	verga
활동	ação / atividade / atuação / movimento
활동력	atividade / vivacidade / vitalidade
활동적인	ágil / ativo / movimento / rápido / vivo
활동하다	agir / atuar / conduzir / movimentar / proceder / protar
활력	força / vitalidade / vital / vivacidade
활로.콧소리	meios de fuga / recursos de libertação
활로.살아 나갈수있는길	meio de viver / modo de viver
활발한	alegre / ativo / jovial / vigoroso / vivaz / vivido / vivo

활보하다	andar / andar com arrogância
활석.고토의광물	esteatita / pedra-sabão
활성의	ativo / efetivo / produtivo / progressivo
활수.관유	gasto livre / liberalidade
활약하다	agir / atuar / desempenhar / proceder / representar
활엽수	árvore de fumo de folhas largas
활용	aplicação / prática / praticar / pôr / usar / utilizar
활용하다	colocar em prática / uso prático / utilidade
활자	estilo de impressão / estilo tipográfica / forma de impressão / tipo
활짝	amplamente / castamente / extensivamente / castamente
활주하다	deslizar / deslizar-se na água num aquaplano / planar
활죽	botalo
활차.복활차	cadernal / moitão / polé / roldana / talha
활판	estilo tipográfico / tipografia
활화산	vulcão ativo
활활	em chamas
황갈색	cor castanha amarelada
황감	admiração e gratidão / respeito e agradecimento
황공한	atemorizado / cheio de pavor / intimidade
황금	ouro / ouro puro
황금색의.금발의	louro / cabelo louro
황금시대	idade de ouro

황금의	áureo / aurípero / de ouro
황급한	apressado / imprudente / irrefletido / precipitado / prematura
황달병에걸린사람	amarelento
황당한	absurdo / despropositado / paradoxal / sem razão
황도	adepto de ecletismo
황도대.십이궁	zodíaco
황동	latão / metal
황량한	abandonado / aflito / desamparado / descondolado / desolado / infeliz / solitário / triste
황린	substância fosforescente
황막한	desolado / extensivo e devastado / vasto e abandonado
황무지	improdutiva / infecunda / infrutífera / terra estéril
황산	ácido sulfúrico
황새	cegonha
황색	amarelo / cor amarelo
황색인종.황인종	raça amarela
황소	boi / touro
황송한	altivo / augusto / eminente / ilustre / majestoso / respeitável / vunerável
황실	família imperial / família real
황야	deserto / lugar despovoado / região despovoada / terra deserta
황열병	febre amarela
황옥	topázio / crisólito
황제	imperador / rei
황족	descendência imperial / familia do rei / família imperial
황천	inferno / morte / região dos mortos

황천객이되다	falecer / matar-se / morrer / suicidar-se
황태자	herdeiro / príncipe
황태자비	esposa do príncipe herdeiro / herdeira do trono
황토	loess / solo amarelo / terreno amarelo
황폐	arruinamento / assolação / desolação / destruição / devastação / ruina
황폐하다	arruinar-se / assoloar-se / destruir-se / devastar--se / tornar deserto
황하	hwang-ha
황혼	anoitecer / crepúsculo / lusco-fusco
황홀	arrebatamento íntimo / encantamento / enlevo / êxtase / fascinação
황후	imperatriz
훼.보금자리새장	poleiro
훼치다	adejar / agitar as asas / bater as asas / voejar
횃대.시렁	cavalete de roupas / prateleira
횃불	archote / tacho / tição / tocha
회.석고가루	gesso calcinado / sulfato de cálcio
회.기생충	nematelminto
회.축일.회합	assembléia / associação / clube / encontro / festa / reunião / sessão / sociedade
회.시대.기한	perío do / prazo / rotação / tempo / turno / vez / volta
회갑	sexagésimo aniversário (festa comemora)
회개.후회	arrependimento / constrição / penitência / pesar sentimento
회개하다	arrepender-se / estar arrependido /

	estar sentido / ter arrependimento
회견	conferência / conversação / encontro / entrevista / reportagem
회견자	apresentador / entrevistador / locutor / repórter
회견하다	conversar / conferenciar / encontar / entrevistar / ter encontro
회계	cálculo / computo / contagem / conta
회계사.계리사	contabilista / contador
회계사무실	contabilidade
회계연도	ano fiscal
회계원	caixa / caixeiro / cobrador / contabilista / contador / encarregado / da caixa
회계장부	lívro contábil
회계하다	acertar contas / calcular / pagar a conta / pagar dívidas / somar
회고하다	considerar as coisas do passado / relembrar / rever / volver para o passado
회고담	autobiografia / memórias / reminiscência
회관	escola / prêdio para estudante / sede de corporação
회커	repetição / retorno / revolução / volta
회귀선	trópico
회기	congresso / período de sessões / reunião
회담	conversa / conversação / debate / entrevista / palestra / troca de idéias

회답	réplica / resposta / resultado / solução
회당	simagogas
회동하다	ajuntar / congregar-se / convocar / encontrar-se / reunir-se
회람	circulação / distribuição de livros ou revistas
회람판	boletim circulante / jornal em circulação / revista corrente
회랑.복도	corredor / passagem
회로	circuito / giro / percurso / periodicamente / volta / rota / zona percorrida
회리바람	furacão / remoinho de vento / tufão
회막	tenda
회백색	cor branca com brilho de cinza / cor cinza leve
회보	boletim que consta relatório / documento relatório / informação / relatório
회복	reconvalescência / recuperação / restabelecimento / cura / volta ao estado normal
회복된지라	recuperado retomou
회복하다	convalescer / curar / reaver / recuperar / restaurar / voltar ao estado normal
회부하다	devolver / emitir / entregar de volta / transmitir
회비	dinheiro subscrito / fundo arrecadado / matrícula / taxa de participação
회사.상회.공사	associação / companhia / corporção

	/ empresa / firma / sociedade
회상	lembrança / memória / recordação / reminiscência
회상하다	fazer lembrar / lembrar / recordar / rever / volver para o passdo
회색	cinea / cor cinza / cor parda
회색의	cinzento / gris / pardo
회선.윤환	circuito / percurso / rotação / volta
회선.회기	retorno
회송하다	despachar / enviar / expedir / mandar / remeter / transmitir
회수하다	buscar / coligir / levar de volta recolher / retirar-se
회수권	bilhete / passe de ônibus / vale do transporte
회식	confraternização / jantar com várias pessoas / o ato de jantar junto
회심	conversão / transmutação / troca
회심시키다	converter / mudar / mudar de religião ou partido político
회심의	com satisfação / contentamento / feliz / satisfatório
회오의	arrependido / penitencial / penitenciário / penitente / sentido
회오하다	arrepender-se / estar arrependido / estar sentido / ter arrependimento
회원	associado / membro / participante / sócio
회원명부	lista de participantes
회유책	medida conciliatória / modo conciliatória
회유하다	apaziguar / atrair / cativar / conciliar / ganhar / granjear

회의.상의.협의회	assembléia / conferência / conselho / institucionalizada / reunião
회의.의심	ceticismo / dúvida / hesitação / incerteza / indecisão
회의록	anotação / ata / decumento / folha de reunião
회의론자	céptico / descrente
회의실	lugar onde faz reunião / sala de reunião
회의적인	céptico / descrente
회의중	estar em sessão
회의하다	conferenciar / fazer reunião / reunir-se em sessão / trocar idéias
회장.회의장	local de reunião / reunir-se em sessão / trocar idéias
회장.의장.대장	presidente de uma assembléia / reunião
회장석	anortita
회장하다	assistir ao funeral / em cortejo fúnebre / estar no enterro
회전	ciclo / revolução / rotação / volta
회전의자	cadeira giratória
회중.군중.민중	população / povo / multidão / vulgo
회중.중심	abraço / afeição / afeto / alma / amplexo / coração / interior
회중시계	relógio de bolso
회중전등	farolete de pilhas
회진하다	atender os pacientes / cuidar pacientes / visitar os pacientes
회초리	açoite / ozorrague / chicote / latego / vara de castigo
회춘	rejuvenescimento

회충	ascárida / nematelminto
회칙	normas de associação / regras de sociedade / regulamento de clube
회포	afeição / cansaço / desejo / próprio pensamento
회피전술	evasiva / tática ambígua
회피하다	escapar / esquivar-se / evadir-se / faltar ao dever / fugir / livrar
회피할수없는	inevitável / irrevogável
회한	arrependimento / contrição / penitência / pesar sentimentq
회합	aglomeração / assembléia / ato de reunir / reunião
회합병	nostalgia / saudade da pátria
회합장소	local de reunião / lugar de encontro / sala de reunião
회합하다	congregar-se / convocar-se / encontrar-se / juntar-se / reunir-se
회화.대화	conversa / conversação / diálogo / palestra
회화.화법.분장	desenho / ilustração / pintura / quadro / retrato
회화하다	conversar com / falar com / ter conversa com
회회교	islamismo / maometismo
회회교도	maometano / muçulmano
획기적인	assombroso / excepcional / extraordinario / sensacional
획득	adquirição / adquisição / aquisição / conquista / ganho / obtenção
획득하다	adquirir / conquistar / conseguir / ganhar / obter
획정	definição / delimitação / demarcação

	/ determinação / distinção / fixação
획정하다	definir / determinar / distinguir / fixar / distinguir
획책하다	planear / planejar / planizar / programar / prometar / traçar / tencionar
횟수.회	vez
횡.넓이	largura
횡경막	diafragma
횡단	cruzamento /travessa / travessia
횡단로	cruzamento / desvio / encruzilhada / estrada / transversal
횡단하다	atravessar / cruzar / passar sobre / transpor
횡대	fila / fileira / linha / ordem / série
횡령하다	apoderar-se injustamente de / apropriar-se de / defraudir / usurpar
횡선	linha cruzada / linha horizontal
횡선수표	cheque cruzado
횡설수설	algravia / conversa incoerente / conversa ou escrita sem fundo / fala contraditória
횡설수설하다	falar contraditoriamente / falar sem fundamento
횡액	calamidade / catástrofe / desastre / flagelo / grande desgraça / miséria
횡재	lucro inesperado / renda inesperada / sorte inesperoda
횡재하다	ter sorte
횡포한	despótico / orpressivo / tirânico
효과	conseqüência / efeito / eficácia / eficiência / repercussão / resultado
효과없는	ineficãz / ineficiente
효과있는	aproveitável / efetivo / eficaz /

	eficiente / útil
효녀	filha obediente
효능	efeito / eficácia / eficiência
효능없는	ineficaz / ineficiente / inútil /
	sem utilidade
효능있는	bom / efetivo / eficaz / eficiente /
	útil
효도.충실	amor / fidelidade dos filhos /
	lealdade / respeito aos pais
효력	efeito / eficácia / eficiência / validez
	/ valor
효력없는	ineficaz / ineficiente / inválido /
	inútil
효력있는	convincente / efetivo / eficaz /
	eficiente / útil / válido
효모.발효소	fermento / levedura
효성	amor / piedade filial /
	respeito aos pais
효성스러운	obediente / obsequioso / respeitoso
효소	diastase / enzima / fermento
효시	causa / começo / fonte /
	hora do começo / início / origem /
	primeiro / princípio
효심	amor / piedade filial /
	respeito dos filhos pelos pais
효용	efeito / eficácia / eficiência /
	proveito / utilidade
효용가치	importância de utilidade /
	validade do efeito
효율	capacidade / eficácia / eficiência /
	proveito / utilidade
효자	filho obediente /
	filho que ama e respeita os pais
효험	efeito / eficácia / eficiência /

	rendimento
후각	olfação / olfato / sentido de cheiro
후견	curadoria / guarda / proteção / tutela
후견인	guardador / protetor /tutor
후계자	herdeiro / legatário / substituto / sucessor
후관	orgão olfativo
후광	auteola / halo
후끈거리다	acalorar-se / aquentar / esquentar / sentir-se calor
후기.후반기	segundo semestre do ano / termo posterior / última parte
후기.뒷날의	pós-escrito
후다닥거리다	acelerar / apressar / fazer depressa
후대하다	calorosamente / fez bem / receber amavelmente / tratar cordialmente
후두의	laringe / laringiano / relativo a laringe
후두염	inflamação de laringe / laringite
후들거리다	estremecer / ter ansiedade / ter medo / tremelicar / tremer / tremular
후라이팬	frigideira
후라이한계란	ovo frito
후려치다	açoitar / chicotear / fustigar / vergastar
후련하다.소생하다	aliviar / desobrigar / livrar de / mitigar / reanimar / refrescar-se
후렴	côro / estribilho / refrão
후리다	cativar / encantar / enfeiticar / fascinar
후리후리한	alto e magro / alto em estrutura
후림	embuste / engano / fraude / traseira

	/ verso
후면	lado posterior / parte traseira / verso
후무리다.횡령하다	apoderar-se / apropriar / tomar de
후문	portão de trás / portão do fundo / saída do fundo
후미진	afastado / ermo / isolado / retirado / seregado
후반	segunda parte / segundo tempo
후방	quartel / retaguarda
후배	colega mais moço / junior / juvenil / pessoa mais jovem
후보	candidata / candidate
후보자	candidato
후부	parte posterior / parte traseira
후비	reserva / segunda
후비다	cavar / esburacar / picar
후사.상속인	descendência / filho / herdeira / herdeiro / sucessor / sucessora
후사하다	agradecer / dar graças / exprimir gratidão
후생	bem-estar social / beneficência / prosperidade social
후생사업	obra de beneficência social / serviço público / trabalho social
후생시설	construção de serviços sociais / instalação de obras sociais
후세에	em outras épocas / futuramente / no futuro
후손	descendência / descendente / filho / herdeiro/ progenie / prole / semente
후에	depois
후예	geração
후원자	patrocinador

후원하다	ajudar / apoiar / auxilar / cuidar / patrocinar / sustentar
후위	lado posterior / parte traseira / verso
후의.사이가좋은	futuro / próximo / o tempo futuro / tempo próximo
후의.온정	afabilidade / amabilidade / benignidade / bondade / favor / gentileza
후자	em segundo lugar / mencionado / posterior / último
후조	ave migratória / passageira / pássaro migratório
후주곡	posiudio
후진	geração mais nova / jovem / juvenil / moço
후처	outra mulher
후추.후추가루	pimenta do reino
후추나무	pimentão
후덥지근한	abafado / calor desconfortável / opressivo / supocante
후퇴하다	afastar-se / fugir / refugiar-se / retirar-se
후편	parte posterior / segundo volume / última parte
후한	afetuoso / amável / amigável / cordial / de coração bondoso / sincero
후한선물	boa dádiva
후환	encrencas nã conseqüência / problemas futuros
후회하다	arrepender-se / estar arrependido / estar sentido / ter arrependimento
후히	arrependimento / constrição /

	penitência / pesar
훈계	admoestação / admonição / advetência / conselho / preverção
훈계하다	advertir
훈공	façanha / feito heróico / méritos realização
훈련	adestramento / educação / exercício / ginástica / instrução / treino
훈련소	escola de treino / instituição de treino / local de instrução
훈련하다	adestrar / educar / exercitar / fazer exerícios treinar
훈령	instrução / instrução oficial / ordem oficial / regulamento
훈령하다	dar ordens / ensinar /instruções / instruir / ordenar
훈수하다	ensinar / informar / instruir / mostrar
훈시하다	aconselhar / chamar atenção / discursar / recorrer
훈육	educação / ensino / exercício / instrução
훈장	condecoração
훈화	alegoria / apologo / conto / fábula / história
훈훈한	aquecido / aquentado / cálido / morno / quente / tépido
훌륭한	admirável / bom / eminente / esplêndido / excelente / fino nobre notável / ótimo
훌륭한남성	varão
홀짝거리다	aspirar com a boca beber aos poucos / bebericar

홀쭉한	delgado / esbelto / fino / fraco / magro
훑다	descascar / enxaguar / lavar / pelar
훑어보다	fitar / ler atentamente / olhar de cima para baixo / olhar fixamente
훔치다	apoderar-se de / bater / furtar / ladroar / pilhar / roubar
훗날	algum dia / outro dia / próximo dia
훗날에	em algum dia / mais tarde / no futuro
훤한	bonito / brilhante / claro / elegante / gracioso / luminoso / lezente / rodiante
훨씬	de muito / grandemente / muito / por grande diferença
훼방	atrapalhar / interrompimentq / interrupção
훼방하다	atrapalhar / interromper
훼손	avaria / dano / prejuízo / detrimento / estrago / injúria / perda
훼손하다	dano estragar / deteriorar / prejudicar
훼파하다	destruir
휘감다	bobinar / enrolar / formar espiral / serpear
휘날리다	adejar espalhar / esparramar / esvoaçar / mover-se no ar / voar
휘다	arquear / curvar-se / dobrar-se / empenar / entortar
휘두르다	brandir / florear
휘몰다	apressar / conduzir / dirigir / guiar / instar / instigar / urgir
휘발성	volatilidade / volubilidade

휘발하다	volatilizar-se
휘장.장막	cortina / cortinado / véu
휘장.식별장	chapa / distintivo / insígnia / emblema
휘젓다	agitar / mexer / misturar
휘청거리다	abalar / cambalear / estremecer / sacudir / tremer / trepidar / vacilar
휘파람	apíto / assoio / sibilar
휘하의	sob comando / subordinado
휘호	arte literária / caligrafia / escrita
휘황한	brilhante / luminoso / lustroso / radiande / resplandecente
휩싸다	abrigar /cercar / circundar / esconder / fechar / proteger
휩쓸다	escovar / limpar / oprimir / subjular / varrer
휴가	feriado / férias / período de descanso
휴가를내다	despedir
휴간	abolição do jornal / suspensão de publicação
휴강	sem aulas por alguns dias
휴계	descanso / folga / pousade / repouso / sossego
휴계시간	intervalo / pausa / suspensão
휴계하여	fazer uma pausa / descansar / repousar
휴교	fechamento de escola
휴대용의	portátil / transportável
휴대품	acessórios / pertences
휴대하다	carregar-se / levar consigo / trazer
휴보	más notícias
휴식	descanso / folga / intervalo / parada / repouso

휴식시키다	repousar
휴식하다	descansar
휴양	descanso / recreação / recreio / repouso
휴양지	área recreativa / local recreativo
휴업	paralisação de empresas / suspensão de trabalho
휴일	dia de festa / dia santo / feriado
휴재	ausência / não comparecimento
휴전	armistício / cessar-fogo / trégua
휴전조약	acordo de trégua / armistício
휴전회담	conferência armistício
휴정	descanso / intervalo / parada / pausa
휴정하다	dar o intervalo no julgamento tribunal
휴지	papéis velhos / papel higiênico / papel usado / refugo
휴지통	cesto de lixo
휴직	ocupação / profissão / suspensão de ofício
휴직하다	retirar de ofício temporariamente
휴학	ausência temporária na escola suspensão de aula
휴학하다	afastar temporariamente / suspender / transferir
휴회	intervalo entre sessões
휴회하다	interromper / pausar / suspender / transferir
훌륭한	digno / esplêndido / exelente
흠.오류잘못	defeito moral / erro / falha / falta
흠.상처자국	cicatriz / escoriação
흠잡다	achar defeito em
흉가	casa mal-assombrada

흉계	desejo sinistro / plano desastroso
흉곽	tórax
흉금	afeição / desejo / pensamento
흉기	armas / mortíferas / perigosas
흉내	cópia / imitação / mimetismo / . personificação
흉내내다	copiar / imitar / personificar
흉년	ano improdutivo
흉부	caixa toraxica / peito / tórax
흉사	aza / calamidade / desastre / desdita / infortúnio
흉상.관상.인상	aspecto externo / fisionomia
흉상.상.조상	estátua
흉악하고	fei
흉악한	atroz / brutal / cruel / desumano / perverso
흉악히	miseravelmente
흉위	próximo do feito
흉적	colheita insuficiente / quebra de colheita / safra
흉중	próprio coração / própria mente
흉측스러운	malvado / pecaminoso / pernicioso / perverso / vil
흉탄	bala do assassino
흉패.가슴	peitoral
흉폭한	feroz
흉한	desagradável / feio repelente / infame / malvado mau
흉허물없는.친절한	afável / afetuoso / amável / anufavel / benêvolo / cordiar
흉흉한	apavorado / atemorizado
흐느끼다	chorar / emitir sob soluços / soluçar
흐늘거리다	balançar / brandir / mover-se / oscilar / vibrar

흐늘흐늘한	brando flácido / frouxo / mole / morcho / polpudo
흐물흐물한	balofo / débil / fraco / frouxo / languido / lasso / mole
흐들갑스러운 연설하는	falador / garrulo / palreiro / tagarela
흐려지다	escurecer
흐르게하다	tornem
흐르다	derramar-se / escoar / escorrer / fluir / manar
흐름	corrente
흐리다	escurcer
흐린	escuro / obscuro / ofuscado / nublado /nebuloso
흐뭇한	contente / feliz / saciado / satisteito
흐뜨려지다	dispersar-se / dissipar-se / espalhar-se
흑단	evano
흑막	condição secreta / detalha / segredo / verdades
흑백	certo e errado / preto e branco
흑백혼혈의	mulato
흑사병	peste p pestilência
흑색	cor preta / preto
흑암	escuridade / trevas
흑연	grafite
혼운	escuridão
흑인	homem preto / negro
흑인여자.여자노예	negra / pretas
흑자	emblema / letra / símbolo
흑판	lousa / quadro-negro / quadro-preto
흑해	mar negro
흔들다	acenar / agitar / balançar / oscilar / sacudir

흔들다. 칠판글을지우다	mexer
흔들리다	agitar-se / balançar-se / trepidar
흔들림.진동	balanceio
흔들이	movimento
흔연히	agradavelmente
흔적	indício / resto / sinal / traço / vestígio
흔패한.즐거운	agradável / alegre / aprazível / divertido / prazenteiro
흔하지않은	extraordinário / fora do comum / incomun / notável / raro
흔한	comum / geral / habitual / ordinário / popular / usual
흔히	comummente / freqüêntemente / geralmente / ordinariamente
흘기다	dar um olhar rápido lateralmente
흘러나리라	correrão
흘리다	cair / deixar cair / derramar / perder
흙.땅.토질	barro / solo / terra / terreno
흙덩이	terrão
흙손	colher de pedreiro / pá / trolha
흙일	aterro / terraplanagem
홈	falta / fresta / frenda / freta / racha / ruptura
홈뜯다	caluniar / difamar / falar mal de
홈없는	irrepreensiveis
홈빽	completamente / integralmente / inteiramente / plenamente
홈잡다	achar falha em
홈모하다	admirar / adorar / apreciar / prezar
흡사하다	assemelhar-se / parecer / ser parecido com

흡수	absorção / absorvimento / sucção
흡수하다	absorver / chupar / sorver / sugar
흡연실	sala de fumante / sala para fumantes
흡입하다	aspirar / inalar / inspirar / respirar
흡족한	assaz / bastante / pleno / satisfeito / suficìente
흡혈귀	agiota / parasita / sanguessuga / vampiro
흥겨운	alegre / divertido / jovial
흥망	destino / progresso e falência / sorte
흥망성쇠	prosperidade e decadência
흥미	atração / deleite / gosto / interesse / prazer
흥미없는	desinteressante / insípido
흥미있는	atraente / interessante
흥분	acendimento / excitação / excitamento / incitamento
흥분하다	emocionar / estimular / excitar / incitar
흥성흥성한	afortunado / brilhante / florescente / notável / próspero
흥신소	agência de informações
흥정하다	comerciar / compurar ou vender / negociar / traficar
흥하다	erguer / melhorar / progredir / promover / subir
흥행하다	desempenhar / efetuar / executar / realizar / representar
흩어져사는자들	dispersos
흩어지다	espalhar
흩어지리라	se dispersarão
희곡	drama / obra dramática

희귀한	esquisito / estranho / interessante / raro / singular
희극	comédia / cômico
희극적인	cômico / divertido / engraçado
희끗희끗한	cinzento / grisalho
희대의	estranho / incomun / invulgar / notável / raro
희뜩거리다	atordoar / cambalear / desmaiar / vacilar
희락	alegria
희롱	escarneos
희롱하다	brincar com / divertir-se com / gracejar
희롱하여	escarnecendo
희망	desejo / espectativa / esperança / vontade
희망하다	desejar / esperança / esperar / pedir / querer / ter
희미하다	não ser nítido
희미한	embaçado / obuscuro / ofuscado / opaco / turvo
희박한	escasso / esparso / fraco / magro / raro
희보하매	relatou
희비극	comédia / trágico
히사하다.헌금	contribuir / dar / ofertar / presentear
희색	fisionomia / rosto alegre
희생	sacrificaram / sacrifício
희생물	vítima
희생자	vítima
희생적	sacrificativo
희생하는지	sacrificador
희생하다	danificar-se / sacrificar / vitimar

희생한	sacrificado
회소식	boas notícias / notícias alegres
회소한	escasso / incomun / infrequente / raro
희열	alegria / contentamento / encanto / felicidade / prazer
희유의	fora do comun / incomun / raro / não frequente
휘파람	assovio
휘파람.야유하다	assoviar
휘파람불다	apitar
희화	caricatura / pintura cômica
희희낙낙하다	alegrar / deleitar-se / regozijar-se
흰	branca(cor) / branco
흰머리	cabelo / branco
흰색	cor branco
흰소리 떠벌리는말	blefe logro
흰자	globo ocular
히말리야산맥	himaláico
히브리서	hebreus
히브리말로	hebreu
히브리여인	hebreias
히오그란디 도노르찌주	estado Rio grande do norte
히오데자네이로주	estado Rio de Janeiro
히위사람	os heveus
히위족속	do heveu
히죽이	alegremente / com sorriso
힌두교	hindismo
힐난하다	advertir / censurar / criticar / exprobrar / repreender
힐문	réplica
힐문하다	pergúntar

COREANO BRASILEIRO DICIONARIO

한국어-브라질 · 포루투갈어 사전

초판 1쇄 인쇄 2012년 2월 1일 인쇄
초판 1쇄 발행 2012년 2월 1일 발행

편저자 김철성
펴낸이 서덕일
펴낸곳 도서출판 문예림

등록번호 1962. 7. 12. 제 2-110호
주소 경기도 파주시 회동길 366 3층
전화 02-499-1281~2 **팩스** 02-499-1283
홈페이지 www.mooonyelim.com
전자우편 info@mooonyelim.com

ISBN 978-89-7482-476-1(11790)
값 25,000원

· 잘못된 책은 구입하신 서점에서 교환해 드립니다